형벌을 그리다

형벌을 그리다

초판 1쇄 인쇄 2015년 2월 20일
초판 1쇄 발행 2015년 2월 25일

지은이 박종성
펴낸곳 서울대학교출판문화원
펴낸이 성낙인

책임편집 정승아
디자인 장혜원

출판등록 제15-3호

주소 151-742 서울 관악구 관악로 1
대표전화 02-880-5252 | **팩스** 02-888-4148
마케팅팀(주문상담) 02-889-4424, 02-880-7995
이메일 snubook@snu.ac.kr
홈페이지 www.snupress.com

ISBN 978-89-521-1711-3 93300

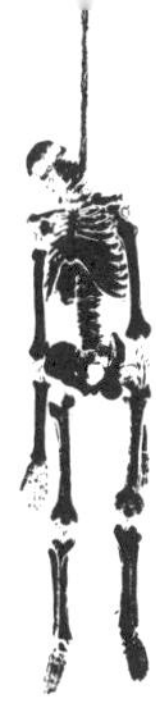

형벌을 그리다

잔인한 구원과
미술의 기억

박종성 지음

서울대학교출판문화원

프롤로그

'죄와 벌'을 둘러싼 이야기들은 늘 흥미롭다. 세상의 금기를 어긴 자들의 죄뿐만 아니라 그로써 가해지는 벌이 예사로운 삶에선 좀처럼 치르기 쉽지 않기 때문이다. 그것도 국법 질서나 공공의 안전을 빌미로 한 '벌주기'는 이를 견뎌야 하는 당사자보다 지켜보는 구경꾼들의 몫이 되는 경우가 대부분이다.

경우에 따라선 내 얘기가 되거나 머잖아 누군가의 한 많은 사연으로 굳어질 것이란 예감이 자리를 잡을 때 그것은 단순한 흥미를 넘어 어느덧 고통의 학습과 대리 경험의 순간이 되고 만다. 한때 금기의 위반과 찰나에 전율하던 긴장 혹은 쾌감의 기억은 양심의 가책은 물론이고 뒷일의 감당조차 잠시 잊게 만든다. 당할 때 당하더라도 저지르고 보자는 마음하며, 훗날 후회와 한탄으로 가슴 치는 모순의 주체가 인간이라는 데 우리의 눈길은 머문다. 세상의 벌이 법의 이름을 빌리든, 아니면 신의 섭리와 초월적 의지에 따라 단행되든 그 집행의 논리는 아직 발각되지 않은 자들 모두에 대한 엄중한 경고와 공포의 예시에 있었다.

법의 정치적 기능이나 사회적 통제 효과의 크기를 언급하지 않더라도 이런 사실들은 상식 중의 상식이다. 게다가 사람을 향한 사람의 단죄가 권력과 사법제도에 기대지 않고선 가능하지 않은 일

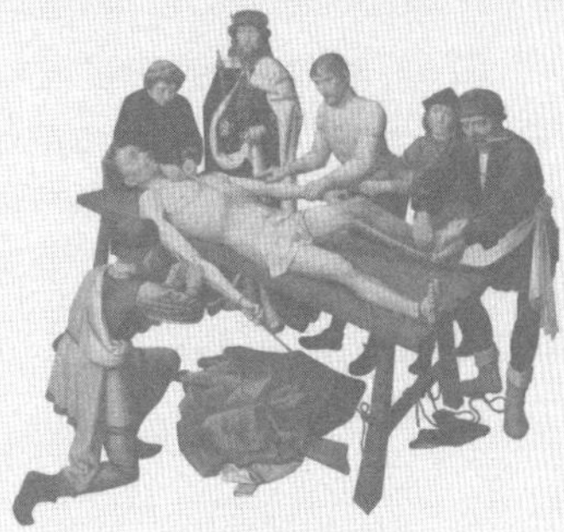

임을 모르는 사람이 얼마나 있을까. 법치 이전에 인치人治가 있고 그보다 앞선 과거에 신치神治란 개념마저 있었다면 당대를 이끈 각 시대의 힘을 묻는 질문도 이제는 식상한 편이다. 하지만 한 시대를 지배한 근본적인 힘이 무엇인지 따져 보는 건 탐구 과정에서 불가피하다. 어떤 방법과 절차를 밟더라도 숱한 반론과 비판을 염두에 두어야 할 일이기도 하다. 그렇다면 '전근대'를 지배한 수많은 힘들 가운데 압도적인 건 무엇이었을까.

'죄와 벌'을 이야기하면서 전근대를 끌어들이려 함은 특정한 정치적 의지나 전략적 발상을 넘어서는 역사 그 자체의 엄연함 때문이다. 이 책이 주목하는 대상은 전근대를 이끈 정치적 동력의 대부분을 형벌 부과의 근원인 '국가'에서 찾고자 했던 경우다. 게다가 이를 합리화하려 한 제도적 강제가 당대 권력의 폭력적 발상에서 비롯되었다는 데 궁극의 초점을 맞추려 한다.

여기서 국가의 폭력적 민중 통제는 특히 중요하다. 그것도 글이나 말보다 시각 아이콘과 구체 도상을 통해 '죄와 벌'의 지평을 살피려 한다. 그림과 시각자료로 형벌을 보고 단죄의 근거를 이해하려 함은 어디까지나 당내의 정치권력이 의도한 복종의 미학과 그 대중적 전파의 동기를 파악하기 위해서다. 따라서 전근대의 형벌관과 이를 둘러싼 미술적 사고가 지니는 모종의 정치적 연결고리를 찾는 데 주안점을 두려는 것이다.

중세 형벌 부과의 종교적 기반으로 기독교 사상은 여기서도 중요하게 다루어진다. 하지만 관심의 기본은 전근대 서양사회의 형벌과 도상학 사이의 정치학적 접점을 찾는 것이다. 형벌사 연구의 빈곤과 곳곳에 흩어져 있는 단죄의 미술적 표현들을 이제라도 주목하려는 건 사회과학적 이해의 지평을 넓히는 일과 직결된다.

역사를 이해하는 또 하나의 대안으로 사회과학, 특히 정치학의 이론적 지원이나 역사학의 對사회과학적 협조란 기대하기 힘든 우리 현실을 감안하면 작업은 어차피 제한적일 수밖에 없다. 그뿐만 아니라 인문학과 사회과학의 이론적 단절을 매개·중재할 대안의 하나로 미술을 호출함도 실험성을 지닐 것이다. 이들 사이의 학제 결합이나 모종의 지적 시너지를 구상하는 것은 고립과 단절의 현실에 깃든 서로의 침묵을 더 이상 방임할 수 없다는 최소한의 학문적 책임과 불편함 때문이다.

근대 이전의 서양 형벌사를 의식하되, 미술을 바탕으로 정치학적 탐구의 의미망을 엮어 보려는 것은 그것이 주는 교육 효과나 반어법적 설득력 때문이다. 세상의 그 어떤 지배·피지배 공간이든 한때나마 권력의 무자비한 폭력 사용이 흔쾌히, 그것도 묵시적으로 허여되었음은 무엇을 뜻하는 걸까.

찢어지고 갈라진 살가죽 사이로 드러난 예수의 속살이나 잔인무도하게 베어 버린 목 주변의 선연한 핏줄기를 실제보다 더 처연히 그려낸 중세 작가의 의도는 무엇이었을까. 장작더미 위에서 타오르는 불길을 내려다봐야 하는 억울한 사연의 주인공이나 더 때릴 데도 없이 문드러진 피부 사이로 다시 온전한 형벌의 부과를 궁리하는 집행자들의 모습마저 놓치지 않는 화가의 의도는 또 어떻게 이해해야 할까. 저 많고 많은 '죽음의 그림'들 가운데 압도적으로 회자하는 〈그리스도의 책형〉만 하더라도 목숨 붙어 있는 자가 견뎌야 할 통증의 극한을 대못과 망치로 연출하려는 '표현의 정치'는 무엇을 겨냥했던 걸까. 서슴없이 드러내는 미술의 역사적 약진은 어떤 형식으로든 이런 의문에 답할 크고 작은 단서를 남긴다.

육신의 고통을 형벌로 보여 주는 화가들의 의도가 다분히 정치적이라는 데 이 책은 주목한다. 특히 '보는 이'의 시선을 사로잡는다는 점에서 화가의 정치성은 도드라진다. 즉 고통을 묘사하는 화가의 의도는 궁극적으로 '보는 자'들을 지향한다. 이때 화가 자신이 지니는 느낌의 등가적 감정이입을 통해 감상자의 공포와 주눅을 강화하는 데 목표를 둔다. 미술적 고통은 궁극적으로 형장의 인물이나 기물이 아니라 훗날을 살아갈 불특정 다수의 시지각視知覺을 겨눈다.

고통은 경험을 통해서만 인식할 수 있는 게 아니며 현장을 보거나 그것을 모사한 결과물만으로도 자각할 수 있고 느낌만으로도 통렬할 수 있다. 이를 인정할 때 죽음의 그림은 선뜻 나의 미래이자 오래된 과거일 수도 있음을 알아차리게 된다. 반드시 그(녀)와 같은 죄를 짓거나 꼭 같은 혐의를 뒤집어쓰지 않더라도 그림 속 인물들의 모습과 처지가 어쩌면 내 이야기였거나 그렇게 될 수 있으리란 지점에까지 생각이 미치면 가슴은 어느덧 먹먹해진다. 일상의 평범함만으론 감동이나 흥분을 담보할 수 없으며 기이한 예외성이나 감정의 극한을 전제해야만 회개든 고해든 생각할 수 있는 것도 사실이다.

왜 인간은 죄의 극단을 낫보거나 그에 따른 지상의 대가를 치러야만 비로소 뉘우치는 존재가 되었던 걸까. 혹독한 고통과 함께 인내의 한계와 죽음의 경지를 넘나들어야 제 잘못의 일부라도 깨닫는 아둔함이란 인간을 위해 신이 마련한 마지막 선물이었을까.

다른 문화 공간에서 자행되는 형벌의 폭력성과 미술로 읽는 처형이 보는 이의 양심을 찌르는 진짜 이유는 뭘까. 기독교가 말하는 대속의 메시지를 인용하지 않더라도 자기가 겪을 통증을 아무 인연도 없는 그(녀)가 지금 고스란히 치르고 있다는 민망함 때문일까. 아니면 더 이상 신체벌이나 가혹한 고문이 없다는 안도감보다 그것이 자신의 일로 다가올 거라는 불편한 상상 때문일까.

불편한 상상이 시지각을 통해 뇌리를 뒤흔드는 건 인식의 극단을 경험하는 일이다. 좀처럼 겪을 수 없는 육신의 통증을 형벌로 자각하고 이를 앞서 경험한 이들의 이야기와 겹쳐 보면서 자신의 죄를 여과·회상하는 작업도 따지고 보면 고통이다. 단지 걸려들지 않았기에 살아 있을 뿐 자신도 연약하고 죄 많은 존재라고 자인할 즈음, 그림은 곧 고문 도구이며 작품은 예술이자 형벌의 채근 수단으로 다가온다. 폭력의 미술은 장르와 아무런 관계가 없다. 회화든 조각이든, 사진이든 드로잉이든 잔인함과 가혹함은 형상의 구체적 묘사나 즉발적 전달 여부를 떠나 이미지의 연상과 추론만으로도 보는 이의 시지각을 교란하며 불편함으로부터 벗어날 궁리로 분주하게 만든다.

형벌의 묘사는 형벌 그 자체만큼이나 가혹하다. 특히 물리적 단죄로 전근대 형벌이 살아 있는 인간의 육체를 의도적으로 훼손하고 그 근거를 법으로 정당화하지만, 인간이 벌을 핑계 삼아 다른 인간을 찌르고 베며 끝내 죽이기까지 하는 일은 단순한 집행이나 기록으로만 끝날 대상은 아니었다.

오늘날과 같은 문명의 이기利器를 기대조차 하기 힘들었던 시절, 미술은 다음 세대를 향한 거의 유일한 기억의 통로이자 학습의 도구였다. 무엇보다 그것은 형상 묘사나 현장 표현을 넘어서는 이미지 창출원으로도 중요한 역사적 의미를 지녔다. 그뿐만 아니라 허구의 주변을 맴돌면서도 그것이 진실이었다고 믿게 만드는 사회적 가치 역시 컸다.

그걸 인지심리니, 감정이입이니 하는 개념 틀로 가두지 않아도 우리는 안다. 왜 우리의 눈은 강렬한 오브제와 처참한 현장의 디테일을 놓치지 않는지, 밋밋하면 금세 잊어도 처연하고 참담하면 오래가는 저 기이한 감각적 학대에 어쩌자고 깊이 길들여진 것인지. 단 한 번 바라본 그림과 조각이, 혹은 사진과 설치가 보는 이를 숨 막히도록 찌른다는 사실 앞에 우리는 경악한다.

고문과 형벌의 미술적 기록은 보는 이의 의지나 욕망과 전혀 다른 인식의 공간을 만든다. 비주얼이 버벌verbal보다 확연히 앞서는 삶이란 전근대라 하여 다를 바 없었고 오늘이라고 크게 다르지 않다. 의지와 욕망으로 기억하는 게 아니라 감각으로 회상·호출하는 그 자체가 때로 고문이요 형벌일 수 있다는 논리도 여기서 얼마든지 성립 가능하다. 하지만 돌이켜보자. 서양 미술사를 이끈 대작들 말고도 언제 어디서든 보았음 직한 '처형' 묘사와 주변의 사연들이 세상에 얼마나 알려져 있는지를.

이제라도 다시 살펴야 할 과거의 형벌들은 고증과 회상이 가능한 것부터 출발할 것이다. 그로 인한 형벌사의 재구성과 폭력의 정치적 추적은 지난 시대를 다시 읽는 각별한 계기가 될 것이다. 형벌의 대표적인 모습이 사람의 신체를 해하거나 괴롭히는 육형肉刑으로 체계화된다는 사실은 아무리 강조해도 지나치지 않다. 범법을 핑계로 살아 있는 사람을 십자가에 못 박는 일은 일상의 상상을 넘어서는 잔인함으로 고대 형벌사를 아로새긴다. 책형

磔刑은 유대를 비롯하여 그리스·로마에서 시행한 대표적인 형벌 수단이었다. 굳이 나사렛 예수의 '십자처형Crucifixion'을 '원형'으로 삼지 않는다 해도 책형은 고대를 관통한 육형으로 오래 각인된다. 일본의 횡목 교살과 한국의 기시棄市 등 기원후 자리 잡은 공개처형의 한 유형으로도 중요했다.

책형은 단순히 십자형틀에 묶거나 매다는 것만으로 끝나지 않았다. 그 상태로 며칠을 두고 가혹하게 찌르거나 온갖 물리적·정신적 모욕을 일삼고 '못 박음'은 물론 채찍질과 장형杖刑마저 섞어 가며 형장의 살벌함은 일정 기간 세상에 현시되고 있었다. 공포의 정치심리를 효과적으로 확대 재생산하기 위해서였다. 이처럼 벌은 '치르는' 과업이자 '보여 주는' 정치였다.

형벌은 판결에 따른 법규범의 단순한 집행이 아니었다. 해당 범죄에 관한 즉시적 대응이나 합법적 징치懲治만도 아니었다. 그것은 단죄의 사회적 '보여 줌'이자 같은 범죄가 다시는 발생하지 않도록 훈계하려는 국가권력의 교묘한 '폭력 과시'였다. 당국의 형벌이라는 것이 만일 특정인을 의식한 제한적 징벌이거나 아무 때나 시행할 수 없는 시의적 예외성에 초점을 맞추려 했다면 미술로 형벌을 읽기란 거의 불가능했을 것이다.

책형의 구체적 집행과 대상의 복잡성에도 불구하고 그나마 이를 2차원 시각자료를 통해서라도 반추할 수 있는 것은 일정 기간 역사로 유지되어 온 보편적 사회 형벌이었기 때문이다. 어느 시점에 이르면 대부분 자취를 감추지만 대부분의 신체벌은 모두가 두려워하고 가급적 피하고픈 공포의 계기로 작동한다. 그래서 형벌은 당대의 가장 강력한 사회 통제 수단이자 정치권력의 위세를 키워 준 대표적 도구였다.

공포의 현시 효과는 참형斬刑에서도 무자비하다. '목을 베다'

라는 의미의 '참수斬首'는 책형과 견주기 어려울 정도로 오래 지속된 전근대의 대표 형벌이다. 프랑스 혁명기를 거쳐 19세기에 이르도록 '기요틴guillotine'과 동의어로 통용된 참형은 절명의 대표 수단이자 공포 효과를 키운 관례적 사형 방법으로 자리 잡는다. 하지만 참형은 단순히 목을 베는 관행은 물론, 혐의자의 피부를 강제로 벗겨 내거나 골격과 살점을 절단하는 등 다양하게 응용된다.

십자처형을 다룬 책형처럼 다수의 작품을 자랑하진 않지만, 때로 형장 주변까지 선혈이 낭자하여 살벌함을 느끼게 하거나 그로써 구경꾼들의 두려움마저 핏빛 시신만큼 흥건하게 번지는 작품들도 따지자면 참형을 다룬 작가의 과장이나 상상의 결과가 아니다. 그것은 실제의 반영이자 있었던 일들의 기록이었다. 참수를 기본으로 하는 형벌의 특징을 신체 일부의 물리적 강제 분리나 제거로 이해하게 되는 것도 형벌의 제도화 과정에서 빚어진 오랜 관행이었다.

눈여겨볼 것은 형벌 대상자에 관한 당국의 결정과 그 폭력적 유사성이다. 중세 국가의 폭력성은 통치 차원에서 한결 무자비했다. 그것이 신의 지배 논리를 빌린 '공학' 차원으로 발전할 때 잔인함의 한계는 따지기조차 어려웠다. 형을 집행하는 관리니 이를 지켜보는 권력 모두는 가혹한 폭력 사용에 뒤따르는 양심의 가책이나 모종의 심리적 불편함 일체를 벗어 버릴 구실을 신의 의지와 섭리에서 찾았기 때문이다. 모든 걸 신의 의지와 명령이라 믿으면 그뿐이었고 초월자의 암묵적 지혜라 여기면 빠져나갈 수 있었던 셈이다.

속세의 죄를 핑계로 성직의 추잡한 속내를 숨기기도 편했을 것이다. 민중의 범죄와 그에 따른 형벌의 잔혹함은 떳떳지 못한 지배세력의 도피와 탈주를 위해서도 더없이 훌륭한 관심 전환의 계기였다. 튀는 피와 뜯겨 나가는 살점을 바라보며 민중의 가슴은 애틋하게 미어지고 있었다. 하염없이 당하고만 있는 '저들'의 고통을 덜어 줄 새로운 방법을 찾는 동안 왕의 나태와 귀족의 부패는 가려지기에 충분했다.

칼과 동물을 이용한 참형이나 응용형의 폭력성보다야 덜했지만 기실 전근대 신체벌의 대표는 교형絞刑이다. 교형이라면 흔히 오랏줄이나 굵고도 질긴 끈에 목을 걸어 자신의 체중으로 질식사시키는 물리적 체벌을 먼저 떠올리기 마련이다. 죄수의 발아래 지지 목木을 갑자기 빼버리거나 준비된 구멍으로 빠트림으로써 죽음을 유도하는 이 형벌은 일반적으로 '교수형'으로 부르거나 그에 준하는 방식으로 인식된 강제적 절명이다.

가장 대표적이고 오래도록 사용된 신체벌의 하나인 이 방법은 지역과 시대에 따라 편차를 보인다. 아시아권에서는 주로 동아줄을 이용하여 목을 '걸어 죽이는' 행위 자체에 주목하는 반면, 서양은 '죽임'보다 시신의 사후 현시로 관심을 모으려는 정치적 의도에 무게중심을 둔다. 즉, 교형은 목을 '걸어 죽이는' 형벌이자 '죽인 채 걸어두는' 처형의 이중성을 잘 드러낸다.

더 엄밀히 추적하자면 교형의 한계는 앞서 말한 책형과 참형의 그것과 맞닿는다. 그것은 일상의 상상이나 예측을 넘어서는 복합 형벌로 과거의 신체벌이 하나의 용어만으로 표현할 수 없는 절차적 다양성을 지닌다는 사실마저 잘 반영한다. 책형과 참형의 물리적 콘텐츠가 겹치는 만큼, 그들은 교형의 특성마저 공유하기 때문이다. 형틀에 세운 육신을 사정없이 찌르거나 그 일부를 자르는 일은 물론이고 가사假死 상태의 몸을 수습하여 완전히 숨을 끊은 다음 목을 매달거나, 잘린 목을 다시 창끝에 걸어 세상을 순

회케 한 일들은 이 같은 형벌의 유형화 작업이 별 의미를 지니지 않는다는 사실마저 역설적으로 보여 준다.

형벌의 중복을 문제 삼기보다 어느 한 처형법의 구체적 내역을 살펴보는 것이 유의미하다는 비판도 얼마든지 가능하다. 형벌은 내용과 과정이 고통스럽지, 이를 어떻게 이름 붙이는지는 그에 앞서지 않기 때문이다. 그럼에도 불구하고 형벌의 인문학과 이를 담아내는 미술적 과업들이 뛰어넘지 못하는 함정은 처형을 곧바로 죽음의 계기인 양 받아들이거나, 아니면 그에 준하는 고문과 그에 따른 결과적 국면으로 이해하는 종말론적 사고다. 형벌은 결과이자 과정이다. 그것은 혐의 대상이 법의 명령을 몸 전체로 받아들여야 할 의무적 절차요, 끝내 운명처럼 즐겨야 할 고통의 주문인 셈이다.

사형 집행을 보류하는 국가들이 늘어나고 '인권'이란 개념이 전혀 이상하지 않은 오늘날에도 인신구속 같은 사안이나 형벌이 '과정'인지 '결과'인지 따지는 일은 고통스런 철학이 된다. 하물며 전근대 아니면 인간성 자체를 존엄이란 차원에서 다루려 들지 않던 중세에서랴. 형벌을 범인의 업보로 국한하지 않고 일반 민중에게 보여 주고 어르며 은연중에 겁주는 도구로까지 그 기능을 넓혀야 할 때 그것은 한층 교묘하고 복잡해진다. 게다가 공포의 입체성이나 사회적 떨림 역시 염두에 두어야 할 암묵적 통치 전략이기도 했다.

화형火刑과 편형鞭刑은 앞의 사례들보다 단순한 편이다. 장작더미 위에서 연기와 불길을 감내하며 죽음을 맞이해야 하는 죄인이나 죽음 대신 채찍으로 살가죽의 찢김을 이겨내야 하는 경우란 찔리고 박히거나, 끊기며 살리는 순간과는 또 다른 고통이었다. 이단자의 처리나 사회적 처벌로 화형은 또 다른 대표성을 지닌다. 일정한 장소에서 비일상적인 형벌을 치르되, 당사자는 물론 보는 이들에게마저 가없는 고통과 슬픔의 동일시 효과를 전이시키기로는 이만한 방법이 없었다. 집행 전 공포의 분위기는 물론이고 검은 연기와 일렁이는 불꽃 사이로 괴성과 신음을 통해 화형은 바라보는 이들에게 즉각적이면서 지속적인 사회 통제 효과를 발휘한다.

편형은 때로 우회적이거나 그 자체로 형벌의 종결성을 공유했던 것으로 이해할 일이다. 그러니까 형벌로 향하기 위한 고문 수단일 때도 있고 그것만으로 훈계와 경고의 공포 효과를 충분히 반영하기도 한다. 이 경우에 채찍이 주는 살벌한 메시지가 칼이나 창 혹은 못의 폭력성을 능가할 만한 공포 효과를 동원하는지는 정교한 경험과 통계를 필요로 한다.

그러나 전근대 형벌 세계를 구성하는 또 다른 축은 임의형으로 가동된다. 자의적 판단과 감정적 즉결로 이루어지는 사형私刑, private penalty 방식으로 임의형은 위험하고도 극도로 주관적인 다스림이었다. 주권 개념도 미약할 뿐 아니라 인권의 메시지란 날개조차 펼 수 없는 신분제 사회에서 주인의 의지는 법이었고 아랫사람의 과오는 더욱 강한 통제의 핑계로만 악용될 따름이었다. 그것은 쉽게 항변할 수 없는 속박의 계기이자 형벌의 더없는 명분이었다. 강자의 '강함'은 그래서 원초적이거나 천부적인 것도 아니고 약자의 '약함' 또한 선천적 결핍의 반증도 아니었다. 그들 모두는 상대적인 '기운'이었다. 본래 강해서가 아니라 상대를 '누름'으로 힘을 키우고 그게 애초부터 컸던 것인 양 신비화하는 것이다. 처음부터 약했던 것이 아니라 상대가 설치고 잔인하게 처신하자 허리 굽히며 머리를 조아렸던 셈이다.

시대의 권력을 장식하고 그 위용의 행사를 용인한 민중의 다양한 복종 양식이 민낯을 드러낼 때 형벌은 질서 유지를 위해 착실히 복무한다. 젖값으로 목숨마저 스스로 끊는 수준까지 형벌의 한계를 확장할 때 전근대 권력의 오만은 극에 달했다. '짐이 곧 국가'가 아니라 주인이 땅 위의 절대자이며 집행자가 이승의 마지막 권력자로 위세를 떨치는 순간, 형벌만 한 '힘'은 근대 이전의 정치적 생활세계에 더는 없었다.

보는 이에 따라 세상의 해석은 모두 다르며, '다름'과 '차이'를 읽는 방법도 같지 않을 것이다. 이 책은 '미술정치학'으로 그 실마리 하나를 찾아보려는 시도다. 범죄와 일탈이 여전히 넘쳐 나는 세상에서 사라져 버린 과거의 가혹한 신체벌은 무엇으로 다가올까. 육체를 괴롭혀 인간을 사로잡던 그 시대를 헤아려 보자. 더 이상 잔혹한 형벌 없는 이 시대에 형벌로 넘쳐 나던 과거는 무엇으로 살아나는지, 자기검열의 필요에 앞서 가슴 뜨끔하게 밀려오는 예전의 미술은 왜 살아남아야 하는지 이제 따져 보도록 하자.

2015. 2.

지은이 박종성 씀

차례

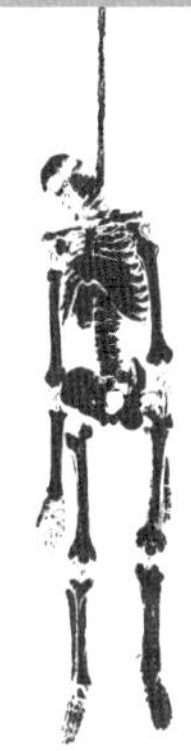

III 형벌 그리기: 단죄의 미술

IV 고문과 처형의 정치학: 전근대의 지속

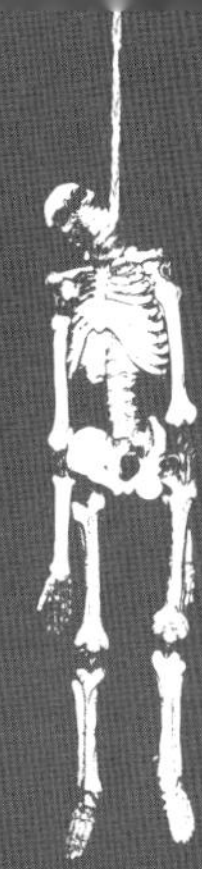

I

형벌·국가·권력

전근대 신체벌과 고통의 정치학

'죄와 벌'의 통치공학 : 형벌과 형법

'죄와 벌'은 세상에서 가장 오래된 인과율이다. 재판이나 인신 구속의 불편함까진 그만두더라도 양심 때문에 괴로워하는 일도 따지고 보면 인간이 저지른 죄업의 결과일 것이다. 라스콜리니코프를 내세워 이 문제를 문학으로 끌고 가는 도스토옙스키의 전략이나 인간 말종에게도 반성의 힘이 있음을 암시하는 팀 로빈스가 영화 〈데드 맨 워킹*Dead Man Walking*〉으로 펼치는 전술은 '벌'로나마 '죄'를 씻어야 할 까닭을 잘 말해 준다. 하지만 작정하고 무엇이 (범)죄며 (형)벌인지 헤아리자면 얘기는 간단치 않다. 죄의 종류나 실체적 모습이 무엇인가 하는 차원을 넘어 그들을 벌로 다스려야 할 국가·사회적 이유나 정치·경제적 까닭 등 실로 복잡한 내역을 면밀히 따져봐야 하기 때문이다. 아울러 이는 어떻게 한 인간이 범죄의 나락에 빠지게 되는지와 전혀 다른 나중 문제란 점에서 죄와 벌은 낭만도 픽션도 아니며 세상사의 관리이자 합당한 응징으로 볼 일이었다.

죄와 벌은 낭만도 픽션도 아니며 세상사의 관리이자 합당한 응징으로 볼 일이었다.

소설과 영화가 아니라 실제로 죽을 날을 기다리며 하루하루 견디거나, 장차 자신에게 내려질 판결을 상상하며 기다리는 일은 그 자체로 고통이자 고문이다. 모든 형벌은 집행 그 자체보다 그 날이 다가오고 있음을 자각하는 과정이 한결 괴롭고 처참할 것이다. 기다림과 상상이 자신의 저지름을 한층 후회하게 만들고 상황의 되돌림이 불가능함을 절감할 때 죄와 벌의 파노라마는 더 처연히 빛나게 마련이다.

저지름에서 후회에 이르는 그 시간들은 유난히 긴 강물일 수 있고 모든 존재의 덧없음을 상기시키는 찰나일 수도 있다.● 그토록 오래, 지금도 여전히 저지르고 뉘우치며 되풀이되는 '죄와 벌'의 모습을 어떻게 구체화할 수 있을까. 연상과 추론이 아니라 실질적 현상으로 이해할 방법은 없는 걸까. 신체벌의 그 원시적인 다스림이 그토록 오랜 역사를 자랑한 까닭은 무엇일까. 상식이라 해도 지극히 고전적인 이 오랜 믿음의 밑바닥에는 정작 무엇이 깃들어 있었던 걸까. 의심의 여지없이 받아들이는 형벌의 사회적 필요와 그 집행의 역사적 전후 맥락 속에는 어떤 생각들이 흩어지고 모여드는 걸까. 형벌의 모더니티는 이제와 어디서 어떻게 다시 또렷해질까.

● 절박함이 주는 긴장과 체념의 순간들도 따지고 보면 비록 짧지만, 그에 비친 자신의 모습들이란 하염없는 '부끄러움'과 '못남'으로 넘쳐 나는 것도 겪어 보지 않은 자들에겐 언어의 사치에 다름 아니리라.

다음과 같은 몇 가지 생각은 이런 메타 인식을 자극하는 몇 가지 계기를 이룰 것이다.

1. 형벌의 구상과 집행은 국가를 향한 구성원들의 정치적 두려움을 끌어내어 한껏 키우려 한 전략적 사고의 산물로, 정치권력의 오랜 기획이자 결과물이다. 질서 유지와 체제 유지를 위해 여러 가지가 필요한 국가였지만 민중을 사로잡을 총체적·전면적 통치 수단으로 형벌만 한 대안은 따로 구상하기 어렵다.

2. 이런 생각의 원형이 원시공동체에서 나타남[1]은 놀랄 만한 일이 아니다. 죄와 벌의 가없음과 오랜 역사성 때문이다.

따라서 죄와 벌의 상관성을 묻는 대신, 누가 가장 먼저 죄를 짓고 어떤 벌로 그(녀)를 단죄했는가 하는 시대적 발원이나 실체적 기원을 찾는 일은 무의미하다. 그럼에도 불구하고 원죄 개념으로 인간의 과오를 단속하거나 같은 실수의 반복을 경계하게 만들려는 종교적 사고[2]가 강력히 유지되어 온 것도 같은 맥락에서 인식할 일이다.

모든 형벌은 거의 타율적이며 도구적이고 사후적이거나 종결적이다.

3. 죄와 벌은 너무나 흔하고 자신만은 여전히 예외일 것이라 과신過信하게 된다는 점에서 때로 희화적이다. 하지만 종교적 원죄 개념을 넘어 실체적 범죄와 물리적 형벌 사이에서 고뇌하는 인간의 모습은 육체적 고통의 순간들을 생각할 때 비로소 솔직해진다.

4. 형벌은 단죄의 핑계치고 비인간적이며 폭력적이다. 게다가 육체가 자각하는 통증과 불편함으로 궁극에는 후회와 자탄마저 감수하게 만드는 강제적 동인으로 작동한다. 이는 신체벌이 행형行刑이나 감옥형으로 대체된 오늘의 상황을 감안하더라도 마찬가지다. 모든 형벌은 거의 타율적[3]이며 도구적이고 사후적이거나 종결적이다. 도덕과 윤리가 작동하지 않고 자율과 인내가 불가능한 감각의 극점에서 솟구친 온갖 죄악의 사법적 대가란 늘 혹독하다. 폭력의 세례로 각인하려는 질서의식이란 극미량의 사회적 처방일 뿐 인간의 개조나 성공적 재활의 길로 늘 인도하는 건 아니다. 형벌이 목적일 수 없는 이유다.

폭력의 세례로 각인하려는 질서의식이란 극미량의 사회적 처방일 뿐 인간의 개조나 성공적 재활의 길로 늘 인도하는 건 아니다. 형벌이 목적일 수 없는 이유다.

5. 비자발적 각성과 내키지 않는 순응의 도구로 형벌은 즉발

적 응징보다 강제적 통증 유발과 절차적 불편함을 극대화하는 데 목적을 둔다. 고통의 물리적 자각과 공권력 개입을 늘 전제하는 형벌은 그래서 반드시 집행하거나 유예해야 할 제도적 명령이다. 그리고 기어이 몸으로 느끼며 몸으로 겪어야 할 지루함 아니면 아련함 혹은 혹독함의 대상이다.

6. 형벌의 효과는 양가적이다. 온몸으로 범죄의 대가를 치르는 자가 '기결수旣決囚'라면 '소문'과 '전언'으로 먼저 고통당할 것이며, 형장의 현장 집행을 바라보고 아연해 할 사람들은 잠재적 범죄군이거나 공포의 군중으로 묘사할 일이다. 이처럼 형벌은 체득 대상이자 연상과 관찰의 화두로 작동한다는 점에서 오늘날에도 여전히 효과적인 통치 수단이다.

정의와 불의의 문제를 범죄(인) 처리 과정에서 기어이 가려내려는 까닭은 혐의자의 범법 여부 확정과 그에 상응하는 육체적·정신적 고통의 부과 때문이다. 이 당연한 과업도 엄밀히 따지자면 간단히 지나치지 못할 단죄의 적합성과 그 한계를 둘러싼 실로 숱한 논쟁이 개입할 것이다. 논란 중인 사형제 존폐 여부는 물론이고, 이제는 사라진 전근대 신체벌을 회상하는 복고적 행형논리에 이르기까지 형벌의 확장과 축소는 오랜 역사성을 지닐 수밖에 없다.

여기서 형벌의 법학과 사회과학적 탐구, 즉 형벌과 형법은 물론 형벌의 정치학과 사회학에 이어 그 경제·인류학적 탐구를 살피는 일은 유용하나. 인권의 최대한 보장을 염두에 두자면 어떤 경우라도 형벌은 쓸모없다는 논리마저 가능하다. 하지만 그런 논리는 국가질서와 구성원들의 생명 보장을 위해 현실화하기는 어렵다. 인간은 생각보다 악하며 자유와 방임의 조건을 확대할 때 여간해선 양심과 세상 율법에 자신을 가두지 못한다는 견해가 지배적이다. 더욱이 인간의 치명적 과오를 벌로 다스리고 경고의 메시지를 법으로 제도화하는 일 역시 세상의 오랜 관습이다. 형벌의 법적 제도화는 결국 이 같은 관습과 사고의 사회적 구현이었다. 그 세련화 절차 역시 범죄의 역사 변화에 관한 경험적 조응이었고 인간의 죄 있는 곳에 벌이 뒤따르며 이를 법으로 정하는 일 역시 전혀 이상할 리 없었던 것이다.

형장의 주인공이 되지 않기 위하여, 아니 혹독한 소문과 지독한 상상의 중심이 되지 않으려 자기검열을 한층 강화한다는 점에서 형벌은 다의성을 지닌다. 그것만으로도 형벌은 사회과학적 탐구 대상이 되기에 충분하(였)다. 그것은 법학, 특히 형법의 주요 연구영역을 이미 확보했지만 형벌의 여러 얼굴을 찬찬히 따져보고 음미하는 일은 아직 원시의 지평을 헤매는 중이다.● 누구라도 형벌 집행의 잠재적 대상일 수 있지만 아무나 형벌을 깊이 고뇌하는 건 아니며, 언제 어디서든 죄와 벌을 떠올릴 순 있으나 자기만은 늘 예외인 양 배제하는 임의적 관용이 되풀이되고 있기 때문이다.

● 철학과 윤리 혹은 도덕의 세계에 호소하지 않더라도 인간이 인간을 벌하거나 법의 이름을 빌려 죽음을 명령하는 주체가 될 수 있는가 하는 문제는 늘 원론적 한계에 부딪친다.

오늘날 형벌은 과거와 같은 혹독한 고문이나 처형을 뜻하진 않는다. 하지만 인신구속은 물론 물리적 이동 제한과 극심한 심리적 압박 등 직접적 신체벌에는 미치지 않을망정 불편함과 엄연한 고통 대상으로 처형의 본래 의미를 크게 벗어나지 않는다는 점에 주목할 일이다. 죽이진 않는다 하여 기결수의 처지가 끝내 안온한 것도 아니며 종신형이 사형보다 괴로운 극형이 될 수 있다는 점에서 인권 보장은 양날의 칼이자 민주 형벌의 함정이기 때문이다.

살점을 도려내거나 목을 잘라 동네 어귀에 매달지 않더라도 감옥에 가두거나 세상을 향해 낙인찍는 방식만으로도 형벌은 당사자들에게 충분히 두렵고 아득해진다. 이때 목숨이란 부지하지 않아도 더없이 부담스럽고 살아 있기에 도리어 욕스럽거나 괴로운 경우도 역사는 얼마든지 증언한다. 죽는다고 통쾌하지도 않고 살아남는다 하여 개운치도 않은 이승의 혹독한 형벌은 그래서 치열한 통증을 수반하는 국가의 인위적 고안물이다.

죽는다고 통쾌하지도 않고 살아남는다 하여 개운치도 않은 이승의 혹독한 형벌은 그래서 치열한 통증을 수반하는 국가의 인위적 고안물이다.

그러나 문제는 형벌의 역사와 변화 과정의 추적으로만 모아지지 않는다. 오히려 형벌이 왜 필요하며 여전히 유지되어야 하는지 법철학적 배경을 천착하는 일이 새삼 중요해진다. 지극히 당연하다고 믿는 일들에 대한 원론적 회의는 아무리 반복해도 지나치지 않고, 사회적 공론의 틀을 건강하게 다지는 일이야말로 절실하기 때문이다. 형벌의 법제화는 비단 근대 국가의 기본 과업만이 아니었다. 예부터 죄와 벌은 자연스레 조응했고 이승의 삶에서 인간의 과오는 스스로 치유할 수 없는 고질인 양 인식되기도 한다.

잘못을 저질렀으면 그에 합당한 벌을 받아야 한다는 사고는 오랜 사회적 믿음이자 실천적 관행이었다.[4] 여기에 종교적 빌미나 신의 명령에 기대려는 논리가 성행한 것도 자연스런 역사였다.[5] 아울러 복수마저 사적 형벌 수단이 되거나 사회적으로 묵인하는 세상[6]에서 과연 죄와 벌이 무엇인지는 회의 대상일 수 있었을 것이란 추론도 얼마든지 가능하다. 형벌의 존폐는 따라서 오래도록 지속될 법철학적 논쟁 대상이다. 깊게는 인간의 선악을 둘러싼 철학적 논란과 그에 따른 사회적 처방에서부터 가깝게는 형벌의 최솟값을 따지려는 치죄治罪의 한계론[7]과 효용론 혹은 양형을 다루는 미시적 정책 수립[8]에 이르기까지 논쟁은 치열할 수밖에 없다. 근대 형벌론의 씨앗도 프랑스 혁명에서 움텄고 '이성'의 확산은 당대 계몽사상의 결과이자 돌이킬 수 없는 개념이었다.

그러나 천부 인권과 근대 이성이 중요하더라도 인간의 치명적 과오를 함부로 용서하는 것은 전근대의 무자비한 신체벌이 지니는 폭력성만큼이나 위험하다고 보는 게 형벌 논의의 관례다. 그 과정에는 물론 형벌을 합법적 '가치박탈'로 볼 것인지, 아니면 범행 재발이나 우발적 출현의 적극적 억지抑止/斷念, deterrence 수단으로 인식할 것인지 간단치 않은 쟁점들이 개재한다.

근대 형벌론의 씨앗도 프랑스 혁명에서 움텄고 '이성'의 확산은 당대 계몽사상의 결과이자 돌이킬 수 없는 개념이었다.

죄에 상응하는 벌의 개념은 응보이론[9]의 기본 축을 이룬다. 벌이란 여기서 순화醇化된 복수 혹은 제도화된 복수the institutionalized revenge라는 의미를 지닌다. 불교의 '윤회'나 물리학의 '완전탄성충돌'을 거론하지 않더라도 그것은 공서양속公序良俗과 자연법의 순환논리를 잘 반영한다.[10] 잘못을 저지른 자가 벌을 받는 이치를 이상하게 생각한다면 그 자체가 모순일 것이다. 응보retribution만이 자기 목적적 정의의 실현이라는 논리는 도덕국가나 신정국가 같은 경우에는 통용되겠지만 오늘날과 같은 세속적 시민사회에서는 국가형벌권의 목적이 될 수 없다는 비판도 가능하다.[11]

자유의지에 따라 범죄를 저질렀든, 범죄형 인간의 형질形質이라는 게 따로 있어 '그(녀)들'을 엄히 격리해야 할 이유가 넘쳐 나든 간에 죄 있는 곳에 벌이 있어야 한다는 것은 '응보론'의 철저한 인과관계다. 게다가 자기엄정성을 강화하기 위해 보수적 법철학의 기저마저 공고히 다진다. 하지만 이 난공불락의 요새도 인권 개념의 보편적 확장과 민주주의의 세속화를 이겨내기란 쉽지 않았다. 명맥과 위세가 끊이진 않았으나 '응보론'이 단죄의 규범적 근거를 엄혹하게 지탱하기 어려웠던 건 형벌 집행과 양형 근간인 형법의 입법화 과정은 물론, 프랑스 혁명 이후 세 차례에 걸친 세기말의 변화 속에서 형벌의 역할과 기능을 축소하려 애쓴 적극적 의지와 직결된다.

핏빛 낭자한 형장의 살벌함보다 반폭력의 교교한 미학을 교화·계몽한 것이 혁명의 또 다른 유산이었고 보면 법의 이름을 빌린 국가폭력은 분명 모순 가득한 힘이었다.

핏빛 낭자한 형장의 살벌함보다 반反폭력의 교교皎皎한 미학을 교화·계몽한 것이 혁명의 또 다른 유산이었고 보면 법의 이름을 빌린 국가폭력은 분명 모순 가득한 힘이었다. 형벌의 물리력에 기대지 않고도 범죄의 재발을 억제하는 것으로는 무한 용서와 종교적 고해 확산이 있었다. 하지만 형벌의 또 다른 효과가 미연의 범죄 방지와 이를 향한 예방 기능 강화로 맞춰질 수 있었다는 건 응보론이 보지 못한 사법적 여백이었다.

그뿐만 아니라 형벌의 의미가 즉발적 징치에서 사후 예고로까지 이어지거나 궁극적으로는 사회 전체를 범죄에서 지키려는 방호의 성격에까지 외연을 넓혀 나감으로써 복잡성을 더한다는 데 주목하게 된다. 범죄 주체에게 당사자의 사법적 책임을 묻는 단호한 논리와 형벌의 폭력성을 사회화하여 사전예방과 세상을 지켜 내려는 암묵적 메시지는 사실 절박한 것이었다. 그것은 단순히 '책임론'과 '예방론'의 대립 구조를 유지하거나 둘을 절충할 필요를 계몽하는 것으로 끝날 문제도 아니다.

형벌은 어느 경우라도 고통의 비용을 본질로 삼는다.

형벌은 어느 경우라도 고통의 비용을 본질로 삼는다. 몇 달, 몇 년 혹은 평생을 가두는 종신형에서 사형에 이르기까지, 아니면 집행을 유예하여 형벌을 몸으로 직접 겪지 않더라도 '형刑'이 주는 괴로움은 크고 작은 정신적 부담으로 다가가기 마련이다. 따라서 형벌은 그 자체만으로도 육신의 일부나 전체를 고스란히 놔두지 않는 덤불이자 족쇄이며, 죽는 날까지 따라붙는 치욕과 불명예의 월계관이 된다. 고통은 그렇다면 '감각'이자 '유산'이며, '불안'이자 '기억'으로 인식하는 또렷한 대상이다. 죽음보다 깊은 잠이라면 모를까 잊을 수도 사라지지도 않는 끔찍함이다. 형벌이 노리는 건 바로 그 영원한 끔찍함이자 잊지 말아야 할 괴로움이다. 고통의 제도화, 끔찍함의 사회화, 불편하기 짝이 없는 기억의 화석화는 국가가 만들어진 이래 관습으로 각인하고 법으로 묶어 버린 인류의 정치적 관행이었던 셈이다. 그리하여 아예 운명처럼 다가서든지, 지울 수 없는 불도장火印처럼 문제 제기조차 할 수 없게 만든 공공의 상처라 여기면 틀리지 않다.

형벌을 법으로 합리화하는 일은 내키지 않는 오랜 견딤의 과정이었다. 그 과정에서 인권과 자유가 만나고 평등과 행복이 갈등하는 동안, 고통의 부피가 크게 줄어든 것처럼 보인 게 사실이다. 하지만 그 현실화 과정이 곧 세계적으로 고른 인간적 배려나 최소 수준의 사법폭력 혹은 그 평균값을 자랑한 건 결코 아니다. 나라마다 문화와 전통을 달리하고 역사마저 판이한 지평을 뒤로 한 채, 형벌의 당위와 현재를 두둔하는 건 따지고 보면 사회 불안을 누르고 최소한의 질서나마 확보하려는 실제적 안전장치였기 때문이다.

그럼에도 불구하고 형벌은 국가 안에서 벌어지는 온갖 범죄에 관한 즉자적 대응으로 다시는 이를 겪지 말아야 하리란 바람을 함께 담는 규범적 용기容器이자 그 안에 담긴 공포 모두를 암시한다.[12] 형식이자 내용이며 목적이자 수단의 성격을 동시 포섭하는 형벌의 정치성은 그만큼 다의적이다. 앞서 지적한 대로 결과론적 '내키지 않음'은 물론, 이를 독점 관리해야 할 사법당국과 권력을 의식해야 하는 은연중의 부담 때문이다.

국가가 사용하는 제도폭력이 거꾸로 국가의 부담으로 작용하는 것까지 사전에 방어할 의무는 사법당국에 없다.

국가가 사용하는 제도폭력이 거꾸로 국가의 부담으로 작용하는 것까지 사전에 방어할 의무는 사법당국에 없다. 하지만 판결의 결과를 이행해야 할 죄인과 함께 처벌(혹은 처치)을 실행하는 국가의 경우, 처형은 기묘한 자기목적성과 돌이킬 수 없는 자기 구속성의 모순을 켜로 쌓아 나간다. 형법은 그나마 이와 같은 국가의 부담과 형벌정책을 책임진 사법당국의 짐을 덜어 줄 제도적 규준으로 작동한다(그것이 범죄 예방과 사회 방호 역할을 담지할 것이란 점도 포함하면서 말이다).[13]

형벌은 범죄자 아닌 다른 사람들이 의도적으로 행해야 한다.

형벌의 규범적 조건과 사법적 원칙을 다시 구체화해 보자. 뉴먼Graeme Newman은 이렇게 압축한다.

1. 형벌은 고통이나 통상적으로 불쾌하다고 간주되는 결과들을 내포해야 한다.

2. 형벌[처벌]은 규칙 위반에 대한 것이어야 한다. 규칙에는 예컨대 법규, 학칙, 군율, 종교규율 등 많은 종류가 있다.

3. 형벌은 실제 또는 가상의 범죄자에 대한 것이다.

4. 형벌은 범죄자가 아닌 다른 사람들이 의도적으로 행해야 한다.

5. 형벌은 '범해진 범죄'에 대해 법제도에 따라 형성된 권위체에 의해 부과·집행되어야 한다.[14]

요약하면, 형벌은 '범죄자에게 고통을 줄 목적으로 비범죄(行刑)자가 집행·실천하는 모종의 불쾌(편)함 혹은 괴로움'을 뜻한다. 그것은 국가의 명령이자 거역할 수 없는 일방 폭력이며 여러 유형의 고통 가운데 뛰어넘기 힘겨운 물리(육체)적·정신적 통증을 수반한다. 그 어려움이나 거역하지 못함의 의미를 천착하고 되돌아보는 일은 법학의 심화나 공공질서를 고민하는 이들의 전유물은 아니다.

이와 같은 정의에 기대지 않고서라도 '형벌'을 둘러싼 일상의 메시지는 부자연스러움과 감각의 부조화 혹은 육체적 불협화를 통한 온갖 아픔을 연상시킨다. 따지고 보면 고통은 범법과 재판에 따른 인위적 집행의 결과로만 볼 수는 없을 것이다. 몸이든 마음이든, 아픔의 생성과 동원 혹은 그 부여의 계기를 스스로 만들어 갈 때 통증은 온전히 자신의 것이지 타인의 소유가 될 수 없기 때문이다.[15]

자신이 자신을 가두었듯, 제 스스로 풀지 않으면 통증과 괴로움도 제 몸에서 나가주지 않는 업보라 보아야 할 것이다. 그것은 앞서 살핀 형벌의 응보론과 크게 다르지 않다. 하지만 여기서 말하는 고통의 타율성[16]은 이와는 달리 강제성과 공공의 이익을 핑계로 삼기에 논란 대상이 되고 그 필요와 부피, 시기와 강도 등 적잖은 이야깃거리가 양산된다. 아무리 분명한 근거가 있더라도 형벌에 관한 논의가 법과 규범을 넘나드는 까닭은 인간에 의한 인간의 물리적 고통 부과는 물론 사형에까지 이르는 경우를 염두에 둘 때 지나칠 수 없는 문제들이 돌출하기 때문이다. 형벌을 둘러싼 실로 헤아리기 복잡한 대상들은 그 자체만으로도 논란거리요, 학제연구의 필요를 자극하게 마련이다.●

● 감옥만 하더라도 건축과 종교, 미술과 문학, 정치권력과 사법폭력, 사회철학과 공공정책 등 복합적인 이슈들을 양산한다. 따라서 이를 법학, 특히 형법의 전유물로만 인식한다든지 교정(矯正) 당국의 행정적·정책적 고민 대상으로만 이해하는 건 극히 편협한 태도다.

게다가 정작 중요한 건 그 (실행의) 현장에서 구체적으로 무슨 일이 어떻게 벌어지는지 묘사· 전달할 '표현의 정치'였을 것이다. 신체벌이 횡행하던 전근대 사회에서 그 현장을 포착하기란 어려운 일이었지만, 오늘이라 하여 형벌 현장이 완진 공개되는 것도 아니기에 형장을 둘러싼 규제나 현실적 폐쇄성은 탐구 대상이기에 충분했다. 그렇다고 상상과 유추에 기대거나 인문학적 추론과 일방의 가설로만 형벌을 헤아리려 함도 문제다. 형벌은 엄연한 역사이자 괴로운 추억이며 누구라도 확인·검증할 과학의 창고 안에 사실史實로 오롯이 쌓여 있기 때문이다. 그럼에도 불구하고 저 먼지 쌓인 공간 속에서 체계적인 회억回憶의 경로를 밟아 '실제로 있었던' 고통의 나날들을 일일이 호출하여 복원하는 작업은 그것만으로 또 하나의 형벌이다.

'읽고 상상하기'란 보며 이해하거나 만지고 느끼는 작업을 대체하지 못하며 앞설 수도 없다.

이 책은 르네상스기의 대표적인 형벌 그림들과 그 이후의 논쟁적 작품들을 통해 당대의 통치공학과 정치적 함의를 살피려는 학제 연구서다. 무엇보다도 미술과 정치는 그 실제적 밀접성에도 불구하고 논의와 천착은 빈곤했다. 아울러 '개념'과 '이론'을 통한 정치 연구가 이제 한계의 극점에서 맴돌고 있음도 작업의 변명 근거가 된다.

일방적 상상과 자유 연상은 무책임하기 쉽고, '읽고 상상하기'란 보며 이해하거나 만지고 느끼는 작업을 대체하지 못하며 앞설 수도 없다. 그에 따라 같이 붙잡고 더불어 헤쳐 나가야 할 길라잡이는 불가피하다. 게다가 거대 담론과 추상적 논의에 길들여진 정치 연구의 맹점을 피하기 위해서라도 역사의 탐색은 절실하다.

오늘을 비추는 거울로 '과거'를 인용할 때 국가폭력은 전쟁이나 혁명이 아니라 처형과 고문 현장에서 또렷이 가시화된다. 처벌 근거를 법으로 정당화하고 이를 명령·집행하는 자들의 등 뒤에 종교라는 이름의 편리한 비상구도 있었지만 전前근대 형벌은 어디까지나 국가질서를 핑계 삼은 당대 권력의 지배전략이자 '다스림'의 정교한 장치였다. 신체벌의 점진적 소멸이 사법적 근대와 정치적 모더니티의 출발을 뜻한다 해도 손바닥에 못을 박아 십자 형틀에 묶고 무참히 목을 베거나 질긴 동아줄 고리에 머리를 엮어 매다는 처형은 모두가 공포의 독점을 통한 민중의 '사로잡음' 때문이었다는 데 이 책은 착안한다. 때로는 자살을 강권하거나 감정과 혐의를 뒤섞는 임의 살해도 횡행하고 공개처형의 한 모드로 화형과 육시戮屍마저 무릅쓴 시대를 '중세'라 부르는 것도 '근대'의 기획이자 현대의 음모였다는 데 이 책은 주목한다. 형벌과 미술이 동시에 범람한 르네상스기에 각별히 밑줄 그으려 함도 그 때문이다.

작품 비교와 함께 민중을 교육·학습시키려 했던 권력의 의도와 화가들의 정치적 복무를 뒤쫓되 책형과 참형, 교형과 사형私刑, 편형과 화형의 모습도 도판으로 살필 것이다.● 이 책의 기본 목표를 회화 분석과 그 정치적 함의 추적에 두려 함은 영화나 소설 문학의 현란함에 의존하려는 사회과학적 기대감보다 '정지 대상'으로 미술이 주는 철학적 진중함과 사유 대상으로서의 무게감 때문이다. 이는 시청각 교육이 범한 그간의 방임과 감각적 주입의 무책임을 지양·극복하는 매력적 대안의 탐구 논리를 찾는 일과도 맥을 같이한다.●

● 하지만 오늘도 이어지는 여전한 고문 현실은 대체 뭘까. 게다가 민주주의는 허울이며 정의란 단지 강대국이 즐겨 사용하는 독배 한가운데 박힌 가짜 루비이자 큐빅 다이아몬드란 생각은 과연 옳은 걸까.

● '불편한 그림들'을 거친 기억과 연상이 또 다른 순응과 복종을 요구하는 정치적 고통이 될 수도 있음을 감안하며 말이다.

'미술로 형벌을 보는' 새로운 시각적 자극은 영화와 다큐멘터리 등 동영상의 맹목적 수용을 일삼던 기존의 시청각 교육과는 다른 감각적 변별력과 역사 이해의 효과적 틀을 마련한다. 아울러 역사의 정치적 탐구와 정치의 역사 분석을 위한 대안틀 역시 동원한다. 하지만 미술사, 특히 서양 미술사의 폭발적 관심과 연구의 저변 확대는 마치 1970년대 정치학의 '근대화론'이나 그 이후 '관료적 권위주의론', 아니면 '종속이론'의 열기를 반영한다. 그럼에도 불구하고 편파적인 (미술)작품 해설이나 단발성 신정주의에 그치는 국내 출판시장의 문화적 허기는 여전히 문제다.

이 책은 쟁점적인 작품들을 유형별로 비교하고 당대 국가와 사법 권력의 고민을 헤아리되 그것이 오늘 우리들의 '죄와 벌'을 가늠하는 데 어떤 의미를 지니는지 살피려 한다. 사실 이 작업은 법학 연구자들에게 그 일부를 기대할 수 있었을 것이다. 하지만 사법적 제재와 형사정책의 적정 혹은 형평을 고민하는 이들에게 인문적 사고의 지평마저 넓혀 주길 기대하는 건 난망할 것이다. 이에 관한 선행 연구가 거의 전무함은 이런 학문 현실을 잘 반증한다. 법학과 그다지 거리가 멀지 않은 정치학 부문 역시 이에 관한 연구는 생소하다. 권력 변동과 현실정치 흐름에 우선의 관심을 갖는 이 나라 정치 연구에서 인문학과의 학제 연구는 상식 이상의 의미를 발휘하지 못했기 때문이다.

도상 분석과 문헌 연구의 기본은 르네상스기 유럽 화가들 가운데 특히 이탈리안에 집중되며 부수적으로 주변 국가 화가들 역시 관심 대상에 넣는다. 다빈치Da Vinci, 카라바조Caravaggio, 크라나흐Cranach, 그뤼네발트Grünewald, 르뇨Regnault에 이어 보테로Botero도 주목하려 한다. 작품들은 주로 중세의 형벌 집행 모습으로 그로테스크하거나 엽기적 회화에 주목한다. 채찍과 가시덤불, 인체를 향한 못질과 단호한 참수 및 비정한 효수梟首 등이 여기서 살피려는 전근대 형벌의 대표 유형들이다. 이라크 침공 이후 미군들이 '아부 그라이브Abu Ghraib'에서 자행한 잔혹한 고문의 현실을 미술로 헤아릴 때 현대와 공존하는 전근대 폭력도 아울러 살필 것이다.

화가들의 작업동기를 일반화할 만한 틀은 아직 기대하기 힘들지만 1) 권력을 위한 복무, 2) 자발적 고발, 3) 현장 묘사와 기록적 표현, 4) 사회 통제의 계몽과 정치교육의 도구화 등으로 나눠볼 것이다. 중요한 것은 그림을 보며 느꼈을 중세 관객들의 정치적 공포나 역사적 전언의 영향력이다. 특히 그것들이 당대 권력의 통치 의도와 어떻게 '접합 – 조종 – 조작'되었을 것인지를 헤아리는 데 주력할 것이다.

우선 형벌사상 일반의 규범 논리와 전근대 신체벌의 통치공학을 살핀다. 다음으로는 르네상스 미술에서 특히 그리스도의 책형과 고난이 대속代贖이나 극한의 자발적 복종을 계몽함으로써 무엇을 노렸는지, 아울러 지상 최대의 형벌 집행에 드러난 모범적 성격과 정치적 지배 효과는 무엇이었는지 다시 생각해 본다. 고문과 처형의 정치학이 다시 숭고한 아름다움과 고결한 순종을 두둔하는 변명의 사회학으로 뒤바뀌는 일련의 과정도 여기서 다룬다.

III장에서는 전근대 형벌의 주요 유형들을 도판과 함께 치밀하게 견준다. 죽어가는 자들을 살아서 바라보는 인간들은 물론 잔혹한 신체벌의 고통으로 죄과를 치르는 과정이 보통사람들을 무력화시킨다든지, 법에 의한 단죄가 혐의자 본인의 순순한 복종이나 치열한 자기희생으로 마무리되는 과정도 여기서 다룬다. IV장은 근대와 포스트모던의 탈을 쓰고 중세의 속내를 감추는 미국의 '야만'을 살핀다.

미술을 통해 정치와 역사를 읽고 일방적 시청각 교육의 맹점을 정교하게 극복할 수만 있다면 정지 화면도 얼마든지 동영상의 입체성과 흥미를 뛰어넘는 저력의 미디어가 될 수 있다. 특히 '몸'은 정치 연구와 교육과정에서 감각적 지각과 정서의 문제와 함께 이제 피하지 못할 대상[17]이다. 나아가 지배와 복종의 주체는 이데올로기나 제도가 아니라 바로 몸이며, 권력을 인식하거나 순응하며 도발과 저항을 기획하는 실질적 단위도 결국 육체라는 데 착안하는 일[18]은 늦었지만 매우 중요하다.

중요한 것은 형벌 없는 시대에 형벌의 과잉을 일상으로 겪어야 했던 이들의 삶과 당대 미술의 재현을 읽어야 하는 까닭이다. 자유와 개인의 권리가 우선인 오늘의 세상에서 몸의 사법적 속박과 전근대적 손상은 국가의 존재이유와 형벌의 집행을 새롭게 읽을 역사적 반어로 유의미한 준거가 되기 때문이다. 미술은 이를 증언하고 오늘을 되돌아볼 시각 텍스트로 무엇보다 훌륭하게 작동한다.

왜 견뎌야만 하는가 : 형벌의 인문학과 사회과학

여기서는 근대 형벌에 관한 제2차 세계대전 이후의 사회과학적 분석과 변화를 분과 학문별로 견주어 본다. 신체벌의 현저한 감소와 감옥을 중심으로 한 인권중심 형벌정책의 전 지구적 확산은 프랑스 혁명의 결과다. 형벌의 폐기와 범죄 개념의 근본적 변화까지 겨냥한 혁명은 아니지만 이 사건은 사회 곳곳에 변혁을 가져왔다.

인간이 모든 논의의 중심이며 삶의 새로운 질서를 만들고 바꾸는 주체란 생각은 형벌 집행에 얽힌 전근대적 폭력성을 크게 줄인다. 그것은 곧 중세 형벌을 배양한 신권설이나 폭력 우위의 지독한 불합리함을 근본부터 바꾸고 육체의 상훼傷毁를 형벌과 동일시하는 오랜 편견도 부숴 버린다. 인신구속과 고문은 말할 필요도 없고 아무리 죄인이라 하더라도 생명을 구가하고 행복을 추구할 권리를 갖는다는 인식마저 보편화한다. 죄인이기 이전에 인간이며 법 앞의 절대 평등을 누려야 할 존재라는 사고는 대세로 자리 잡는다.

그럼에도 불구하고 법으로 죄의 질을 따지며 형벌로 책임을 묻는 일 자체가 '악'으로 간주되는 건 아니다. '용서'와 '단죄'의 경계 지점에서 따져봐야 할 숱한 사법적 쟁점을 포함하여 세상의 새로운 풍토 때문에 삶의 치명적 과오 자체를 배제할 수도 없고, 그래서도 안 되는 이유 역시 분명했다. 형벌의 민주화 과정과 형법의 연성화 현상에 얽힌 크고 작은 사연들을 대혁명 하나로만 설명할 수 없는 이유[19]도 여기에 있다.

형벌 존치의 규범적 필요에도 불구하고 법학의 논의나 형사 정책적 의미 규명보다 사회과학의 탐구가 극히 제한적이었던 사실은 흥미롭다.

그러나 형벌 존치의 규범적 필요에도 불구하고 법학의 논의나 형사 정책적 의미 규명보다 사회과학의 탐구가 극히 제한적이었던 사실은 흥미롭다. 무엇보다 그것은 형벌 인식이나 접근의 기본이 강한 편견의 늪에 갇혀 있었음을 잘 말해 준다. 뿐만 아니라 이를 뛰어넘으려는 현재의 노력도 두드러지지 않는다. 사회과학은 형벌을 여전히 먼 거리에서 바라보려 한다.

아울러 자신들이 만든 개념이나 이론 틀을 활용하거나 최소한 응용조차 하지 않으려 한다. 이는 곧 죄와 벌을 향한 인문학적 관심 외에도 규범의 일탈과 배반을 다루는 영역이 당연히 '법'일 것이라는 편견이나 법학 위임론에 기대려 한 결과였을 것이다. 자신들이 아니어도 누군가 이미 손을 댔거나 상당한 진척이 이뤄졌을 것이란 추론이 왕성할 때 학제연구는커녕, 분과학문의 분석과 관심은 담보하기 어려웠다.

형벌과 철학

법학과 주변 사회과학의 학문적 연대나 협력이 활발했다면 이 분야만큼 바람직한 경우도 드물었을 것이다. 죄와 벌은 인류 보편의 피치 못할 대상이(었)기 때문이다. 사회과학 분과학문의 간헐적 형벌 연구는 비관적 상황을 다소나마 희석시킨다. 정치학이 형벌 집행과 권력의 상호관계를 고려하고 경제학이 형벌을 수용하는 죄수의 딜레마와 합리적 선택의 의미를 파헤치는 동안 사회학은 형벌의 사회 통제 효과를 천착하기 이른다. 그런가 하면 문화인류학의 형벌 연구는 문명권별 사형제 폐지와 존치에 관한 비교분석 등 제법 다양한 논의의 맥을 형성하기 때문이다.

문제는 이들을 아우를 만한 통일된 분석 틀을 기대하기 어렵다는 점이다. 게다가 이들을 관통할 만한 공용어는 물론, 소통을 담보할 국제적 인식 틀도 미흡한 게 현실이다. 하지만 대안의 이론 틀로 미셸 푸코Michel Foucault를 인용함은 이제 상식이다. 특히 그의 『감시와 처벌*Surveiller et punir*』은 자본주의 사회의 폭력적 지배 동학이 여전히 민중 전체를 대상으로 한 국가의 통시대적 압박 도구이자 공포의 독점 수단으로 기능함을 힘주어 말한다. 임상의학의 탄생과 이를 비호·관리하는 병원 역시 국가의 암묵적 지원을 막후에 둔 감옥과 비슷하다. 하지만 인간의 성性과 이를 억압하는 자발적·타율적 기제는 물론, 사회구조적으로 이루어지는 배제와 감금이 인간의 광기를 부추긴다든지, 그것이 문명의 역사를 비튼 또 다른 계기를 이룬다는 분석●은 단순한 인기와 환호를 넘어 모더니즘 이후의 삶을 들여다보는 보편의 잣대로까지 확장된다. 그것이 마르크스와 프로이드의 망령을 넘어서는 또 다른 분석틀을 제공한 데 이어 형벌의 인문학과 사회과학적 천착의 중요한 계기가 됨도 잘 알려진 사실이다.

임상의학의 탄생과 이를 비호·관리하는 병원 역시 국가의 암묵적 지원과 외면을 막후에 둔은 감옥 역시 비슷하다.

● 따지고 보면 섹스나 식사나 모두 '고프지 않으면' 절실하지 않은 '미침(狂奔)'의 결과이리라.

널리 알려진 대로 그는 파놉티콘panopticon(원형감옥)을 구상·전파한 제러미 벤담Jeremy Bentham을 의식하면서 자본주의의 실용성과 도구성에 깃든 또 다른 폭력의 얼굴을 파헤치려 든다.[20] 중앙감시체계는 감옥에 이어 병원과 교정기관으로까지 확장·원용되기 이르렀고 합목적성을 넘어 통제와 감시 기능이 폭력의 메커니즘으로 정착하는 일련의 과정도 설득력을 키운다. 실제로 처형이 단행되는 해당 지역은 물론, 곧잘 국가 행사인 양 부각된 전근대 형벌을 '호화로움spectacle of the scaffold'의 이미지로 묘사한 푸코는 신체형이 동원하는 사회적 호응과 열정에 주목한다. 그것은 격정적 세리모니의 자원이자 군중의 눈길을 사로잡는 현장의 열광적 기운이 얼마나 컸는지 잘 보여 준다. 아울러 당대의 통치와 사회적 지배 효과를 극대화하기 위해 죄와 벌이 어떤 역할을 했는지 웅변으로 대변한다.

푸코가 이해하는 형벌의 역사란 이처럼 육형의 '호화로움'이 유화 혹은 약화하는 일련의 과정이다. 그렇다고 형벌의 존재이유마저 사라진 건 아니지만 그 사회적 역할 축소는 뜨겁고 격정적이며 보다 잔인한 현장을 갈구하는 군중의 본능적 심사가 철학적 순화의 길로 접어드는 계기를 암시한다. 즉, 신체형이 동원하는 역설적 호화로움이 '일반화 → 유순화 → 순종화 → 훈육화' 과정을 거쳐 일사불란한 감시와 통제 아래 거의 완전하고 준엄한 감옥체계로 제도화해 가는 과정 말이다.

형벌의 근대화는 고문의 폐지와 그 연성화를 의미한다. 그것이 완전한 폐지의 길로 접어들지 못하였음은 국가와 제도를 막후에 둔 공공연한 폭력이나 이기적 정의를 빙자한 테러가 근대 이후에도 엄연했기 때문이다. 다만 공개처형이나 사형이 크게 줄고 감옥의 역사를 향한 본격적 제도화의 길이 열린 건 인간에 의한 인간의 괴롭힘이 양과 질에서 크게 번모하는 역사의 모멘텀을 (문명권별로) 직접 체험했기 때문이기도 하다.

형벌의 근대화는 고문의 폐지와 그 연성화를 의미한다.

푸코는 고문과 신체형을 아예 동의어로 이해한다. 지상의 모든 신체형이 곧 고문은 아니었겠지만 고문이 신체형의 압도적 비중을 차지한 건 전근대 사회의 두드러진 공통점이다. 그것은 마음이나 이미지가 아니라 피부와 뼈마디로, 청각과 후각은 물론 시각 그 자체로 온전히 받아들이지 않으면 안 되었던 육체적 고통의 각인 그 자체였다. 푸코가 이해하는 고문 개념이 어찌 일상의 또 다른 육체적 고통과 다르겠는가마는 신체형의 대종으로 채찍과 칼, 돌과 짐승 등을 연상·대입하는 일은 고통의 즉발적 자각과 동일시할 수밖에 없다.

장-뤽 낭시Jean-Luc Nancy가 이해하는 고통의 개념은 푸코의 '그것'을 구체화한다.

> 고통의 지점에는 단지 벌어지고 잘리고 해부되고 파괴되고 와해, 분산된 '주체'가 있을 뿐이다.[21]

이처럼 고통을 물리적으로 인식한다면 정신적·의식적 고통은 그만 못할 것이다.[22] 즉, 형벌의 고통이란 피부와 근육, 시각과 촉각을 비롯한 온갖 감각수단을 통한 아픔의 확인이며 그로 인한 절망과 불행의 즉발적 자각이다.●

● 이젠 영영 육신 온전했던 과거로 되돌아가지 못할 것이란 공포와 앞으로 닥칠 삶의 불편을 상상하는 그 일은 견디기 힘든 후발고통으로 볼 일이다.

의도치 않은 육체적 고통은 '죄와 벌'의 응보적 세계관으로만 이겨낼 대상도 아니다. 원치 않은 부상과 유혈의 계기로 전쟁과 평화의 변증법이 불러일으키는 '비사법적 고통'이나 '상처'는 또 다른 탐구 대상이기 때문이다.[23] 누가 뭐래도 전쟁의 목적은 승리에 있다. 하지만 승리를 담보하는 물리적 실체나 증거물은 육신의 부상과 전사자의 규모로 판가름 난다. 흘린 피의 양과 사망 군인의 수치가 곧 정치·외교적 승리를 견인하는 군사적 승리의 근거가 된다고 보면 전투 현장에서 경험한 피폭과 피살 그리고 그에 따른 실질적 통증의 총량은 죄수가 극복해야 할 고통과 비견되는 국가폭력의 결과물이다.

무엇이 신체형인지, 그러니까 형벌이 전근대적 고문과 동격으로 인식되는 과정에서 유념해야 할 몇 가지 기준을 푸코는 이렇게 제시한다.

전투 현장에서 경험한 피폭과 피살 그리고 그에 따른 실질적 통증의 총량은 죄수가 극복해야 할 고통과 비견되는 국가폭력의 결과물이다.

> 형벌이 신체형이 되려면 다음 세 가지 기준과 일치해야 한다. 첫째로 형벌은 정확히 측정할 수는 없다 하더라도 적어도 평가하고 비교하고 등급을 정할 수 있는 어떤 분량의 고통을 만들어 내야 한다. … 둘째로 고통을 만들어 내는 데에는 규칙이 수반된다는 점이다. 고통의 질·크기·시간, 범죄의 경중, 범죄자의 사람됨, 희생자의 지위 등과 상관관계가 있다. … 셋째로 신체형은 일종의 의식을 구성한다. 그것은 처벌의 전례를 이루는 한 요소이며 또한 다음 두 가지 요청을 충족하는 것이다. 우선 신체형은 형벌의 희생자에게 흔적을 남겨야 한다는 것인데 상흔을 몸에 남기는 것이든 혹은 화려한 의식을 동반하는 것이든 형벌의 희생자를 불명예스런 인간으로 만들어야 한다. … 한편 형벌을 부과하는 사법 측에서 보자면 신체형은 화려한 것이어야 하고 어느 정도는 사법 측의 승리로 만인의 눈앞에 분명히 보여야 한다. 사용되는 폭력의 극단성 그 자체가 사법의 영광을 만드는 요소가 될 것이다. 즉, 죄인이 고통을 받아 신음하고 비명을 지르는 것은 사법의 수치스런 측면이 아니라 스스로의 힘을 과시하는 사법의 의식 그 자체다. 아마 피처형자의 사후에도 신체형이 전개되는 이유는 바로 이 점에 있을 것이다. 예를 들면 시체의 화형, 타버린 재의 살포, 사립짝에 태운 시체의 조리돌림, 길거리에서의 시체 공시 등이다. 사법은 있을 수 있는 모든 고통이 끝난 다음에도 신체를 그렇게 끝까지 추적한다.[24]

그렇다면 고문의 역사가 감옥의 탄생을 자극하고 근대 폭력의 새로운 제도화를 재촉한 중요한 밑거름이란 가설도 여기서 충분한 의미를 지닌다. 신체형의 과격함이 일반 처벌로, 처벌의 단호한 경고와 사회적 학습 효과가 인간의 자기 규율로 발전·변화하는 역사도 근대 감옥이 낳은 긍정적 계몽의 결과였을 것이다.[25] 감옥은 전근대 국가폭력과 근대 이성이 불러온 제도폭력의 접점으로 기능하면서 죄와 벌의 조율과 적합한 관계구조를 재생산한다.[26] 그것은 폭력으로 폭력을 제압하거나 즉발적으로 다스리는 충돌의 정치도 아니고, 한껏 부푼 이성의 시대에 모두를 용서하고 함부로 방임·방기하는 방종의 증거도 아니었다. 형사적 사법 절차의 세련화 과정이 처벌 절차를 행형 기술로 변모시켰다고 본 사람이 곧 푸코다.

그뿐만 아니라 감옥이 통제와 감시 기술을 형벌기관에서 사회 전체로 전이시킨다는 철학적 심각성을 절감한 사람 또한 푸코였다.[27] 그는 이 같은 현상에 뒤따르는 몇 가지 중요한 결과를 다음과 같이 압축한다.

감옥은 전근대 국가폭력과 근대 이성이 불러온 제도폭력의 접점으로 기능하면서 죄와 벌의 조율과 적합한 관계구조를 재생산한다.

1. 이 광대한 장치는 무질서에서 법률 위반으로, 그리고 역으로 법률에 대한 위반에서 규칙과 평균과 욕구와 규범에 따른 일탈로 자연스럽게 이동할 수 있게 하는 느리고 연속적이며 보이지 않는 단계적 변화를 확립한다.

2. 감옥체계는 자체의 여러 절차를 통해 많은 '비행자들'의 징집을 가능하게 한다.

3. 그러나 감옥제도와 합법적 투옥을 훨씬 넘어서는 감옥 확장이 부른 가장 중요한 결과는 처벌권을 자연스럽고 정당한 것으로 만들며 형벌 행위에 대한 관용의 기준을 낮추었다는 점이다. 대부분의 감옥체계는 사회 구석구석까지 작용하고 교정술과 처벌권을 끊임없이 뒤섞음으로써 처벌받

는 게 자연스럽고 받아들일 만하도록 기준을 낮춰 놓는다.

4. 권력의 기본 도구인 감옥제도는 권력의 새로운 경제학에 힘입어 새로운 형태의 법, 다시 말해 합법성과 자연성, 규칙과 구조의 절충인 규범을 개발한다. 감옥구조는 밀집된 형태이건 분산된 형태이건 통합·배분·감시·관찰 체계를 갖춰 근대사회에서 규범화 권력의 거대한 토대가 된다.

5. 사회의 감금조직은 신체에 대한 현실적 지배와 영속적 관찰을 확고히 한다. 그것은 자체의 본질적 속성으로 권력의 새로운 경제학에 가장 부합하는 처벌 기구이자 권력의 경제학이 필요로 하는 지식 형성을 위한 도구다.

6. 이러한 사실은 생길 때부터 비난의 대상이 되어 왔던 사소한 발명품인 감옥의 극단적 견고함을 설명해 준다. 그러나 권력 장치와 전략의 한가운데 깊이 박혀 있는 관계로 감옥은 감옥을 변화시키고 싶어 하는 이들에게 커다란 관성으로 버틸 수 있다.[28]

푸코의 철학적 기여라면 '세상은 감옥'이며 모두는 모두의 감시자이자 잠재적 처벌 대상이 된다는 주장일 것이다. 누군가 어디서 늘 나를 보고 있고 나 또한 그(녀)를 보아야만 한다는 강박에서 자유로울 수 없는 상황은 중세의 운명을 뛰어넘는 근대(이후)의 구조이자 수용해야만 하는 삶의 조건인 셈이다. 게다가 국가는 시선을 독점하며 전근대의 착취와 비이성적 횡포를 넘어서는 또 다른 민중적 적개심의 창출원으로 군림하고 기능한다.

푸코의 철학적 기여라면 '세상은 감옥'이며 모두는 모두의 감시자이자 잠재적 처벌 대상이 된다는 주장일 것이다.

결국 푸코는 신체벌의 소멸을 '인간화'로 이해하는 건 지나치게 안일하다고 본다. 아울러 형벌의 진화 뒤에는 권력이 도사리고 있고 신체벌이 사라지자 형벌이 완화된 것처럼 보이는 건 신체가 더 이상 권력 실행의 직접적 장이 아니기 때문이라고 분석한다. 신체를 직접 통제하던 권력은 이제 인간 정신을 통제하는 미시 권력으로 모습을 바꾼다. 권력은 폭력을 동반하거나 공포감을 조성하고 저항을 동원하지만 미시 권력은 이와는 달리 자발적 순종과 순응의 관행을 만들어 낸다. 권력의 측면에서 보면 훨씬 효율적인 통제가 가능해지는 셈이다.

푸코는 신체벌의 소멸을 '인간화'로 이해하는 건 지나치게 안일하다고 본다.

이런 권력 변화는 감옥에만 적용되는 것은 아니다. 감옥은 하나의 사례에 지나지 않고 학교와 공장, 병원도 함께 지목해야 한다고 본다.[29] 이들은 모두 정신에 대한 통제와 반복적 규율을 통한 순응과 복종을 재생산하는 기관들이라는 데 착안한다. 다시 말해 푸코에 따르면 감옥의 본질은 학교나 군대, 그리고 정신병원, 공장과 같다.[30]

아울러 그 같은 자기 족쇄의 보편화 논리에 담긴 함정과 한계 역시 염두에 둘 일이다. 그렇게 다스리고 견뎌야 하는 '생활세계'는 성충동을 억제하지 않고는 살아남지 못할 원색의 공간이 아니며, 착취와 소외의 고통을 이겨내야만 하는 억압적 피지배의 노동자 나라도 아니다. 그것은 발가벗겨진 채 모든 걸 환히 들여다볼 수 있도록 투명하게 재배치한 통치 공간이자 총괄 지배의 수용소군도Archipelago다. 이 같은 상황을 이미지로만 묘사한다 하더라도 질식의 조건 아니면 형극의 나날로 그릴 일이다. 감시와 처벌로 일반화하는 푸코의 '국가'와 그에 따른 '권력관계'는 이제 법적 의무와 최소한의 자유만으로 생존하는 생명체의 불인과 표류로 넘쳐 난다. 그것은 흔히 근대국가의 개막과 숙성을 담보했

감옥의 본질은 학교나 군대, 그리고 정신병원, 공장과 같다. 권력이 요구하는 순응적 인간을 만들어 내기 위한 조직이란 점에선 더더욱 그렇다.

다는 주권 개념의 허구와 가증스런 허무의 메시지만 풍기게 마련이다. 옳다고 믿었던 건 모조리 허구였고 그러지 않으리라 예상했던 것들이 한꺼번에 진실로 둔갑하는 저 기막힌 몰지각의 확인은 감옥 밖이 차라리 감옥 안보다 불편한(살벌한) 경쟁과 탈주 지향의 세상임을 각인한다.

'주권' 개념을 선물인 양 부여받은 근대 이후의 삶이 배제와 박탈은 물론, 불안과 불만을 양산하는 터전이었음을 그의 이론은 역설로 증명한다. 서로를 감시하고 훔쳐보며 소통을 빙자한 관찰과 통제의 세월로 진입한 오늘의 일상은 CCTV 아니면 소셜 네트워크로 넘쳐 난다. 푸코의 감시체계와 투명한 자기검열로 부각되는 삶이 형벌 부과를 뜻하는 건 아니지만 '오늘을 산다는 것'은 '헐벗은 삶nudity[31] · nuda vita · bare life'이라고 묘사하는 조르조 아감벤Giorgio Agamben을 이내 떠올리게 한다.[32]

아감벤은 푸코의 생명정치 개념을 넓혀 나간다.[33] 근대 이후 '생명'은 정치의 중심이 되었지만 '주권재민'의 믿음은 손쉽게 무너진다. 그것은 원론적으로 여전히 맞지만 현실에서는 그렇지 않다. 선거로 뽑힌 권력이 생명을 짓밟고 죽이기 시작했기 때문이다. 아감벤은 여기서 고대 로마의 '호모 사케르Homo Sacer'를 불러낸다.● 생명정치는 민중을 호모 사케르로 만든 과정이며 호모 사케르적 존재는 '예외 상태'를 의미한다고 아감벤은 강조한다. 사람을 죽이더라도 죄가 되지 않는 상황은 결코 일상적일 수 없지만, 오늘의 상황은 이 같은 예외 상태를 아무렇지 않게 여기게 하고 심지어 민중 전체를 호모 사케르로 확장시킨다는 것이다. 이건 과연 유효할까?●

사람을 죽여도 어떤 법석 처벌을 받지 않는 모순적 용어가 호모 사케르였다. 아감벤은 '정치'를 주권권력과 '생명으로서의 삶'

● 로마에서 '사케르'는 성스러운 존재지만 죽여도 죄가 되지 않는 자들을 일컫는다.

● 미군이 이라크와 아프가니스탄 사람들을 함부로 죽인 일도 따지자면 벌거벗은 영혼, 즉 죽여도 죄가 되지 않는 호모 사케르 때문이란 해석도 가능하다.

이 맺는 '생명정치'의 관계로 재정의할 것을 제안한다. 이 낯선 용어는 원래 고대 로마법 전통 속에서 범죄자로 판정받은 자를 뜻하지만 성스러운 자인 동시에 저주받은 자여서 (제물로 삼을 수는 없지만) 죽이더라도 처벌받지 않는 모순적 존재를 가리킨다.

주권권력을 만들었으나 끝내 그에 의해 배제됨으로써 주권 속에 포섭되는 모순적 존재, 즉 '벌거벗은 생명'의 존재는 법, 주권, 시민, 인권 같은 서양 정치철학의 오랜 핵심 용어들을 뒤흔든다. 이런 용어들은 당연히 살아남아야 할 것들이 아니라 생명정치 맥락에서 의미를 재구성해야 할 사유 재료들이라는 것이다.[34] '헐벗음'은 '날것hardcore'의 이미지는 물론 보호와 방어가 힘든 무방비 상태를 상정한다. 그리고 누구도 이런 조건에서 예외일 수 없다고 강조한다.

아감벤과 푸코는 이런 예외 상태를 형벌적 상황이라고 단정하지 않는다. 그러나 '예외를 인정하지 않는 예외'적 조건은 그 자체로 폭력이며 질식할 것만 같은 논리와 권력의 파시즘화를 반증한다. 자기가 만든 국가와 권력에 의해 자신이 포섭되고 제도와 법의 이름으로 배제되며 누구든 그 경계선상에서 자유롭지 못한 반反/半주권적 상황은 행복이나 정의와는 거리가 먼 디스토피아로 엄존한다. 이 무기력한 조건 속에서 삶은 곧 죄악의 온상이 되거나 누구라도 형벌 대상이 될 개연성은 높아질 수밖에 없다.

자기가 만든 국가와 권력에 의해 자신이 포섭되고 제도와 법의 이름으로 배제되며 누구든 그 경계선상에서 자유롭지 못한 반주권적 상황은 행복과 정의와는 거리가 먼 디스토피아로 엄존한다.

국가는 이제 그렇게 유지·잔존해야 할 허구의 지배 도구이거나 최소한의 공적 허울로 겨우 자신의 민낯을 감싼다. 막강한 기구인 양 스스로를 호도하면서 국가는 여전히 그 억압적 위용을 자랑한다. 아니, 기실 그러한 속내를 감춘 채 민중을 향한 은밀한 감찰과 온갖 행정적 강제 혹은 정치적 폭력 기제를 바탕으로 자신의 두려움을 감추려 애쓰는지도 모른다. 만만한 지배 도구로

소위 '민주화된' 근대 형벌이란 핑계를 점잖게 내걸고 말이다.

형벌과 정치학

신체형과 고문은 왜 그다지도 오랜 역사성을 자랑하는 것일까. (푸코나 아감벤이 아니더라도) 숱한 지식인들이 범죄자의 처벌과 공적 규율의 엄정성을 현실로 인정하면서도 아연한 폭력과 야만성에 치를 떤 까닭은 무엇이었을까. 공포의 현시를 통한 압도적 복종과 학습 효과의 유지는 정녕 통치의 중요한 수단이었던 걸까, 아니면 독자적인 이유와 존엄성을 지닌 사법 자원일까. 형벌의 존재이유를 정치로 헤아리려는 시도는 과연 어디까지 유의미한 것일까.

형벌의 철학적 탐구가 폭력의 형이상학이나 미학적 추론을 논의의 주안점으로 삼는다면, 그 정치적 의미를 천착하는 연구들은 국가의 혹독한 사법적 재단과 문죄 절차를 필요악적 선순환 논리●로 파악한다. 아울러 그 같은 행위 전반을 국가권력의 엄호와 암묵적 추인의 결과로 본다. 심지어 행형은 이성과 도덕의 주체인 인간이 양심의 거리낌이나 불편함 때문에 괴로워할 이유가 전혀 없다고 이해한다.[35] 범죄 때문에 사회가 병들거나 무질서로 세상이 무너지는 걸 막기 위해 소수의 악인을 겨눈 국가폭력 집행을 합리화하는 일련의 기제가 바로 정치다. 그것은 다수의 행복과 안전을 위해 소수의 부자유, 즉 구속을 합법화하는 일련의 규범적 메커니즘을 만들어 내는 인위적 절차다.

범죄 때문에 사회가 병들거나 무질서로 세상이 무너지는 걸 막기 위해 소수의 악인을 겨눈 국가폭력 집행을 합리화하는 일련의 기제가 바로 정치다.

● 국가는 이때 중재와 갈등 통합의 필요악으로 자기중심적 선(善) 논리로 무장하고 국가의 제도폭력은 이를 관장 · 수습할 최후의 당사자로 나선다.

다수의 자유를 보장하기 위해 소수의 부자유(구속)를 옹호하고 압도적 평등을 손상시키지 않으려고 제한적 불평등(불공평)을 합리화(법화)하는 일련의 행위를 넓은 의미의 '사법과 정치'로 파악한다면 국가 통치의 근본은 여기서 그 얼개를 찾는다. 여기서

우러나는 온갖 불편함은 과거의 고문 행위를 연상시키거나 공포심을 반증한다. 즉, 형벌 집행을 둘러싼 정치적 불편함은 죄의 대가로 머잖아 죽을지도 모른다는 예단은 물론이고, 그에 준하는 통증이 닥쳐올 것이란 상상도 구체화한다.

그러나 형벌의 정치학 연구는 기대만큼 크거나 깊지 않다.[36] 앞서 살핀 형벌의 철학적 탐구나 사상적 추론에 비해 초라하고, 법학 곁에서 학문적 자율성조차 발휘하지 못하는 것은 어떻게 이해해야 할까. '죄와 벌'을 법의 관점에서 살피려는 자세는 여전히 압도적이다. 이론으로야 법치의 중요성을 당연시해도 권력과 제도의 틈바구니에서 국가는 '사람이 다스린다'는 사고가 폭넓게 자리 잡았고 '인치'의 힘으로 벌을 가중시키거나 줄여 보려는 노력은 법과 정치의 갈등을 야기하기 때문이다.●

● 정치가 법의 필요성을 인정하면서도 곧잘 무시하거나 넘어서려 할 때 이를 중재·조절할 학문적 능력을 기대할 만한 분과는 현재의 사회과학으로는 무망하다.

법과 정치가 서로를 경원시하며 모종의 긴장관계를 유지하는 현상도 이유의 또 다른 몫을 차지한다. 법은 권력이 자의적 판단과 규범적 초월성을 구가하려는 걸 인정하려 들지 않는다. 뿐만 아니라 법 규범의 엄정한 자기구속성 안에 정치권력이 포섭되길 희망한다. 하지만 (앞서 거명한 아감벤의 존재감을 의식할 필요조차 없이) 헐벗은 인간의 삶을 더욱 임의로 조작·통제하거나 완전무결한 복종을 갈망하는 권력의 (폭력적) 자기중심성은 법 규범의 존재감을 관념으로만 인정하려 들 뿐 우러나는 의지로 준수·추종하지 않으려는 본능적 속성을 공유한다.[37]

정당이 동원하는 제도적 권위로 법의 준수 의무와 개폐 권한을 들 수 있고 이를 바탕으로 한 자신감은 이익집약기구로서의 정치적 우월성을 양산한다. 이 같은 우월적 지위와 정치적 자기중심성이 법의 연구는커녕, 존중과 준수의 당위를 때로 훼손하는 가장 가까운 이유가 되는 이치도 감안해야 한다. 정치가 법을 만

듣고 버릴 수도 있다는 우월감은 결국 무엇이든 할 수 있고 또 어떻게든 헤쳐 나갈 수 있다는 자신감 아니면 정치적 자의성을 낳게 마련이다.●

● 그것은 자칫 법과 권력을 나란히 자리하게 만들거나 법 위에 군림하려는 독재의 경로를 낳는다.

권력의 정치학이 형벌세계를 정면에서 다루지 않았던 이유도 따로 있지 않았을까. '인치'와 '법치' 사이에서 '정치'가 오래도록 분명한 자기 거점을 찾지 못했던 때문은 아니었을까. 고대 국가는 물론, 이데올로기의 시대로 진입한 국가들 가운데 중국의 경우는 더욱 원색적이다. 그들에게 법치와 인치는 생각처럼 쉽지 않았다.

조영남은 이렇게 말한다.

> 중국이 법치를 추구해야 하는가 아니면 인치를 고수해야 하는가는 1980년대 인치-법치 논쟁의 핵심 쟁점이었다. 이 논쟁의 분류 방식은 학자마다 조금씩 다르다. 한 중국학자는 논쟁을 법치론, 인치론, 결합론으로 분류하고 다른 학자는 법치론, 결합론, 폐기론으로 분류한다. 그런데 당시에 인치론을 공개적으로 옹호하는 학자들은 소수였기 때문에 논쟁은 후자의 방식으로 분류하는 것이 타당하다고 본다. 첫째는 법치론이다. 법치론자들은 문혁의 비통한 경험을 근거로 들어 법치만이 국민의 기본권을 보호하고 자의적인 권력 행사를 통제함으로써 상시적인 정치·사회적 안정을 가져올 수 있다고 주장했다. … 둘째는 인치-법치 결합론이다. 이는 인치론의 변형이다. … 이들에 따르면 법치가 법률 수단을 이용하여 국가를 통치하는 방법이라면, 인치는 통치계급이 조직의 인사 수단을 이용하여 국가를 통치하는 방법이다. 즉, 법치와 인치는 모두 공산당의 통치방법인데 법을 이용할 것인가 아니면 인사권을 이용할 것인가에 차이가 있을 뿐이다. … 셋째는 인치-법치 폐기론이다. 폐기론자들은 법치 및 인치 개념을 버리고 대

정치가 법을 만들고 버릴 수도 있다는 양가적 우월성은 결국 무엇이든 할 수 있고 또 어떻게든 헤쳐 나갈 수 있다는 자신감 아니면 정치적 자의성을 낳게 마련이다.

> 신 사회주의 민주 발전과 사회주의 법제 완비라는 공식을 사용할 것을 주장한다. 법치와 인치는 모두 문제가 있어서 법치의 기본 특징은 법지상주의이고 인치는 현인정치를 가리키는데 현재 중국 상황에서는 이 모두를 수용할 수 없다는 것이다.[38]

절제하지 못하는 권력의 속성과 그로 인한 정치적 임의성이 '자율'과 '조절' 기제를 망각하여 파멸해 버리는 치명적 독소가 되는 사례도 역사는 얼마든지 뒷받침한다.

법치나 인치는 결국 법에 의한 지배를 명분으로 삼는 정치 행위란 점에서 유사할 것이다. 인치의 경우, 정치적 탄력성과 함께 통치자를 바라보는 민중의 간헐적 매력은 담보할 수 있을는지 모른다. 하지만 절제하지 못하는 권력의 속성과 그로 인한 정치적 임의성이 '자율'과 '조절' 기제를 망각하여 파멸해 버리는 치명적 독소가 되는 사례도 역사는 얼마든지 뒷받침한다.

'국가'와 '책임정부', '법치주의' 등이 오랜 세월 정치질서의 기원이었음을 강조하는 프랜시스 후쿠야마Francis Fukuyama 역시 이들 모두의 (제도적) 책임성을 크게 강조한다. 심지어 엄격한 법치로 정부의 기강을 세운 국가일지라도 자기중심적 야망과 이익의 사적 추구가 멸망의 원인이 되었던 것이 고대 이후의 역사였다는 사실에 주목한다.[39] 법치와 인치 모두 사람의 일일지라도 둘을 함부로 섞어 임의로 사용하려 들 때 법과 권력은 서로에게 치명적 부담이 되는 이치도 역사는 말해 준다. 중국만 하더라도 예외가 아니다.

그는 이렇게 말한다.

> 군주가 백성을 위해 다스려야 한다는 유교의 사상은 중국 정부에 책임성 원칙을 부여했다. 하지만 그 책임성은 공식적이지도, 일정한 절차에 따르지도 않았고 관료들에 의해 길들여진 황제 자신의 도덕의식에 의존했다. 레번슨과 슈어먼은 관료제가 일궈낸 도

덕률이 기본적으로 관료들 스스로의 이익을 위한 것이라고 주장한다. 그들은 법가 통치자들이 노골적으로 국가권력을 휘두르는 걸 반대했는데 유가관료들이 그 첫 번째 피해자가 되기 때문이었다. 그들은 한 왕조의 유가 복권 때 자신들의 입지를 지키자는 생각밖에 없었다. 이 관료들은 공공의 이익이 아니라 계층적이고 친족중심적인 사회체제, 그들 자신이 정점에 서 있는 사회체제의 이익만 추구했다. 그럼에도 불구하고 적어도 원칙적으로나마 통치자가 피치자에게 책임을 져야 하며 국가권력을 상대로 기존 사회제도를 지켜야 한다는 것이 유교의 통치이념이었던 것만큼은 분명하다.[40]

나치의 지도자 원칙Führersprinzip●까진 아니어도 '책임'이란 개념이 최고 권력만 쳐다볼 뿐, 아래를 향하거나 존중 따윈 생각조차 않던 역사는 중국의 절대 권력이라 하여 조금도 다르지 않다. 하물며 혹독한 형벌 시행 현장에서까지 책임이나 모범적 공익을 생각할 정치권력이란 흔치 않았다. 형벌은 권력의 노골적 과시 수단이었다. 극단적으로 표현하자면 권력을 빛내기 위해 범죄와 형벌이 악용되었을 뿐, 세상의 온전한 구원과 경종을 목표로 사법폭력과 공포의 서슬이 푸르렀던 건 결코 아니기 때문이다.

● 히틀러를 향한 독일 공권력의 정치적 일탈은 극에 달한다. 즉, "권위는 윗사람이 행하고 책임은 아랫사람이 진다(Autorität Nach Unten, Verantwortung Nach Oben!)"라는 원칙 아래서 그는 이미 국가와 하늘의 경계를 스스로 넘어서고 있었다.

그의 말은 이어진다.

중국은 근대국가를 만들어 낸 최초의 세계 문명이었다. 그러나 그것은 법치주의나 책임정부 원칙에 따라 통치권을 제한하는 근대국가는 아니었다. 중국 체제에서 책임성을 보장하는 수단은 도덕뿐이었다. 법치주의나 책임정부 원칙이 없는 강력한 국가는 독재로 이어질 수 있으며, 국가가 근대적인 모습을 갖추고 제도화

> 될수록 그 독재는 더 효율적이 된다. 진나라의 국가 체제는 중국을 통일했고 중국사회를 전체주의의 원형이라고 할 만한 사회로 재조직하려는 야심찬 계획을 수립했다. 이 계획은 결국 실패했는데 그것은 국가가 그 야심을 실현하기에 걸맞은 도구나 기술을 갖추지 못했기 때문이었다. 진나라의 국가체제는 널리 대중을 동원하는 이념으로 스스로를 정당화할 수도 없었고 당을 조직하여 그 계획을 실천하지도 못했다. 당시의 커뮤니케이션 기술은 국가가 중국사회의 심층까지 침투하도록 도울 힘이 없었다. 국가가 권력을 발휘할 수 있던 영역에서는 독재에 대한 격렬한 저항을 불러왔고 그것은 빠른 붕괴의 원인이 되었다.[41]

엄하기만 했지 품거나 달랠 겨를 없던 법가의 혹독한 생각은 세상을 향한 책임과 항구적 수범에서 성공적일 수 없었다.

엄하기만 했지 품거나 달랠 겨를 없던 법가의 혹독한 생각은 세상을 향한 책임과 항구적 수범에서 성공적일 수 없었다는 게 후쿠야마 생각의 골자다. 형벌에 관한 언급은 상세하지 않더라도 그의 주장에 경청해야 할 이유다.[42] 그렇다면 법과 정치 사이를 흐르는 긴장과 갈등은 상당한 역사성을 지니는 셈이다. 법을 만들고 집행하는 자들부터 긴장 어린 솔선과 모범에 성공하지 못할 때 책임 영역에서 영원히 자유롭지 못하며 법 규범 또한 창출의 실질 자원인 권력을 위해서만 복무하려 들 때 일체의 설득력과 존재이유마저 사라질 수밖에 없음을 헤아리게 된다.

따라서 법이 체제의 '힘'이자 국가의 '짐'이 되는 까닭은 형벌의 극단적 사용으로 한층 또렷해진다. 국가폭력의 사용은 자칫 극단적으로 기우는 경우가 전근대 사회에선 흔했고, 그건 곧 형벌을 통치공학으로 활용한 전제권력의 정치적 의도로 가능했다. 법치를 핑계 삼은 인치의 횡행은 결국 아시아적 생산양식은 물론이고 중세 통치구조를 지탱하기 위한 보편의 원동력으로 이해할 일이다.

권력의 자의적 폭력은 자연스레 형벌을 사유화한다. 사형은 물론 각종 물리적 신체벌을 골자로 한 사적 형벌 집행이 과거의 정치적 임의성을 도드라지게 만드는 것도 새삼스런 일은 아니다.[43] 민중의 복종이 공포와 고통의 불편함으로 인한 어쩔 수 없는 결정이었음을 읽을 수 있는 이유다. 이 같은 사고의 연장선상에 유교국가가 의존하는 실질적 지배동력이 법가에 있음을 밝히는 단서들이 당대의 삶 곳곳에 포진한다. 뿐만 아니라 인간의 얼굴을 빌린 '야만'과 '폭력'이 형벌의 경로로 정치적 생활세계를 새롭게 황폐화한 일도 이제는 상식이다.

법이 체제의 '힘'이자 국가의 '짐'이 되는 까닭은 형벌의 극단적 사용으로 한층 또렷해진다.

형벌을 전근대의 전유물로 착각하여 이제는 사라진 개념으로 오인하는 일도 여기선 반복하지 말아야 한다. 고문은 물론, 집단처형의 정치적 오만이 비일비재한 게 오늘의 모습이며 그 배후에 국가의 공인된 음모와 변함없는 미래가 담보된다는 점에도 더는 분노할 필요가 없다. 휴머니즘을 가면 삼아 형벌의 합리성과 사법적 적합성을 등에 업은 국가의 운영원리란 뒤집어 표현하자면 그게 곧 '거대 범죄'일 것이란 생각도 힘을 얻는다.

'국가범죄'란 이름의 직설적 표현도 논리적으로는 무리가 아닐 것이다. 박형서는 단호하게 표현한다.

권력의 자의적 폭력은 자연스레 형벌을 사유화한다.

> 유대인들이 아우슈비츠의 규칙을 고분고분 따랐던 건 공포에 의한 굴종이 아니라 개죽음에 대한 저항이었다.[44]

형벌의 정치성이 국가가 의도하는 두려움보다 미움과 도발의 자원으로 희화화될 정도라면 사법적 명령의 준수라는 것도 별개의 동기를 지니게 마련이다. 게다가 그것이 위장된 수용이라면 궁극의 목표는 인내 아니면 탈옥(혹은 영원한 탈주)으로 맞춰졌을 것이다.

형벌 집행을 통한 권력 과시와 그에 따른 민중의 순응을 의도한 국가의 계산은 비교적 단순했다. 그것은 죄수의 순순한 복종과 인종忍從의 고통을 혹독히 학습시킴으로써 일탈자는 물론 이를 바라보는 민중 전체의 공포심을 확대재생산하려는 생각에 다름 아니었다. '보고 들음視聽'은 물론, '듣고 되묻는聽聞' 소문의 정치는 직접 후려치거나 복종을 강요하는 원초적 통치와 전혀 다른 효과를 지니게 마련이다. 그럼에도 불구하고 국가 형벌의 단호한 존치는 항구적 사회 방호를 위해 정치·윤리적 판단을 중단[45]하고 그 합리화에 주력한다. 국가의 사법권 발동은 범죄로부터 사회를 지키고 더 이상 나빠지지 않게 하려는 적극적 조치로 온갖 정신적·육체적 불편함을 강화한다. 그에 따른 공포 효과의 확산과 잠재적 경고는 두말할 필요 없는 부수적 지향점이다.

형벌 집행을 통한 권력 과시와 그에 따른 민중의 순응을 의도한 국가의 계산은 비교적 단순했다.

정치와 형벌은 늘 법과 권력의 갈등을 예고하며 이른바 '정치적' 판단의 최후·최고 담지자인 행정권력 집행자의 임의성을 암시한다. '균형'과 '중립'은 본연의 의미를 담보하기 어렵고 인간에 대한 인간의 재판과 처벌 기준도 항구적 객관성을 도모하긴 쉽지 않다. 형벌 부과와 집행을 둘러싼 용인의 폭과 깊이도 국가와 사회의 문화·역사 편차에 따라 같은 기준을 적용할 수도 없는 게 현실이다.

연구의 빈곤에도 불구하고 '형벌정치학'은 죄와 벌의 긴장관계나 국가 전체적 통계 감소를 목표로 단호한 사법적 처치나 제도폭력 집행을 과시하려는 권력의 의도에 초점을 맞춘다. 아울러 민중의 순응을 유도하려는 치밀한 계산과 죄수의 복종은 물론, '잠재적' 죄수의 경각심마저 키우는 국가가 무엇을 가장 먼저 헤아릴는지도 따져볼 필요가 있다.

형벌과 사회학

'형벌의 법학'이 '두려움의 정치학'과 '고통의 철학'을 통해 국가의 범죄 발생을 줄이거나 피하는 데 탐구의 목적을 둔다면 '형벌의 사회학'은 범죄의 편재성과 자연스러움 혹은 잠재적 확산을 방어할 사전 통제에 관심을 갖는다. 죄와 벌을 둘러싼 편견과 부담을 먼저 의식하기보다 사회학의 형벌 접근은 상대적으로 자유롭고 개방적이다.

이는 형벌의 인문학이나 사회과학의 학문적 아카이브를 풍요롭게 만든다는 점에서 돋보인다. 그렇다고 형벌의 사회학이 가치중립성을 포기하거나 학문적 선입견으로 객관성을 잃는 건 아니다. 형벌의 법학보다 개방적이며 지적인 여유를 반영할 뿐 죄와 벌을 둘러싼 복잡한 담론과 처방 절차에서 자유롭지 못하긴 마찬가지다. 범죄를 역사의 유물로 인식하기보다 구조적 산물로 바라보는 사회학적 태도의 기본은 객관적이고 중립적이다. 게다가 범죄란 피하려 애쓴다고 사라지는 것도 아니며 억압과 격리만으로 줄일 수 있는 것도 아니라는 데 착안한다. 근본적으로 그것은 사회 통제 대상이며 형벌은 그에 따른 당연한 내접이란 점에서 앞서 지적한 형법의 '응보론'과 인식을 같이한다.

죄와 벌을 둘러싼 편견과 부담을 먼저 의식하기보다 사회학의 형벌 접근은 상대적으로 자유롭고 개방적이다.

하지만 사회생활의 근본은 '적응하면 보상받고 일탈하면 제재받는다'는 믿음을 관례화하고 그 오랜 습속을 체득해야만 사회화가 가능하다는 관점으로 '죄와 벌'을 바라본다. 범죄와 형벌이 일정한 목적성을 지닌다고 보면 정치적 성격과 의미의 패턴은 모두 노골적이다.

반면에 사회학적 관찰 대상으로 좁히면 그건 곧 기존 질서의 편입과 통합의 화두가 된다. 질서를 유지하기 위한 적극적 노력이나 실천 범주 안에 형벌이 포섭된다는 사고는 '통제' 본연의 살벌하거나 불편한 이미지를 전제하지 않는다. 가능한 한 최소한의 고통을 상정하거나 언젠가 기존 질서에 복귀·동화할 미래의 적법한 상황을 감안하게 마련이다. 그래서 전근대 신체벌의 처연한 이미지를 연상시킨다 해도 사회학이 유념하는 사회 통제는 적응과 일탈의 메커니즘을 학습시키려는 정치교육의 기본 콘텐츠로 이해할 필요가 있다.[46]

이 같은 자세는 탐구의 적극성과 대상 자체를 친밀하게 당겨보려는 관찰자의 개방성을 촉구한다. 범죄가 특정한 성정이나 선천적 기질의 소산이 아니라 누구라도 저지를 수 있는 우발적 현상이자 의도치 않은 사회적 행위의 결과물[47]이라고 보는 태도는 형벌 역시 잔혹하거나 예외적 폭력성을 지닐 필요가 없다는 사고를 낳는다. 흉악범의 양산도 '사회'가 배경이지만 그들을 품고 받아들여야 할 공간 역시 '사회'란 생각도 여기서 틀을 갖춘다.

사회생활의 근본은 '적응하면 보상받고 일탈하면 제재받는다'는 믿음을 관례화하고 그 오랜 습속을 체득해야만 사회화가 가능하다는 관점으로 '죄와 벌'을 바라본다.

에밀 뒤르켐Émile Durkeim은 죄와 벌의 관계를 아예 새롭게 이해할 필요가 있다고 본다. 즉자적 보복이나 징벌적 폭력이 아니라 사회 전체의 도덕적 건전성을 강화하는 방향으로 바뀌어야 한다는 것이다. '범죄는 기어이 치유해야 할 병리현상이 아니라 어느 사회든 존재하는 정상적인 현상'으로 '범죄가 병리적이지 않다면 형벌의 목적도 그 치료로 맞춰져선 안 된다'고 잘라 말한다.[48] 그렇다면 그 '끝'은 뭘까. 여기서 그는 형벌이 범죄를 예방하고 범죄자를 응징하는 도구적 기능만 수행하지 않고 본질적으로 (범죄자에 대한 처벌을 통해) 정직한 사람들의 집단 도덕률과 집합의식을 공고히 한다고 파악한다.[49]

'범죄사회학'이란 분과학문이 등장하고 죄와 벌의 다양한 시각이 등장하게 된 것도 이 같은 탐구의 탄력성에 기인한다. 사회이론의 적용과 사고의 다양성이 마르크시즘의 자본주의 범죄 분석까지 지평을 넓힌 것도 우연은 아니다. 뒤르켐의 대척점에는 그러잖아도 급진적 시각이 팽배하고 분석의 대안을 노리던 전후 사회학의 비판적 갈증이 새로운 매력의 거점을 마련한다. 마르크시스트들에게 범죄는 상황과 구조의 산물이지 어느 한 개인의 원초적 과오로 인한 문제가 아니다.

마르크시스트들에게 범죄는 상황과 구조의 산물이지 어느 한 개인의 원초적 과오로 인한 문제가 아니다.

형벌 역시 경제기초에 따라 변하는 사회적 상부구조의 허구적 내용물이자 지배계급의 억압 도구에 지나지 않는다는 사고가 여기서 팽창한다. 앞서 푸코가 지적한 형벌의 국가적 편재성이나 오갈 데 없이 헐벗은 삶을 견뎌야 할 아감벤류의 절망과는 또 다른 메시지를 담는다. 국가는 지배계급의 계급적 이익을 옹호하기 위한 폭력집단에 지나지 않고 형벌은 이 같은 요구에 착실히 복무하는 적대적 행위에 불과하다는 것이다.

다음 가설들은 급진적 범죄사회학이 의지하는 인식의 기본 틀을 잘 말해 준다.

가설 1. 사회의 기본적 생산 활동의 성격이 그 사회에 적합한 형벌 형태를 결정할 것이다.

가설 2. 사회에서 행해지는 생산유형이 변하면 형벌의 형태도 바뀐다.

가설 3. 징역형은 초기 자본주의 경제구조 안에서 파악해야 하며 그것과 분리해서 이해할 수 없다.

가설 4. 현대 자본주의 사회의 감옥은 범죄자에 대한 관념을 강화시켜 주는데 이는 하층계급에 대한 억압을 정당화하고 그로 인해 자본주의 계급구조를 재확인한다.[50]

하지만 범죄사회학 연구가 모두 급진적인 건 아니다. 이는 여러 입장 가운데 하나일 뿐이며 연구자의 이념 노선이나 가치관 차이에 따라 얼마든지 다양한 결과를 낳는다.[51] 그것은 사회학자들이 범죄를 긍정적으로 바라본다기보다 배양과 발아의 터전으로 사회적 일탈이나 부적응을 자연스럽고 일상적인 세상의 '가능태'로 이해하기 때문일 것[52]이다.

범죄사회학 연구가 모두 급진적인 건 아니다.

죄와 벌이 서로를 비추는 거울이라면 이 같은 당연함은 사회학 연구에서도 고스란히 드러난다. '범죄사회학' 연구가 '형벌사회학'이란 또 다른 분과와 맞닿는 이치도 마찬가지다. 흥미로운 사실은 축적된 기존 연구의 규모가 전자에 비할 바는 아니지만 후자는 신체벌 소멸 이후 '형'의 의미구조 변화를 밝히는 데 주력한다. 그것은 신체벌 일반으로 상식화된 형벌 개념을 의식의 고통과 감각의 불편함으로 대체하는 일련의 변화 과정을 뜻하기도 한다.

사회학이 주목하는 오늘의 형벌은 범인의 사법 판결 이후 일정 기간 감당해야 할 부자유와 격리의 고통은 물론, 형기를 마친 당사자의 사회 복귀와 기존 질서로의 재적응을 포괄하는 일련의 교정 과정까지 아우른다.[53] 다음은 형벌사회학 연구의 기본을 잘 집약한다. 윤옥경은 이렇게 말한다.

형벌사회학적 이론과 주장의 대두는 '범죄와 형벌'이라는 연구영역에 실질적으로 영향을 미친다. 먼저 범죄에 대한 한 사회의 대

> 응과 국가정책이 행정적 효율성 측면에서 도구적 목표에 의해서만 성립되는 건 아니라는 점을 인식한다. 한 사회의 형벌정책을 이해하려면 그 사회의 정치·경제·사회·문화적 배경을 고려해야 한다는 점을 바탕으로 한 연구들을 촉진시키고 형벌의 사회적 맥락에 대한 중요성을 인식함에 따라 형벌을 범죄 외적인 다양한 요소에 의해 설명하려는 경험적 연구가 많이 시도되는 데 일조한다. … 형벌사회학은 형벌을 형의 마지막 집행단계인 행형으로 보는 협의 개념을 벗어나 형사·사법의 전 과정을 형벌과정으로 본다. 따라서 이런 경향의 경험적 연구들은 단지 행형단계에만 관심을 가지는 것이 아니라 경찰단계·검찰단계 그리고 법원단계의 형벌작용도 모두 관심영역에 포함시킨다.[54]

현 단계의 사회과학부문에서 그나마 사회학자들이 가장 왕성하고 적극적이라는 데 눈길이 간다.

범죄사회학과 형벌사회학을 골자로 한 사회통제 연구가 결국 죄와 벌을 줄이는 데 어느 정도 기여했는지는 아직 미지수다. 사회이론이 현실을 계도·구원하거나 나아가 도덕적 견인의 참신한 자극원이 된다면 바람직하겠지만 여전한 현실적 지체와 정책적 한계는 감안해야 할 현실이다. 그럼에도 불구하고 현 단계의 사회과학부문에서 그나마 사회학자들이 가장 왕성하고 적극적이라는 데 눈길이 간다.

형벌과 경제학

형벌을 경제 현상과 나란히 견주는 것은 언뜻 보아 생소하다. 게다가 법 현상과 경제 현상의 비교도 오래전부터 따지던 문제는 아니다. '죄와 벌'을 과연 그 같은 관점에서 엄밀히 따질 수 있을는지는 그 사체만으로 흥미롭다. 하기야 모든 범죄의 배후에는 깊거나 치열한 판단이 오래도록 개재하기보다 자기 이익부터 챙

기려는 얕은 합리성이 먼저 자리한다고 보면 크게 틀리지 않을 것이다.

죄업이 자기 이익 추구의 대가이자 자기 나름의 합리적 선택에 뒤따르는 혹독한 비용이라고 보는 일도 법학에선 이제 기이하지 않다. 법과 경제를 같은 수위에서 바라보려는 작업도 각 부문의 행위 당사자가 추구하는 이익과 비용, 혹은 합리적 효율성을 고려하는 상식적 관행과 무관하지 않다. 하지만 이 같은 사고의 당연함이나 자연스러움이 오래도록 지체·억제되어 왔다는 사실도 눈여겨볼 일이다. 아울러 인접 사회과학의 경계와 배척이야 더 말할 나위가 있으랴.

죄업이 자기 이익 추구의 대가이자 자기 나름의 합리적 선택에 뒤따르는 혹독한 비용이라고 보는 일도 법학에선 이제 기이하지 않다.

범죄 당사자인 시민 개인과 이를 추적·징벌하려는 검찰, 그리고 사법적 판정 담지자인 법원은 물론 형벌 부과 행위 전반을 국가와 사회 구성분 각자의 이익과 지분의 균형적 나눔으로 이해하는 방식도 사회과학에선 이상할 리 없다. 범인은 죗값을 치러야 한다는 비용 지불 의무와 그에 상응하는 심리적 변제감을 누리고, 사법당국은 일련의 법 집행과 통제의 책무를 이행함으로써 국민의 평안을 담보하기 위한 공권력 행사의 긍지를, 국가는 책임정부의 존재이유와 비범죄 인구의 안위 보장이라는 신뢰를 구축함으로써 이익의 실질 몫을 항시 재확인한다.

게다가 죄와 벌과 당장 관계없는 불특정 다수의 민중은 (비록 미래의 잠재적 범죄자로 간주된다 하더라도) 여기서 안도하게 되며 불안과 공포가 주는 부담을 국가와 사법당국의 제도폭력으로 맞바꾸려는 '기대의 경제'를 경험한다. 그러니까 이해 당사자들의 '누림'과 '보람' 혹은 상황적 '즐거움'이란 결국 자신의 '이익'과 직결되며 나아가 그것이 같은 조건 속에서 또 다른 결과를 촉발·유인하는 경제적 동기가 된다는 설명이 가능해진다. 이익이 있는

● 두 사람의 협력적인 선택이 둘 모두에게 최선의 선택임에도 불구하고 자신의 이익만을 고려한 선택으로 인해 자신뿐만 아니라 상대방에게도 나쁜 결과를 야기하는 현상을 말한다.

곳에 인간의 선택이 집중되며 그보다 나은 대안이 없을 경우, 사람들은 같은 선택을 반복한다는 이른바 합리적 선택 가능성[55]은 절대적 보편성을 자랑하지 않는다. 뿐만 아니라 죄수의 딜레마●를 통해 이익의 예상이 늘 합리적이거나 성공적인 미래를 보장하지 않는다는 한계도 읽은 바 있는 우리다. 그럼에도 불구하고 죄와 벌의 상관관계를 헤아리는 경제학적 접근의 특징은 기왕의 방법들이 놓쳐 버린 '이익'과 '교환' 그리고 각자의 '향유' 메커니즘을 설명하는 데 합리적인 얼개를 유지한다.[56]

형벌의 강도와 범죄율의 상관관계를 생각하는 방법도 쌍방향에서 이루어져야 한다거나 법경제학 연구의 학제성이 여전히 원시적인 것도 생경하지 않은 현실이다. 김대근은 이렇게 말한다.

형벌의 강도와 범죄율의 상관관계를 생각하는 방법도 쌍방향에서 이루어져야 한다거나 법경제학 연구의 학제성이 여전히 원시적인 것도 생경하지 않은 현실이다.

> 범죄에 대한 처벌의 강도가 강할수록, 처벌받을 확률이 높을수록, 범죄자가 보다 신속히 처벌될수록 개인이 범죄에 개입할 확률이나 그 사회의 범죄율은 낮아지는 것으로 본다. 그러나 이 이론은 경험적 연구들에 의해 그리 지지받지 못하고 있는 형편이다. 아마도 그 이유로는 범죄의 결행에 합리적인 계산이 어느 정도 이루어지는가에 대한 의문을 제기할 수도 있겠는데 많은 범죄에 합리적 계산이 개재될 가능성은 매우 적다고 볼 수 있다. 다른 한편으로 사회학에서의 억제이론에 대한 연구는 범죄의 손실 측면에서만 살펴보았지 경제학에서 말하는 범죄에 따르는 이득의 측면을 고려하지 않았기 때문에 범죄와 범죄통계에서의 그 설명력이 약한 것이라고 볼 수도 있다. 결국 억제이론은 미약한 설명력에 대한 보완으로서 경제적 관점의 보다 포괄적 접근방식을 이용하는 것이 필요하다. 한 예로 단순히 범죄의 처벌이 범죄율에 영향을 미치는가 하면 반대로 범죄율은 범죄의 처벌에 영향을 미

친다는 쌍방향적 인과관계를 고려해야 한다. 왜냐하면 범죄율의 증가는 범죄통제를 맡은 기관에 과중한 업무 부담을 주어 통제의 효율성을 떨어뜨릴 수가 있고 반대로 범죄율이 낮을 때에는 범죄 한 건당 더 많은 인력과 자원을 투입할 수가 있기 때문에 통제는 더 효율적일 수 있다. 결국 범죄와 그 통제의 문제는 불가분의 관계를 갖고 있다는 단순한 명제는 경제적 관점에서 쉽게 도출될 수 있는 것이지만 사실상 이러한 연구들이 아직도 그 시작 단계에 불과한데 그 이유 중에는 학문의 폐쇄성으로 인한 학문 간의 교류의 단절에 있다고 보여진다. 경제적 관점은 범죄와 범죄의 통제에 투자할 수 있는 인적·물적 자원들 간의 관계에 초점을 맞추고 있으므로 처벌에 관한 연구에 반드시 이러한 경제적 관점의 이론적 요소가 포함되어야 할 것이다. 이는 바로 법경제학적 분석이 실천력을 가질 수 있는 영역인 것이다.[57]

시장가격이 수요와 공급의 접점에서 결정된다고 보듯, 법경제학 연구자들도 범죄 억제가 형벌의 유도와 견인이라는 정책적 사고의 실천 지점에서 구체화된다고 강조한다. 이른바 형사적 '제재' 말고는 사회질서를 유지할 만한 바람직한 대안이 없다고 보는 그들의 인식은 형벌 억제 기능이 곧 압도적 가치의 우위를 점한다고 이해한다. 신도철은 아예 이렇게 압축한다.

일정 범주의 행위에 대해 이를 범죄로 규정하고 특별한 방식으로 제재를 가하는 이유는 사회적으로 바람직하지 않은 행위 중에는 형사제재 이외의 다른 방법으로는 적절하게 제어할 수 없는 것이 존재하기 때문이다. 형사적 제재의 기능으로는 억제 기능, 무력화 기능, 재활 기능, 보복 기능 등을 들 수 있으나 법경제학적

접근에서 가장 중요한 것으로 여겨져 온 것은 범죄억제 기능이라 할 수 있다.[58]

그러나 억제 기능은 문자 그대로 행위자의 욕구를 잠정적으로 억누를 뿐 행위를 유발하는 원인과 상황을 소멸시키진 못한다는 점에서 근본적 한계를 지닌다. 비유하자면 병원체는 놔둔 채, 증세의 완화와 일시적 치유 효과를 거둠으로써 질병 재발과 확산을 막을 근본 대책까진 내놓지 못하는 의학의 한계와도 이는 서로 통한다. 바꿔 말해 대증對症의 극치가 치료를 담보할 최적 조건을 마련하진 못한다는 모순은 법경제학과 형벌경제학 연구가 여전히 당면한 과제 가운데 하나로 남는다.[59]

대증의 극치가 치료를 담보할 최적 조건을 마련하진 못한다는 모순은 법경제학과 형벌경제학 연구가 여전히 당면한 과제 가운데 하나로 남는다.

아울러 법 현상과 범죄 현상은 물론, 형벌 현상과 경제의 '그것'을 동일시하려는 학제 연구에서 정작 '경제'는 무엇을 의미하는지를 명료화하는 일도 문제다. 연구자들이 말하려는 경제가 이익을 뜻하는 것뿐만 아니라 여기서 '이익'이란 심리적 '안도'인지, 아니면 '체념'과 '긍지' 혹은 '보람'으로 형용할 수 있는 순간적 자기만족에 다름 아닌지 판가름할 절대기준이 존재하지 않는다는 약점은 이 부문이 피치 못할 함정이다.

계량화와 통계는 물론이고 무엇보다 현상 자체의 복합적 원인들을 그나마 과학적이고도 엄정하게 탐구하는 학문이 경제학이다. 그럼에도 불구하고 최소한의 강제나 평균적 합리성을 바탕으로 삼는 법과 정의를 다루면서 과거와 현재는 말할 필요도 없이 형벌의 미래까지 예측할 학문적 힘을 담보할 수만 있다면 그건 새로운 행복일 것이다.[60]

형벌과 심리학

심리학은 죄와 벌을 다루는 사회과학 분과 가운데 사회학만큼 많은 연구(자)의 층위를 드러낸다. 특히 '범죄심리학'은 돋보이는 영역[61]이다.● 오죽하면 수많은 텔레비전 채널들이 앞다퉈 범죄 드라마와 수사물을 방영하면서 있었던 일들과 미래의 사건들을 적절히 배합·극화하여 시청자들의 흥미를 유발하겠는가. 아울러 예전에는 등장하지 않던 수사 전문가들 가운데 범인의 사후 심리와 과거를 치밀하게 고려하여 자백을 유도하는 프로파일러까지 보편화한 오늘날이다.[62]

● 형벌보다 범죄에 훨씬 많은 관심을 보이는 사회 현실이야 그 자체로 독립적 연구주제이지만 '형벌심리학' 역시 탐구의 대척점을 이룬다.

전과 기록이나 현장 정황 증거도 중요한 단서가 되지만 그보다 범행 동기의 외연을 넓혀 혐의자의 성장 과정과 최근의 행적 및 동선 등을 파악하고 범행의 심인과 심층심리에 다가서려는 프로파일러들에게 '나쁜 마음'은 분명한 이유와 결과를 갖는다고 믿게 만든다.[63] 흉악범죄의 통계적 증감과는 별도로 성범죄가 만연하는 오늘날 이들 접근은 사회 통제의 효율적 방법으로 인식되기도 한다.[64]

그뿐만 아니라 범행은 개인과 개인 사이에 일어나는 원한과 불만 아니면 이유 없이도 발생하는 황당함의 결과물로 인식되는 등 미시적 사단(들)의 집적물로 이해하는 게 보편적이다. 하지만 실제로는 집단의 광분과 군중의 우발적 분노가 탈법과 초법의 예기치 않은 결과를 초래하는 원인이 되기도 한다는 점에서 심리 문제는 쉽게 다루기 힘든 영역으로 자리 잡는다.[65]

앞서 지적한 대로 경제를 둘러싼 논쟁 가능성만큼 여기서도 '범행'과 '죄' 그리고 '단죄' 개념을 규정하긴 어렵다. 각 의미의 지평을 정확히 나누기 복잡한 심리 문제들을 수반하기 때문이다. 그것도 시시각각 변하는 사람의 마음과 심리구조를 마치 동결된 실체나 영원한 모형처럼 고정적으로 표현한다는 것도 사실과 다르고, 범죄를 일으킬 당시 상황과 판결 후 형벌 대상으로 확정된 단계까지 감안할 때 같은 대상이라도 시기별 심경은 다 다를 수밖에 없다는 점에 유념해야 한다. 그만큼 이 주제는 민감하고 가변적이다.

범죄가 마음에서 비롯된다고 보는 연구자들은 그것이 광분과 이상억제의 결과물이거나 그 폭발적 변형과 숙성에서 빚어지는 왜곡된 분출 형식이라고 이해하려 든다. 그것은 대부분 고통의 해소 수단이거나 표현 통로로 악용되며 경우에 따라 체질과 습성으로 굳어지기도 한다. 하지만 죄와 벌을 둘러싼 심리적 접근 역시 기왕의 이론 틀을 크게 벗어나지 않으며 익숙한 개념과 방법에 의존하려는 자기중심성을 지닌다.[66]

아무나 저지르지 못할 것 같은 범죄는 누구라도 결행할 수 있는 환경과 상황의 산물이며, 조건과 변수만 맞으면 시공간 제약 또한 초월하는 인류 보편의 행위라는 게 그들 생각의 핵심이다. 그것은 유년시절의 핍박과 소외 혹은 사랑의 결핍이 성장 과정을 통해 굴절된 모습으로 나타난다는 이른바 '박탈-보상'의 부정적 폐해이거나 발달심리 과정의 중대한 장해가 사회 통제 과정에 암울하게 투영된 결과일 수 있다는 인식도 가능해진다.[67]

아무나 저지르지 못할 것 같은 범죄는 누구라도 결행할 수 있는 환경과 상황의 산물이며, 조건과 변수만 맞으면 시공간 제약 또한 초월하는 인류 보편의 행위라는 게 그들 생각의 핵심이다.

나아가 광기와 범의의 상관관계를 치밀하게 탐색[68]하거나, 선악의 가치관이 선천적 형질 문제인지 아니면 경험적 학습과 반복적 기질의 축적물인지를 가리는 일[69]도 관심 대상이 된다. 하지만 연구의 형평과 일관성은 담보하기 어려워도 범죄심리학 맞은편에 형벌심리학의 학제 연구[70]가 자리한다는 점은 흥미롭다. 범죄는 마음에서 비롯된다는 믿음만큼 이 대목에 이르면 형벌도 마음의 장을 거치며 경계와 공포의 대상으로 변한다.

원인이야 무엇이든 정작 죄인을 괴롭히는 최고의 문제는 당면한 형벌을 어떻게 이겨낼 것인지와 직결된다. 심지어 사형수의 경우, 집행 순간까지 남아 있는 나날들과 아직 체험해 보지 않은 '죽음'을 어떻게 대면해야 할는지는 일상의 후회와 전혀 다른 차원의 고통이기 때문이다. 죽음이 아니더라도 일정 숫자로 제한된 과거의 장형杖刑이나 혹독한 신체벌의 경우 집행을 기다리는 시간은 집행 자체보다 두려웠을 것이다.● 두려움은 곧 경험으로 자각하는 물리적 통증이라기보다 다가올 형벌 집행(혹은 처형)을 기다려야만 하는 절박감과 아련함에 가까울 것이다.

● 더 이상 자신은 안전하지 않다는 분명한 '결핍'의 예감, 그 같은 상황에서 비롯될 세상의 낙인과 절망 혹은 세상으로부터의 단절과 파멸의 예상.

루이-페르디낭 셀린Louis-Ferdinand Céline의 자전적 소설문학[71]에 담긴 정치심리와 그 실존적 가치를 탐구한 줄리아 크리스테바Julia Kristeva는 두려움의 의미를 독특하게 그린다. 다소 난삽하지만 크리스테바의 공포는 (그녀가) 그다지도 중요하게 다루려는 '아브젝시옹abjection'의 논리적 구성분이자 하위체계로 작동한다. 그뿐만 아니라 '용서만 해준다면 영혼이라도 팔아' 비루하게 살아도 괜찮다는 낮은 차원의 욕망이거나, 전락과 타락보다 더한 영락零落의 세계에서 비참하게 끌려다닌다 한들 목숨을 부지할 수만 있다면 못할 일 없는 근본적 허접함(결핍감의 또 다른 표현으로)이다.

물리적 폭력 앞에서 허무하게 무너지는 인간의 연약함은 이미 양심이란 이름의 초자아 앞에서 심리적 재판을 거치는 동안 수도 없이 확인할 자기모순일 것이다. 어떤 형식과 내용의 형벌이든 그것을 수용하게 되는 궁극의 심리라는 것도 이 같은 '좋은 마음'이 주재하는 최종심급에 이르러 개운하게 치르는 모종의 장엄한 의례이자 그 계기라는 데 유념하게 된다. 만일 그 같은 자기심사 절차가 없다면 모든 형벌은 기꺼이 이행해야 할 사회적 책무가 아니라 죽기보다 싫은 부역이자 '의도치 않았던 행위의 내키지 않는 결과'일 것이다.

국내 형벌심리학 연구[72]에서 '양심'에 관한 논의는 중요하다. 백승영은 이렇게 말한다.

> 양심은 행위자가 자신의 행위가 지니는 '의미'를, 행위 이전에 그리고 특히 행위의 결과가 나타난 이후에 인지한다는 것을 말한다. 그래서 양심은 자신의 행위가 초래한 결과에 대한 책임의식이며 책임에 대한 기억이기도 하다. 그런데 양심은 과연 '인간'이라는 이름하에 누구에게든 부여된 자연적 소여인 걸까? 양심은 어떤 조건하에서 가책을 느끼는 걸까? 양심과 양심의 가책이 완전히 상이한 계보를 갖는 건 아닐까? 양심에 대한 니체의 관심은 이런 문제의식에서 출발하며 그는 『도덕의 계보』 두 번째 논문 전체를 이 문제에 할애한다. 니체 스스로 '양심의 심리학'이라고 명명하고 있는 이 논문은 심리·계보적 방법론을 사용하여 양심의 계보에 대한 새로운 분석 모델을 제공한다. 그런데 이 모델은 『도덕의 계보』 전체가 그러하듯 가설의 형태로 제공된다. 물론 니체는 그 가설적 성격을 완화시키기 위해 신용할 수 있을 만한 역사적 단초들을 가능한 한 많이 끌어들인다. 또 사회학·계약이론·심리분석·법이론·실존철학·경제학 등의 관점들을 서로 교차시키고 보완시켜 적용하며 이론 수립을 위한 증거들을 이 영역의 지식들로부터 찾아보려 한다. 그럼에도 불구하고 그 가설적 성격은 완화되지 않는다.[73]

어떤 형식과 내용의 형벌이든 그것을 수용하게 되는 궁극의 심리라는 것도 이 같은 '좋은 마음'이 주재하는 최종심급에 이르러 개운하게 치르는 모종의 장엄한 의례이자 그 계기라는 데 유념하게 된다.

하지만 모두가 공유하는 그 일정량의 양심이란 것이 세상의 도덕률을 담보하지 못한 채 초자아의 범람은커녕 삶의 불안한 내일을 비추는 허무한 거울로 전락해 버린 지금, 형벌 강화가 도리어 범죄의 증가 추이를 알리는 무기력한 이치가 되고 말았다. 하물며 죄와 벌을 둘러싼 사회과학의 학제 연구가 빈곤하기 이를 데 없어 오늘의 현실 또한 더 척박하고 아득해진 건 아니지 않을까.

그럼에도 불구하고 학문의 책임을 스스로 폐기하거나 방기할 뜻 또한 없다면 이 같은 면피 논리는 말이 되지 않는다. 무엇보다 미시적이며 구체적인 대상으로 (민족도, 계급도, 시민도 아닌) '나'를 비롯하여 타자를 '개인'으로 치환하려는 심리학에 기대를 거는 일은 그래서 더 가볍지 않다. '나'의 범의와 일탈을 설명·분석하고 나부터 명징한 마음과 심리구조로 세상의 중심에 다시 서도록 형벌심리학을 북돋는 일은 적어도 기대의 과잉이 아닐 것이다.

문제는 한 인간 개인의 심리분석과 그 결과를 국가 전체나 인류 혹은 불특정 다수가 지니는 그것과 어떻게 변별할 것인지다.

문제는 한 개인의 심리분석과 그 결과를 국가 전체나 인류 혹은 불특정 다수가 지니는 그것과 어떻게 변별할 것인지다. 게슈탈트 심리학이 중요시하는 총체 개념도 감안해야 하지만 '하나'와 '전체'는 근본적으로 다르며 '미시'와 '거시'를 가교할 방법 자체를 학문에서 구하지 못할 때 남는 한계도 잊지 말아야 할 것이다.

형벌과 문화인류학, 그리고 의학과 공학

형벌 연구에서 국가별 역사와 전통 차이는 필수적 고려사항이다. 삶의 잠재적인 지탱과 갈등 완화 기능을 담당하는 문화가 문명권별로 어떤 차이를 보이는지도 주요 변수로 작용한다. 그것은 곧 세계 형벌사가 정치와 경제·사회의 영향은 물론 주변 세계와 밀접한 관계를 맺는다는 사실을 잘 반영한다. 인류학과 형벌의 관계가 단순히 학제 연구를 넘어서는 까닭이다.

특히 일정한 문화(문명)권에서는 범죄일 수 없는 일이 다른 문명권에서는 혹독한 죄악이 되거나 목숨을 내놓아야만 하는 경우도 비일비재하다. 앞서 지적한 대로 형벌의 역사는 고문의 역사를 낳고 고문은 체제를 유지하는 통치공학이거나 정치 수단이며 아예 국가의 중요 현상[74]으로 작동한다. 또한 형벌의 사회과학 연구를 한층 두텁게 만든 비교론적 시각마저 배양한다는 점에서 탐구의 인프라는 기왕의 법학이나 문화인류학과 결합[75]하는 형국이다.[76]

형벌의 비교역사 연구에서 종교와 인종이란 오랜 변수가 처형문화의 문명권별 파급 정도나 그 한계[77]를 자주 드러낸다 하더라도 '처벌'은 여기서도 '고문'과 동의어로 사용된다.[78] 전근대 신체벌은 말할 필요도 없고 오늘도 예외 없이 적용되는 국가별 제도폭력은 고문 형식을 피하지 못하는 경우가 적잖다. 비근한 예로 이슬람권 여성들이 치러야만 하는 '명예살인', 즉 돌팔매형은 엄연한 현실이자 반복현상이기 때문이다.

과거에는 '죄'였던 것이 오늘은 전혀 상관없는 일이 되기도 하고 어느 나라, 어떤 지역에서는 범죄인 현상들이 다른 곳에선 전혀 문제 되지 않는 모순이야말로 형벌의 문화인류학이 다루는 가장 큰 화두다. 따라서 세상사의 집합만이 아니라 같은 사건과 현상들의 공간별 차이는 물론 그 다름에 관한 비교론적 사고는 형벌의 사회과학 연구에서도 예외가 아니다.

비이슬람권에서는 문제 되지 않는 일들을 유독 혹독한 대가까지 강요하며 '문화'로 존치시키는 까닭이야 여기서 자세히 따질 계제가 못 된다. 하지만 인종과 문명권별 형벌 집행 차이는 누군가 강제로 섞거나 간여할 '제3섹터'가 되지 않는다는 점에서 각별하다. 언어로는 표현하기 힘든 문화적 측면과 형벌을 체념적으로 수용하는 해당 문명권 민중들의 '적극적 수동성'까지 감안하자면 처형은 운명일 뿐, 반인권이나 비인간의 담론 대상이 되

지 않을 때도 허다하다.[79]

레잘리Darius M. Rejali는 그의 방대한 연구에서 고문 행위가 작동하는 세 가지 모델의 실제를 파헤친다.[80] 그에 따르면 고문은 대부분 1) 겁을 주거나, 2) 위증을 강요하고, 3) 정확한 정보를 입수하기 위해 감행·반복된다.[81] 이 같은 모델들은 세계사 속의 다양한 국가별 고문을 이해하는 이념형일 뿐 아니라 본질에 다가서는 잣대로도 유용하다. 특히 이 같은 모델의 원류는 인간이 모여살기 시작한 고대 그리스에서 찾을 수 있고 국가와 관료, 경찰과 감옥 같은 제도적 장치가 생겨나기 전부터 존재했음을 알 수 있다.

어떤 지역에서는 범죄인 현상들이 다른 곳에선 전혀 문제 되지 않는 모순이야말로 형벌의 문화인류학이 다루는 가장 큰 화두다.

주인을 보호하기 위해 노예 고문을 자행하거나 지역공동체의 질서와 가문의 명예마저 지탱하고자 애썼던 고대 사회의 발상은 정치적 위증 교사와 인위적 과시를 동시 모색한 원시 통치공학의 핵심이었다. 뿐만 아니라 주변 국가나 먼 나라와 전쟁을 치르기 위해 혹은 그 같은 상황을 막기 위해 적을 고문하거나 배반자를 색출·구금·압박하는 작업은 당연했을 것이다. 흉악범은 물론 일반 범죄의 경우도 그에 상응하는 신체적 고통이 흔한 관례였던 것도 따지고 보면 국가 운영을 위한 필요악이자 관리 비용으로 이해할 터였다.

민주주의를 지키기 위해 고문이란 비민주적 방법을 합리화하는 역사의 관례는 분명 정치적 모순이었다. 그것은 진정으로 '평화를 원한다면 전쟁을 준비해야 한다*Si Vis Pacem, Para Bellum*'라는 베게티우스Vegetius의 경구만큼이나 자가당착적이다. 제아무리 민주주의란 의미가 여유롭다 한들 이 같은 비민주적 폭력성을 포용해야 한다는 사실은 좀처럼 마음 편한 일이 아니기 때문이다.

고문은 대부분 겁을 주거나, 위증을 강요하고, 정확한 정보를 입수하기 위해 감행·반복된다.

세상 어느 국가도 고문에서 자유롭지 못하다는 점에서 그 정치적 보편성은 경이롭다. 미주 지역은 말할 것도 없고 중동과 북

아프리카, 아시아 전 지역에 걸쳐 고문의 정치는 21세기까지 이어진다. 고문의 광범위함은 국가별 기술 전이와 파급은 물론 변종 기술과 응용의 공학마저 양산한다.

레잘리는 한국 역시 고문기술 개발과 확장에서 예외가 아니라고 확인한다. 이는 경험적으로 앞선 여러 나라들과 그리 큰 차이를 보이지 않는다. 바로 이 점에서 인권과 정치적 자유의 확산 정도 등 피부로 느낄 수 있는 민주화의 정도와 고문은 아무 관계가 없다고 강조한다. '고문과 민주주의'는 역설적 상호의존성을 보이며 고문기술이 발달할수록 국가가 표방하는 민주주의의 정치적 외관은 한결 화려하고 입체적이었다는 데 주목한다.

한국만 하더라도 고문의 시대로 각인되는 1970년대에는 자석발전기에 의한 전기고문이 수사기관과 감찰당국에서 흔했다. 중국은 아시아 대표 고문국가로 여전히 그 평판을 유지한다. 중국은 특히 수사관들이 선호하는 전기총이나 전기침 등 특수 제작한 고문도구들을 반체제 인물 수사와 취조 과정에서 암암리에 사용했고 동남아국가들 역시 라이브 와이어live wire를 통한 전기압박과 충격에 의한 고문 방법을 간헐적으로 애용한다.

민주주의를 지키기 위해 고문이란 비민주적 방법을 합리화하는 역사의 관례는 분명 정치적 모순이었다.

〈표 1〉은 전기고문 국가들로 한국을 비롯한 아시아 주요 지역의 고문 확산 정도를 공간별로 재구성한 것이다. 표에 따르면 30여 년 동안 전기고문을 이끈 아시아 주요 국가인 한국은 인도와 중국 및 동남아시아 대표 국가들과 필적할 만한 제도폭력을 민주주의라는 허울로 견고히 감싸 왔다. 고문과 처형은 그러나 엄연히 다르다. 고문은 처형 전 단계에 가해지는 물리적 폭력이지만 반드시 목숨을 담보하거나 그 제거를 목적으로 삼진 않는다.

한국이 자석발전기를 통해 아시아 주요 고문국가로 부상할 수 있었던 것도 대상자들을 적절히 겁주며 국가가 의도한 대로

〈표 1〉 아시아의 주요 전기고문 국가군: 1970-2004년

	1970-1979년	1980-1989년	1990-1999년	2000-2004년
과거 사용국가 / 후발국가	한국(남한) (자석발전기*) 캄보디아 (전선電線) 인도 (자석발전기) 인도네시아 (전선電線) 필리핀 (자석발전기) 대만	한국(남한) 캄보디아 인도 (자석발전기) 인도네시아 필리핀 대만	한국(남한) 캄보디아 (침針) 인도 (자석발전기) 인도네시아 (침針) 필리핀 대만(침針)	인도 필리핀 대만(침針)
상대적 후발국가		방글라데시 중국 (충격용 총stun gun, 침針, 전기침) 파키스탄 스리랑카	방글라데시 중국 (충격용 총stun gun, 침針, 전선電線, 전기침, 전기충격법) 파키스탄(침針) 스리랑카 (자석발전기, 침針)	방글라데시 중국 (침針) 파키스탄
절대적 후발국가			네팔	네팔
주기적 반복국가	베트남	버마/미얀마 라오스 태국	베트남(침針) 버마/미얀마	라오스 태국

주: 밑줄은 해당 국가가 선호하는 특수제작 고문도구를 뜻함; * phone magneto.

출처: Darius M. Rejali, *Torture and Democracy* (Princeton, NJ.: Princeton University Press, 2007), p. 209.

혐의를 인정하게 만들려는 당국의 정치적 고려 때문이었다. 경우에 따라서는 고문 도중 사망하기도 했지만 우선의 목적은 대상자로 하여금 압박 주체를 향해 끝없는 공포와 외경심을 갖게 하는 데 있었다. 그것은 굴종과 순응을 동원하고 수모와 치욕마저 내

면화시킴으로써 국가의 존재감을 그만큼 격상시키려는 통치 의도와 직결되어 있었다. 그럼에도 불구하고 고문 대상자가 국가의 의도대로 반응하지 않을 때 처형은 다음 단계이거나 마지막 수순으로 고려한 불복종의 정치적 대가였다. 그렇다고 모든 처형이 곧 고문의 한계와 부족을 넘어서는 최후·최고의 비용이었다는 논리는 당연히 결정론의 함정을 안을 것이다. 하지만 두 개념 사이에는 쉽사리 조율하기 어려운 정치적 긴장과 극한 갈등이 개입하게 마련이었다.

어느 경우라 하더라도 두 개념은 모두 민주주의와 사법적 합법성으로 무장한 국가폭력을 강화하고 있었고 이를 위해 의학과 공학은 적절히 복무해야만 했다.[82] 신체의 어느 부위를 어떻게 괴롭혀야 하는지, 혹은 그때 어떤 재질의 도구를 사용해야 하는지는 치밀하게 고려한 기술적 준비사항[83]이다. 어떻게 고문하는 게 덜 고통스럽고 어떤 방법으로 죽이는 것이 가장 효과적인지는 간단치 않은 화두였다. 의학과 형벌의 관계를 다룰 때 일상의 관심사는 흔히 정신과적 차원으로 국한되거나 그럴 것이라고 예단하지만,[84] 내·외과학적 고민을 병행하는 경우가 많은 건 이상한 일이 아니다. 특히 사형제 폐지 논란과 함께 안락사의 실천적 응용은 법학과 의학에 이어 기계공학과 전기공학이 협업해야 할 주요 토픽이 된 지 오래다. 그것은 과거 신체벌이 횡행하던 시절, 단지 죄수의 목을 치거나[85] 그에 준하는 형벌을 고문과 병행하던 것[86]과 전혀 다른 차원의 문제로 인식된다.

고문 대상자가 국가의 의도대로 반응하지 않을 때 처형은 다음 단계이거나 마지막 수순으로 고려한 불복종의 정치적 대가였다.

형벌 연구는 이제 종합과학의 면모를 갖춘다. 형벌이 사라졌다고 믿는 편견의 극복은 물론, 가는 곳마다 사슬에 묶이는 인간의 불편함은 정치적 예속 때문이 아니라 상호 감시와 처벌의 예고 때문임은 더 이상 강조할 필요가 없다. 그것은 문화와 역사

편차만 달리할 뿐 '고통의 균분'이라는 차원에서 공통의 인류 언어로 자리매김[87]했기 때문이다.●

● 과잉단순화하자면 잘못해서 벌 받는 세상이 두렵기보다 같은 잘못을 반복할 경우 닥쳐올 고통이 더 혹독할 것이라서 '질서 편입'을 작정하는 철학적 굴종은 정치적으로 차라리 아름다울 것이다.

질서유지를 핑계 삼아 국가통치가 민중의 고통을 무릅쓰는 일은 곧 '지배-복종'의 독특한 메커니즘[88]을 양산해 낸다. 고문의 역사가 거기서 곁가지를 치고 수많은 인종忍從의 핑계를 만든 것[89]도 결코 우연은 아니다. 그 과정에서 쇠꼬챙이와 가죽 채찍이 동원되거나 칼과 수갑 혹은 못 의자나 족쇄가 애용된 것[90]도 하릴없는 국가예산 낭비는 아니었던 셈이다. 고문의 역사가 혹독한 만큼 형벌의 역사도 가혹했고 처형 현장의 낭자한 피는 민중의 공포로 탈바꿈하고 있었다. 그 대가는 결국 통치자의 자기만족 아니면 그만큼의 정치적 불안으로 연결될 수밖에 없었을 것이다.

형벌과 법상징학

법을 단지 무미건조한 조문이나 최소한의 강제를 담는 규범의 그릇으로 보기보다 구체적 형상과 이미지로 시각화하여 이해할 필요가 있다고 보는 법상징학은 법학 연구의 주류가 아니다. 하지만 학문적 인기나 추종 인구의 규모와 관계없이 이는 당장 형벌 이해를 위해 중요한 의미를 지닌다. 그것은 조문 내용을 문장과 단어로 유추하는 방법이 아니라 조형화된 상징을 통해 시지각으로 먼저 경험하게 함으로써 빠른 인지와 연상 혹은 기억의 소환을 가능하게 만드는 감각적 습득 과정에 주목하기 때문이다.

고문의 역사가 혹독한 만큼 형벌의 역사도 가혹했고 처형 현장의 낭자한 피는 민중의 공포로 탈바꿈하고 있었다.

인식의 경로는 여러 갈래가 있다. 궁극적으로 그 주체가 사람의 몸이란 점에선 이론의 여지가 없지만 어떻게 '앎'의 세계에 근접하고 또 그것을 지탱하느냐 하는 이른바 정보와 지식 체득은 속도와 강도 혹은 방향에서 서로 다른 특성을 갖는다. 감각적 습득은 여러 경로 가운데 가장 빨리, 그리고 가장 오래 유지·존속하는 속성을 자랑한다. 귀로 듣거나 간접 체험의 경로를 거치기보다 눈으로 직접 보거나 확인하는 방법이 효과적인 앎의 수단이라는 것은 이미 널리 알려져 있다. 하지만 지식 전달과 보존에서 문자정보를 '읽는 과정'으로 정보를 처리·입력·저장하는 게 우선이란 선입견은 좀처럼 지워지지 않는 것 또한 사실이다.

법을 상징으로 이해하려는 것[91]은 '규범'과 '강제'를 '미술'로 헤아리려는 방법이다. 여기서 '상징'이란 의미를 미술, 특히 조형성과 색감을 지닌 형상예술의 세계로 국한해야만 하는지는 당연한 의문이다. 상징은 이미지나 논리의 추론을 가능하게 하는 단서일 수 있고 불완전한 기호나 부호만으로도 전달하려는 의미의 콘텐츠 상당 부분을 드러내는 '비형상성non-figurativeness'을 지니기 때문이다.

그럼에도 불구하고 법상징학이 '상징'이란 용어를 고집하는 까닭은 미술이란 개념을 바로 인입引入하여 차용하는 일이 부담스러울 뿐 아니라 조형예술의 어느 한 장르만 고집할 경우 불러올 여러 오해를 최소화하기 위해 포괄적이거나 총체적인 그물망이 필요했기 때문이다. 이는 사실상 법학에만 적용되는 건 아니다. 무릇 정치와 경제, 사회와 문화 전 영역에 걸쳐 폭넓게 대입·탐색할 수 있는 무난한 개념 역시 '상징'이기 때문이다.[92] 최종고는 이렇게 말한다.

법상징학이 '상징'이란 용어를 고집하는 까닭은 미술이란 개념을 바로 인입하여 차용하는 일이 부담스러울 뿐 아니라 조형예술의 어느 한 장르만 고집할 경우 불러올 여러 오해를 최소화하기 위해 포괄적이거나 총체적인 그물망이 필요했기 때문이다.

> 법이란 적어도 그것이 사회생활 속에서 인간의 행동과 정신에 관계되는 것이라면 결코 추상적 개념으로만 인식되는 것이 아니라 때로는 '상징'으로 나타나는 예가 많이 있다. 법은 한편으로 제도요 기술이면서 다른 한편으로는 사상과 철학이다. 법철학자 라드브루흐G. Radbruch가 표현한 바와 같이 법은 정의라는 법이념을 향

> 한 (넓은 의미의) 문화규범이기 때문에 법과 정의의 이념을 조형미술로도 가시화할 수 있다. 인간은 추상적 명제보다 가시적 형상이나 상징을 볼 때 더욱 확실한 인식을 가질 수 있다. 법상징학은 법철학이나 법미학을 더욱 가시화하여 다양한 조형으로 법과 정의를 표현하는 학문이다.[93]

법을 상징으로 이해하는 방법을 형벌 탐구에 적용하는 건 극히 자연스럽다. 형벌은 단순히 법조문의 물리적 실천이나 아니면 사법적 심급이 내린 최종 판단의 일시적 적용이 아니기 때문이다. 그것은 기결수 본인이 죽을 때까지 끌어안고 가야 할 고통의 다른 표현이며 이제는 세상이 거들떠도 보지 않을 존재로 그(녀) 스스로 감당해야 할 쓸쓸한 인내의 세계를 총칭하는 건조하기 짝 없는 단어이기도 하다.

이런 형벌의 실체에 가장 가깝게 다가서기 위해 일상의 인간들이 기댈 수 있는 간접 경로로 미술만 한 대안이 없다고 보면 법상징학의 비중은 가볍지 않다. 듣고 읽어서 아는 것보다 보고 느끼며 얻는 몸의 감동이 훨씬 빠르고 오래 간다는 사실은 흔히 말하는 시청각 미디어의 장점을 넘어선다.●

● 하물며 가혹한 정신적 고통으로 몸을 괴롭히고 육신을 절단하거나 모두 보는 앞에 매달아 늘어뜨리는 물리적 형벌 현장을 파악하는 일 앞에서랴.

상징의 의미를 '형상의 특징'쯤으로 규정하자면 의미의 모호한 여백은 그나마 좁혀진다. 그것은 상징의 표현 주체가 드러내려는 메시지의 핵심을 최대한 그에 근접하도록 전달하는 '내용의 정치'이자 구체적 상상 근거로 봐야 한다. 상징은 따라서 의미를 생략하고 함축하는 것이 아니라 표출하려는 가치의 콘텐츠를 효과적으로 집약하여 확산시킨다. 예술의 경우, 그것은 다양한 장르를 통해 표현하려는 내용을 구체화하며 특히 시지각과 청각에 의존하려는 강한 속성을 유지한다. 형벌의 상징 표현 역시 이 같은 특징을 드러냈던 게 사실이다.

상징을 이미지 구현이나 그 실체적 노출이라고 이해하기보다 단지 의미의 암시나 가치의 '잠재태'라는 편견으로 묶는 한, 법상징적 관점에서 형벌을 바라보거나 범죄를 이해하는 경로는 쉽게 차단된다. 이 같은 경계선상의 우려를 지속적으로 불식하고 극복하기 위해 필요한 게 바로 법학과 미술의 지속적인 학제 작업이다. '법상징'이라는 추상적인 개념보다 절차적 가치로 인식해야 할 '형벌'만 하더라도 어느 상황에서든 최소한의 상상 근거를 필요로 하게 마련이다.

듣고 읽어서 아는 것보다 보고 느끼며 얻는 몸의 감동이 훨씬 빠르고 오래간다는 사실은 흔히 말하는 시청각 미디어의 효과적 장점을 넘어선다.

그것이 일상의 구류나 감옥에 갇힌 수형의 나날이든, 아니면 참담한 현장의 처참함이든 형벌이라는 명칭을 읽거나 들을 때 당장 떠올리는 단서는 최소한의 '형상' 이미지이자 이를 압축하는 상징일 수밖에 없다. 즉 그것은 교형이든 참형이든 글자를 통해 연상하게 되는 상형 콘텐츠와 그것이 실제 펼쳐지는(펼쳐졌을) '현장의 모습'을 떠올리는 인식 주체의 순간적 감각작용일 것이다.

2차원 조형미술로 형벌을 다룬 결과물들을 시지각으로 습득하는 경우,● '회화'만 하더라도 색상과 명암, 원근과 입체, 압축과 확장 등 상징을 구체화하는 변수는 다양할 것이고 3D 입체 유물의 경우는 더욱 강한 리얼리티로 대상과의 물리적 거리를 좁힐 터다. 이는 신체벌의 실천 여부를 떠나 근대 형벌전후사는 물론 오늘의 범죄와 처벌을 탐색하기 위한 역사 추론을 위해서도 유의미한 근거로 작동한다.

● 물론 2차원 미술에만 국한되지 않는다. 조각과 설치, 행위와 동영상 프로그램으로 형벌을 재현하는 일 역시 예외가 아니기 때문이다.

이제 천착해야 할 문제는 형벌미술의 실제다. 형벌을 탐구하기 위해 주변 학문이 필요했다면 그건 어디까지나 형벌의 의미를 헤아리거나 성격을 이해하는 도구일 뿐 형벌 그 자체를 파고 들 직접 단서는 아니기 때문이다. 그럼에도 불구하고 형벌의 인문학과 사회과학이 함께 누벼야 할 역사의 접경지대는 따로 있다. 그것은 좀처럼 활성화하기 힘든 역사적 논의의 공백이자 온전히 되돌아갈 수조차 없는 애수哀愁의 시간대로 '중세'에 관한 각별한 이해 때문이다. 실제로는 엄청난 세월의 축적물이건만 아직도 그 시대를 명명할 적합한 용어는 아득하게만 여겨진다.●

무엇으로 묘사하든 '고대'는 너무 멀고 '현대'는 가까우며 '근대'란 지나치게 시끄럽고 들끓는 혼돈의 시대였다는 핑계를 먼저 들 수 있으리라. 종교로 겹겹이 포장했건만 '가톨릭'이란 허울이 주는 질식과 위선의 조건은 오늘을 비추는 거울이며 암전과 침묵으로 군림했던 시절을 통해 좀처럼 나아지지 않고 있는 정치적 생활세계의 참담함을 다시 탓할 수 있기 때문이기도 하리라.

하지만 중세를 휘돌아 오늘을 향하는 저 고단한 역사 탐사의 길을 나서야 할 진짜 이유는 무엇보다 그 시대를 관통하는 핵심 코드로 형벌과 죽음을 동시에 읽어야 하기 때문이다. 아울러 기다림과 맹목의 시절을 보낸 숱한 민중의 삶을 놔둔 채 '그 이후'를 말할 수 없으며, 동시에 근대는 결코 거저 열린 것이 아니란 사실을 잊으면 안 되기 때문이다. 그렇다면 처절한 일방성과 최소한의 보상조차 얻지 못한 채 인내해야만 했던 삶이란 일상으로 신체벌마저 치러야 했던 역사의 나날들과 어떤 관계를 갖고 있었을까.

● 중세는 그저 고대와 근대 사이에 끼어 있는 역사의 간주곡처럼 '있었어도 없는 것'처럼, '볼 수 있지만 보려 들지 않는' 증류수같이 (거기 그렇게) 있을 따름이다. 엄연히 보였건만 이제는 흔적조차 사라진 '나프탈렌'처럼 그것은 어쩌면 아련한 역겨움, 아니면 '내키지 않는 그리움'처럼 근대와 맞붙어 있다.

주

1 Richard A. Bauman, *Crime and Punishment in Ancient Rome* (London: Routledge, 1996); Joyce Tyldesley, *Judgement of the Pharaoh: Crime and Punishment in Ancient Egypt* (Ukiah, CA.: Orion Publishing, 2000).

2 David Noel Freedman, *The Nine Commandments: Uncovering the Hidden Pattern of Crime and Punishment in the Hebrew Bible* (New York: Doubleday, 2000); Nonie Darwish, *Cruel and Usual Punishment: The Terrifying Global Implications of Islamic Law* (Nashville, TN.: Thomas Nelson, 2009).

3 Ron Brown, *Art of Suicide* (London: Reaktion Books, 2004), Ch. 2.

4 상앙(商鞅)과 한비자(韓非子) 등 법가의 형벌사상에 관해서는 최명, 『춘추전국의 정치사상』(서울: 박영사, 2004), pp. 359-403.

5 Jeffrie G. Murphy, *Punishment and the Moral Emotions: Essays in Law, Morality, and Religion* (New York: Oxford University Press, 2012); Jonathan Rothchild, Matthew Myer Boulton, and Kevin Jung, eds., *Doing Justice to Mercy: Religion, Law, and Criminal Justice* (Charlottesville, VA.: University of Virginia Press, 2007).

6 왕조국가 조선만 하더라도 복수는 암암리에 공인된 금기였다. 이에 관해서는 다음을 참조할 것. 박종성, 『조선은 법가의 나라였는가: 죄와 벌의 통치공학』(고양: 인간사랑, 2007); 오도기, 「사형(私刑)으로서의 복수와 사화(私和)」, 동암 이형국교수 화갑기념논문집 간행위원회 편, 『현대형사법의 쟁점과 과제』(서울: 법문사, 1998), pp. 743-757; 윤재현, 「다산 정약용의 복수론」, 다산학술문화재단 편, 『다산학』 제3호(서울: 전통과 현대, 2002), pp. 422-449.

7 박무원, 「형법의 도덕적 정당화와 형법에 의한 도덕 형성의 문제」, 고려대학교 대학원 법학과 형법전공 박사학위논문(2007).

8 가혹형을 바탕으로 삼는 처벌 기준은 근대법 체계화 이후 구조적으로 변한다. 특히 사형제 폐지를 골자로 삼는 오늘의 형정(刑政) 과정에서 인명 훼손은 물론 극형을 둘러싼 과거의 사법폭력 개념은 온정(溫情)주의 이데올로기에 포위된다. 최석윤, 「양형(量刑)의 형벌이론적 기초와 합리화 방안」, 고려대학교대학원 법학과 박사학위논문(1997).

9 Wesley Cragg, *The Practice of Punishment: Towards a Theory of Restorative Justice* (London: Routledge, 1992), pp. 138-168.

10 최석윤, 앞의 글, pp. 104-105.

11 이를테면 포르노 몇 편 보았다고 갈라서는 부부는 드물 것이고 싸우다 상대의

빰을 후려쳤다고 그(녀)에게 사형을 강요할 순 없는 노릇이다. '문화'이자 '시류'일 뿐이란 사고를 넘어 그것이 아예 '주류'라는 데까지 생각이 미치면 죄와 벌의 기준은 모호해진다. 최윤, 『오릭맨스티』(서울: 자음과모음, 2011), p. 105.

12 장세룡, 「18세기 후반 프랑스에서 사형제도 비판론의 전개(1760-1795)」, 한국서양사학회 편, 『몸으로 역사를 읽다: 몸과 생명정치로 본 서양사』(서울: 푸른역사, 2011), pp. 270-273.

13 Winfried Hassemer, *Warum Strafe Sein Muss: Ein Plädoyer* (Berlin: Ullstein Buchverlage GmbH, 2009).

14 Graeme Newman, *The Punishment Response* (Albany, NY.: Harrow and Heston, 1985), Ch. 1.

15 중세의 형벌이 신의 명령과 의지를 핑계 삼는 경우를 의식하지 않더라도 몸은 그 자체로 완결적이며 제한적이고 유한하며 물질과 의식을 아우르는 '그릇'이나 '봉투' 같은 것일 터다. 형벌을 굳이 고통의 부과를 목적으로 삼는 신의 생각쯤으로 두둔한다 해도 마찬가지다. 이에 관해서는 Jean-Luc Nancy, *Corpus* [tr. by Richard A. Rand] (Bronx, NY.: Fordham University Press, 2008), pp. 150-160 참조.

16 그럼에도 불구하고 사법적 형벌 또한 죄인 본인의 잘못된 행위에서 비롯된 것일 뿐, 국가를 탓할 어떤 명분도 성립되지 않는다는 반론도 여기서 힘을 얻는다.

17 1990년대 중반부터 본격화한 몸의 담론들은 세기말이 다가오고 있다는 특유의 불안과 새로운 시대를 기다리는 갈망의 조건들을 극적으로 압축한다. 잃은 것은 '희망'이고 얻은 것은 '고달픔'이었다.

18 이에 관해서는 다음을 참조할 것. William A. Ewing, *The Body* (London: Thames and Hudson, 1994); 정화열, 『몸의 정치』(서울: 민음사, 1999).

19 이에 관해서는 다음을 참조할 것. C. L. Ten, *Crime, Guilt, and Punishment: A Philosophical Introduction* (Oxford: Clarendon, 1987); Sir Walter Moberly, *The Ethics of Punishment* (London: Faber, 1968); Frank Pakenham Longford, *The Idea of Punishment* (London: G. Chapman, 1961).

20 제러미 벤담 지음, 신건수 옮김, 『파놉티콘』(서울: 책세상, 2007); 홍성욱, 『파놉티콘: 정보사회 정보감옥』(서울: 책세상, 2002); 최정기, 『감금의 정치』(서울: 책세상, 2005).

21 장-뤽 낭시 지음, 김예령 옮김, 『코르푸스: 몸, 가장 멀리서 오는 지금 여기』(서울: 문학과지성사, 2012), p. 81.

22 Graeme Newman, *Just and Painful: A Case for the Corporal Punishment of Criminal* (New York: Macmillan, 1983), p. 11.

23 Elaine Scarry, *The Body in Pain: The Making and Unmaking of the World* (Oxford: Oxford University Press, 1985), pp. 63-81.

24 Michel Foucault, *Discipline and Punish: The Birth of the Prison* [tr. from the French by Alan Sheridan Surveiller] (New York: Vintage Books, 1995), pp. 33-34.

25 Edmund L. Pincoffs, *The Rationale of Legal Punishment* (New York: Humanities

Press, 1966); Cesare Beccaria, "On Crimes and Punishment," Stanley E. Grupp, ed., *Theories of Punishment* (Bloomington, IN.: Indiana University Press, 1971), pp. 117-137.

26 Richard A. Wright, *In Defense of Prisons* (Westport, CT.: Greenwood Press, 1994), pp. 11-24.

27 푸코 외에도 이 문제를 치열하게 계몽·교화한 인물 가운데 대표로 다음을 참조할 것. Ted Honderich, *Punishment: The Supposed Justifications Revisited* (London: Pluto Press, 2006).

28 Foucault, *op. cit.*, pp. 298-305, *passim*.

29 Michel Foucault, *The Birth of the Clinic: An Archaeology of Medical Perception* (New York: Vintage, 1994).

30 미셸 푸코 지음, 오생근 옮김, 『감시와 처벌: 감옥의 역사』(서울: 나남, 2003), p. 12.

31 Giorgio Agamben, *Nudities* [tr. by Stefan Pedatella and David Kishik] (Stanford, CA.: Stanford University Press, 2010).

32 유홍림·홍철기, 「조르지오 아감벤의 포스트모던 정치철학」, 한국정치사상학회 편, 『정치사상연구』 제13권 2호(2007), pp. 155-182.

33 아감벤의 철학적 천착은 깊고 빠르다. Giorgio Agamben, *Homo Sacer: Sovereign Power and Bare Life* [tr. by Daniel Heller-Roazen] (Stanford, CA.: Stanford University Press, 1995).

34 http://blog.naver.com/pokara61?Redirect=Log&logNo=150053254551(접속일자: 2014/10/18).

35 Nicola Lacey, *State Punishment: Political Principles and Community Values* (London: Routledge, 1994).

36 다음 연구들은 그나마 예외적인 경우일 것이다. 조영남, 『중국의 법치와 정치개혁』(파주: 창비, 2012); Francis Fukuyama, *The Origins of Political Order: From Prehuman Times to the French Revolution* (New York: Farrar, Straus and Giroux, 2011); Matt Matravers, ed., *Punishment and Political Theory* (Oxford: Hart, 1998).

37 김홍우, 『법과 정치: 보통법의 길』(고양: 인간사랑, 2012).

38 조영남, 앞의 책, pp. 59-60.

39 Fukuyama, *op. cit.*

40 *Ibid.*, pp. 133-134.

41 *Ibid.*, p. 150.

42 형벌의 공리주의적 효과를 힘주어 말한 제러미 벤담이나 처형의 응보성에 담긴 철학적 의미에 주목하는 헤겔이나 그들 모두가 놓쳐 버린 함정이 여기 있다. Igor Primoratz, *Justifying Legal Punishment* (New York: Humanity Books, 1997).

43 조선사회 역시 사적 형벌은 논란의 대상이었다. 제한적이지만 복수는 허용하고 사화(私和)는 금지하는 법규에 따라 복수해야 할 자가 복수를 하지 않거나 사화를 해서는 아니 될 자가 사화를 할 경우에는 처벌받았다. 이는 사적 형벌주의를 공인하는 증거였다. 이에 관해서는 오도기의 앞의 글 참조.

44 박형서, 『새벽의 나나』(서울: 문학과지성사, 2010), p. 280.

45 Immanuel Kant, *Metaphysics of Morals* [tr. by Mary Gregor](Cambridge: Cambridge University Press, 1991), pp. 313-314; Tom Sorell, "Punishment in a Kantian Framework," Matravers, ed., *op. cit.*, p. 11.

46 한인섭, 「근대감옥과 사회통제에 관한 역사: 사회적 연구」, 한국형사정책연구원 편, 『형사정책연구』 제21호(1995), pp. 167-205; Michelle L. Inderbitzin, Kristin A. Bates, and Randy Gainey, *Deviance and Social Control: A Sociological Perspective* (London: Sage Publications, 2012).

47 Raymond Boudon, ed., *The Unintended Consequences of Social Action* (New York: Palgrave Macmillan, 1982).

48 Émile Durkheim, *The Rules of Sociological Method* (New York: Free Press, 1966), p. 65.

49 이에 따른 사회구성원 상호 간 소통과 분노의 교환에 관해서는 다음 연구를 참조할 것. Thomas Baldwin, "Punishment, Communication, and Resentment," Matravers, ed., *op. cit.*, pp. 124-132.

50 Michael J. Lynch, Raymond J. Michalowski, and W. Byron Groves, *The New Primer in Radical Criminology: Critical Perspectives on Crime, Power and Identity*, 4th ed. (Monsey, NY.: Criminal Justice Press, 2006), pp. 215-220. 마르크시스트 범죄사회학 이론과 이를 둘러싼 논의 구조에 관해서는 다음을 참조. 한인섭, 『형벌과 사회통제: 근대감옥의 성립과 변모, 그리고 현대교정』(서울: 박영사, 2006), pp. 23-40.

51 Enrico Ferri, *Criminal Sociology* (Oakland, CA.: University of California Libraries, 1896); Michael G. Maxfield and Earl R. Babbie, *Basics of Research Methods for Criminal Justice and Criminology* (Belmont, CA.: Wadsworth Publishing, 2011); Diego Gambetta, *Codes of the Underworld: How Criminals Communicate* (Princeton, NJ.: Princeton University Press, 2011).

52 이 같은 자세를 사회적 고통의 일상화나 통증의 사회화로 표현해도 무방하다. Arthur Kleinman, Veena Das, and Margaret M. Lock, eds., *Social Suffering* (Berkeley, CA.: University of California Press, 1997); Scott Turow, *Ultimate Punishment: A Lawyer's Reflections on Dealing with the Death Penalty* (New York: Picador, 2004).

53 Norman Johnston, *The Sociology of Punishment and Correction* (New York: John Wiley and Sons, 1970); Raymond Paternoster, Robert Brame, and Sarah Bacon, *The Death Penalty: America's Experience with Capital Punishment* (Oxford: Oxford University Press, 2007); David C. May and Peter B. Wood, *Ranking Correctional Punishments: Views from Offenders, Practitioners, and the Public*

(Durham NC.: Carolina Academic Press, 2010).

54 윤옥경, 「형벌의 사회적 맥락: 형벌사회학적 접근」, 한국교정학회 편, 『교정연구』 제30호(2006), pp. 71-72.

55 박종성, 『혁명의 이론사: 그 연구는 아직 끝나지 않았다』(서울: 인간사랑, 1993), p. 179.

56 Steven D. Levitt, *Economics of Criminal Law* (Northampton, MA.: Edward Elgar Publishing, 2008); Katri K. Sieberg, *Criminal Dilemmas: Understanding and Preventing Crime* (Berlin: Springer-Verlag, 2011); Thomas Miceli, *The Economic Approach to Law* (Stanford, CA.: Stanford Economics and Finance, 2008).

57 김대근, 「형법적 규제에 대한 법경제학적 접근: 형법경제학」, 고려대학교 대학원 법학과 석사학위논문(2006), p. 84.

58 신도철, 「범죄와 형벌의 경제적 분석: 개관」, 한국법경제학회 편, 『법경제학연구』 제2집(2005), p 17

59 다음 연구도 이 같은 한계를 암시한다. 김일중, 「범죄와 형벌에 관한 법경제학적 일고」, 한국법경제학회 편, 『법경제학연구』 제8집 2호(2012), pp. 123-155; 박기석, 「형벌의 범죄억지력과 국민의 자유와 권리: 법경제학적 분석」, 한국형사정책연구원 편, 『형사정책연구』 제8권 4호(1997), pp. 211-238.

60 그 가능성과 학문적 적실성에 관해서는 다음을 참조할 것. 박경래 · 강우예 · 고학수 · 이종인 · 이종한 · 최성락 · 김대근, 『범죄 및 형사정책에 대한 법경제학적 접근(1)』(한국형사정책연구원, 2009).

61 Curt R. Bartol and Anne M. Bartol, *Criminal Behavior: A Psychological Approach*, 9th ed. (Upper Saddle River, NJ.: Prentice Hall, 2011); Cheryl Paradis, *The Measure of Madness: Inside the Disturbed and Disturbing Criminal Mind* (New York: Citadel, 2010); Katherine Ramsland, *The Forensic Psychology of Criminal Minds* (London: Penguin Books, 2010).

62 Brent E. Turvey, ed., *Criminal Profiling: An Introduction to Behavioral Evidence Analysis* (New York: Academic Press, 2011); David Canter, *Forensic Psychology: A Very Short Introduction* (Oxford: Oxford University Press, 2010); John H. Campbell and Don DeNevi, eds., *Profilers: Leading Investigators Take You Inside the Criminal Mind* (Amherst, NY.: Prometheus Books, 2004).

63 이만종, 「범죄 유발심리요인에 관한 고찰」, 한국경찰발전연구학회 편, 『한국경찰연구』 제5권 1호(2006), pp. 175-198; 김진혁, 「한국형 증오범죄에 관한 연구」, 한국범죄심리학회 편, 『한국범죄심리연구』 제6집 1호(2010), pp. 31-57.

64 김종오 · 유영현, 「연쇄성범죄자의 심리분석에 관한 연구」, 한국범죄심리학회 편, 『한국범죄심리연구』 제3집 1호(2007), pp. 29-59; 신관우, 「노출증과 범죄: 노출범죄의 실태분석 및 대응방안을 중심으로」, 한국범죄심리학회 편, 『한국범죄심리연구』 제8집 1호(2012), pp. 77-104.

65 김창윤, 「군중심리와 경찰의 군중통제에 관한 연구」, 한국범죄심리학회 편, 『한국범죄심리연구』 제7집 2호(2011), pp. 27-52; 김연수 · 장석헌, 「두려움의 패러

독스에 관한 진화심리학적 분석」, 한국공안행정학회 편, 『한국공안행정학회보』 제41호(2010), pp. 53-98.

66 김시업, 「한국 범죄심리학의 학문적 정립을 위한 주요 연구영역의 탐색」, 한국심리학회 편, 『한국심리학회지 사회문제』 제11집 2호(2005), pp. 109-142; 박성수·김경옥, 「범죄심리학의 형사사법절차에서의 적용을 위한 고찰」, 한국범죄심리학회 편, 『한국범죄심리연구』 제1집 1호(2005), pp. 103-121.

67 Francis Pakes and Suzanne Pakes, *Criminal Psychology* (Devon: Willan, 2009); Peter Vronsky, *Serial Killers: The Method and Madness of Monsters* (New York: Berkley Books, 2004); Laurence Miller, *Criminal Psychology: Nature, Nurture, Culture* (Springfield, IL.: Charles C. Thomas Publisher, 2012).

68 Cheryl Paradis, *The Measure of Madness: Inside the Disturbed and Disturbing Criminal Mind* (New York: Citadel, 2010).

69 Michael H. Stone, *The Anatomy of Evil* (Amherst, NY.: Prometheus Books, 2009).

70 Craig Haney, *Reforming Punishment: Psychological Limits to the Pains of Imprisonment* (Washington, DC.: American Psychological Association, 2006); *Death By Design: Capital Punishment As a Social Psychological System* (Oxford: Oxford University Press, 2005).

71 Louis-Ferdinand Céline, *Journey to the End of the Night* [tr. by Ralph Manheim, fw. by William T. Vollmann](New York: A New Directions Book, 2006); *Death on the Installment Plan* [tr. by Ralph Manheim](New York: A New Directions Book, 1971).

72 앞서 지적한 대로 국내의 형벌심리학 연구는 범죄심리학에 못 미친다.

73 백승영, 「양심과 양심의 가책, 그 계보의 차이」, 한국철학회 편, 『철학』 제90집(2007), pp. 107-108.

74 William F. Schulz, ed., *The Phenomenon of Torture: Readings and Commentary* (Philadelphia, PA.: University of Pennsylvania Press, 2007).

75 Terance D. Miethe and Hong Lu, *Punishment: A Comparative Historical Perspective* (Cambridge: Cambridge University Press, 2004).

76 Graeme Newman, *Just and Painful: A Case for the Corporal Punishment of Criminal* (New York: Macmillan, 1983); Austin Sarat and Christian Boulanger, eds., *The Cultural Lives of Capital Punishment: Comparative Perspectives* (Stanford, CA.: Stanford University Press, 2005).

77 Duncan Ivison, "Justifying Punishment in Intercultural Contexts: Whose Norms? Which Values," Matravers, ed., *op. cit.*, pp. 88-107.

78 역대 제국들의 실제 처형 사례가 바로 고문의 역사를 반증하는 폭력의 웅변이었음은 다음 문헌에서도 고스란히 드러난다. Daniel P. Mannix, *The History of Torture* (Gloucestershire: The History Press, 2003).

79 반드시 이슬람이 아니더라도 강간에 관한 사회적 반응과 처형 정도에 관

한 여론의 층위 역시 문명권별로 다양하다. Eric W. Rise, *The Martinsville Seven: Race, Rape, and Capital Punishment* (Charlottesville, VA.: University of Virginia Press, 1995); Stuart A. Scheingold, *Politics, Crime Control and Culture* (Aldershot: Dartmouth, 1998).

80 Darius M. Rejali, *Torture and Democracy* (Princeton, NJ.: Princeton University Press, 2007), p. 23.

81 *Ibid.*, pp. 45-60.

82 이에 관해서는 다음을 참조할 것. 먼저 법집행과 의학 혹은 약학과의 관계는 Joe Sim, *Medical Power in Prisons: The Prison Medical Service in England, 1774-1988* (Buckingham: Open University Press, 1990); Antony Flew, *Crime, Punishment and Disease* (Piscataway, NJ.: Transaction Publishers, 2002); Richard Moran, *Executioner's Current: Thomas Edison, George Westinghouse, and the Invention of the Electric Chair* (New York: Vintage, 2003).

83 해부학자 조세프 기요탱(Joseph-Ignace Guillotin)이 고안한 기요틴(guillotine)을 들 수 있을 것이다. 널리 알려진 대로 이 장치는 프랑스 혁명 중 참수형에 처할 죄수들의 고통을 줄이고 귀족의 특권이었던 참수형을 모든 계급에 적용하기 위해 고안되었다.

84 Thomas J. Fagan and Robert K. Ax, eds., *Correctional Mental Health: From Theory to Best Practice* (London: SAGE Publications, 2010); Robert Schopp, Richard L. Wiener, Brian H. Bornstein, and Steven L. Willborn, eds., *Mental Disorder and Criminal Law: Responsibility, Punishment and Competence* (New York: Springer, 2010).

85 이에 관해서는 다음을 참조할 것. 安達正勝, 『死刑執行人サンソン: 國王ルイ十六世の首を刎ねた男』(東京: 集英社, 2003); Jeff Denhart and Stanley Tilles, *By the Neck Until Dead: The Gallows of Nuremberg* (Bedford, IN.: JoNa Books, 1999); Stewart P. Evans, *Executioner: The Chronicles of James Berry, Victorian Hangman* (Gloucestershire: The History Press, 2004).

86 Jean Kellaway, *The History of Torture and Execution: From Early Civilization through Medieval Times to the Present* (Guilford, CT.: The Lyons Press, 2003); Brian Innes, *The History of Torture* (New York: St. Martin's Press, 1998).

87 Mark P. Donnelly and Daniel Diehl, *The Big Book of Pain: Torture and Punishment Through History* (Gloucestershire: The History Press, 2011).

88 Iwona Seredyska, *Insider Dealing and Criminal Law: Dangerous Liaisons* (New York: Springer, 2012).

89 Robert McNamara and Ronald Burns, *Multiculturalism in the Criminal Justice System* (New York: McGraw-Hill Humanities, 2008); Samuel Walker, Cassia Spohn, and Miriam DeLone, *The Color of Justice: Race, Ethnicity, and Crime in America* (Belmont, CA.: Wadsworth Publishing, 2011); Douglas W. Perez and J. Alan Moore, *Police Ethics* (Clifton Park, NY.: Delmar Cengage Learning, 2012).

90 Erik C. Rühling, *Infernal Device: Machinery of Torture and Execution* (New York: The Disinformation Co., 2007).

91 Robert E. Rodes and Howard Pospesel, *Premises and Conclusions: Symbolic Logic for Legal Analysis* (London: Pearson, 1996); Daniel E. Rose, *A Symbolic and Connectionist Approach to Legal Information Retrieval* (New York: Psychology Press, 1994); Deniz Coskun, *Law as Symbolic Form: Ernst Cassirer and the Anthropocentric View of Law* (New York: Springer, 2010).

92 Murray Edelman, *The Symbolic Uses of Politics* (Champaign, IL.: University of Illinois Press, 1985).

93 최종고, 『법상징학이란 무엇인가』(서울: 아카넷, 2002), pp. 5-6.

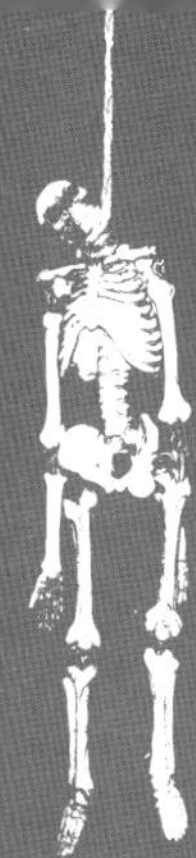

II

고문과 처형의 도상학

중세와 근대의 비인간적 접점

르네상스와 정치폭력, 그리고 정치권력

견딤과 버팀은 운명이고 차별 역시 의무였던 아름다운(?) 시절로 중세를 일컫는 건 지나칠까. 내일의 행복은커녕 동조와 순응을 기본으로 한 채 당장 오늘의 생존부터 절박했던 시기였다는 묘사는 또 어떨까. 10세기가 넘는 저 엄청난 기간을 몇 마디로 형용한다는 건 사실 무리다. 하지만 이런저런 이유를 들어 중세에 관한 논의를 피하거나 외면하려 드는 건 곧 편리한 핑계 만들기에 지나지 않을 것이다.●

● 그런다고 사라질 과거가 아님을 잘 알면서도 그에 관한 최소한의 상상과 추론조차 허용하지 않은 채 당장의 편리함이나 합리성과 맞바꾸려는 건 오래도록 몸에 밴 자세다. 게다가 보이지 않으면 쉽게 잊거나 기억의 그늘 저편으로 폐기해 버리려는 우리 아닌가.

그렇다면 중세는 어떤 시대였을까. 나라와 인물, 시기와 사건, 성격과 유형 등 감안하지 않으면 안 될 실로 엄청난 변수들을 놔둔 채 시대 전체를 관통하는 핵심 코드와 해석의 열쇠를 찾는 일은 그것만으로도 이미 신비의 덫을 짜는 것과 다름 아니다. 연구의 층위가 두텁지 않고 사료가 빈곤하다는 구실도 중세의 탐구를 기피하게 만든 좋은 이유다. '중세'와 '전근대'를 동의어로 이해하려 든다면 이런 편견의 벽은 높고 강고할 따름이다. 무엇보다 깊은 선입견은 중세를 이해하는 일상의 방식과 당대를 헤쳐나간 사람들을 바라보는 상상의 내용들이 터무니없이 정적이거나 일방적이기만 했다는 생각에서 출발한다.

따라서 (중세 전체를 관통한 하층 민중으로) '그들' 대부분이 온순하거나 보수적이었을 것이며 삶의 모범을 보이는 데 앞장섰을 것이란 생각도 가능하며, 혁신과 변화를 지향하는 개방적 행태라든지 전복과 일탈을 일삼는 사회부적응도 흔치는 않았으리란 상상마저 그럴듯했던 터다.● 국가의 철저한 이원성, 즉 하늘나라*Civitas Dei*와 땅의 나라*Civitas Terrena*의 구분은 말할 것도 없고 중세를 가로지른 가톨릭 문화의 한결같은 압도는 이런 편견을 자극했고 인간의 사회적 존재양식을 철저한 의타성 속에서 찾도록 재촉한 토양이다. 중세의 인간이 독립성과 개성 넘치는 자유의 존재이거나 흐드러진 평등을 누리며 행복과 희망을 일상적으로 탐하던 자율적 개체가 아니었음도 섣부른 편견의 세계를 넘나들도록 자극한 단초였을 것이다.

● 물론 이 역시 중세 생활세계의 디테일을 시공간별 경험세계로 세목화하지 않은 채 단순한 이미지나 전체론적 소회의 평균값만 바탕으로 삼은 채 하는 말이다.

문제는 기독교의 막강한 영향력이 전 유럽은 물론이고 주변 문명권까지 그 힘을 뻗칠 때 위세에 눌린 사람들 대부분이 교세의 내용과 형식을 그대로 받아들였을 것이란 일상의 믿음이다. 하지만 사람들의 삶이 '기독교적이었을 것'이란 기대와 상상은 한낱 허구일 뿐, 실제로는 결코 그렇지 않았다는 데서부터 논의를 시작할 필요가 있다. 민중 전체의 삶의 지평을 고스란히 복원·재현할 수는 없지만 정확히 말해 일상의 기대와 상상은 적어도 그들의 실생활을 들여다볼 경우 적잖은 과장과 왜곡의 결과였음을 알 수 있다.

선과 악은 어느 경우라도 공존했지만 중세인 거의가 고결한 삶을 누렸을 것이란 가설은 쉽사리 무너지지 않는다. 그들도 죄짓고 그들도 타락했으며 그들도 걷잡지 못할 욕망으로 괴로워했다는 절대 사실 앞에서 역사의 흔적과 경험적 데이터베이스의 과학적 소급을 따지는 동안 중세는 신비롭거나 함부로 다루지 못할 노련한 마술사의 소품 상자쯤으로 치부되고 있었다. 오죽하면 지그문트 바우만Zygmunt Bauman은 '액체근대liquid modernity'라는 말까지 서슴지 않았을까.[1] 뒤집어 말하면 근대의 유연성이 도드라질수록 중세는 아련했고 답답하여 질식할 것만 같은 상황의 경직 속에서 괴로워할 수밖에 없던 시간대였다는 추론도 무리는 아닐 것이다.[2]

이제 당장 죽어야 할 죄수에게도 최후의 자기 변론을 허여한 중세 형장은 의외의 탄력성과 개방성을 표방하는 장소였다.

문둥이들의 딸랑이rattles 소리가 제아무리 잦았어도 교회 종소리와 또렷이 구분되는 시대가 중세였다고 잘라 말하는 요한 하위징아Johan Huizinga에게 하층 신분은 죽어지내기만 한 불행한 존재가 아니었다.[3] 당당하고 의연히 자신을 드러내며 잔인하리만치 참담하거나 추해도 신분의 사회적 공공성을 표현하기 위해 그들이 찾은 안식처는 물론 교회였다. 심지어 이제 당장 죽어야 할 죄수에게도 최후의 자기 변론을 허여한 중세 형장은 의외의 탄력성과 개방성을 표방하는 장소였다.

> 아주 빈번하게 처형의 행렬이 있었다. 처형장에서 사람들이 느끼는 기괴한 매혹과 거친 동정은 중세인들의 정신적 함양에서 중요한 요소였다. 사악한 도둑과 살인자들을 치죄하는 데 있어서 법원은 끔찍한 형벌을 부과했다. 브뤼셀에서 젊은 방화범 겸 살인범은 쇠사슬로 묶여 있었다. 그는 그 사슬 때문에 불타는 장작으로 둘러싸인 화형대 말뚝 근처를 동그랗게 돌 수 있을 뿐이었다. 그는 구경꾼들에게 자신이 일벌백계의 본보기라는 감동적인 언어로 자기소개를 했다. 그는 구경꾼들의 마음을 움직였고 그래서 모든 사람이 눈물을 흘렸다. 그의 죽음은 사람들이 지금껏 본 것 중에서 가장 교훈적인 것으로 칭송되었다. 부르고뉴 사람들이 파리에서 공포정치를 펴던 시절, 아르마냐크 사람인 밍사르 뒤부아는 참수형을 당했다. 그의 목을 치는 망나니는 관례대로 망사르에게 용

서를 구했다. 그는 용서해 주었을 뿐만 아니라 심지어 망나니의 키스를 요청하기까지 했다. 형장에 나온 많은 구경꾼들은 대부분 뜨거운 눈물을 흘렸다. 때때로 처형의 희생자는 지체 높은 영주들이었다. 이런 처형의 경우에 구경꾼들은 정의의 엄격한 집행에 더 큰 만족을 느꼈다. 뿐만 아니라 높은 지위가 얼마나 불안정한 것인지에 대하여 강력한 경고를 받게 되었다.[4]

중세 사람들이 고결했을 것이란 상상은 오랜 기독교 문명과 그 위세에 따른 자연스런 결과다. 소음의 수준을 넘어 세상 곳곳을 십어삼킬 늣 울려 퍼진 교회 종소리가 온종일 반복되는 동안 중세 사회는 뼛속까지 가톨릭으로 사무쳤을 것이다. 그리하여 범죄와 형벌도 종교권력의 판단과 집행에 뒤따르는 사회적 부산물일 뿐, 그로 인해 세상 골격이 바뀌거나 뒤집힐 일은 없었으리란 가설도 당연했던 터다.

중세는 찬찬히 들여다봐야 할 재해석의 보물창고이며 일상의 가설과 자유연상만으로 재단하기 힘든 이채로운 역설의 시간대다.

그러나 실체는 반드시 그와 같지 않았다. 중세는 찬찬히 들여다봐야 할 재해석의 보물창고이며 일상의 가설과 자유연상만으로 재단하기 힘든 이채로운 역설의 시간대다. 이면의 세계를 거울처럼 비추는 문헌들이나 믿을 만한 기존 연구의 지층조차 담보하지 못한 상황에서 중세가 깨끗하거나 고상하지만은 않았다는 근거는 무엇일까.

이 같은 물음의 답은 중세 전체를 압도적으로 짓누른 기독교의 위세와 강박처럼 뒤따른 국가권력의 추수적 행태에서 먼저 찾을 일이다. 게다가 기독교는 종교적 자기완결성을 지녔을 뿐 아니라 구원과 계도 주체로 국가권력을 품으려만 든다는 철저한 일방주의에서도 중세 인식의 오류와 함성을 발견하게 된다. 하지만 기독교 국가관에 깊이 스며든 유난스런 종교적 우월론은 뒤집어

해석할 여지가 충분하다. 모든 결정론에 깃든 허구성은 의외로 쉽게 드러나며 이를 무너뜨릴 반대 사실의 등장으로 설득력을 잃는 경우가 허다하기 때문이다. 그래서 논리의 절대 표방은 자기만의 약점을 내포하게 마련이다.

마찬가지로 종교의 압도적인 권력화 현상은 자칫 스스로의 무오류와 단정함을 자랑하는 듯 보인다. 권력은 종교 내부의 흠결과 불의를 덮어 주지만 종교 또한 인간이 주재하고 변명하는 땅 위의 사단들인지라 그 함정에 스스로 빠져들 수밖에 없었다. 유난스럽게 막강한 함성 뒤에는 소리의 진원지에 도사린 오염과 얼룩이 고스란히 묻어나는 법이다. 그렇다면 그건 무엇으로 막고 어떻게 변명해야 했을까. 모순의 은폐와 악취의 경감.● 중세 기독교의 민중을 위한다는 명분과 국가의 안전을 바란다는 핑계는 사제와 신부의 허물을 보이지 않게 하며 교황의 타락마저 감추기 위해 유난스러울 필요가 있었다.

● 담요의 면적이 넓다는 것은 우선 은혜와 자비를 암시한다. 그것은 주인의 추위와 안위를 위해서라기보다 타인의 그것을 먼저 염려한다는 배려와 근심을 도드라지게 한다. 그것을 덮는 자들이 실제로 그 같은 감정과 고마움을 감동적으로 느끼는지와 관계없이 여기서 사랑은 우선 '압도하는' 크기로 결판날 수 있기 때문이다.

더러웠기에 가리려 했고 보여 주지 말아야 했기에 딴 곳으로 눈길을 돌리게 만든 위장의 논리는 사실상 '우아한 폭력'에 다름 아니었다. 전혀 신사적이지 않은 인간을 위해 신사복이 필요했듯이 '젠틀하다'는 이미지 전체를 뒤집어봐야 할 이유는 누구보다 '신사' 스스로가 양산한다는 데 주목할 일이다. 가톨릭은 곧 예수가 설파한 논리의 우아함을 극대화해야 한다는 강박에 자신을 가둠은 물론이고, 민중 전체를 담보하려는 부담 앞에서 전혀 자유롭지 않았다.

중세의 가톨릭은 단지 시작일 뿐이었다. 근대와 그 이후의 온갖 환란患亂 앞에서 그들이 지불해야만 했던 의전 비용까진 그만두더라도 선근내 유립에서 횡행한 매춘과 범죄, 정치변란과 폭동, 살인과 구타 혹은 이루 헤아릴 수 없는 절도 행각들은 성당의 첨탑이나 지붕 높이 울려 퍼진 교회 종소리의 크기와는 전혀 다른 현상이었기 때문이다. 종교의 위용이 대단했다는 건 세상이 전혀 종교적이지 않았다는 사실을 반증한다. 뿐만 아니라 교회 본연의 역할을 넘어 정치권력의 간섭과 세계를 통괄 지배할 광범위한 논리를 개발하기 위해서라도 자기 신격화의 논리는 절실했던 셈이다.

종교의 위용이 대단했다는 건 세상이 전혀 종교적이지 않았다는 사실을 반증한다.

중세라는 기나긴 세월을 한마디로 규정하긴 어렵다. 하지만 종교를 앞세운 세상의 속내가 허울과 너무나 달랐다는 사실은 아무리 강조해도 지나치지 않다. 비록 소설이긴 하지만 고증과 확인에 따른 인문학적 상상에서도 이런 문제는 고스란히 드러난다. 16세기 초에 이르자 중세 유럽은 무너져 가고 있었다. 스페인의 침공을 받은 로마가 그러했고 이탈리아 최고의 소비도시로 명성을 날린 베네치아의 몰락도 눈앞의 일이었다.

사라 더넌트Sarah Dunant는 이렇게 말한다.

> 1527년 5월 6일 로마의 두 번째 약탈은 그렇게 시작되었다. 몸값을 받거나 가져갈 수 없는 것은 학살당하고 파괴되었다. 루터교도 용병들은 눈 뜨고 볼 수 없는 만행을 저질렀다. 용병이었지만 카를 5세에게 싸움 값을 세내로 받지 못한 까닭에 그들은 영혼을 빛내는 것만큼이나 주머니를 채우는 데도 열심이었다. 모든 교회가 부패와 타락의 소굴이었고 모든 수녀원이 그리스도의 이름을 빙자한 창녀들의 집합소였다.[5] … 베네치아는 당시 세계에서 가장 큰 도시였지만 창녀가 수녀의 수를 앞질러 신에 대한 불경과 조롱, 죄만이 남아 있었다.[6]

가슴을 온전히 드러낸 채 곤돌라 위에서 호객하는 베네치아

창녀들만 하더라도 셰익스피어의 『베니스의 상인들』에선 능히 볼 수 있는 장면들[7]이고 교황들의 타락과 성적 일탈 역시 중세 말에 이르면 너무나 흔했다. 유난히 많았다는 난장이들이 매매춘 시장에서 활약한 존재감하며 그들의 독특한 삶의 방식이 중세 민중의 간단치 않은 삶의 이면을 도드라지게 한 까닭도 잘 알려진 바와 같다.

'삶의 질'이란 용어를 그들에게 대입하는 건 어울리지 않을 터다. 위생과 보건은 고사하고 생존이 기본 목표인 삶 속에서 쾌적한 생활양식을 기대한다는 건 사치였으리라.

오늘날 흔히 사용하는 '삶의 질'이란 용어를 그들에게 대입하는 건 어울리지 않을 터다. 위생과 보건은 고사하고 생존이 기본 목표인 삶 속에서 쾌적한 생활양식을 기대한다는 건 사치였으리라. 더위뿐만 아니라 지독한 추위마저 견뎌내야 했던 중세인들의 혹독함이란 널리 알려진 사실이다. 중세 생활사의 한 가지 디테일에 관한 다음 주장에 주목하면 여름은 차라리 행복한 계절 아니었을까.

> 집안이 어찌나 추웠던지 중세의 사람들은 결코 집에 오래 머물지 않았다. 그들은 어슬렁거리며 조금만 기회가 있어도 집밖으로 나왔다. 누군가의 집이나 마을 술집에 모이곤 했는데 이렇게 이동하는 것이 지독한 추위를 견디는 데 도움이 되었기 때문이다. 항생제가 발명되기 전이고 당시에는 영양부족도 흔했기 때문에 감기만 들어도 쉽게 죽음으로 이어질 수 있었다. 지위가 높은 귀족들의 집에서도 난방은 충분하지 않았다. 하지만 벽난로는 나무둥치를 통째로 태울 수 있을 만큼 어마어마한 규모였다. 사람들은 타오르는 불길 속으로 손과 얼어붙은 발을 내밀고 불 앞에서 옷자락을 걷어 올렸다. 하지만 이 불은 정말 몸을 따뜻하게 해주지 못했다. 라블레의 표현대로 '벽난로 앞에 앉은 사람은 앞쪽은 구워지고 엉덩이는 얼어붙는다.'[8]

이 같은 삶의 척박함을 견뎌야 했던 민중의 형벌까진 논외로 하더라도 (앞의 하위징아의 주장처럼) 지체 높은 신분의 주인공들이 처벌받는 모습이란 신산辛酸한 나날을 사는 이들에겐 차라리 위로와도 같았다. 하물며 잘 나가던 마키아벨리까지 처벌하려 들던 중세 말 지롤라모 사보나롤라Girolamo Savonarola[9]마저 결국 처형당하고 마는 순환의 삶은 권세의 허무와 폭력의 대가가 무엇인지를 잘 말해 준다. 마르크스까지 끌어들이지 않더라도 이런 상황 속에서마저 환락과 욕망의 꼭짓점들이 자본을 중심으로 모여들고 하층민들의 기생구조가 주변부에서 왕성하게 자리 잡았던 것도 흥미롭기만 한 일들이다.

더넌트의 글쓰기는 이어진다.

> 한 권의 책이 지식인들 사이에서 논쟁거리가 되고 있었다. 피렌체 출신의 니콜로 마키아벨리라는 사람이 쓴 책이었다. 이 남자는 정부에서 쫓겨나 '스트라파도(죄인의 두 팔을 등 뒤로 묶어 매달아 올렸다가 갑자기 떨어뜨리는 형벌)'[10]에 처해졌다. 그는 유형지에서 나라를 다스리는 기술에 관한 논문을 썼는데 기독교적 이상보다는 실용주의가 더 중요하고 가장 성공한 군주가 되려면 합의가 아니라 힘과 공포를 이용해야 한다고 주장했다. 그 책을 처음 읽었을 때 일리 있는 주장이라고 느꼈다. 남자들은 친절보다 처벌에 더 민감하게 반응하기 때문이다. 하지만 이내 베네치아는 그렇게 통치할 수 있는 곳이 아니라는 생각이 들었다. 물론 남자들은 권력에 공포를 느끼기 마련이지만 베네치아를 돌아가게 하는 건 공포만이 아니었다. 베네치아는 너무 풍족해서 혁명이 일어날 수가 없었다. 단순히 위정자들만 풍족한 것이 아니었다. 심지어 이곳은 가난조차 다른 곳에 비하면 참을 만했다. 간혹

지체 높은 신분의 주인공들이 처벌받는 모습이란 신산한 나날을 사는 이들에겐 차라리 위로와도 같았다.

거지들이 너무 많아 먹고살기 힘든 때도 있었지만 외지의 거지들이 채찍을 맞고 쫓겨나는 데 반해 베네치아가 고향인 거지들은 교회계단에 앉아 동냥할 수 있었다. 적어도 자신의 교구에서 동냥질을 하면 아무도 내치지 않았다. 비록 풍족하지는 않지만 구호품도 죽지 않을 만큼은 나왔고 아무리 배가 고파도 축제를 기대하며 살 수 있었다. 이곳에서는 언제나 화려한 의식이 열렸고 흥청망청 베푸는 자비를 이용할 기회도 많았다.[11]

중세의 유럽이 전부 베네치아만 같았더라면 얘긴 달랐을 것이다.

중세의 유럽이 전부 베네치아만 같았더라면 얘긴 달랐을 것이다. 자본주의의 물질적 풍요를 방불케 할 중세적 가치의 잉여와 그에 따른 민중의 향유란 극히 예외적이며, 삶의 핍진함은 중세를 읽는 또 하나의 코드였다. 그럼에도 불구하고 고통을 고통으로만 받아들이지 않고 운명적 내면화와 현실적 초극을 마다하지 않았다는 점에서 그들 보편의 해학적·예외적 굴신성에 주목하게 된다.●

● 기독교가 그 좋은 의식적 극복이나 도피의 방편이었다거나 믿음의 진솔한 도구가 될 수 있었다는 사실을 강조하는 건 동어반복일 것이다.

중세의 시대정신이 르네상스와 종교개혁으로 와해되었다는 점도 상식을 넘어서지만, 그 같은 거시 현상을 변증법적 귀결로 이해하는 것도 하나의 방법일 것이다. 내재하는 모순이 일정한 존재 상태를 더 이상 그대로 존치시킬 수 없는 가장 크고 깊은 까닭을 이룬다는 사실은 여기서도 힘을 얻기 때문이다. 종교나 철학, 법률이나 도덕률로도 어쩌지 못한 중세의 현실은 범죄와 매춘, 정치적 저항 등 민중의 꾸준한 일탈로 도드라지고 있었고 시대의 전환 역시 그에 따른 구조적 결과였다.

형벌은 이를 다잡으려는 현시적 수단이자 민중의 복종을 동원하기 위한 적극적 방편이었다. 범죄 인구의 유형과 규모, 그 공간 이동 경로에 편차가 있을망정, 오늘날에도 반복하여 발생하는 범죄의 대부분이 중세 유럽에서도 주기적으로 빈발하고 있었다는 사실은 아무리 강조해도 지나치지 않다. 형벌의 통치공학이 딛고 선 고상한 발판이 인간의 원죄와 허구적 욕망의 극복을 핑계 삼는 기독교 국가관에서도 마련되고 있었던 건 재론의 여지가 없다. 하물며 육체가 갈구하는 허욕을 참지 못해 종교의 힘마저 빌려야 했던 시절[12]에서랴.

육체와 죄를 연관시키는 것은 기독교와 더불어 등장한 중세의 새로운 현상이다.

무엇보다 육체와 죄를 연관시키는 것은 기독교와 더불어 등장한 중세의 새로운 현상이다.[13] 바로 여기서 형벌을 통한 민중의 정치적 지배 근거와 통치공학의 기술적 전략마저 토대를 갖춘다는 데 유념해야 한다. 냉정하게 따지자면 인간의 원죄를 개념으로나마 전제해야만 종교의 설 자리도 마련될 수 있었고 영혼의 구원이라는 형이상학적 임무를 돋보이게 하기 위해서라도 사람의 흠결 역시 한층 얼룩지고 추해야 했다. 인간의 죄란 그렇다면 본디 신을 위한 장식이거나 종교를 미화하기 위한 소품에 지나지 않았다.

다음은 죄와 벌을 둘러싼 중세적 사고와 기독교적 논의의 얼개를 구성하는 몇 가지 믿음을 체계화시켜 본 것이다.

인간의 죄란 그렇다면 본디 신을 위한 장식이거나 종교를 미화하기 위한 소품에 지나지 않았다.

1. 형벌은 인간 스스로 원죄를 딛고 자기 구원의 길로 접어들지 못하는 어리석음에 대한 국가의 강제보복이자 이를 암시한 종교의 교도矯導다. 그것은 인간의 수치심을 극대화하고 몸 전체로 절감하며 자인하게 하려는 극도의 타율성을 전제한다. 모든 잘못의 기원은 자기 육체에서 비롯하며 이를 뛰어넘지 못한 영혼의 메마름에서 찾아야 한다는 사고가 핵심을 이룬다.

2. 모든 인간의 수치심이 성적 쾌락과 육체적 탐닉에서 출발하는 건 아니다.● 여기서 수치심이란 '성적 행위를 행하거나 바라보게 될 때 인간이 느끼는 부끄러움이나 당황스러움 혹은 그런 감정을 느끼는 지속적 성향' 아니면 '자신의 품위가 금기시한다고 여겨지는 것 앞에서 인간이 느끼는 곤혹감'[14] 등을 뜻한다. 성적 대상에게만 적용되는 것이 아닌 이러한 감정은 순간에서 영원으로 이어질 수 있고 연상과 호출이 가능한 마음의 상태로 극심한 강박과 주눅의 씨앗이 되기도 한다.

● 수치심에는 역사가 없다. 그것은 그러나 대부분 신체에 대한 수치심의 역사와 병행한다.

3. 형벌의 수용은 바로 이 같은 수치심을 인정하는 절차이며 하늘의 뜻을 세상에 전하는 '현세적 강제'로 살아 있는 자에게 천국과 지옥의 대척점을 알리려는 적극적 실천이었다. '하늘'이라는 모호한 의미를 구체적으로 각인하려는 중세 교회권력은 신체벌의 집행을 통해 육체를 고통스럽게 함으로써 폭력성을 극대화한다. 게다가 반복된 고문을 통해 끝없이 고통을 부과함으로써 모든 죄는 인간의 몸과 직결된다는 믿음을 일상화한다.

4. 중세 말 지옥의 가공적 이미지가 치밀하게 조직된 것[15]도 13세기 이후 널리 보급된 대중 설교처럼 공포심을 불러일으키거나 스스로 양심을 검증하게 만들어 자기 죄를 고백하게 하려는 데 목적이 있었다.[16] 죄짓고 고통당하거나 세상이 아는 공개처형을 무릅쓰느니 영혼을 담는 그릇으로 육체의 적극 단련과 온전한 의시를 통해 이를 이겨내는 것이 하늘의 뜻임을 알리려는 게 중세 당국의 거대 프로젝트

였던 셈이다.

5. 그러나 중세 민중의 쾌락과 일탈 욕구가 이 같은 경고와 훈계에 온전히 압도되고 있는지는 별개의 문제다. 중세 국가의 엄청난 종교 비용에도 불구하고 간단없이 이어진 형벌과 고문의 역사는 이를 다르게 설명할 수 있는 또 다른 현세적 삶의 궤적이기 때문이다. 아울러 '땅의 나라'를 향한 '하늘나라'의 위압적 요구가 강렬하기만 했던 건 높은 곳을 향한 낮은 세상의 항변을 원천봉쇄하려 했던 또 다른 강박의 표현일 수 있었다.

'땅의 나라'를 향한 '하늘나라'의 위압적 요구가 강렬하기만 했던 건 높은 곳을 향한 낮은 세상의 항변을 원천봉쇄하려 했던 또 다른 강박의 표현일 수 있었다.

6. 형벌 집행이 수세기 동안 이어졌다는 사실은 민중의 고통과 더불어 국가의 강박 역시 만만찮았음을 반증한다. 어떤 고통이든 그것은 국가가 부과 주체이며 집행 당사자라는 논리를 개발했고 나아가 지속적 설득의 틀을 절실하게 한다. 아울러 그 궁극의 의도가 민중의 총체적 회개나 삶의 개선보다 종교권력의 압도에 따른 확실한 복종 유도나 정치공학의 확장에 있었음도 재론의 여지는 없다.

인간의 죄는 자기 몸에서 출발하며 이를 초극하지 못할 때 국가는 처형과 법 집행의 최종 당사자가 된다는 사실은 압도적인 효과를 유지한다.[17] 이를 합리화하기 위해 중세의 종교권력이 성서를 활용하고 국가가 이를 묵인·추수한 역사도 상식을 넘어선다. 성경은 특히 대부분의 성행위를 비난하기 위한 근거로 이용된다.●

● 육체는 욕망의 저장소이고 머잖아 사라질 덧없는 살덩어리란 점, 보이는 것은 순간이며 보이지 않는 게 영원하다는 설교, 생명을 주는 건 정신이며 육체는 아무 쓸모없다는 가르침, 육체에 대한 욕망은 죽음이고 정신의 갈구는 생명이며 평화라는 반복적 교화.

성의 박해와 관련된 중세 문헌이 모두 성경에서 비롯된 건 아니지만 『구약성서』의 「레위기Leviticus」는 인간의 성적 탐닉은 물론이고 부부 결합을 다루되, 나체와 근친상간, 동성애, 수간, 월경 중의 성교, 비역질 등을 죄악으로 분류한다. 「집회서集會書, Ecclesiasticus」는 심지어 모든 죄가 여자에서 비롯되고 죽음도 본래 여자 때문이라고까지 단언한다.[18]

부부 간의 성행위도 생식과 가족의 번영을 위한 제한적 수단으로만 허용할 뿐, 쾌락을 경계하라고 타이른 중세 종교권력의 강박은 사실상 심각한 자기모순을 전제한다. 자신을 가리기 위하여 타인을 가리키고 설교와 고해성사의 책무를 엄숙하게 반복한 중세 종교권력의 단정한 위선은 속죄 대상을 늘 밖에서 찾아야만 하는 허구적 율법에 갇혀 있었다.

권력의 자기중심성은 원래 약자의 허점과 취약성을 한결 처연하게 만들거나 더욱 그늘지게 만든다.

이쯤 되고 보면 중세 교회권력의 '자기구속성'은 부정否定과 극단을 넘어 기망欺罔의 경지를 헤매고 있었다는 해석도 가능해진다. 권력의 자기중심성은 원래 약자의 허점과 취약성을 한결 처연하게 만든다. 역설적으로 약자의 자기학대가 한층 강화되거나 자기연민을 예민하게 재촉할 때, 권력은 폭력의 힘을 빌려 더욱 빛나는 이치도 어제 오늘의 일은 아니다.●

● 교회 종소리가 귀청을 견디지 못하게 때렸다 한들, 정치적 불만과 경제적 고통에 시달리는 민중의 삶과는 아무런 연결고리가 없었다. 주께서 재림하여 천년을 다스린다는 희망의 세월은 요원했고 그가 약속한 젖과 꿀의 범람은 성경의 한 구절로만 빛을 발할 따름이었다.

르네상스의 들뜬 분위기와 함께 세상의 행복이 자동 담보되리란 기대가 이탈리아 곳곳을 누빈 것도 무리는 아니었다. 아니, 살아 있는 인간의 힘이 '죽은 신'의 약속을 대체할 에너지로 등극해 버리는 상황이 오고야 만 건 초월자의 무능이나 절대자의 부재 때문만이 아니었다는 데 가톨릭은 동의하지 않을 것이다. 하지만 적어도 그것은 땅의 나라를 기름지게 하지 못한 사제들의 무책임과 성서가 약속한 기적의 한 조각 깃털 끝만큼이라도 베풀지 못한 하늘나라의 '무정無情'에 내한 역사의 대가치곤 너무 늦게 다가온 셈이다.

차라리 살아 있는 시민이 사제 자리에 올라 무자비한 권능과 가시적 통치의 효율로 피폐한 '땅의 나라'를 돌볼 일이었다. 그렇게 할 수만 있었다면, 가톨릭의 진정성은 구현되었을지도 모를 일이다. 로마와 플로렌스는 물론 밀란과 피사, 볼로냐 등 주요 도시를 관통하는 사회불안의 속내는 참담했다. 빈곤과 매춘, 협박과 공갈, 구타와 사기, 절도와 살인, 구걸과 이단, 약탈과 의적 봉기, 동성애와 마법사의 발호는 중세 허브 국가로 이름 날리던 이탈리아의 위상을 무색케 하는 현상들이었다.[19]

차라리 살아 있는 시민이 사제 자리에 올라 무자비한 권능과 가시적 통치의 효율로 피폐한 '땅의 나라'를 돌볼 일이었다.

교황과 그 권속眷屬들이 동원하는 신의 섭리와 고결한 설득 논리가 제아무리 그럴듯했다 해도 백성 모두를 하나로 묶고 땅의 지배 논리를 하늘의 그것으로 대체하려 했던 작업은 구상 자체부터 모순과 함정으로 가득했다. 혹독한 현실과 언젠가 다다라야 할 미래의 나라는 그 격차가 심해도 너무 심했던 셈이다. 이런 관점을 고집한다면 중세는 결국 민중의 자발적 복종을 잘 동원했거나 이를 효과적으로 결속하고 지탱할 만한 사회 장치를 마련하는 데 역사적으로 성공한 체제였음에 주목할 필요가 있다. 문제가 가득했어도 이를 분출·표현하려는 민중의 의지가 구조적이거나 전면적일 수 없었던 까닭은 역시 복종의 자발성을 끊임없이 훈도한 체제의 종교적 정치 교육과 이를 일탈할 경우 감당해야 할 일정한 형벌과 고문의 공포 효과 때문이었다.●

● 그것이 설령 '자발적'이었다 하더라도 복종 관행은 반복 학습과 정치적 계도의 강제적 결과였을 뿐, 엄밀한 의미의 보상과 합리성이 보장되는 근대 이후의 계약론적 성격을 지니는 건 아니다.

그럼에도 불구하고 중세 사회에 대한 오늘날의 연구는 계층과 신분 사이의 거시 갈등은 물론 사회사의 암울한 저변마저 훑는 미시사 탐색도 마다하지 않는다. 중세사 연구의 기본 문헌으로 앞에 인용한 하위징아 말고도 마르크 블로크Marc Bloch의 『봉건사회 I·II』[20]는 논의의 필요성을 충분히 암시한 바 있다. 사회사 연구의 인프라 또한 폭넓게 펼쳐지고 있어 중세가 '암흑시대'라거나 연구의 불모지라는 편견도 버려야 한다.

무엇보다 1980년대 이후 확산되는 중세 연구의 추세는 현재 진행형이다. 특히 중세 정치·사회 현상의 주기적 반복에 주목하되 이를 다시 일관된 역사관에 입각하여 꾸준히 다루려는 거시 분석이나 시계열 탐구가 늘어난 점이 흥미롭다. 연구의 기본 자세는 사회학의 인프라와 역사학의 치밀한 접근을 동시에 중요시하는 학제 탐구와 이를 지속적으로 추적·비교하려는 역사사회학적 탐구[21]의 증가는 중세 연구의 상대적 풍요를 담보한다.

일방 복종을 동원한 핵심 계기란 멀게는 종교요 가깝게는 형벌이었다.

연구의 경향은 크게 몇 가지로 나눌 수 있다. 1) 특정 공간에서 발생한 범죄와 기소율의 주기적 변화 혹은 처형 사례의 비교,[22] 2) 동일(유사)한 현상, 즉 민중봉기와 농민반란 등 정치적 항거의 전국 집합자료(통계) 분석과 시계열 추적,[23] 3) 특정 범죄의 작위적 비교와 역사 추적,[24] 4) 입법 추이와 장기간에 걸친 경향 탐색[25] 등이 그것이다. 멀리는 14세기로부터 가까이는 19세기에 이르도록 빈발·부침한 반복적 정치·사회 현상으로는 폭동과 변란, 시위와 투석, 구타와 절도, 도농都農 범죄, 채무 미변제와 살인, 법정모독과 동성애, 무단침입(폭행)과 강간, 매춘과 성범죄 등이 선별되고 있고 그 빈도의 성격과 함의를 따지는 데 상당 지면을 할애한다.

문제는 사건의 미시적 분석 수준이 집적 통계자료에 비친 총체성을 따라잡지 못할 뿐 아니라 수세기 전 사실들의 구체 복원이나 인문학적 재현이 결코 쉽지 않다는 데 있다. 하나를 천착하는 일이 곧 전체를 대변하는 건 아니지만 사건 전말을 설명할 사료의 구체적 독해나 그 맥락 이해보다 시계열 집적자료를 바탕으로 한 사회과학적 탐색을 서두는 동안 '사실'은 '추이'로 대체되거나 단순 경향의 수준에 머물고 마는 한계도 언급하지 않을 수 없다.

이는 결국 르네상스기에 이르러서야 개인의 존재가 부각되고 인간 각자가 비로소 생명 주체로 다뤄질 때까지 유예된 이야깃거리들이었다. 홀로 몸부림치고 극심한 고통 속에서 흔들리고 있었을 사람들의 통계 규모조차 오늘에 와서야 눈 돌리게 되는 것은 어디까지나 인간을 인간으로 보지 못하게 만든 당대의 기나긴 압박과 왜곡된 관점 때문이었다.

일방 복종을 동원한 핵심 계기란 멀게는 종교요 가깝게는 형벌이었다는 생각은 여기서도 적합한 근거를 확보한다. 앞의 연구 결과들이 주로 범죄 통계나 사회적 일탈 경험에만 맞춰지지 않고 형벌 통계를 얻기 위해 상당한 인프라를 동원하는 데 주력하기 때문이다.[26]

인간을 인간으로 바라보는 데에 왜 그리도 오랜 시간이 필요했을까.

인간을 인간으로 바라보는 데에 왜 그리도 오랜 시간이 필요했을까. 형벌의 중세적 유행 및 확장과 관련하여 이 물음의 답은 의외로 간단히 구할 수 있다. 인간을 신의 피조물로 바라보려는 자세는 결국 초월자의 지나친 격상과 인간의 불필요한 비하를 초래하고 인간 서로 간에 율법의 과잉 적용을 꾀하게 했기 때문이다. 이는 (인간 사회를 관장하는) 신의 율법이 지니는 논리적 적합성이나 실체적 의미 여부를 떠나 그 존엄한 준수만 강요함으로써 범죄의 크기나 무게와 관계없이 사회적 경직과 인간 불신 혹은 상호 소외를 초래한다.

신을 향한 인간들의 근본적 회의나 사회적 거부란 그 자체만으로도 상상하기 힘든 불경이요 정치적 도발이었다.

신을 향한 인간들의 근본적 회의나 사회적 거부란 그 자체만으로도 상상하기 힘든 불경이자 정치적 도발이었다. 이는 곧 사람 사이의 관계를 예상외로 참담하게 만든다. 하나의 존재를 절대적으로 높이기 위해 필요한 작업은 여럿을 낮추거나 주변 존재들을 완벽하게 사로잡을 심리적 핑계와 정치적 단서를 만드는 일이었다. 필요하다면 거대 상징을 꾸미고 조작해서라도 인간의 위상을 처연히 만들 이유는 적어도 종교적으로 충분했던 셈이다. 따라서 인간의 생물학적 모체는 어디까지나 인간임에도 불구하고 그(녀)를 신의 창조물로 이해·교화시키려 들던 중세 프로젝트는 신의 자식들을 초라하고 연약한 존재로 격하시키고 있었다. 그리하여 인간과 인간 사이가 보다 엄중한 질서로 정돈되거나 일사불란한 관계로 '아름다운' 지배와 복종의 기율을 강화해 나갈 때 신은 더 높은 곳으로 오를 수 있었다.

새로운 모멘텀이 마련되고서야 이 같은 절대적 믿음의 강요가 흔들릴 수 있었다.● 남은 건 오로지 엄격함이요 사라진 건 세상의 온화함과 이를 담보할 인간적 믿음이었다면, 저 믿기 힘든 중세의 고체성 역시 형벌로 인해 한층 경직되었다는 해석도 충분히 가능하지 않을까.

● 사회혁명이나 구조적 정치 변동의 파고가 역사를 강타하지 않는 한, 자발적 내파(內破) 기류를 바랄 수 없었던 게 중세의 비극이라면 지나친 표현일까.

인간이 죄에 연약하다는 가설이 세상 속에서 굳어져야만 신의 역량이 강해지고 현세적 삶에 내재하는 악마성마저 돋보이는 이치도 다시 강조할 필요는 없을 것이다. 마치 육욕에 불타는 인간 모두가 초월적 신의 손아귀에서 씻지 못할 혐의로 괴로워하듯 말이다.[27] 혁명기 근대의 시대적 격변을 겪고 나서야 형벌의 불가피성을 객관적으로 바라보거나 '인간적' 한계를 비로소 인간의 입장에서 보게 되었던 까닭도 그렇다면 전혀 이상할 리 없다. 이경재는 이렇게 말한다.

인간과 인간 사이가 보다 엄중한 질서로 정돈되거나 일사불란한 관계로 '아름다운' 지배와 복종의 기율을 강화해 나갈 때 신은 더 높은 곳으로 오를 수 있었다.

> 형사학이나 범죄학에서 고전학파가 지닌 역사적 중요성은 그 전까지 그저 하나의 사실 현상에 불과한 범죄와 형벌을 체계적인 학문대상으로 삼았다는 것 외에도 범죄와 형벌의 주·객체를 주체성 있는 '인간'으로 환원했다는 데 있다. 다시 말해 고전학파

는 인간을 사악한 악마에 사로잡힌 신의 피조물에 불과한 수동적 존재라고 본 중세의 가치관을 '스스로 생각하고 느끼며 판단하는 능동적 존재'로 파악한 근대의 가치관으로 격상시키는 데 지대한 역할을 한 것이다. 이는 고전학파 이전 시대인 중세에는 상상도 하지 못했던 일이다. 그러면 어떻게 고전학파는 신의 피조물에 불과한 존재를 능동적인 인격체로 격상시켰을까? 이는 그저 몇몇 사람들의 뛰어난 지식이나 통찰력만으로는 불가능한, 즉 일련의 시대조류의 영향이 축적된 인류역사의 대사건들과 밀접한 관련이 있다.[28]

범해서는 안 될 율법이지만 설령 범했다 하더라도 대가가 혹독할 필요가 없다는 사고도 혁명기에 이르러서야 가능했다.

범해서는 안 될 율법이지만 설령 범했다 하더라도 대가가 혹독할 필요가 없다는 사고도 혁명기에 이르러서야 가능했다. 형벌의 한계가 '약한' 인간 편에서 논의되기 시작한다는 사실은 그것만으로도 감동이었다. 그것이 다시 새로운 인문학적 흥분을 암시한다는 점도 중세 사회의 경직성을 반증하는 또 하나의 증거다. 여기서 형벌의 고전학파나 형법의 근대적 인식론이 새삼 중요한 까닭도 극대화된다.

벤담의 파놉티콘에 스민 통제의 누디티도 문제가 없는 건 아니다. 효율적 감시와 공포의 총체적 관리라는 혁명적 발상에도 불구하고 '감시하는 자는 정작 누가 감시할 것인지'에 관한 정치적 의문을 함께 풀어야 하기 때문이다. 그럼에도 불구하고 근대 감옥의 변용 과정을 비판하기 전에 주목해야 할 사항이 있다. 그나마 형벌 과정에 휴머니티를 심으려 했던 생각의 단서를 그에게서 찾을 수 있다는 점이 그것이다. 체사레 베카리아Cesare Beccaria도 마찬가지다. 형벌 이론이 감당해야 할 숱한 함정에도 불구하고 그를 주목해야 할 이유 역시 고전학파의 혁명성 때문이었으니까.

> 범죄에 대한 형벌은 오직 법률을 통해서만 규정될 수 있다. 이 권한은 사회계약에 의해 결합된 사회 전체를 대표하는 입법자에게만 속한다. … 사회를 대표하는 주권자는 모든 성원들에게 구속력 있는 법률을 제정할 수 있을 뿐이고 누가 그 사회계약을 위반했는지 여부를 판정할 권한은 없다. … 잔혹한 형벌은 공공복리나 범죄예방 목적에 직접 대립하지 않는다고 생각될 경우에도 잔혹한 처벌이 별 쓸모없음을 증명할 수만 있다면 잔혹한 형벌을 과課해서는 안 된다. 필요 이상의 잔혹한 형벌은 박애의 덕(노예를 지배하는 것보다 행복한 자유인을 다스리기에 적합한 계몽된 이성으로부터 생겨나는 덕)에 비추어 비난받아야 할 뿐 아니라 정의에도 반反하고 사회계약의 본질과도 상반되는 것이다.[29]

사법적 자제와 관용의 항목들이 돋보이는 건 혁명이 싹트는 여명의 기간보다 극한이 형벌이 일상으로 시현되거나 반복·강화된 중세 말기였다.

권력의 자기검열과 관용의 형벌 사상이 온 세상에 퍼질 때까지 여러 차례의 혁명과 힘겨운 기다림이 필요했다. 특히 프랑스 혁명의 압도적 영향력이 얼마나 큰 가치와 의미를 지니는지는 앞서 지적한 바 있다. 혁명기 이후 근대의 형벌 사상을 뒤집어보면 반反인간·비非인간의 폭력적 사고와 중세의 엄숙주의가 흠씬 묻어난다. 종교가 기획하고 국가가 묵인한 폭력적 지배 전략의 속내는 기적의 실현을 핑계 삼은 가톨릭의 정치적 장엄함 위에 사회적 일탈 세력을 벌하고 솎아내려는 공포 효과의 확장이었다. 형벌이 혹독할수록 단속 효과는 배가되었고 민중을 견고히 다스릴 정치적 도구로 폭력을 곁들인 압박만큼 훌륭한 대안이 없다는 게 가톨릭 종교권력의 판단이었다.

그럼에도 불구하고 베카리아류의 근대 형벌 사상이 싹을 틔운 건 인간을 신의 피조물로 보는 사고의 오류와 함께 인간이 '인간의 자식'임을 천명하려는 겸허함 때문이다. 그것은 인간의 사법적 재단이 야기하는 철학적 고뇌와 함께 신체벌의 종류를 늘리거나 극형의 한계를 넓히는 일이 얼마나 모순적인지 진지하게 되돌아보도록 만든다.[30]

베카리아류의 근대 형벌 사상이 싹을 틔운 건 인간을 신의 피조물로 보는 사고의 오류와 함께 인간이 '인간의 자식'임을 천명하려는 겸허함 때문이다.

중세의 형벌 과잉에 관한 반성은 혁명의 정치적 전취물이었다기보다 도덕률과 사회적 양심의 회복에 따른 자연적 귀결이었다. 형벌은 형벌을 줄이기 위해 필요한 최소한의 강제이며 법은 법을 쓰지 않게 하기 위한 타율적 계몽과 학습 도구라는 점. 인간의 육체는 벌의 대상이 아니라 충만한 계몽과 자기반성의 주체적 발원지여야 한다는 사실. 죄는 미워해도 인간은 미워하지 말아야 하며 벌의 부과와 적용 역시 사회적 설득력을 확보해야 한다는 전제. 이 같은 몇 가지 사법적 자제와 관용의 항목들이 돋보이는 건 혁명이 싹트는 여명의 기간보다 극한의 형벌이 일상으로 시현되거나 반복·강화된 중세 말기였다. 특히 르네상스의 맹아가 선명한 색채를 띠며 돌이킬 수 없는 자기 정체를 드러내기 시작한[31] 15-16세기 이탈리아 중심도시의 잦은 처형은 중세 범죄정치학 연구는 물론 형벌사회학 탐구의 중요한 경험적 토대가 된다.

르네상스와 종교개혁의 관계는 여기서 다시 주목 대상이 된다. 생각보다 빨리 모두의 곁에 성큼 다가온 그것들은 오랜 역사 속에서 배양·삼투·숙성된 현상이자 흐름으로 유럽 근대 지성사와 문화사의 변동을 이끈다.●

● 혁명보다 무서운 건 '스밈'과 '번짐'이었다. 일상으로 마주하는 고통스런 현상들 속에 변혁의 단서가 있고 펄럭이는 깃발 아래 과거의 소멸과 해체는 암시되고 있었다. 그렇다면 핏빛 낭자한 형장 곳곳에서 절규하던 사람들의 목소리는 곧 형벌의 폐지와 야만성의 고발로 모아지고 있었던 게 아닐까.

형벌은 바로 이 부분에서 처연히 빛나는 정치적 역설이자 사회적 반어로 작동한다. 형벌을 없애야 한다는 사회적 주문이 강할수록 고문의 강도는 한결 혹독했고 형장의 서슬을 두려워하는 민중의 눈매가 또렷할수록 집행관들과 벼슬아치들의 위세가 당당했던 건 역사의 오랜 상식이다.

중세는 하릴없이 흘러간 적막의 세월이 아니며, 막연함과 맹목의 시간들로 채워진 암흑의 기간도 아니었다. 역사는 끝없이 꿈틀대며 이반의 틈새를 노리고 있었다.

중세의 형벌은 얼마나 자주 그리고 어떻게 이루어졌을까. 앞서 지적했듯이, 15-16세기 이탈리아의 사회 변동은 13-14세기 정치 변동과 세상 밑바닥 흐름의 구조적 결과이자 당연한 숙성이었다. 죄와 벌도 이처럼 역사의 전조와 후과後果로 나뉘고 오늘이 딛고 서는 과거란 곧 그에 걸맞은 원인과 배경으로 작동한다. 역설적으로 르네상스와 종교개혁은 더 많은 범죄와 형벌의 집중화 경향을 낳는다. 토크빌Tocqueville의 말처럼, 정치적으로 가장 위험한 시기는 억압과 통제가 가속화하는 권력 횡포기보다 과거를 반성하거나 뭔가 고쳐 보려는 시도가 권부權府 스스로의 권위를 약화시키는 때이기 때문이다.[32] 저항의 단서가 개혁의 이완기에 열리고 압제의 사슬이 느슨해질 때 민중이 용감해지는 건 자연스러웠다. 정치폭력이 극한으로 횡행하는 압제기에 범죄가 더 성행하는지, 아니면 통제의 고삐를 놓으려 들 때 본격화하는지를 알려면 더 상세한 경험적 추적과 관찰이 필요할 것이다.

저항의 단서가 개혁의 이완기에 열리고 압제의 사슬이 느슨해질 때 민중이 용감해지는 건 자연스러웠다.

형벌로 보는 범죄 추이는 이를 이해하는 하나의 대안이다. 형벌로 범죄를 추론하는 일은 범죄 그 자체의 콘텐츠를 선명히 부각시키진 않지만, 한 시대의 사회 통제와 민중의 정치적 추수를 파악할 또 하나의 증거가 되기 때문이다. 특히 사무엘 콘Samuel Cohn이나 사무엘 에저튼Samuel Y. Edgerton처럼 역사를 사회과학과 긴밀하게 접목하거나 인문학의 광범한 지평 위에서 입체 조망하는 경우 중세는 더욱 다이내믹하게 다가온다. 이들의 시각을 존중하자면, 중세는 하릴없이 흘러간 적막의 세월이 아니며, 막연함과 맹목의 시간들로 채워진 암흑의 기간도 아니었다. 역사는 끝없이 꿈틀대며 이반의 틈새를 노리고 있었다.

균열이 커지자 붕괴 기미 역시 빨라졌고 폭력이 일상으로 자리 잡을 때 체제의 취약성은 저절로 마련되고 있었다. 마르크스를 인용하지 않더라도 체제가 당면한 내재적 모순은 새로운 상황과 역사의 진전을 재촉하는 계기가 된다. 결국 중세 말에 이르면 종교의 위압적 강제도 빛을 잃고 생활사의 일부로 관례화한 형벌만이 시대의 징표인 양 거듭되고 있었다.

마르크스를 인용하지 않더라도 체제가 당면한 내재적 모순은 새로운 상황과 역사의 진전을 재촉하는 계기가 된다.

마르크스주의 사회학자인 콘Samuel K. Cohn Jr.은 중세사의 허구가 하이 르네상스기의 범죄와 형벌에서 한껏 도드라진다고 지적한다. 구타와 폭행은 다반사였고 절도와 살인 등도 일상으로 횡행하는 중세 유럽, 특히 이탈리아 대표 도시들에서 가톨릭은 빈약한 물적 토대 위에 간신히 지탱하던 종교적 상부구조이자 공허한 허위의식이었다. 아무리 기도하고 계도한들 민중의 삶은 나아지지 않았으며, 기적은 멀고 구원은 언제 가능할지 아무도 장담할 수 없었다.

주기적 민중저항이나 농민봉기 등 사회 인프라의 동요가 일정한 틀을 갖춰 나갈 때 세상의 모습은 달라지고 있었다.[33] 늘 그런 건 아니지만 역사를 단순한 사건이나 인물의 결합체로 보지 않고 장기간의 흐름이나 선형적 사고로 조망[34]할 때 의미를 더하는 건 거시 분석의 장점이다.[35]

다소 방대한 〈표 2〉는 1420년부터 1574년까지 르네상스기 플로렌스의 형벌 집행 통계를 연도별로 세목화한 것이다. '교형 > 참형 > 화형' 순으로 집계된 155년간의 형벌 집행 대상은 총 1,337명이었고 이는 다시 연평균 8.62581명으로 나뉜다. 월평균 0.71882명이었고 보면, 이 기간 플로렌스에서의 처형은 적어도 월 1회의 빈도로 꾸준히 반복된 셈이다.

아무리 기도하고 계도한들 민중의 삶은 나아지지 않았으며, 기적은 멀고 구원은 언제 가능할지 아무도 장담할 수 없었다.

흥미로운 사실은 그곳 역시 중세 보편의 형벌 방식으로 공공

〈표 2〉 플로렌스의 형벌 집행 추이: 1420-1574년

연도	총계	교형	참형	화형	기타 처형(복합 형벌)
1420	12	1	10	1	
1421	13	1	12	0	
1422	7	3	4	0	
1423	12	2	10	0	
1424	15	3	10	0	2(견인牽引 후 사형)
1425	11	6	5	0	
1426	7	1	4	1	1(교형 · 화형)
1427	5	0	5	0	
1428	6	3	3	0	
1429	4	0	4	0	
1430	8	3	3	0	1(교형 · 견인), 1(미상)
1431	21	8	12	0	1(편형鞭刑 · 사형)
1432	8	1	5	0	1(참수 · 사지절단 · 교형), 1(견인 · 교형)
1433	8	1	5	0	2(견인 · 교형)
1434	6	3	2	0	1(미상)
1435	9	2	7	0	
1436	19	3	16	0	
1437	11	2	9	0	
1438	5	1	4	0	
1439	9	4	4	0	1(미상)
1440-41	-	-	-	-	-
1442	4	3	1	0	
1443	4	1	2	0	1(교형 · 화형)
1444	6	6	0	0	
1445	3	1	2	0	
1446	4	3	1	0	
1447	5	3	2	0	
1448	1	1	0	0	
1449	4	0	4	0	
1450	7	1	5	1	
1451-52	8	3	5	0	
1453	1	0	1	0	
1454	4	2	2	0	
1455	5	0	5	0	
1456	3	0	3	0	
1457	9	1	8	0	
1458	12	6	6	0	

〈표 2〉 (계속)

연도	총계	교형	참형	화형	기타 처형(복합 형벌)
1459	4	1	3	0	
1460	3	0	2	1	
1461	4	1	2	0	1(미상)
1462	6	3	3	0	
1463	9	1	8	0	
1464	10	3	6	1	
1465	5	1	4	0	
1466	2	2	0	0	
1467	2	1	0	1	
1468	9	8	1	0	
1469	1	1	0	0	
1470	11	7	4	0	
1471	2	0	2	0	
1472	10	7	3	0	
1473	7	3	4	0	
1474	3	1	1	1	
1475	11	2	8	0	1(미상)
1476	10	5	4	0	1(미상)
1477	7	4	0	0	2(미상), 1(견인 · 교형)
1478	10	7+3[a]	0	0	
1479	40	16+16[a]	3	1	4(미상)
1480	9	7	2	0	
1481	10	6[a]	4	0	
1482	5	2	3	0	
1483	8	4+1[a]	3	0	
1484	14	10+1[a]	3	0	
1485	11	6	5	0	
1486	8	6	2	0	
1487	6	4	2	0	
1488	8	4+2[a]	2	0	
1489	2	1	1	0	
1490	10	8	2	0	
1491	4	2[a]	2	0	
1492	7	1	6	0	
1493	8	5	3	0	
1494	3	1[a]	2	0	
1495	10	6+1[a]	3	0	

〈표 2〉 (계속)

연도	총계	교형	참형	화형	기타 처형(복합 형벌)
1496	8	5	3	0	
1497	15	7	7	0	1(교형 · 화형)
1498	10	5	2	0	3(교형 · 화형)
1499	17	9+2[b]+1[a]	5	0	
1500	14	5	9	0	
1501	6	3+1[b]+1[a]	1	0	
1502	8	4+1[b]+3[a]	0	0	
1503	11	2+2[a]	7	0	
1504	10	9	1	0	
1505	19	9+3[a]	7	0	
1506	7	2+2[a]	3	0	
1507	4	2	2	0	
1508	2	0	2	0	
1509	4	2	1	0	1(교형 · 화형)
1510	3	3	0	0	
1511	2	0	2	0	
1512	14	12	2	0	
1513	4	3+1[a]	0	0	
1514	6	3	2	0	1(교형 · 화형)
1515	10	5+2[c]	3	0	
1516	6	1+4[c]	1	0	
1517	2	2	0	0	
1518	9	3	6	0	
1519	6	4+2[a]	0	0	
1520	18	6+3[a]+1[b]	7	0	1(교형 · 화형)
1521	4	1+1[a]	2	0	
1522-23	22	4+8[a]	10	0	
1524	8	2+1[a]	5	0	
1525	14	6	8	0	
1526	16	5+3[a]	8	0	
1527	16	7+1[a]	8	0	
1528	24	13+3[a]	8	0	
1529	30	15+7[a]	7	0	1(교형 · 화형)
1530	23	4+10[a]	9	0	
1531	19	7+3[a]	8	0	1(사지절단)
1532	10	7+1[a]	2	0	
1533	30	12+4[a]	12	0	1[전복顚覆 교형(一足)],[36] 1(사지절단)

〈표 2〉 (계속)

연도	총계	교형	참형	화형	기타 처형(복합 형벌)
1534	24	7+9[a]	8	0	
1535	14	5+3[a]	5	0	1(두부頭部 압살壓殺형)
1536	13	7+1[a]	5	0	
1537	28	9+3[a]	16	0	
1538	4	1+1[a]+2[c]	-	-	
1539	12	5	7	0	
1540	23	12	11	0	
1541	5	2	3	0	
1542	6	3	2	0	1(교살 · 화형)
1543	3	2	1	0	
1544-45	10	6+1[c]	2	0	1(교살 · 화형)
1546	4	2	2	0	
1547	5	4	1	0	
1548	8	6+1[a]	0	0	1(미상)
1549	2	1	1	0	
1550	10	8	2	0	
1551	-	-	-	-	
1552	4	1	3	0	
1553	3	1	1	0	1(교살 · 화형)
1554	17	3	14	0	
1555	16	6	10	0	
1556	4	3	1	0	
1557	7	2[b]	0	0	3(교형 · 화형), 2(교형 · 참형)
1558	9	4	5	0	
1559	12	8	4	0	
1560	9	6	3	0	
1561	9	7	2	0	
1562	5	1	4	0	
1563	10	6	4	0	
1564	5	1	3	0	1(미상)
1565	1	1	0	0	
1566	3	3	0	0	
1567	13	7	6	0	
1568	6	3	3	0	
1569	3	0	3	0	
1570	11	5	6	0	
1571	6	4	2	0	

〈표 2〉 (계속)

연도	총계	교형	참형	화형	기타 처형(복합 형벌)
1572	2	0	2	0	
1573	10	7	2	0	1(교살 · 화형)
1574	5	3	2	0	
합계	**1,337**	**693**	**590**	**8**	**46**

a: 영도자(Capitano) 집무실 창가, *b*: 도시장관(Podesta) 청사 창가, *c*: 바르젤로(Bargello)궁 창가

출처: Samuel Y. Edgerton, *Pictures and Punishment: Art and Criminal Prosecution During the Florentine Renaissance* (Ithaca, NY.: Cornell University Press, 1985), pp. 234-238.

장소에서의 현시형, 즉 공개처형을 채택한다는 점이다. 게다가 국가폭력의 극적 공포 효과를 늘리기 위해 고문과 처형의 동반 집행도 간헐적으로 활용한다.● 처형이 꾸준했다는 게 문제의 핵심은 아니다. 형벌로 인한 민중의 심리적 압박과 정치적 공포 효과의 기복이 매우 복잡했다는 점이다. 세상이 점차 나아질 것이란 희망의 정치보다 복종과 순응이 미덕이며 저항과 일탈은 바로 죽음이라는 인식을 퍼뜨려 즉시 주눅 들게 만드는 치명적 통치전략이었다.

● <표 2>는 사법당국이 주기적으로 반복 채택한 제도폭력 규모와 그 강온의 연대기별 부침이다.

한 번에 조이거나 압박 강도를 계속 높이기보다 풀고 당기길 반복하는 처형의 정치학은 자발적 동조의 터전을 마련하는 데 주력한다. 형벌의 규모가 줄어드는 걸 바라보면서도 견디지 못할 고통에 뒤틀리는 죄수의 모습을, 그것도 누구나 접근할 수 있는 공공장소에서 오래도록 대면하기란 간단치 않았을 것이다. 죄인이 미웠기에 임의 처단하거나 민중의 불편한 감정을 다스리려고 합법적 보복의 길을 열었던 건 아니다. 형벌의 의도가 이를 방임 · 묵인한 가톨릭의 압도적 프로젝트와 맞물려 있었고 보면, 물리적 신체벌의 역사는 우연이 아니었다. 〈그림 1〉은 중세 민중과 국가의 관계를 읽는 〈표 2〉의 또 다른 이해 방식이다.

한 번에 조이거나 압박 강도를 계속 높이기보다 풀고 당기길 반복하는 처형의 정치학은 자발적 동조의 터전을 마련하는 데 주력한다.

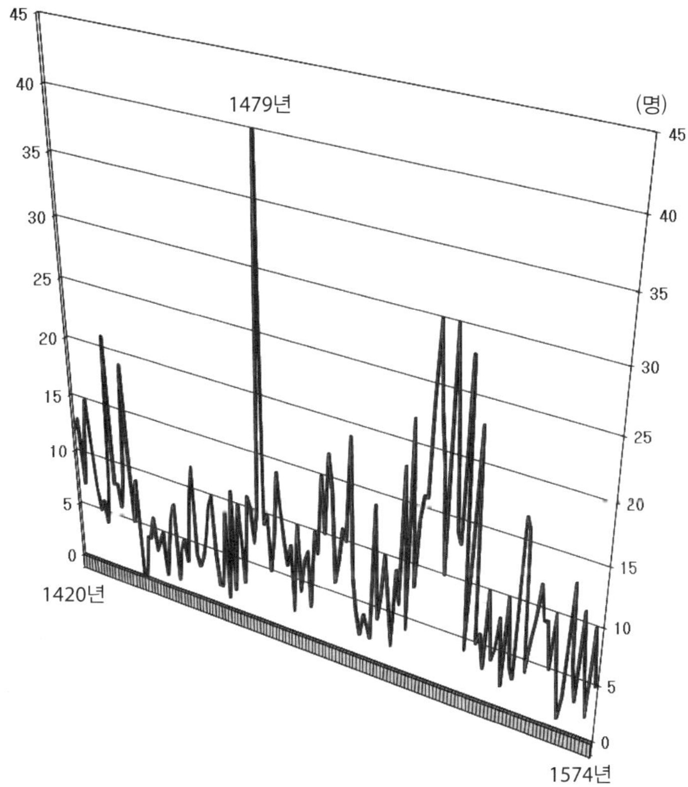

〈그림 1〉
플로렌스의 형벌 집행 추이:
1420-1574년

간단없이 이어지는 범죄는 종교권력을 비웃고 있었으며, 국가는 교회권력의 한결 같은 엄숙주의와 민중의 일탈 사이에서 형벌 집행만으로 권위의 최소나마 유지하고 있었다. 형벌 집행권자가 발휘할 수 있는 권위의 끝은 사형수의 목숨을 끊는 시기와 방법의 결정이었다. 사법당국 역시 넘치는 범죄 앞에서 국가폭력의 한계를 저울질하고 있었다.

오갈 데 없이 추락하는 민중의 삶을 방호할 어떤 위무의 장치조차 마련되지 않고 있었다는 절박함이 문제였다.

눈여겨볼 부분은 참형과 교형의 차이가 그리 크지 않을 뿐 아니라 화형마저 간헐적으로 채택했다는 점이다. 어떤 처형이든, 적어도 매달 한 차례씩 현장을 바라보게 만들고 경우에 따라서는 몇날 며칠이든 권력자의 집무실 창가나 도시 한복판 중심건물에 시신을 매달아 공개하려 한 것은 모두의 고통이었다. 그것도 단죄 방법의 잔혹성을 감안하면 중세 형벌은 죽여야 할 자에 대한 응징 수단이기 이전에 살아남은 자를 향한 위로와 혹독한 자기 단속 도구였던 셈이다.

단죄 방법의 잔혹성을 감안하면 중세 형벌은 죽여야 할 자에 대한 응징 수단이기 이전에 살아남은 자를 향한 위로와 혹독한 자기 단속 도구였던 셈이다.

형벌의 집행은 단지 정치적 판단에 따른 판결 조작이나 공학적 조율의 대상이 아니었다. 그것은 좀처럼 줄어들지 않는 범죄와 그에 따른 합당한 처형이 예측불가의 상황을 헤매고 있었음을 반증한다. 보다 정확히 표현하면, 범죄 발생과 단죄 과정에서 종교의 힘은 빈약했다. 거기에는 성직자들의 타락과 방종 역시 상황의 악화에 기여한 측면이 있다. 하지만 그보다 오갈 데 없이 추락하는 민중의 삶을 방호할 어떤 위무의 장치조차 마련되지 않고 있었다는 절박함이 문제였다.

범죄는 대책 없이 늘어나고 있었고 형벌과 고문도 그에 비례하고 있었다. 국가가 대응할 수 있는 힘의 극한이 사법폭력의 강화밖에 없는 상황은 체제의 짐이자 역사의 모순이었다. 형벌의 잦은 집행과 사회의 가파른 위축은 물론이고, 잠정적인 의식의 이완과 평온이 또다시 문화적 해이와 방만을 불러오는 '일탈-복원'의 주기적 반복은 중세 사회의 완만한 변화를 설명할 수 있는 슬픈 메커니즘이다.●

● 고문과 형벌로 떨기도 하지만 시절이 평화로울 때 또다시 죄의 단서를 만드는 민중들이기도 했다. 구인과 형벌, 고문과 집행, 범죄의 부양과 침체, 안도와 해이, 도발과 위축, 공포의 확산과 일탈의 반복.

처형은 어느덧 중세 유럽의 불가피한 내정 항목이자 국사의 기본이었다. 〈표 3〉도 도시범죄의 유형별·공간별 편차와 함께 그 주기적인 변화를 잘 보여 준다. 무작위 추출이지만 이 자료는 범죄의 지속적 상승이나 일방적 하강은 있을 수 없다는 사실을 극명하게 보여 준다. 일정 기간의 폭행과 구타, 살인과 절도, 풍속사범과 경제범죄 등 제한적인 도시범죄의 진행 패턴만 보더라도 주기적 파동은 두드러진다.

중세의 도시범죄는 일정한 완급과 발생 편차를 보인다. 줄면

〈표 3〉 플로렌스의 범죄 유형(무작위 추출): 1344-1466년

범죄 유형	1344-45년	1374-75년	1455-66년
폭행 · 구타	402	91	79
살인	23	9	27
절도	40	8	24
주변도시범죄	101	27	88
풍속범죄	38	9	24
사채범죄	145	28	19
전체 부채범죄	146	38	92
주(州)범죄 / 전체 도시범죄	656 / 1,682	206 / 440	84 / 531

출처: Samuel Cohn, "Criminality and the State in Renaissance Florence, 1344-1466," *Journal of Social History*, Vol. 14 No. 2 (1980 Winter), p. 216.

다시 늘고 번성하면 다시 위축되는 파동과 기복이 뚜렷하다는 점에서 플로렌스의 경우는 주목할 필요가 있다. 이를 형벌 집행의 장기 변화 추이를 나타내는 〈그림 1〉과 함께 살펴보면 범죄의 주기적 반복은 단순히 발생 자체로 끝나지 않고 그에 합당한 고문과 처형을 짐작케 한다. 범죄의 증감이 당대의 고문 및 형벌 총량과 어떤 상관관계를 갖는지 살피려면 보다 정교한 변수의 추적과 자료의 확보가 전제되어야 할 것이다. 마찬가지로 그 상관성 여부를 떠나 범죄 역시 간단없었던 사실도 함께 밝히려면 일정한 노력이 필요하다. 하지만 현재까지 드러난 사실들만으로도 둘 사이에는 흥미로운 긴장과 갈등이 개재하며 주기적 반복의 특성을 지닌다는 데 방점을 찍게 된다.

범죄 발생과 단죄 과정에서 종교의 힘은 빈약했다.

'파동'과 '변화'란 물론 같지 않을 것이다. 변화를 이끌어내는 온갖 변수를 입체적으로 조망해야겠지만 그들 모두는 나름의 절실함과 불가피한 사연들을 끌어안는다. 우발적 범죄와 더 이상 설명이 어려운 범행이 늘어날수록 죄와 벌의 극성이나 폭력적 가

파름의 정도도 비례할 수밖에 없었다. 형벌이 심하면 범행 빈도도 줄고 교회의 권위와 정치권력의 위세가 빛을 잃자 도발과 일탈도 기승을 부리는 현상을 마냥 탓할 수만은 없었다.[37] 형벌로 다스리지 않는 한 질서 유지와 체제의 정통성 강화를 위한 설득의 틀은 확보하기 어려웠다. 그러지 않고선 오로지 민중의 자발적 복종으로 버티든가, 강압과 폭력에 따른 체제 적응 유도 외에 다른 방도는 찾기 어려웠다.

형벌로 다스리지 않는 한 질서 유지와 체제의 정통성 강화를 위한 설득의 틀은 확보하기 어려웠다.

자세히 들여다보면 같은 사회공간 안에서도 범죄의 발생 시기와 규모의 편차를 보인다는 점은 흥미롭다. 콘은 르네상스기 이탈리아 주요 도시에서 발생한 정치적 항거와 농민반란은 물론 도시국가들 사이의 잦은 갈등과 전쟁이 각 도시의 범죄구조 혹은 발생 빈도와 관계 맺는 방식에 각별히 주목하는 드문 연구자다. 그는 특히 민중 부문과 국가권력 간의 정치적 알력과 간헐적 충돌이 일어나는 시기와 강간·추행 등 르네상스기 민중 부문의 성범죄 발생 기간이 어긋나고 있음에 주목한다.

그는 이 같은 현상의 배경에 어떤 독특한 까닭이 있었다기보다 우연성의 강화와 정치·사회 갈등의 순차적 표출에 눈길을 돌릴 필요가 있다고 본다. 이를테면 민중의 정치적 불만이 가시화하여 항거와 시위가 왕성해지기 시작할 때 성범죄의 자취는 미미하며, 국가를 향한 분노와 행동의 표시가 잦아들 때 성충동 분출과 일탈이 빈번하다는 것이다.[38]

범죄도 이른바 자율적 통제와 자기 방호 논리를 가졌거나 발생론적 자기 규제 메커니즘을 갖고 있었다고 보면 지나친 과장일까.

범죄도 이른바 자율적 통제와 자기 방호 논리를 가졌거나 발생론적 자기 규제 메커니즘을 갖고 있었다고 보는 것은 지나친 과장일까. 일탈과 부적응의 사회화 과정에도 최소한의 염치는 작동하고 있었던 게 아닐까. 중세는 역시 오늘과 크게 다른 내재적 억제의 틀과 엄격한 자기 검열 원리를 진작부터 학습하고 있었을 것이란 상상도 여기서는 무리가 아니다. 하지만 다음 통계와 마주하게 되면 이 같은 생각들이 얼마나 순진한 것인지를 알게 된다. 범죄 발생 시기가 서로 다르고 빈도와 주기 편차에 모종의 신사성이 돋보인다 하더라도 난무하는 국가폭력과 소위 형벌의 자기 규제(절제)가 전혀 담보되지 않는 경우가 늘어나기만 했던 까닭은 뭐였을까.

독일도 단호했다. 르네상스기 유럽 전역의 형벌정치학을 훑자는 게 이 책의 목적은 아니지만 '사형capital punishment'은 역시 유럽 주변 국가의 위압적 통치공학을 기정화하는 대표 사례로 꼽힌다는 데 주목하자.● 이탈리아 주요 도시국가가 간단없는 처형의 정치를 되풀이하는 동안 독일도 사형 관행을 착실히 반복한다. 〈표 4〉는 독일 주요 도시들도 당시 사형을 자주 채택하고 있음을 잘 말해 준다. 14세기 말부터 16세기 초까지 뤼벡Lübeck의 경우 연평균 4.57명과 2.10명, 스트랄스운트Stralsund는 4.20명, 베를린Berlin은 2.02명, 바젤Basel은 4.10명, 브레슬라우Breslau·Wroclaw는 6.14명 등으로 연평균 3.86명꼴로 사형은 되풀이된다.

● 여기서 종교개혁 주도 국가로 독일의 위상을 다시 강조할 필요야 없겠지만 앞서 말한 종교와 정치의 괴리와 함께 가톨릭과 민중의 행복 사이에 얼마나 거리감이 컸는지는 이제 상식 중의 상식이다.

이는 르네상스기 대표 형벌로 사형의 위상과 영향력이 얼마나 컸는지를 잘 대변한다. 플로렌스에는 미치지 못했어도 유럽에서 가장 근대화가 지체되고 구도의 보수성을 자랑한 국가치곤 형벌의 극한까지 다다르지 않았다는 점에서 중세 독일의 사형은 차별적이다. 물론 실제 사례는 이보다 더 많았으리란 추정도 얼마

〈표 4〉 중세 독일의 주요 도시별 사형 통계

뤼벡		스트랄스운트		베를린		바젤		브레슬라우	
1371-1460년	411명	1310-1472년	684명	1399-1448년	101명	1450-1510년	250명	1456-1529년	454명
1462-1581년	252명								

출처: 양태자, 『중세의 뒷골목 풍경: 유랑악사에서 사형집행인까지, 중세 유럽 비주류 인생의 풍속 기행』(서울: 이랑, 2011), p. 37.

든지 가능하다.[39]

공개적으로 드러난 중세의 처형 통계는 '폭력성'과 '잔인함'은 물론 현시적 '단호함'을 바탕에 둔 '쾌속성'을 골자로 삼는다. 혹독하고 즉발적이며 누구나 다 바라볼 수 있는 장소에서 그것도 당장 내 눈앞에서 벌어지는 처형이란 죽음의 형식을 취하지 않는다 하더라도 참담했을 것이다.

플로렌스 대비 독일 주요 도시의 사형 집행 건수는 연평균 [8.63 : 3.86]의 역조를 보인다. 이는 물론 단일 도시 대 복수 도시의 평균치 비교라는 분석 수준 차이를 전제한다. 하지만 한 도시 평균 사형 건수가 비슷한 시기의 다른 국가 다섯 도시의 평균값의 2배를 훌쩍 넘어선다는 사실은 뭘 뜻할까. 그것은 그만큼 중세 유럽 도시국가를 다스린 권력자들의 정치적 자의성이 폭과 깊이에서 얼마나 다양한 편차를 보였는지 잘 말해 준다. 극단적으로 말해 걸핏하면 죽이고 웬만하면 목을 걸거나 팔다리를 자르는 신체형이 중세 유럽에서 일상화했다는 해석도 가능하다. 하지만 독일과 플로렌스의 경우를 훨씬 웃도는 사례를 접하고 보면 얘기는 달라진다.

공개적으로 드러난 중세의 처형 통계는 폭력성과 잔인함은 물론 현시적 단호함을 바탕에 둔 쾌속성을 골자로 삼는다. 하물며 피 튀고 뼈가 부러지며 온갖 신음과 괴성이 난무한 사형 현장에서랴.

볼로냐의 사례가 그렇다. 하이 르네상스기에 접어든 16세기 전체를 관통하도록 볼로냐가 보인 범죄 규모와 기소 정도는 앞의 경우를 크게 웃돈다. '절도 > 살인 > 반역 > 강도 > 이단'의 크기로 반복된 볼로냐의 범죄는 연평균 12.09574건 발생(기소 포함)과 함께 사형 집행 건수 연 13.20213회로 도드라진다. 이는 연평균 사형 집행이 8.62581건 이루어진 플로렌스보다 1.53배 강한 국가폭력이다. 아울러 독일의 경우보다 3.42배 높은 사법폭력 수치다.

〈표 5〉와 〈표 6〉은 이 같은 국가폭력의 주기적 사용에 따른 정

〈표 5〉 볼로냐의 범죄와 기소율 변화: 1507-1600년 (단위: 건)

구분	간통	방화	폭행	강도	위조	이단	살인	기타	강간	반역	남색	은닉	절도	파손	마법	무기	중범	계
1507-09년	-	-	-	-	-	1	-	-	-	50	-	-	1	-	1	-	-	53
1510-19년	-	-	-	14	3	1	30	4	-	17	2	5	16	-	-	-	-	92
1520-29년	-	-	-	9	-	-	2	2	-	10	-	-	2	-	-	-	-	25
1530--39년	-	-	-	16	-	1	3	2	-	-	-	-	-	-	-	-	-	22
소계	-	-	-	39	3	3	35	8	-	77	2	5	19	-	1	-	-	192
1540-49년	1	2	3	1	7	9	66	8	2	-	7	1	32	2	1	1	1	144
1550-59년	3	-	3	3	6	2	40	16	2	-	-	1	28	5	5	-	2	116
1560-69년	-	2	-	2	8	12	42	20	-	2	5	2	43	-	-	2	5	145
1570-79년	-	4	1	-	1	3	36	6	-	-	2	-	55	1	2	5	-	116
1580-89년	-	-	3	6	15	8	67	5	-	17	1	1	108	1	-	5	6	243
1590-99년	-	4	1	1	2	7	51	8	1	2	4	4	79	3	-	4	-	171
1600년	-	-	1	-	-	-	5	-	-	-	-	-	4	-	-	-	-	10
소계	4	12	12	13	39	41	307	63	5	21	19	9	349	12	8	17	14	945
총계	**4**	**12**	**12**	**52**	**42**	**44**	**342**	**71**	**5**	**98**	**21**	**14**	**368**	**12**	**9**	**17**	**14**	**1,137**

출처: Nicholas Terpstra, "Theory into Practice: Executions, Comforting, and Comforters in Renaissance Italy," Nicholas Terpstra, ed., *The Art of Executing Well: Rituals of Execution in Renaissance Italy* (Kirksville, MS.: Truman State University Press, 2008), p. 124.

치적 자의성 정도를 잘 보여 준다. 두드러진 특징이라면 죄와 벌의 양적 불일치 혹은 형벌 과잉일 것이다. 범죄 규모보다 형벌의 크기가 넘쳐 나는 까닭은 볼로냐의 경우 (미분류 범죄와 중범자들을 포함한 탓도 있으나) 복합처형 사례를 따로 산정하여 통합한 때문이기도 하다. 결과적으로는 사형 대상이었지만 혹독한 고문을 거친 후 공개처형 방식을 밟는 다단계 처벌을 모두 더했기 때문이다.

복합처형 대상자들이 누군지 드러나지 않는 데다 혐의자별 형벌 집행 결과를 세목화하지 않은 건 자료의 치명적 한계로 남지만, 이는 16세기 전체를 통해 10년마다 일정 도시에서 발생한 범죄의 유형과 진행을 가늠하는 중요한 근거가 된다. 특히 절도

〈표 6〉 볼로냐의 형벌 집행 추이: 1507-1600년 (단위: 건)

구분	형벌							복합 처형	계
	미분류	화형	참형	교형	신체 훼손	기타	사지 절단		
1507-09년	52	1	-	-	-	-	-	-	53
1510-19년	-	1	19	69	-	-	3	-	92
1520-29년	-	-	3	21	-	-	1	-	25
1530-39년	-	-	1	17	-	-	4	-	22
소계	52	2	23	107	-	-	8	-	192
1540-49년	-	4	33	95	1	2	12	5	152
1550-59년	-	13	10	90	-	3	12	16	144
1560-69년	2	10	7	118	2	3	2	9	153
1570-79년	1	8	5	103	-	1	5	7	130
1580-89년	-	3	14	211	1	1	18	17	265
1590-99년	5	5	9	152	1	-	8	9	189
1600년	-	-	-	8	-	-	5	3	16
소계	8	43	78	777	5	10	62	66	1,049
총계	**60**	**45**	**101**	**884**	**5**	**10**	**70**	**66**	**1,241**

출처: *Ibid.*, p. 127.

와 살인이 당대 최고의 범죄로 기록·분류되었다는 사실은 볼로냐의 민생과 치안이 얼마나 척박한 수준이었는지를 추론할 결정적 증거가 된다.

이른바 생계형 범죄가 중세 말 유럽의 한 도시에서 세기를 관통하고 있었고 정치권력과 종교권력마저 이를 해소할 만한 안전한 전초가 될 수 없었다는 사실[40]은 범죄와 국가의 중세적 지평이 어떤 모습이었을지를 잘 말해 준다. 때로 성범죄나 정치적 반항 등 상관관계가 낮은 경우도 있지만, 이를 반복 경험하지 않은 볼로냐의 경우 '반역'이 '살인' 다음으로 높게 꼽힌다는 사실은 흥미롭다.

더욱 주목할 것은 좀처럼 흔들리지 않는 '교형'의 압도적 우위다. 교형과 참형이 별다른 편차를 보이지 않던 플로렌스와 달리, 볼로냐에서는 교형이 참형의 9배에 달하고 동양의 능지처참이나 거열형에 해당하는 '사지절단quartering'형이 자주 반복된다. 화형도 플로렌스에서 1세기 반 동안 실행한 횟수(8회)보다 거의 6배에 달하도록 빈번했다는 건 주목할 만하다.

중세의 형벌은 범죄를 줄이거나 제거하기 위한 목적이 아니라 과(현)시적이고 보복적이다.

중세의 형벌은 범죄를 줄이거나 제거하기 위한 목적이 아니라 과시(현시)적이고 보복적이다. 게다가 사회질서 재건과 회복을 겨냥한 극적 효과의 증진 도구로 활용된다. 아울러 민중을 향한 훈계 수단이거나 카타르시스적 보상 기제를 바탕에 둔 한바탕 살벌한 '정치교육의 굿판'으로 활용될 수도 있었다.[41] 단번에 죽일 수 있었지만 거의 초죽음으로 몰아넣는 복합처형 역시 상당 규모에 달했음은 이를 잘 보여 준다.

한바탕 살벌한 '정치교육의 굿판'으로 활용될 수도 있었다. 단번에 죽일 수 있었지만 거의 초죽음으로 몰아넣는 복합처형 역시 상당 규모에 달했음은 이를 잘 보여 준다.

흔히 종교적 이단자들에게 가해지던 화형이 볼로냐에서 자주 채택되었던 것도 주목할 일이다. 참형과 교형의 높은 채택에도 불구하고 그들이 따로 강조한 화형은 대중적 공포심을 동원한 압도적 방법이었다. 신성을 모독했거나 당국의 개종 권유를 따르지 않는 이교도들을 불태워 죽이는 화형은 위압적 살벌함을 강화하는 대표 형벌이었다.

그것은 폭력적인 통치자들의 위상을 더욱 격상시킬 뿐 아니라 사법명령과 형벌집행권을 독점하는 당국 앞에 스스로 머리를 조아리게 만드는 방법 중 하나였다. 마녀사냥이나 그 물리적 처단 수단으로도 인식되는 화형은 중세의 공개처형 가운데 가장 강력한 동일시 효과와 감정이입을 재촉한다. 죄인이라 하더라도 인간의 육신을 자르고 내걸며 조이거나 뜯어내는 행위보다 즉발적으로 불태우기란 엽기적일 뿐 아니라 보는 이의 견디기 힘든 고

통을 진하게 압축한다.[42]

〈표 6〉에 드러난 여섯 가지 형벌(화형, 참형, 교형, 신체훼손, 사지 절단, 복합처형)은 볼로냐만이 아니라 이탈리아 밖에서도 반복 시행된다. 유럽 여러 나라들에서도 교형과 참형이 반복 시행되거나 앞서 살핀 주변형들과 병행하는 중세의 현상은 유행이자 역사였고 거부할 길 없는 현실이자 민중의 족쇄로 작동한다.

1세기 동안 볼로냐에서 진행된 죄와 벌의 통치공학과 그 변화 지평은 주변 국가나 도시들과 비교할 때 미시적으로는 달랐고 거시적으론 비슷했다. 극적으로 표현하면 국가의 압박과 민중의 일탈은 영영 사라지지 않을 상호 긴장의 원인으로 작동할 일들이었다. 마치 억압하기 위해 움직이는 국가이거나 배반과 변신을 위해 살아가는 민중처럼 여겨지기도 했다. 서로는 서로를 견제하고 유인하는 존재의 이유이자 길항인 까닭이었다. 서로가 상대의 존재감을 의식하며 때로 쫓기고 쫓아야 했던 관계의 불평등은 견딜 만한 긴장과 공포는 물론이고 더 이상 참지 못할 수모와 알력을 키운다. 권력과 폭력만이 세상의 균형을 도모할 마지막 자원인 양, 충돌과 제압의 악순환을 벗어나지 못했던 게 바로 중세 사회질서의 자화상이기도 했다.

형벌이 혹독할수록 범죄는 줄어드는 듯 보였다. 그러나 국가의 폭력만이 중세 유럽의 사회질서를 담보할 안정적 수단은 아니었다.[43] 억누르면 눌렸으나 사라지진 않았다. 다소곳한 민중은 때를 노렸고 삶의 새로운 기회가 엿보일 때마다 어김없이 대들며 때로 흐트러지는 몸부림의 주체로 거듭나고 있었다. 그것이 범죄의 채널로 우회 분출하거나 아니면 승화된 저항이나 반역 등 정면으로 맞서는 방법 차이만 있었을 뿐이다.●

거시적으로 보면 비슷했지만 자세히 들여다보면 같지 않은

국가의 압박과 민중의 일탈은 영영 사라지지 않을 상호 긴장의 원인으로 작동할 일들이었다. 마치 억압하기 위해 움직이는 국가이거나 배반과 변신을 위해 살아가는 민중처럼 여겨지기도 했다.

● 침묵하는 다수의 규모가 워낙 커 모두가 체제에 동의하거나 순응했던 것처럼 생각하고 있었다. 그 침묵이란 것이 종교의 초월적 힘에 의해 조성된 무슨 거룩한 기운의 조화였던 것처럼 이해함도 무리는 아니었다.

형벌이 혹독할수록 범죄는 줄어드는 듯 보였다. 그러나 국가의 폭력만이 중세 유럽의 사회질서를 담보할 안정적 수단은 아니었다.

모습의 중세 형벌은 그렇다면 구체적으로 어떤 내용을 담고 있을까. 사료와 기록만으로 남아 있는 형벌세계를 경험할 대안의 방법은 무엇이며 그 믿을 만한 추론 근거는 또 뭘까. 형벌의 인문학이 역사와 문헌에 의존할 수밖에 없다면 사회과학적 논의 지평은 어디서부터 새롭게 열리는 걸까.

가톨릭의 압도적 우위와 정치권력의 암묵적 추인도 믿고 따르던 민중의 자발적 복종 때문이었다고 보면 어떨까. 침묵의 정치성에 깃든 중세의 저력이란 사법폭력과 국가권력의 은밀한 합작이었다면 그건 지나칠까. 신체벌의 물리적 위압이 질서의 외피를 형성·지탱한 핵심 자원이고 교회 종소리 너머 다시 주눅 들고 억눌린 민중의 처연한 눈빛이 고고한 질서를 추동한 에너지의 실질이었다고 보면 어떨까. 당국의 관심사는 곧 민중을 최대한 겁주고, 공포의 지탱이 국가의 근본임을 잊지 말게 하며, 그 힘은 여럿이 나눠가질 수 없음을 알게 하는 것 아니었을까.

천국과 지옥의 미술정치 : 공포의 동원과 반복 학습

중세의 형벌이 의외로 고분고분하게 받아들여진 배경에는 가톨릭이 주입한 죄의식과 그 사회적 적합성이 자리한다. 널리 알려진 대로 '원죄' 개념은 인간을 주눅 들고 부자유스럽게 만드는 데 기여한다. 하지만 인간의 죄악성 말고도 그들이 저지르는 실제 범죄와 그에 따른 사회적 폐해를 이겨낼 대응 논리를 개발하기 위해 가톨릭은 스스로 권력화한다.

암묵적인 인간의 죄악성 말고도 그들이 저지르는 실제 범죄와 그에 따른 사회적 폐해를 이겨낼 대응 논리를 개발하기 위해 가톨릭은 스스로 권력화한다.

그것이 곧 초월자의 의지요, 궁극의 길이라는 논리가 결정론의 아우라마저 확대 재생산하며 절대화한 과정도 인문학적 상식이 된 지 오래다. 역설적이게도 그것은 신을 더욱 북돋우고 인간을 낮춘다. 그래야만 믿음도 한결 두텁고 설득의 연결고리도 견고해지기 때문이다. 어느 한쪽을 높일 때 다른 한쪽이 기우는 이치는 물리적이며 수리적인 논리와도 서로 통한다. 어느 한쪽의 '큼'이 그보다 못한 쪽의 존재감이나 상황 자체를 초라하게 만드는 건 당연하기 때문이다.

거꾸로 생각할 수도 있다. 한쪽을 높여야만 다른 한쪽이 낮아지는 게 아니란 인식을 강화하는 것 말이다. 본래 낮았던 진영을 더 누르고 억압의 한계를 시험할라치면 다른 한쪽은 지절로 높아지는 이치가 바로 그것이다. 유물론자들이야 신 또한 인간의 피조물이라고 의식하지만 믿음을 실험할 과학적 기준이나 실체적 근거가 없는 한, 절대적 초월자의 세계를 인정하거나 더욱 신비화하는 길은 그의 반대진영이나 신보다 못한 쪽을 더 초라하게 억누르는 것이다.[44]

인간의 원죄가 벌을 부르고 그에 따른 혹독한 대가를 신이 주관한다는 논리는 하늘의 경고와 통하고 있었다.

초월자를 한껏 높여 인간을 약화시키든, 보통 사람들을 한결 소박하게 만들어 절대자의 위상을 강화하든 남는 문제는 둘 사이에 이미 벌어진 간극과 더욱 멀어질 거리를 인식하는 생각의 차이일 것이다. 그 생각 차이가 크고 넓다면 철학에서 말하는 현실과 이상의 불가해함이나 종교가 말하려는 오묘함도 각자 신비의 영역을 키워 나갈 것임은 정한 이치다. 죄와 벌을 종교적으로 인식하는 자세에서도 이 같은 신비주의는 진하게 묻어난다. 그에 따라 인간을 비겁하고 저열한 존재로 폄하하거나 죄업에 상응하는 벌을 집행하는 일련의 일들이 인간의 과업이 아님을 극대화하려 애썼던 것이다.●

● 하늘은 명하고 땅에선 따라야 할 절대 사안이라는 점. 죄는 인간의 것이지만 벌은 신의 소관이란 사실. 저지름은 인간의 사단일망정, 단죄와 처벌은 초월자의 의지라는 가르침.

인간의 원죄가 벌을 부르고 그에 따른 혹독한 대가를 신이 주관한다는 논리는 하늘의 경고와 통하고 있었다. 펠라기우스Pelagius에 따르면, 애당초 인간은 선과 악을 자유자재로 행할 능력마저 갖고 있었지만 어거스틴St. Augustine 같은 인물 앞에서는 천부당만부당했다. 인간은 누구나 타락의 결과로 죄의 영향을 받으며 그로써 마음이 어두워지고 약해진다는 게 죄를 이해하는 어거스틴의 방식이다.[45] 이는 우리 모두가 죄인이라는 사실뿐 아니라 병의 치료는커녕 병을 충분히 진단할 수 있는 능력조차 없음을 의미한다.

이쯤 되고 보면 죄는 인간의 영역이며 벌이 신의 소관이란 생각은 이분법적 대위對位 논리로 퍼져나갈 만했다. 적어도 중세를 지배할 이념적 태세를 강고히 확보할 만큼 말이다. 인간의 죄악을 질병과 동일시하고 이를 치유할 수단이 하느님의 무조건적 은총이라고 등식화하는 가톨릭의 주장은 철저한 결정론으로 종교화한다. 인간의 죄와 벌이 독립적 자유와 임의적 선택 대상일 수 없음을 분명히 함은 물론이고 이를 정치적으로 명분화하려는 의도마저 바탕에 둔 채 말이다.

권력의 최대 과제는 민중의 정치적 순응을 담보하는 일이었다.

그도 그럴 것이 죄와 벌을 둘러싼 철저한 대립적 인식론은 누구도 피할 수 없는 인과론이었다. 만일 선과 악을 모두 인간이 자유롭게 관리할 수 있었다면 죄도 인간의 영역이요, 벌도 인간의 문제임을 명료하게 제한할 일이었다. 과오를 저지른 인간을 향해 다른 인간이 책임을 묻고 그 결과와 판정에 온전히 승복할 수만 있었다면 사법적 쟁송이란 애당초 발생할 일들도 아니었을 것이다. 하지만 죄의 대가를 육체의 고통으로 치러내야 한다는 생각은 형벌 집행을 둘러싼 일체의 부담을 어떻게든 극복하려는 국가의 정치적 의도와 직결되고 있었다. 그 같은 행위의 극한마저 손쉽게 변명할 수 있는 제도적 합법화 방안을 마련하기 위해 출구 만들기도 주력할 일이었다.●

● 종교라는 만만한 은신처 말고도 이를 대체할 편리한 장치를 마련하기란 극히 어려웠겠지만 말이다.

인간이 인간을 벌할 수 있는지의 물음은 법철학적 고민의 대상만이 아니다. 벌할 수 있다 한들 그자의 도덕적 완결성을 무엇으로 담보할는지는 물론이고, 그(녀) 역시 원초적 한계와 흠결을 지닌 인간이기 때문이다. 온갖 사법적 명분과 정치적 합리화 절차를 통해 인간을 단죄할 제도적 여건을 마련한다 해도 재단의 주체가 감당해야 할 심리적 부담과 원천적인 압박은 결코 자유로운 주제가 아니다. 민중 일반이 당국의 의도를 얼마나 알아차리고 있는지는 중요치 않았다. 권력의 최대 과제는 민중의 정치적 순응을 담보하는 일이었다. 민중의 전면저항이나 폭력적 도발을 염려할 일은 별로 없었지만 혹시라도 그 같은 일들이 일어나지 않게 하는 것이 모든 유럽 국가들의 의무였던 셈이다. 이를 위해 권력이 종교에 기대거나 그 후광 속으로 숨어 들려 했음도 널리 알려진 사실이다.

권력으로선 정치적 실력을 독점하고 싶었고 교회는 교회대로 사회적 초월성을 잃을 수 없었다. 각자의 압도적 존재감을 유지하고자 했던 '관계의 경제학'은 갈등과 마찰을 늘 암시하고 있었다. 형벌은 이 같은 정치적 알력과 문화적 긴장을 분산시켰을 뿐 아니라 정작 동요할지도 모를 군중의 시선을 돌려놓기에 더없이 좋은 '다스림'의 장치였다. 그것은 신비로움과 두려움을 교묘하게 섞어 공포의 균형을 꾀하고 닥쳐올 사회불안을 사전에 조절할 훌륭한 기제였다. 태어나면서부터 가톨릭에 익숙한 일반인의 눈에 인간의 죄는 허약함의 결과였고 종교는 이를 다스릴 최후의 보루였다.

삶을 보호·개선할 주체는 어처구니없게도 민중 자신뿐이었다. '내일 또 내일'을 외치는 가톨릭의 설교는 기적의 실천과 거리가 멀었고 등 뒤에서 절호의 변명거리를 찾는 정치권력도 종교가 성취하지 못한 약속을 내걸 필요는 없었다. 민중은 한결같이 속고 있었다. 어느 날이든 권력이 약속한 그날이, 아니 종교가 외쳐댄 복음의 메시지가 눈앞에 현현하리라는 기대 역시 잃지 않는 경우도 있었다면 그건 순진한 아름다움이었을 것이다. 살벌한 형장의 호령이 악인을 제거하는 급진적 해결책이었다 하더라도 그것이 곧 행복의 지름길은 아니었다. 사라지는 악인을 바라보며 잠정적 안도와 평화를 기약할 뿐, 그(녀)의 소멸이 나의 내일을 약속하는 건 아니었다. 다만 그 정도 조치가 이승에서 가능하다는 것만으로도 경이로웠다. 그렇게 해서라도 천국과 지옥의 거리를 늘리고 자신의 삶을 위협받지 않게 된다면 국가든 교회든 두

'내일 또 내일'을 외치는 가톨릭의 설교는 기적의 실천과 거리가 멀었고 등 뒤에서 절호의 변명거리를 찾는 정치권력도 종교가 성취하지 못한 약속을 내걸 필요는 없었다. 민중은 한결같이 속고 있었다.

려움과 공경의 대상일 수밖에 없었던 시대가 중세였다.●

볼 것 없고 갈 데 없던 시절, 예배 다음으로 모두를 사로잡은 볼거리는 형벌 집행이었다. 이리 흔들리고 저리 휩쓸리면서도 자신만 혹독한 처벌 대상에 들어 있지 않다면 교회와 국가의 장벽은 아무리 두터워도 걱정할 일이 아니었다. '잘 믿는다'는 건, 그만큼 사회적 분화와 전문성의 정도가 낮다는 사실을 반영한다. 보고 들으며 판단할 대상은 물론 그 내용 역시 복잡하지 않을 때 정치적 추종의 모습도 단조로웠다. 가소성可塑性, plasticity의 크기와 정도 역시 이 같은 단순성의 또 다른 자화상일 수 있는 이치도 여기서 힘을 얻는다. 그렇다면 중세 사람들은 무엇을 보고 느꼈던 걸까.●

보고 들을 게 별로였다는 사실 역시 '불행한 행복'이었다. 형벌 현장을 전하고 과장하며 자유연상하는 수많은 이들의 뇌리에 정작 형벌은 무엇이었을까. 그리고 이를 명령·집행하는 자들이 지닌 힘의 실체는 어느 정도였을까. 통신과 교통이 빈곤하던 시대에 소문은 거의 유일한 소통 항목이었을 것이다. 만일 이 같은 문화의 빈곤을 극복할 대안이 있었다면 얘긴 달랐으리라. 바로 이 지점에서 (2D 매체인) '그림'은 각별해진다. 그것이 '소문의 정치학'과 '상상의 심리학'을 보완할 그나마 획기적인 매체였다는 걸 이해하긴 그리 어렵지 않다. 개체 수는 방대하지 않았어도 예수와 그를 둘러싼 사도들의 존재감이나 형벌의 모습을 담은 당대의 그림들은 민중의 자유연상과 소문의 무책임을 줄이는 데 탄력적으로 이바지한다.

이른바 중세의 '미술정치'는 종교의 직접 통치나 권력 공학의 부담을 줄이는 데도 공헌한다. 민중의 폐부를 감동적으로 찌르거나 효율의 정치를 하기로는 직접 통치보다 한결 나은 점이 있었

● '신비로움'은 따라서 '믿음'을 담보하는 정치적 에너지였다. 죄인을 처형하는 국가가 크게 보일 수밖에 없었던 것도 그 같은 외경심이 불러일으킨 또 다른 결과였다.

● 성경과 종소리, 일상과 간헐적인 전쟁, 고단한 노동과 피폐한 반복, 동물적인 적응과 종교적 체념의 조화, 낮은 위생 수준과 의료의 절대빈곤, 행복과 불행의 경계 혼미.

보고 들을 게 별로였다는 사실 역시 '불행한 행복'이었다.

다. 당장의 물리적 폭력보다 뚫어져라 바라보고 다시 한 번 되돌아보게 하는가 하면 연상과 상상으로 어느 한 사건의 전후 맥락을 떠올리게 하는 것이었다. 이른바 '회상'과 '반추'.●

● 잔혹하고 징그러워 다시 못 볼 참혹한 장면이라도 전해 듣기보다 가장 가까운 묘사와 표현으로 사건(들)을 떠올리게 함이 효과적이었던 것이다.

귀로 듣고 머리로 헤아리는 경로보다 눈으로 보고 가슴에 담아두는 편이 오래도록 강렬했다. 형벌의 미술정치가 곧 기독교 미술사의 핵심은 아니지만[46] 다가올 미래가 지금보다 나을 것이라고 믿게 만드는 일은 중세 신학에서 특히 중요했다.

신준형은 새로 펼쳐질 시간 속에서 기독교 미술이 무엇인지 알려면 「고린도전서Korinthos」 13장 12절에 주목할 필요가 있다고 언급한다.

> Videmus nunc per speculum in enigmate tunc autem facie ad faciem, nunc cognosco ex parte tunc autem cognoscam sicut et cognitus sum.

> 지금은 거울에 비추어 보듯 희미하게 보나 그때에는 얼굴과 얼굴을 맞대고 볼 것이며, 지금은 부분으로써 아나 그때에는 주님께서 나를 아시듯이 (내가 주님을 온전히) 알리라.[47]

형벌의 미술정치가 곧 기독교 미술사의 핵심은 아니지만 다가올 미래가 지금보다 나을 것이라고 믿게 만드는 일은 중세 신학에서 특히 중요했다.

언젠가 현현할 주님의 존재를 지금 예감하는 건 자신을 단정히 돌아보고 경계하는 긴장의 자세와 통할 것이며 미래의 자신이 형장의 이슬로 사라지거나 혹독한 고문 대상이 되어서는 안 되리란 다짐과 밀접하게 맞닿는다. 주께서 그렇게 참혹한 형벌을 '견디셨음'은 후대의 우리를 위한 모범이었음도 다시 강조할 필요는 없을 것이다.

다시 신준형에게 주목하자.

지상에서 거울에 비추이듯 부분으로써만 어림짐작할 수 있는 신성을 감히 온전히 아는 것처럼, 얼굴과 얼굴을 맞대고 보는 것처럼, 그것도 지상의 물질로써 조형하려 했던 노력의 역사가 바로 기독교미술의 역사다. 기독교미술은 이미 그 시작부터 불가능을 추구했던 모순이었고 결론이 아니라 질문행위였던 것이다. 신에 대한 사랑으로 인해, 그를 알고자 하는 욕구 때문에 끊임없이 던지는 질문. 그러나 영원히 답해질 수 없는 질문의 역사가 기독교의 미술사다.[48]

형벌의 적법성 여부를 떠나 현장을 묘사하는 행위도 궁극에는 그것을 바라볼 자들을 향한 경고와 준엄한 자기검열을 바탕에 둔다.● 바로 그것이 '미술정치'의 본원적 의도라는 데 주목할 필요가 있다. 보통사람들은 금세 해내지 못할 모범적 행위의 대부분은 현존 권력을 향한 직접 비판이나 항거 형식을 취할 때 강한 효과를 지닌다. 그 양가성 역시 행위 주체의 끊임없는 정치적 메시지(의 동원) 아니면 혹독한 대가의 경고로 첨예하게 갈린다는 것도 널리 알려진 사실이다.

● 저렇게 처참해지지 않으려면 어떻게 살아야 할는지 보일 것이며 항구적 경각 효과까진 아니더라도 삶의 진지함과 신실함을 늘 가슴에 담아둘 것이란 점.

하지만 이 오랜 교훈은 자주 잊혀지거나 감동의 콘텐츠들을 곧잘 숨긴다. '그렇게 살라'는 주문과 '그렇게 살지 말라'는 금지의 동시반영이 그것이다. 쉽게 행하진 못해도 내면의 울림과 퍼짐 효과 넘치는 정치적 도덕률은 그래서 죽음과 맞바꿔야 할 사회적 떨림의 비용마저 청구하게 마련이다. 모든 인간이 한결같이 고통받는 건 아니지만, 어느 쪽을 택하든 그에 따르는 대가를 혹독하게 학습시킨다는 점에서 미술정치의 힘은 명료하다.

회고와 반성을 재촉할 계기치고 이만한 것들이 또 어디 있을까.● 하지만 원초적 울림이나 극단적 범행을 자초한 후 깨닫는

● 이미 알고 때로 깨닫는 원죄라 해도 이승에서 쌓는 죄업과 불편한 속죄 절차를 치르는 일은 가능할 터다.

것 말고도 시지각의 단련에 주목하자. 들어서 아는 것보다 보고 느끼는 것이 행동 유발의 단초가 되는 까닭도 경험으로 확인하고 역사로 되짚는 대상이다. 미술이 행위와 사고의 실질적 촉매가 될 뿐 아니라 때로 즉발적 교육 도구가 되는 경우도 드물지 않다. 미술이 단순 묘사나 조형 예술가들의 자족적 도구를 뛰어넘는 '권력'이며 앞날을 예시하는 '철학'이 되는 이유도 여기서 그 설득 기반을 다진다.

기독교의 죄악관은 항구적인 응보와 원초적인 혐의로 모든 인간을 죄인으로 몰고 간다. 이 점에서 예외적 결정론과 포괄적 경고의 메시지를 바탕에 둔다.

의미의 미술적 복합성은 자못 암시적이다. 「고린도전서」의 어법을 빌리자면, '지금은 감히 그림으로 터득하나 언젠가는 내 살과 뼈 혹은 피를 빌려 몸부림칠 것이며 아직은 느낌의 파편만으로 자각하나 (주께서 몸을 던지듯) 그날에 이르면 온몸으로 절절히 알리라.' 동시에 미술은 교육이자 정치이며 자기검열의 준엄한 텍스트란 사실도 새삼 아우르며 말이다.

종교가 인간의 고통을 교화 도구로 사용하는 건 효과적일 뿐만 아니라 직접적인 설득력의 동원을 위해 능률적이다. 엄밀히 말해 과학과 논리로는 더 이상 설명이 불가능한 판타지처럼 이해할 수도 있을 터다. 믿기 어려워도 '믿어야 할' 임계점까지 과감히 밀어붙일 만큼 스토리텔링의 힘이 강하기 때문이다. 미술의 드라마틱한 서사구주와 그 일관된 파워가 상상 이상의 펠로워십을 동원할 때 형벌 이야기들도 천국과 지옥 사이의 엄청난 틈새를 메울 채비를 마친 셈이다.[49]

기독교의 죄악관은 항구적인 응보와 원초적인 혐의로 모든 인간을 죄인으로 몰고 간다. 이 점에서 예외적 결정론과 포괄적 경고의 메시지를 바탕에 둔다. (가톨릭만이 아니라) 거의 모든 종교는 죄와 벌의 순환 논리 안에 인간을 가두고 운명의 메커니즘을 기정화함으로써 교리의 보수성을 강화한다. 게다가 피치 못할

'고통'을 가르침의 항목 곳곳에 심어 놓음으로써 인간이 왜 신의 세계에 범접할 수 없는지 설파하려 애쓴다.

'고통'이 인간의 죄에 대한 '징벌'이라는 인식은 사회 안정에 이바지할 수 있다는 장점이 있다. 규칙을 어김으로써 죄를 지었을 때 고통을 겪게 된다는 사실은 사회 통제의 수단으로 활용할 수 있기 때문이다. 이런 규칙을 종교적으로 강화할 경우, 사회구성원을 통제하는 '양심'의 형태로 교화할 수도 있다. 비록 발각되지 않았더라도 처벌에 대한 두려움이 남아 있다면 죄의식이 발생한다. 따라서 이는 최소한 사회질서를 유지하는 데 긍정적으로 작용할 수 있다.

재생과 부활의 상징으로 떠오르는 초월적 존재보다 산 채로 고통 받는 누군가의 통증을 반복 체험하는 게 더 가까운 감동임을 '미술'은 수시로 말한다.

하지만 가톨릭이 강조하는 그리스도의 절대적 자기희생이나 급진적 계몽의식은 행여 축소되거나 평가절하될 리 없다. 아무리 후대 인간들의 물리적 핍박과 총체적 고난이 엄청났다 해도 항구적 모범의 전거로 분연히 희생한 예수의 행적이 사라질 순 없었다. 바꿔 말해 후대 인간들의 고통의 총합은 그 같은 전범에 미치지 못하며 이를 초극할 어떤 종교적 근거도 동원할 수 없다는 점에서 초월자의 고통은 교육적이며 정치적이다.

형벌의 미술정치[50]가 동원하는 고통의 계몽 효과는 사실 예수의 행적이나 파격적 사회교육 '크기'만으로 한정되지 않는다. 그도 그였지만 고통의 편재화, 즉 온 세상이 고통의 바다요 그 속을 헤매는 인간 모두가 죄인이자 수인囚人이며 고통 앞에서 한 치도 도망 못갈 혐의자임을 증언하는 작품들 역시 숱하기 때문이다. 그것들마저 끌어안고 모든 걸 감내할 채비를 마친 이가 바로 '그분'임을 가톨릭은 힘주어 강조하지만 죄와 벌의 순환론을 명쾌히 반증하기로는 낭상의 가시적 대상물로 동원 가능한 '작품들'이다.

재생과 부활의 상징으로 떠오르는 초월적 존재보다 산 채로 고통 받는 누군가의 통증을 반복 체험하는 게 더 가까운 감동임을 '미술'은 수시로 말한다. 그것이 비록 시지각의 고문을 통한 감정이입이나 강제적 학습을 감수하게 할지라도 형벌의 동일시는 즉발적 표현과 미술적 재현으로 얼마든지 가능하기 때문이다.● 죽은 신의 재림이나 부활의 약속보다 살아 있는 인간의 고통 극복을 더 주목해야 할 이유다. 우리를 대신하여 먼저 가셨다는, 아니 우리가 겪을 형벌을 스스로 떠안을 용기를 보였다는 절대자의 존재감보다 당장 우리 앞에서 죽어가는 죄수가 치르는 형벌이 도드라지는 건 종교적 예언 때문이 아니다. 그보다는 바라보는 자기 자신을 그 자리에 대입할 수 있다는 점과 그것을 피하고 싶은 두려움 때문이다. 멀리 있는 신의 거룩함보다 가까이 있는 인간의 처참함이 도리어 신성성을 발휘하는 까닭이다.[51]

● '보는 것'이 '당하는 일' 자체보다 통증 전달에서 직접적일 수는 없다. 하지만 '듣는 행위'보다 훨씬 효과적이라는 단순한 사실을 자각하는 건 늘 중요하다. 소문의 정치학보다 관찰의 심리학이 우위에 놓이는 까닭이다.

그렇다면 한 장의 그림이나 사진이 숱한 반복교육과 잠언箴言보다 더 교육적이며 정치적인 힘마저 발휘하는 이유도 잘 알 수 있게 된다. 깊이 꽂히면 빼기 어려운 칼처럼 시지각이 청각에 앞서는 때문이다. 직접 겪음이야 더없는 교사일 것이다. 하지만 전언의 간접성이 시선의 힘을 웃돌 만큼 강력하지 않음은 아무리 강조해도 지나치지 않다.●

● 형벌의 혹독함도 차라리 일상화한 나날의 노동처럼 희석하거나 보편화시키자면 어느덧 그것은 나의 일이자 너의 과업인 양 곳곳에 널려 있음을 알게 된다.

다음 절에서 살펴볼 두 그림은 형벌의 일상적 정치성을 잘 말해 준다. '미술정치'라는 것이 무슨 대단한 음모나 거대 프로젝트의 결과가 아니라 보자마자 이해가 가능하고 공감할 수 있는 단서를 찾는 일임도 아우르며 말이다. 생각해 보자. 미술이 어렵기만 하다거나 정치 또한 추상적 의미만 내뿜는 갑갑한 명사들이라면 '미술정치'라는 또 다른 조어가 쉽사리 성립하겠는지를. 고리타분한 메시지나 늘어놓는 설교가 사람을 사로잡지 못하는 것은 증명할 수 없는 일방적 자기 주장의 반복 때문이다. 소통의 단절까진 말할 필요조차 없이 '언어'가 겉돌거나 '믿음'이란 게 반 토막 명제로 나뒹구는 경우야 비일비재한 역사 아니었던가. 말보다 행동이, 담론보다 색과 면이, 아니 의미 깊은 점 하나라도 없는 것보다 선연한 것이 직접적이며 한결 막강한 이유는 다시 강조할 이유가 없다.

형벌로 보는 혁명과 신화, 그리고 순교: 묶이고 · 굴리며 · 뜯기는

여기서 살펴볼 두 작품의 제작 시기는 3세기의 편차를 보이지만, 메시지는 물론 바라보는 이들을 계몽하는 즉발적 효과를 지닌다는 공통점이 있다. '혁명'이라는 거대 담론과 '신화'라는 스토리텔링이 일치할 가능성은 그다지 크지 않아 보인다. 하지만 그들은 강력한 이상과 처절한 현실을 반영하는 서로의 거울로 든든하게 작동한다.[52]

먼저 살필 리화李桦의 흑백 목판화 〈포효咆哮 · 怒吼하라, 중국이여〉는 1) 하나이면서 전체인 오브제의 절박성과 2) 죽음보다 더한 속박으로 눈 가리고 목과 팔 묶인 고통을 끊을 도구마저 비현실적 위치로 왜곡되고 마는 상황을 극대화한다. 즉, 작품을 보는 사람마저 작품 속 주인공의 갑갑함을 금세 공유할 수 있다는 점에서 작가의 미술정치는 성공적이다.

중요한 것은 감정이입과 분노의 동원이 빠르게 가능하다는 점이다. 단순한 상징적 표현만으로도 관찰자의 측은지심과 대상과의 동일시가 이뤄질 수 있는 건 작가 리화가 목판화 운동의 필요성을 힘주어 말한 스승 루쉰鲁迅의 사상에 깊이 스며 있었기 때문이다. 작품의 완성도가 유달리 높은 리화는 중일전쟁 동안 중국의 여러 도시와 해외에서 목판화 전시회를 4천 회 이상 열 만큼 활발히 활동한다. 특히 루쉰이 제자들에게 했던 이야기 가운데 목판화 운동에 관한 다음 대목은 깊은 영향을 준다.

> 현실을 직시하라. 편견 없이 사물을 정확히 관찰하고 그 본질을 꿰뚫어 보고 난 후 현실주의의 대도를 걸어가야 한다. 현실주의는 판에 박은 개념화가 아니라 미래지향의 현실참여이므로 눌림당하는 현실을 꿰뚫고 전진해 나가야 한다. 특히 목판화 운동을 다변화시키고 확대할 것이며 결코 자기중심의 소집단에서 몇 사람만 모여 감상하는 것으로 그치지 말고 넓게 확대하여 저변화·대중화시켜야 한다.[53]

미술이 정치가 되는 까닭도 이처럼 간단하다. 그 속의 메시지가 일정한 울림과 떨림을 지탱할 때 그건 흔쾌히 가능할 것이다.● 모든 작가가 미술의 정치성을 고민하는 게 아니듯, 미술정치를 의식한 작품이라 하여 전부가 성공적인 것도 아니다. 여기서 '성공적'이라는 형용사도 늘 사회적 객관성을 지니는 건 아니며, 성공과 실패의 경계도 애매하다. 작품의 호응도가 정확하지 않은 한, 이는 결국 주관의 영역을 벗어나기 힘들기 때문이다. 형벌을 구체적 범죄나 개인의 과오에 국한하여 사법적 응보와 물리적 대가로만 생각한다면 고통의 일상성이나 이를 단순명쾌하게 반복 계몽하는 작품의 이해는 거북할는지 모른다. 하지만 역사는 한 인간의 행복은 물론 집단 전체의 희망을 말살하거나 미래 자체를 담보로 현실의 억압을 얼마든지 외면할 수도 있다는 점에서 루쉰과 리화의 미술정치사상은 중요하다. 방대한 사상서나 피 튀기는 전쟁이나 사자후를 토하는 난상 위의 고명한 연시가 아니어도 사람들은 배우며 얼마든지 흔들린다는 데 이들은 주목한다.

● 돌아보고 또 돌아보며 자꾸만 눈길 붙박게 만드는 이치야 작품으로 말하고 그 안에 가없는 생각을 심는 작가들의 몫이다.

〈그림 2〉
리화의 목판화와 미술정치

李桦, 怒吼吧, 中国, 黑白木刻, 20×15cm, 1935

쫓아다니며 가르치고 기회 있을 때마다 같은 논지를 반복 강조하는 사회교육도 중요하지만 매체를 활용하는 것이 암담한 현실을 자각하거나 정치의식화를 위해 절실하다고 본 것이다. 온갖 억압에서 인간을 해방시키는 건 인간을 그렇게 옥죈 '역사'가 아니라 인간 '자신'이라는 걸 알리기 위해.

간명한 표현과 전달의 즉발성, 미술적 콘덴싱을 거친 콘텐츠의 정제, 단순미의 최대화와 추상미의 최소화, 콘트라스트와 단조의 부각, 흑백과 목각의 투박함이 주는 소박함 위에 거친 질감의 이미지가 동원하는 호소력, 판화의 민중성이 발휘하는 문화충격과 감각적 파장, 혁명은 구호가 아니며 의식의 '트임'과 '깨우침'이란 사실, 상황의 대입은 언제 어디서든 가능하며 자유와 해방은 다짐과 주체적 의식화가 전제되어야 한다는 점. 무엇보다 단순함이 복잡함을 이기고야 만다는 항상적 진리의 미술정치화 과정.

언젠가 나 역시 처형 대상이 될는지 모른다는 관찰의 '불편함'은 예외적 흥미와 미묘한 관심을 불러일으킨다.

덧붙여 언젠가 나 역시 처형 대상이 될는지 모른다는 관찰의 불편함은 예외적 흥미와 미묘한 관심을 불러일으킨다. 그것도 혼자만이 아니라 민족과 계급, 아니 국가 전체가 견뎌내는 고통이라면 관찰자 각자가 담보해야 할 불편한 감정이 궁극에는 일정한 비장미를 취하게 되는 것도 당연하다. 형벌을 둘러싼 고통과 해석의 외연을 넓히자면 작품의 아카이브는 얼마든지 탐색 가능하며 그 동원 역시 무한하다. 루쉰과 리화가 나누는 미술정치의 사상적 교신과 신실한 메시지는 형식과 내용을 달리하는 여러 작품 속에서 얼마든지 재현 가능하기 때문이다.

그렇다면 형벌의 일상화는 또 어떨까.● 가톨릭이 강조하는 것처럼, 인간의 삶은 죄악의 온상이며 세상은 더 없는 고통의 배양지로 자기모순을 늘 불안하게 감춘다. 게다가 애써 동반해야 할 현실적 당위인 양 합리화한다. 따라서 구체적 혐의를 지니지 않아도 인간은 모두 잠재적 범인이며 여차하면 범죄의 나락에 빠질 무한한 가능성을 공유한다는 점에서 삶의 조건은 만만치 않다. 삶이 곧 형벌이자 세상이 바로 죄업의 거대한 창고임을 알리는 작품들도 얼마든지 찾을 수 있다. 형벌의 일상성을 알리는 가장 오래된 메시지는 신화 속에 있다.[54]

● 죄와 벌의 연성화로 볼 수도 있고 고통의 편재와 주관적 내면화로 각도를 크게 틀어보는 것도 이를 이해하는 또 다른 방법은 아닐까. 매일매일의 삶이 고통이요 형벌이라면 그건 지나친 일반화일 것이다. 하지만 죄와 벌의 의미체계가 간단치 않듯 형벌과 고통의 세계도 엄정한 객관성을 담보하긴 어렵다.

삶이 곧 혹독한 고통의 연속임을 일깨우는 신화의 대표 주자는 '시지프Sisyphe·Sisyphus'다. 그가 감당해야 했던 형벌은 신체벌치곤 혹독했음을 우리는 잘 기억한다. 어디까지 믿어야 할 혐의의 대가•였는지는 그만두더라도 그를 둘러싼 이야기가 폭력적인 건 시지프 본인의 과오와 그에 대한 신화적 응보에 잘 나타난다. 그것은 신의 경고와 주문을 계속해서 외면하고 무시한 대가였고 그 형식 역시 고스란히 받아들이기엔 가혹한 반복형이기 때문이다. 신화의 폭력성을 종교적 폭력성으로 치환·수용할 수도 있는 까닭이다.

• 시지프가 치러야 하는 반복형은 형식과 내용에서 독특하다. 그것은 언제 끝날지 아무도 모르고 모든 비용이 온전히 자신의 몫이란 점에서 혹독하다.
믿음과 일방적 수용을 전제로 한다는 점에서 그건 차라리 종교적 속성을 지닌다.

시지프가 감당해야 했던 신체벌의 내용은 평범한 인간이 받아들이거나 실천하기엔 버거운 것이었다. 찬찬히 들여다보면 신화의 콘텐츠는 보는 이들 모두를 되돌아보게 만든다. 암시와 비유 혹은 대입과 상상의 방법을 빌리자면 더욱 그렇다. 그것이 꼭 산꼭대기를 향한 바위 '밀어올리기'나 들쳐 매고 '오르기'의 반복형이 아니더라도 하데스의 명령은 시지프에게만 적용되는 게 아니라 온 인류를 향한 철학적·윤리적 주문일 수 있기 때문이다.

신이 내린 결정을 또 다른 신의 자식이 따라야 할 이유가 율법 위반에 있다면 인간세계 역시 그를 준용하지 못할 이유도 약한 셈이다. 신 또한 완성된 실체가 아니라 결핍과 탐욕의 주체로 묘사될 여지가 충분하다면 하물며 인간세계에서랴. 시지프가 견뎌야 할 형벌의 핵심은 고통의 일상성, 즉 분명히 예측 가능한 물리적 고통 수용과 정신적 인내 과정으로 모아진다.•

• 그가 올라야 할 산등성이를 모든 인류의 삶의 과정으로 보고 산 정상을 크고 작은 목적지로 비유하자면 살아가는 일 전체가 신화의 스토리텔링을 거부할 가망은 크지 않기 때문이다.

이 형벌의 근본적인 문제점은 시지프는 물론이고 인간에게마저 부과할 경우, 이 결정을 이 시간 현재 성실히 수행하고 있는 자가 과연 몇이나 될는지 그 답변의 실질에 있다. 끝나지 않는 형벌을 삶의 실제에 투영할 경우 얼마든지 적용할 괴로운 질문이다. 징역 3년이나 구류 8일이면 몰라도 평생을 산꼭대기까지 그것도 버거운 바윗덩이를 들쳐 맨 채 오르내려야 하는 벌이란 비교불가의 극형임에 틀림없으니까.

신화가 신화인 것은 진술의 엉성함 때문일지 모른다. 하데스는 '그렇게 하라'고 명령만 했을 뿐, 이를 시지프가 위반할 경우 어떤 벌이 기다리고 있는지 암시조차 하지 않는다. 그뿐만 아니라 지금도 시지프가 성실히 그 벌을 이행하고 있는지 여부도 확인할 길이 없다. 사실상 그 같은 여백을 넓게 허여하고 있기에 그건 신화일 수 있다. 모든 게 촘촘하다면야 그건 차라리 논리이며 체계이자 과학일 테니까.

신화가 신화인 것은 진술의 엉성함 때문일지 모른다.

어느 누구도 위의 질문에 답할 재간이 없다면 남은 문제는 그에 관한 추론 절차다. 이 역시 하데스를 다시 만나보지 않는 한, 신들의 나라에서 통용되는 율법이나 판례란 적용과 참조가 극히 어렵겠지만 말이다. 여기서 다시 주목해야 할 것은 카뮈의 '부조리'론이다. 이미 그에 의해 제기된 신화의 모순과 부조리였지만 여기서 다시 살필 문제는 형벌의 현실성 여부를 떠난 인간의 실질적 대응이 어디까지 가능할는지에 관한 물음들이다. 하데스의 명령 앞에 시지프가 취할 행동의 가능한 경로는 몇 가지일까.

다음 분석은 이를 위한 좋은 길잡이가 된다.

> 시지프의 신화는 지난한 반복으로 시작한다. 꼭대기로 힘들게 들어 올리면 굴러떨어지고 또다시 올려야 하는 형벌이 무서운 이유는 끝을 알 수 없으며 변화할 것처럼 보이지 않는 반복이기 때문이다. … 이 형벌을 벗어날 방법으로 주인공은 1) 자살, 2) 종교의 희망, 3) 반항, 세 가지를 생각해 낸다. 자살은 인간의 항을 없애 버리는 일이고, 종교의 희망은 현존하는 세계의 항을 없애는

> 일이기에 답이 될 수 없다. 두 개의 절연된 세계(인간과 세계)를 똑바로 바라보고 정면으로 맞서 싸우는 것, 즉 '반항'이야말로 진정한 답이 될 수 있다. 허무하지 않은가. 참을 수 없는 부조리의 반복을 이기는 방법이라는 게 고작 '버티는 것'이라니. 화나지 않는가. 주인공은 돌을 들어 올리는 가혹한 형벌에서 결국 벗어나지 못하는 '원상회복'의 결론이라니.[55]

그러나 시지프가 이 시간 현재 산등성이 어디쯤 올라가고 있는지 정확히 아는 이는 없다. 아직도 버거운 돌덩이는 하릴없이 굴러떨어지고 있는지도 불분명하다. 하지만 정작 자살도 종교도 아닌 현실 속 저항이 어디까지 가능할는지는 카뮈마저 떠나 버린 이즈음 모호하다. 그는 과연 뭐라고 말했을까. 자살이 비겁하다면 종교에의 귀의도 현실적이지 않다는 데 그는 동의한다. 애당초 신을 통해 문제 해결을 기대한 그가 아니었기에 이 대목이 이상할 리는 없다. 그럼에도 불구하고 삶 앞의 당당함이란 버겁고 괴로운 삶을 피하지 말아야 한다는 엄연함과 (사르트르 이후 널리 알려진) 본질에 앞서는 존재를 지탱해야 한다는 진지함은 서로 통한다. 죽음도, 초월자를 향한 위안의 구애도 방법일 수 없음을 알리는 까닭이다.

시지프가 이 시간 현재 산등성이 어디쯤 올라가고 있는지 정확히 아는 이는 없다. 아직도 버거운 돌덩이는 하릴 없이 굴러 떨어지고 있는지도 불분명하다.

그렇다면 맞서 싸워야 한다는 사실만이 남는다. 자살과 종교에 기대려는 어떤 유혹도 견뎌내야 한다면 형벌 앞에서 인간의 의지는 나약해지는 자신과 싸워야 하며 끝없는 형벌 과정을 치러내야만 할 것이다. 그것은 부조리에 온전히 저항하면서 초연히 맞서는 일이 된다.

카뮈는 여전히 인간의 조건이 불가해하다는 사실에 주목한다. 그(녀)가 분명히 알 수 있는 건 어디에도 누구에게도 없다는 것. 그대로 살아야 한다는 것. 미래를 알든 모르든 버텨야 한다는 것. 적어도 존재한다는 건 '포기'나 '폐기'가 아니며 가는 날까지 가야 하는 것. 가다 보면 이해와 인지의 순간이 다가오리라는 것. 죄는 왜 저질렀는지, 게다가 형벌을 치른다고 존재의 비밀이 온전히 풀리는 건 아니며 그 모두는 또한 분명치 않다는 것. 그럼에도 불구하고 그걸 묻고 답을 구하려는 건 결국 무의미하다는 것.

이와 관련하여 그는 이렇게 압축한다.

> 현재라는 이름의 지옥, 이것은 마침내 그의 왕국일 수밖에 없다. 모든 문제들은 또다시 서슬 푸른 날을 세운다. … 정신적인 갈등들은 구체적인 현실의 모습을 갖추며 인간의 마음이라는 보잘것없으면서도 찬란한 피난처를 되찾는다. 아무것도 해결된 것은 없다. 그러나 모든 모습이 달라졌다. 이제 죽을 것인가, 비약을 통해서 문제를 모면할 것인가, 아니면 제 분수에 맞는 관념과 형상들의 집을 지을 것인가? 아니면 차라리 부조리의 비통하고도 멋들어진 내기를 지탱해 나갈 것인가? 이 점에 관해 마지막으로 한 번 더 노력을 기울여보자. … 다시 한 번 방법 문제를 강조해 두기로 하자. 방법이란 바로 고집스럽게 버티는 것이다. 길을 가다 보면 어느 길목에선가 부조리의 인간은 그를 손짓하는 유혹을 만나게 된다. 역사 속에는 온갖 종교, 온갖 예언자들이 가득하다. 심지어는 신 없는 종교나 신 없는 예언자도 있다. 그리하여 부조리의 인간에게 비약할 것을 요구한다. 그가 할 수 있는 유일한 대답은 잘 이해할 수 없다는 것, 도무지 분명치 않다는 것뿐이다. 그는 자신이 잘 알고 있는 것만을 행하고자 한다. 사람들은 그것을 오만의 죄라고 역설하지만 그는 죄의 개념을 이해하지 못한다.[56]

본질을 파헤치려는 온갖 노력이 다시 허무와 부조리로 복귀하는 동안 지성사의 논쟁은 내적 초라함과 지적 피로에 극도로 시달린다. 게다가 실존주의의 의외적인 영향력 감퇴는 물론이고, 근대화의 열풍과 이데올로기 갈등으로 세계는 새로운 철학적 주제로 다시 달궈진다. 본질보다는 외형, 내용보다는 명분, 실리보다는 목표를 향해 매진하려는 또 다른 의식적 맹목성이 시지프의 반복적 노동 궤적과 행로의 공허함을 메운다.

다시 논의의 줄기로 되돌아가서 미술이 시지프를 어떻게 다루고 있는지 살펴보자. 그가 서양 신화의 스토리텔링에 등장하는 주인공임을 잊지 않는다면 서양의 작품을 고르는 일도 전혀 이상하지 않을 것이다. 흥미로운 사실은 서양 미술사에 이름을 올린 작가들 가운데 시지프를 다룬 이들이 극히 적다는 점이다.●

● 왜 그랬을까? 흔쾌한 답을 기대하기는 힘들지만 신화적 인물 묘사에 따르는 부담과 신비로운 이야기들을 조형화하기란 간단치 않았을 것이다.

서양 미술사를 관통하여 신화 속 시지프를 그린 작가는 조반니 프란체스코 바르비에리Giovanni Francesco Barbieri와 베첼리오 티치아노Vecellio Tiziano, 프란츠 폰 슈투크Franz von Stuck 세 사람 정도다. 이들 가운데 그나마 다양한 자세의 시지프를 그려 후대의 신화적 상상력을 높여 준 이가 바로 바르비에리다. 일명 '일 구에르치노Il Guercino'로 불리는 그는 17세기 초 적지 않은 작품을 남긴 이탈리아 화가다. 정형화한 대칭적 구도의 인물화나 교육적 메시지를 담은 종교화가 넘쳐 나던 당대에 자유롭고 활기찬 드로잉으로 역사 속 인물들을 묘사한 바르비에리는 마이너(지금으로 말하면 B급) 작가였다.[57]

펜과 잉크, 콘테와 초크 등을 사용한 그의 드로잉은 독특한데, 유감스럽게도 적지 않은 작품들이 망실되어 현재까지 전해지는 것들은 얼마 되지 않는다. 특히 갈색 계열의 붉은 색조를 선호한 그는 레드 초크와 브라운 잉크로 예리한 펜을 사용하여 빠른

〈그림 3〉
시지프의 형벌 1:
바위는 어떻게 옮겨야
하는가

좌: BARBIERI, Giovanni Francesco (IL GUERCINO), [Sisyphus] c. 1636, Works on Paper (Drawings, Watercolors etc.), Red Chalk, 21.1×16.3cm, Private Collection, London

우: BARBIERI, Giovanni Francesco (IL GUERCINO), [Sisyphus] c. 1636, Pen and Brown Ink, Brown Wash, 30.6×20.5cm, Private Collection, London

터치로 시지프와 종교적 인물들을 다양하게 묘사한다. 그가 시지프를 그린 시기는 1636년경으로 보인다. 일부는 누군가에게 팔았거나 나머지 대부분은 오랜 세월을 거치며 잃어버린 것으로 추정하지만 현존하는 드로잉만으로도 그의 탐구적 자세를 살피기에는 족하다. 신화의 형벌 내용은 어디까지나 그가 버거운 바윗돌을 산꼭대기까지 옮기는 것으로 전해질 뿐, 정확히 어떤 자세를 취했을지는 상상에 맡겨야 했기 때문이다. 일상적 상상만으로도 시지프가 어떻게 형벌을 이행했는지는 대체적 윤곽이 가능할 터다. 1) 양 어깨에 번갈아 들쳐 매기, 2) 팔과 무릎을 이용하여 두 팔로 밀어올리기, 3) 두 팔로 끌어안은 채 오르기, 4) 등짐지기 등으로 나눠 생각할 수 있다.

이 같은 궁금증은 신화 탐구 과정에서 문제로조차 인식되지 않았다. 스토리텔링의 콘텐츠를 중시하는 그간의 인문학 탐구에서도 이는 비중 있게 다루지 않았다. 그것이 과연 어떤 의미를 지니는지, 아니면 구체적으로 왜 중요한지 역시 관심 갖지 않았다는 점에서 문제 자체만으로 흥미롭다.●

● 굳이 신화적 상상과 전래 설화의 이해만 고집하지 않는다 해도 이야기의 재구성은 미래의 가르침과 이미지 마련을 위해 중요하다.

바르비에리의 앞의 두 그림도 그가 상상한 시지프의 형벌 콘텐츠이자 구체적 재현 결과다. 특히 앞서 (필자가) 나눈 운반 유형 가운데 그 구현의 단서를 제공한다. 그의 드로잉 선은 단숨에 긋는 방식이 아니라 반복적으로 겹치거나 신체 일부가 잘리기도 한다는 점에서 다른 경우와 크게 다르지 않다. 게다가 누구든 연상 가능한 운반 유형 가운데 우선적인 모습을 구현한다는 점에서 앞의 두 그림은 특히 미덥다.

왼쪽 드로잉은 시지프의 오른쪽 어깨에 바윗덩이를 올려놓는 순간을 포착하고 있고 오른쪽은 대칭적인 경우를 보여 준다. 그뿐만 아니라 두 그림 모두 시지프를 전면나신으로 표현하면서 지극히 생동감 있게 묘사한다. 둘을 빠른 속도로 번갈아 바라보노라면 시지프 동영상의 두 컷 밑그림으로 볼 수도 있다. 하지만 〈그림 4〉는 시지프가 무거운 바윗덩이를 아예 두 팔과 허리에만 의존한 채 끌어안고 이동 중임을 보여 준다. 이를 앞의 두 그림과 이어붙이면 시지프가 상반신 전체를 어떻게 활용했는지 잘 알 수 있다. 하지만 실제로 이 같은 자세는 바위 운반에 효과적이지 않을 것이다. 시지프 아니라 그 누구라도 이런 자세로는 얼마가지 못할 게 분명하기 때문이다.

그럼에도 불구하고 힘을 덜 들이고 바위의 하중을 견딜 수 있는 자세를 드로잉하기 위해 바르비에리는 탐구를 계속한다. 주목할 것은 특히 시지프의 오른손 엄지를 포함한 두 손의 위치와 각 손가락의 포지셔닝이다. 화가는 여기서 여러 번 되풀이했을 고민의 흔적을 남긴다. 무릎의 위치는 물론이고 왼팔의 길이를 포함

〈그림 4〉
시지프의 형벌 2:
신은 왜 바위 운반 방법까지
명령하지 않았을까

BARBIERI, Giovanni Francesco
(IL GUERCINO), 1636,
Pen and Ink on Paper,
23.2×19.2cm,
Courtauld Gallery, London

하여, 막상 바위의 하중 상당 부분을 감당해야 할 오른손 엄지의 위치를 정확히 잡기 위해 몇 차례 생각을 고친다. 후대 사람들을 향한 화가의 세심하고 치밀한 배려였는지, 아니면 정확한 묘사와 예술적 상상이 접점을 찾은 것인지는 그러나 이것만으로 불분명하다.

왼팔을 처음보다 길게 그린 건 기왕이면 바위를 좀 더 크게 잡아 시지프의 고통을 생생하게 표현하고자 애썼기 때문일 것이다. 그러다 보니 애초의 선 옆으로 다른 선이 겹치는 건 당연했다. 연필이라면 모를까 완벽히 지운다는 것도 잉크화로선 어려웠을 것이다. 무게를 감당해야 할 오른손 엄지도 하늘을 향하다가 다시 자연스레 밑으로 내려간 것 역시 이 때문이었을 것이다. 펜화임에도 불구하고 명암을 담채로 넣은 건 작가의 치밀함과 진지함을 잘 보여 준다. 두 다리의 동세마저 수정의 흔적을 보이는 것 역시 작가의 복잡한 속내를 드러낸다. 선들의 겹침과 미세한 이동을 합성해 보면 애니메이션 동작의 연출과 극적 과장의 한 장면처럼 물리적 비유도 가능할 것이다. 드로잉 셋을 모두 1636년에 진행한 걸 보면 이즈음 바르비에리는 시지프 탐구에 몰두했던 것으로 보인다.●

● 작업 순서가 어떻게 되는지는 이것만으로 분간하기 어렵다. 하지만 선의 기운과 개성은 한 사람의 작품으로 두드러진다.

주로 잉크와 펜을 사용하되, 어느 정도 수정 가능한 초크를 병행한 건 그가 학구적이며 성실한 인물이었음을 짐작케 한다. 특히 〈그림 3〉의 우측 드로잉은 〈그림 4〉와 매우 흡사한 선들로 구성되었을 뿐 아니라 특유의 생동감 넘치는 이미지들을 반복 묘사함으로써 단순하지만 창창한 시지프의 형벌을 떠올리게 한다.

유려함과 활달함이 돋보이는 그의 드로잉도 또 다른 시지프 앞에선 이내 약해진다. 다시 1세기를 거슬러 올라간다는 것도 그렇지만 지치다 못해 당장 무너지거나 폭발해 버릴 듯한 시지프가 특히 돋보이기 때문이다. 거듭 강조하건대, 미술은 시간의 문제가 아니며 곧 표현과 재현의 틈바구니에서 한 사람이라도 더 공감할 만한 환호와 감동을 동원할 수 있는지를 묻는 정치다.●

● 가볍게 이해하거나 허투루 평가하자면 값싼 동정이나 편견에 사로잡힌 배타적 감상쯤 될 것이다. 하지만 잘 그린 그림은 결국 나의 행동을 바꿀 힘마저 담보하는 저력의 자원이라고 볼 것이다.

'형벌을 그린다'는 건 장차 보는 이들로 하여금 죄를 짓지 않게 만드는, 그야말로 미래 행위의 밑그림까지 될 수 있다는 데 주목할 일이다. 그림은 물론 미술 전반이 종교와 교육도 하지 못할 기능을 대체할 수 있다는 데 생각의 초점을 맞추자.

티치아노의 시지프 표현은 고통을 감수하는 시지프보다 보는 이들이 도리어 불편해진다. 경추 부위에 바위를 올려놓고 이동 중인 시지프를 그린 것이야 다른 작가들과 같지만 그의 작품이 압권인 것은 시지프의 고통을 너끈히 동일시하는 재주 때문이다. 물리적 고통을 즉발적으로 확장하는 힘은 고통의 전달 수단으로 눈여겨볼 만하다.

고통을 받아들이는 정도와 자세에는 개인차가 있다. 그럼에도 불구하고 그의 묘파가 지니는 특징은 기묘한 공포의 확장으로 모아진다. 그는 형벌의 두려움을 확실히 묘사하고자 애썼을 뿐 아니라 시지프 자신이 절감했을 '운명'과 '현실'의 부조화를 극도로 예민하게 해석했기 때문이다. 벗어날 수 없다는 사실과 벗어나도 나아질 건 없다는 절망의 기운이 시지프의 몸 전체에 퍼질 때 때맞춰 조롱하듯 내려다보는 괴수들의 눈빛은 차라리 장난스럽다.

극도의 체념과 자기혐오에 빠진 채 고통을 이겨내는 모습을 그린 티치아노의 넉살은 대단하다. 각기 다른 곳을 응시하는 것 같지만 실은 시지프를 감시하는 동물들을 묘사하는 작가의 의도도 그렇다. 들쳐 매고 가는 바윗돌마저 마치 눈 달린 듯 뚫어져라 노려보는 느닷없음도 희한하다. 얕게 생각하면 이들이 신경 쓰여서라도 성실하게 벌을 받아야 할 지경이다. 이 정도 익살스럽고 예외적인 표현이라면 고통을 즐기며 형벌을 수행할 가능성도 없지 않았을 것이다.●

● 신화 속 동물이라도, 아니 주변의 온갖 소품들마저 형벌을 지켜보는 희화적 관객이 될 수 있다면 죗값은 그리 무겁지만 않았을 것이다.

같은 대상이라도 표현의 차이는 관찰자(혹은 수용자)의 감정과 생각의 방향을 바꿀 수도 있다는 사실에 유념할 일이다. 중요한 건 그래서 그림의 형식이 아니다. 같은 드로잉이더라도, 또 비슷한 회화일망정 채색 기법은 물론 선에서 면으로 색감의 확장과 질감 이동은 형벌 수행 과정에도 적용 가능하다. 바르비에리와 티치아노의 미술사적 관계와는 별도로 두 작품만으로도 시지프의 고통은 보통 인간들에게 매력적인 대상이며 형벌은 삶의 이유이자 곧 힘으로 인식된다.

누구보다 권력을 이용할 줄 알았던 화가로 티치아노는 돋보인다. 그의 역동성과 묘사의 과단성은 이탈리아와 스페인을 잇는 당대의 아이콘으로 활용된다. 미켈란젤로Michelangelo가 미술양식의 예외적 실험성을 내세우다 보수화된 교회로부터 밀려난 경우라면 티치아노는 공격적이고 열정적인 미술을 보여 줌으로써 전환기 교회가 요구하는 새로운 미술세계를 만든다.[58]

〈그림 5〉는 티치아노의 주요 고객 중 하나였던 스페인 국왕 펠리페 2세Felipe II(재위 1556-1598, 신성로마제국 황제 카를 5세의 아들)의 로열패밀리와 그들이 지닌 예술적 애호의 결과다. 부친 못지않게 티치아노를 환호한 펠리페 2세와 함께 고모였던 '마리 오브 헝가리'도 그의 작품을 열렬히 사들인다.● 주로 초상화를 주문 제작한 당대 관행을 고려하면 이 작품 역시 예외적 취향의 소산일 것이다.

● 티치아노는 마리 오브 헝가리를 위해 모두 네 개의 거대한 작품을 제작한다. 그리스·로마 신화의 등장인물을 소재로 한 회화들로 티티우스, 시지프, 탄탈루스, 익시온 등이다. 그들은 하나같이 신이 노여움을 산 영구 형벌 대상이다.

가로세로 2미터가 넘는 대형 캔버스에 신화를 녹인 티치아노의 자이갠티즘gigantism은 미켈란젤로의 영향이 컸던 것으로 알려져 있다. 〈티티우스〉 역시 미켈란젤로의 드로잉(1532)을 보고 그린 것이지만 현존하는 것으로는 〈시지프〉와 함께 티치아노의 스타일을 잘 말해 준다. 두 작품은 그의 후기 스타일의 전조를 알리는 독특한 색조와 명암 처리로 두드러진다.●

● 티치아노의 초상화 기법은 훗날 렘브란트에게 깊은 영향을 준다. 특히 기마(騎馬) 초상의 경우 루벤스, 반 다이크, 벨라스케스 등은 티치아노를 모범으로 삼는다.

티치아노의 〈시지프〉로 이제 신화의 담론은 유럽 심장부를 횡단하여 새로운 스토리텔링 경로를 개발한다. 신화를 다루는 그의 파격적 회화성과 함께 시지프의 고통은 이탈리아에서 스페인

〈그림 5〉 시지프의 형벌 3: 가장 힘든 운반의 형식, 가장 즐거운 감시의 방식

TIZIANO, Vecellio, [Sisyphus], 1548-49, Oil on Canvas, 237×216cm, Museo del Prado, Madrid, Spain

으로 이동한다. 아울러 '끊임없어야 한다'는 반복형의 주문은 바로 시지프가 고통의 일상적 대명사이자 누구도 '예외일 수 없다'는 노동의 형벌성마저 확인하게 해준다. 여기서 새삼 따져봐야 할 문제 하나가 있다. 시지프에게 부과된 형벌 내용은 정작 무엇이었을까. 바르비에리의 드로잉을 이야기하는 동안 시지프의 바위 운반 자세는 살펴본 바 있지만 이는 남겨진 회화 자료나 미술적 근거를 통한 추론일 뿐, 고증과 추적의 산물은 아니다. 그렇다면 신화의 주문은 무엇이었을까.

이 같은 의문은 이제껏 살핀 몇 편의 흔적만 보더라도 뚜렷하다. 바르비에리의 동작 변화와 달리 티치아노는 시지프가 아예 자기 경추 위에 바위를 올려놓는 모습까지 연출하기 때문이다. 신화 속 인물일지언정, 신의 명령을 수행하자면 이들을 종합해야만 구체적 동영상도 가능하리라. 하지만 애초의 주문을 구체적으로 확인하는 작업은 이 대목에서 불가피하다. 제아무리 고대의 신화적 형벌이라 해도 신의 명령을 자의적으로 해석함은 무리이기 때문이다.

다양한 버전의 신화는 숱한 해석의 오류를 감수해야 했을 것이다. 하지만 어떤 과오였더라도 그것은 오리지널 텍스트를 바탕으로 삼았을 것이고 콘텐츠의 '구전'을 배제하지 못한다면 형벌의 원형도 두 개일 순 없었을 것이다. 신들의 명령은 오늘의 문자나 언어체계로 표현할 수 없다 해도 구전의 힘은 그래도 믿어야 할 인문학적 동력이다. 그것밖에 믿을 게 없는 경우에는 더욱 그렇다. 신화의 텍스트가 존재하지 않을 때, 구전이 딛고 서는 적합한 근거는 사전과 사전류 문헌들이다. 대표 사례로 백과사전들의 신화 취급은 독일과 영국의 경우가 주목할 만하다. '그들'은 그렇다면 시지프의 형벌을 어떻게 묘사하고 있을까.

『브리태니커』는 '굴려 올리다'라는 뜻의 'roll up'과 그 반대의 'roll down'을 명기[59]하고 있고, 『브로크하우스』는 '굴리다'라는 의미의 'wälzen'과 '내리굴리다'의 'hinabrollen'을 쓴다.[60] 그렇다면 구전의 근거는 '굴림'이 가장 근접할 것이며 하데스의 명령인 '바위가 늘 산꼭대기에 있도록 하기'까지 운반 형식을 공식화했을 것이란 추론도 가능하다. 하지만 절차적 엄정성이나 형벌 수행의 물리적 자율성마저 인정했다는 근거는 어디서도 찾아볼 수 없다. '바위 굴림'은 명계에서 시지프가 감당해야 할 운명이었던 셈이다.

다양한 버전의 신화는 숱한 해석의 오류를 감수해야 했을 것이다. 하지만 어떤 과오였더라도 그것은 오리지널 텍스트를 바탕으로 삼았을 것이고 콘텐츠의 '구전'을 배제하지 못한다면 형벌의 원형도 두 개일 순 없었을 것이다.

다만 산꼭대기까지 굴리는 방식은 현실적으로나 물리적으로 '밀어 올림pushing up'의 행위를 배제할 수 없었을 것이다. 바위가 다시 기슭을 향할 때는 어땠을까. 이때 '굴림'이나 '밀기'는 불필요했을 것이다. 바윗돌을 굴려(밀어) 올릴 때처럼 굴려(밀어) 내릴 이유야 없었을 것이기 때문이다. 명계에서의 형벌은 비현실성마저 감안해야 할 신화지만 스스로의 무게를 견디지 못하고 기슭을 향하는 바위라면 차라리 가속도를 염려하거나 충격적 속도와 주변의 파괴까지 의식해야 했으리라. 그건 곧 '밀어 내림pushing down'을 연상하는 대신 '당겨 내림pulling down'과 소극적 방임까지 동시 전제한다.

이 지점에서 프란츠 폰 슈투크Franz von Stuck[61]의 시지프를 눈여겨봐야 할 까닭은 여기서 천착하는 형벌 수행의 오랜 구전과 신의 명령을 둘러싼 원론적 표현 때문이다. 이제껏 시지프의 형벌을 그린 작가들은 많지만 '굴림'과 '밀어 올림'에 이처럼 충실했던 인물은 없다. 그가 분리파 작가였느냐 아니냐 하는 문제 이전에 미술적 진지함과 해석의 성실성이 돋보이는 이유다.

당신이라면 저 바윗덩이를 어떻게 옮기겠는가? 답은 자유지만 형벌의 자율성을 인정한다면 그건 이미 형벌이 아니다. 그래서 슈투크의 1920년 작업도 잊지 말아야 한다. '푸싱'이든 '롤링'이든 그것을 벗어난 수행은 더 이상 시지프의 임무[62]가 아니며 단지 꾀 많은 이들의 회피임을 인정하는 일말이다. 모두가 죄인이라 해도 아무나 형벌을 수행할 수는 없으며 누구든 피하지 못할 죄의 대가라 한들 함부로 치를 일도 아니라는 것. 그것이야말로 형벌보다 더한 주문이자 사람의 의무인 것이다.

다시 중세의 가혹한 형벌 사상으로 돌아가자. 헤라르트 다비드Gerard David[63]의 〈캄비세스의 재판〉은 고대 신체벌이 중세 형벌 사상에 얼마나 큰 영향을 미쳤는지 잘 보여 준다. 지금 이 내용을 접하면 고대 권력의 천연덕스러움에 도리어 놀랄 지경이다. 하지만 고대의 벌은 유난히 가혹했고 이를 집행하는 당국에게 타협이란 없었다. 질서 유지와 준수는 그만큼 강제적이었다. 앞서 사용한 어법을 빌리면 '혹독하지 않으면 형벌이 아니'었다.

모두가 죄인이라 해도 아무나 형벌을 수행할 수는 없으며 누구든 피하지 못할 죄의 대가라 한들 함부로 치를 일도 아니라는 것. 그것이야말로 형벌보다 더한 주문이자 '사람'의 의무인 것이다.

다비드는 헤로도토스의 『역사』와 함께 동방의 전설과 정치적 교훈들을 수집해 엮은 『제스타 로마노룸*Gesta Romanorum*』을 꼼꼼히 참조하여 유명한 초정밀화(트롱프뢰유trompe-l'oeil)[64]를 완성한다.[65] 오늘의 극사실주의를 연상시키는 이 작품은 특히 『제스타 로마노룸』의 29번째 에피소드[66]를 바탕으로 삼는다. 이에 따르면 기원전 6세기 페르시아 제국에서 뇌물을 받고 재판에 임한 판관 시삼네스Sisamnes에게 황제 캄비세스Cambyses는 피부를 벗겨 죽이는 형벌을 명한다. 뿐만 아니라 이 같은 박피형剝皮刑을 목격한 아들 오타네스Otanes에게 아버지 시삼네스의 피부 가죽을 덮어씌운 의자에 앉아 송사를 진행하도록 지시한다.

우리의 두 폭짜리 '가리개'를 연상시키는 중세의 딥티크diptych로 꾸민 작품은 크게 네 부분의 시차를 기승전결로 담는다. 1) 좌측 패널 후면에는 뇌물을 받고 있는 시삼네스와 2) 앞부분에는 발각된 후 그의 구인 과정을 그리고 있고, 3) 우측 패널 전면에는 작품의 하이라이트로 피고의 형벌 집행 과정과 4) 아버지의 벗겨진 살가죽을 덮은 의자에 앉아 송사를 맡아야 할 아들의 모습을 뒤에 담는다.

원문 내용을 직접 살펴보자. 여기서는 독일어 버전으로 『제스타 로마노룸』 원본 '제29장'을 읽어 본다.

> Es war ein Kaiser, der ein Gesetz gab, daß ein jeder Richter bei schwerer Strafe gerecht richten und, wenn er dies nicht täte, auf keine Weise Erbarmen finden sollte. Nun trug sich aber der Fall zu, daß ein Richter, durch Geschenke bestochen, ein falsches Urteil fällte. Der Kaiser, als er das gehört hatte, befahl seinen Sklaven, ihn zu schinden, und also geschah es. Seine Haut aber legte er auf den Stuhl, auf welchem der Richter sitzen mußte, daß derselbe daran denken sollte und nicht mehr ein falsches Urteil gäbe. Der König aber machte den Sohn des getöteten Richters zum Richter, indem er zu ihm sprach: "Du sollst auf der Haut deines Vaters sitzen, um über mein Volk zu richten: Wenn dir jemand ein Geschenk bringt, damit du von dem Weg des Rechten abweichen mögest, so sieh dich nach der Haut deines Vaters um, auf daß dir nicht dasselbe begegnet."[67]

모든 재판관들이 공정하게 재판을 하지 않는다면 엄한 벌을 받고 어떤 경우라도 자비를 얻지 못하게 된다는 법을 만든 왕이 있었다. 그런데 실제 뇌물로 매수된 재판관 하나가 잘못된 판결을 내린 경우가 있었다. 이 소식을 들은 왕은 형리들에게 그자를 죽도록 괴롭히라는 명령을 내렸고 끝내 이를 실행에 옮겼다. 재판관이 이를 생각하면서 더 이상 잘못된 판결을 하지 못하도록 하기 위해 그가 앉아야 하는 의자에 죽은 재판관의 피부를 올려놓았다. 왕은 죽은 재판관의 아들을 새로운 재판관으로 임명하면서 다음과 같이 말했다. "네가 앞으로 우리 백성들을 재판하려면 네 아버지의 피부 위에 앉아야만 한다. 너를 올바른 길에서 벗어나게 하기 위해 누군가 만일 네게 선물을 갖다 준다면 너 또한 같은 일을 겪지 않도록 아버지의 피부를 떠올리도록 하라!"

작품의 지명도가 높아진 계기는 크게 두 가지다. 하나는 그림 속에 드러난 박피형의 충격[68] 때문이고 그것을 공공장소에 내걸었다는 사실이 그 다음이다. 시의회가 다비드에게 공식 주문한 첫 작품으로, 그림을 걸 장소가 하필 당대 재판정으로도 쓰였다는 점은 흥미롭다. 특별히 볼 것 없는 세상에서 '적응하면 보상받고 일탈하면 제재를 받는다'는 시지각 자료를 누구나 볼 수 있다는 건 그 자체만으로도 관심거리였기 때문이다. 마치 고대 로마의 검투장에서 살벌하고 처절한 싸움을 보며 흥분과 환호의 순간을 만끽하던 집단적 이끌림과도 서로 동할 일이었다. 그것도 일반 민중의 처형이 아니라 판관의 부패로 인한 사법적 인과응보를 재판정에서 그림으로나마 볼 수 있다는 건 긴장과 교훈의 소재로 충분했을 것이다.

잔혹한 신체벌이 사라진 오늘날에도 고위 관리들의 부패나 사법부의 부정이 어김없이 반복되는 걸 보면 이 같은 회화 정치적 효과는 적지 않다. 하물며 중세에서랴. 작품의 메시지는 형벌의 폭력성이 점차 줄어들던 시대의 경종으로 받아들일 일이다.

〈그림 6〉 캄비세스의 재판 1: 재판관의 위선과 탈법은 어떻게 다스려야 하는가

DAVID, Gerard, The Judgment of Cambyses (left panel), 1498, Oil on Wood, 202×172.8cm, Groeninge Museum, Bruges

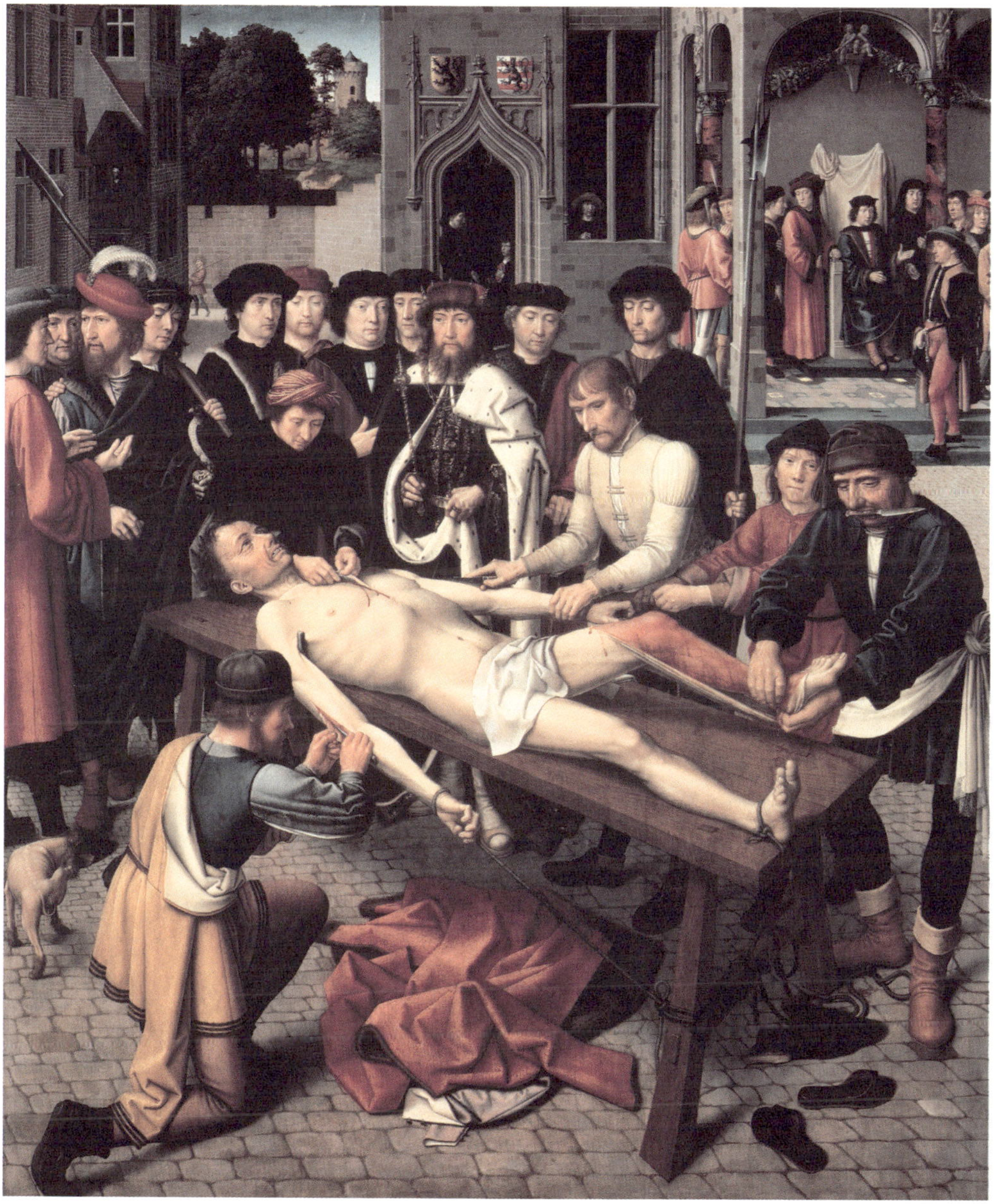

〈그림 7〉 캄비세스의 재판 2: 관중의 시선은 왜 제각각일까

DAVID, Gerard, The Judgment of Cambyses (right panel), 1498, Oil on Wood, 202×172.8cm, Groeninge Museum, Bruges

고대의 형벌이 중세 사회의 질서 유지와 새로운 법규범을 위해 얼마나 폭력적이었는지, 나아가 기존 권력을 따르는 것이 얼마나 더 경제적인지 고려하는 계기를 마련한다.

기껏해야 목을 매달거나 잘라 군중 앞에 내보이는 수준의 형벌 아니면 사지를 절단하여 각 부위를 일정 기간 공시하는 방식이 주류를 이루고, 이따금 화형과 지하 감옥에 가둬 일정 기간 겁주는 게 대부분이었던 중세 절정기에 이 같은 고대 형벌을, 그것도 공공장소에서 보여 주자고 결정한 배경에는 각별한 사회교육의 의도가 깃들어 있었을 것이다. 기왕의 폭력보다 더한 폭력을 예시하고 그것이 역사 사실로 확인 가능하다는 걸 반복 각인하는 일은 경우에 따라 미술이 형벌보다 월등한 수단일 수 있음을 보여 준다.

기왕의 폭력보다 더한 폭력을 예시하고 그것이 역사 사실로 확인 가능하다는 걸 반복 각인하는 일은 경우에 따라 미술이 형벌보다 월등한 수단일 수 있음을 보여 준다.

인간이 인간을 벌할 수 있는 물리적 한계를 어디서 어떻게 뛰어넘을 것인지 궁리하는 일은 '인간적'일 수 없다. 그럼에도 불구하고 종교적 명분을 내걸며 그 일을 기꺼이 수행하거나 잔혹형의 임계점을 과감히 분쇄한 사법 권력의 폭력화 현상은 희한하게도 반역사적·탈역사적이었다. 세월이 흐를수록 분명해진 반형벌적 사고는 고문과 폭력이 주로 고대 사회의 전유물이었음을 반영한다. 점차 관대해지는 세상 속에서도 형벌을 그려 달라는 권력의 주문을 피하지 않은 작가들의 생각 속에는 무엇이 도사리고 있었을까. 안 그래도 형벌이 문제 될 리 없던 중세 전성기에 살가죽을 도려내는 그림 앞에서 군중은 과연 환호하리라 믿고 있었던 걸까.

브뤼헤Bruges 시청사 내 시의회 상원집무실에 걸렸던 이 작품은 재판에 임하는 '판관'은 물론이고 부패에 물들 가능성이 있는 모든 공직자들에게 더없이 훌륭한 경종이었다. 독직瀆職에 연루된다면 누구든 시삼네스처럼 피부가 벗겨지는 고통을 감수해야 한다는 경고만큼 두려운 시그널은 없었기 때문이다. 설령 그것을 능가할 만한 형벌들이 많았다 해도 당장 눈앞에서 벌어지는 엽기적 형벌 수행은 당사자는 물론 보는 이들마저 서서히 초죽음으로 몰아넣는다.

중세였기 때문에 더 많은 폭력이 필요한 건 아니었을 것이다. 인간의 본성을 무엇으로 규정하든 물리적으로 엄청난 가치 박탈을 '경험하거나' '경험할 것'이라는 예고만큼 인간을 각성시키는 모멘텀은 극히 드물기 때문이다. 갈 데까지 가봐야만 반성하고 자신의 '저지름'에 대한 극적 가혹함이 피부에 와 닿아야 비로소 도덕과 윤리를 인식하거나 위반과 일탈의 진솔한 대가를 '죄와 벌'로 절감하는 존재도 인간이었다. 고대는 말할 것도 없고 기나긴 중세사를 통틀어서 광장의 고문이나 처형이 흔했던 건 형벌이 권력의 '기획'이자 민중의 '관습'이었음을 잘 말해 준다.

갈 데까지 가봐야만 반성하고 자신의 '저지름'에 대한 극적 가혹함이 피부에 와 닿아야 비로소 도덕과 윤리를 인식하거나 위반과 일탈의 진솔한 대가를 '죄와 벌'로 절감하는 존재도 인간이었다.

종교의 비호와 정치적 판단으로 자행되는 중세 형벌의 궁극적 근거는 황제의 권한을 능가하는 정의로 구체화된다. 정의를 심판하는 권한과 그 집행은 아버지의 살가죽을 덮은 의자에 아들을 앉힌 〈캄비세스의 재판〉처럼 엄혹하다. 다비드의 작품 속 인물들이 처형 현장을 목격하는 것처럼 동치사와 행성관은 물론 당대 시민들 모두가 이 사건을 반드시 기억해야 했던 까닭도 여기 있었으리라.

더 흥미로운 건 〈그림 7〉에 나타난 형장 관중들의 시선의 판이함이다. 그들은 왜 저마다 다른 곳을 바라보고 있는 것일까.[69] 볼 만한 장면 앞에서 정작 시선을 피하는 관중의 자세는 차라리 일상적이다.[70] 당대에는 이런 일이 너무나 흔했기 때문이다. '익숙함'과 '무심함'은 따라서 시대를 읽는 또 다른 코드다. 하지만 단 한 사람, 형벌 집행관의 조수였음 직한 남자만이 작품을 바라보는 관객의 눈을 처연히 맞받는 부분●에 주목할 일이다. 왜 그만이 나를 애처롭게 바라보고 있는 걸까.

● 입에 칼을 물고 있는 오른쪽 끝의 형리와 외과의 사이에 조수로 보이는 소년만이 관객과 눈길을 맞추는 중이다. 나머지 두 형리들 역시 진지하다 못해 주어진 자기 역할 앞에서 숭고하기까지 하다.

이 장면을 부디 기억해 달라고 애원하는 듯 보이는 조수의 표정과 고통스럽기 그지없어 차라리 당장 죽는 게 나을 것이리란 시삼네스의 '그것'은 무척 대조적이다. 뿐만 아니라 피부 가죽을 째고 신경조직과 뼈를 피해 살의 상태를 점검하는 형리들의 자세도 지극하다. 진지함과 성실성으로 보면 시삼네스의 피부를 벗겨내는 나머지 두 형리들의 자세가 다르고 몸 상태를 점검하는 외과의의 역할 역시 같지 않음을 알 수 있다.

관심은 그래서 그림의 전후 맥락보다 아무래도 박피형의 잔혹함으로 쏠린다. 게다가 박피형은 유럽의 전유물이 아니라 헤라르트 다비드가 회화작업에 몰두하던 동시대 아시아의 혹형 가운데 하나였다는 사실에도 눈길을 모으게 된다. 이는 특히 원·명대의 대표 형벌로 중국의 다양한 잔혹형 가운데 하나였다. 청조에 이르러서야 이 같은 혹형이 잦아드는 걸 보면 중국이 드넓은 나라를 다스리기 위해 얼마나 비상식적 사법폭력을 필요로 했는지 잘 알 수 있다.

그다지 혹독하지 않은 일반 형벌까지 감안하면 중국을 포함한 동양의 형벌도 유럽만큼이나 다양한 공포의 지평을 공유한다. 전근대 형벌이 거의 고문을 동반했고 보면 중국의 잔혹형은 형벌의 결과가 아니라 육체를 소진시키고 마비·절멸해 가는 상상 이외의 가학적·절차적 개념임을 알게 된다. 고문이 형벌과 '이음동어'이자 형벌이 곧 고문의 반어였던 사실은 〈표 7〉에 나타난 과거 중국의 잔혹형을 통해 잘 드러난다.

눈여겨볼 것은 동서양을 관통하는 박피형의 유사성과 집행

〈표 7〉 중국의 고문과 형벌의 역사적 재구성

구분	형벌 내용
능지(凌遲)	난도질하여 죽이다
거열(車裂)	수레로 찢어 죽이다
참수(斬首)	목을 자르다
요참(腰斬)	허리를 자르다
박피(剝皮)	살갗을 벗기다
포락(炮烙)	사람을 통째로 굽다
팽자(烹煮)	가마솥에 넣고 삶다
부복(剖腹)	배를 가르다
추장(抽腸)	내장을 꺼내다
시살(射殺)	활로 쏘아 죽이다
침하(沈河)	강물에 던지다
교의(絞縊)	목졸라 죽이다
짐독(鴆毒)	독을 먹여 죽이다
경면(黥面)	문신을 새기다
할비(割鼻)	코를 자르다
절설(截舌)	혀를 자르다
알안(挖眼)	눈을 빼다
단수(斷手)	손을 자르다
월족(刖足)	다리를 자르다
궁형(宮刑)	성기를 절단하다
유폐(幽閉)	여성의 생식기를 막다
가항(枷項)	칼을 쓰다
태장(笞杖)	매를 때리다
정장(廷杖)	몽둥이로 때리다
편복(鞭扑)	채찍질을 하다
인식(人食)	사람을 먹다
수교(獸咬)	짐승에게 물려 죽이다
고신(拷訊)	고문을 가하다
잡형(雜刑)	그 밖의 형벌[71]

시기의 역사적 비대칭성이다. 명왕조의 박피형은 특히 범인의 얼굴 가죽을 벗기는 등 형벌 겸 고문으로 유명했지만 서양은 정작 본격적인 역사의 시대에는 직접 처형이 이뤄지지 않는다. 작품 대상은 신화의 시대나 성서의 기록을 재현하는 경우가 대부분이고 후대에 경종을 울리려는 정치 교육적 의도 역시 다분하다.[72] 서양 미술을 동양 사회가 수용·접수한 것으로도 볼 수 있겠지만 통신과 교통의 지체를 감안할 때 그 가능성을 사실로 확증하기는 어렵다.

눈여겨볼 것은 동서양을 관통하는 박피형의 유사성과 집행 시기의 역사적 비대칭성이다.

중국의 역사에서 박피형은 엄연한 현실이자 역사였다. 특히 어느 한 시기에만 가해진 고문이나 처형법이 아니라 여러 왕조에 걸친 제도적 양식이었다. 중국 형벌사에서 이는 기록으로 남는다. 왕용쿠안王永寬은 이렇게 말한다.

> 확인할 수 있는 자료에 의하면 육조시대의 살가죽 벗기기 형의 대부분은 얼굴의 가죽을 벗기는 것이었다. 그 후 차차 전신의 가죽을 벗기게 된 것이다. … 명대에 이르러 가죽 벗기기의 형은 더욱 많이 시행되어 그 처참함이 극에 달했다. 태조 주원장부터 명말 농민봉기의 우두머리 장헌충에 이르기까지 적지 않은 인물들이 가죽 벗기기를 시행하였다. 주원장은 건국 직후 자신의 기반을 굳건히 하기 위해 가혹한 방법을 이용하였다. '박피선초剝皮揎草(가죽을 벗기고 풀을 쑤셔 넣는다)'는 그가 생각해낸 것이다. … 만약 독직 부정이 백은白銀 60냥 이상이면 사형에 처하였다. 또 참수한 뒤 평민에게 보여 치욕을 당하게 할 뿐만 아니라 전신의 가죽을 벗겨 그 속에 풀을 채워 넣었다. 그리고 이를 관청 문안에 놓고 다른 관리의 눈에 띄게 하여 본보기로 삼았다. … 가죽을 벗길 때 우선 수형자의 목뒤로 칼을 가하여 등뼈를 따라 항문까지

> 곧게 자른다. 그런 다음 피부를 양쪽으로 벗긴다. 등과 양 팔꿈치 사이의 피부는 연결된 채 좌우로 벗기기 때문에 마치 박쥐가 날개를 편 것 같은 상태가 된다. 이렇게 하여 가죽이 벗겨진 인간은 대략 하루 정도는 숨을 쉰다. 만일 가죽을 벗긴 그 자리에서 수형자가 죽게 되는 일이 생기면 가죽을 벗긴 집행인이 그 자리에서 사형에 처해진다. … 청 왕조에서는 가죽 벗기기를 찾을 수 없었다. 정사, 야사, 소설 속에서도 이와 관련된 묘사가 눈에 띄지 않는다. 그러나 이 혹형이 역사에서 완전히 자취를 감추었다는 의미는 아니다.[73]

이 같은 중국의 경험이 서양에서도 고르게 적용되었다는 증거는 없다. 전자의 사법적 엽기성이 후자의 인문학적 영향 때문이었다는 단서가 미약하듯, 후자의 희소성 역시 전자의 폭력과 참담함에 대한 의식적 저항이었다는 가설도 세우기 어렵다. 신화와 성경에 기초한 서양의 박피형은 경험적 실체 확인보다 죄의 재발을 막기 위한 교훈적 경고로 작동하는 경우가 더 흔했다.

이어서 살펴볼 세 가지 그림들도 이를 잘 말해 준다.● 티치아노가 그린 〈마르시아스의 박피형〉이나 미켈란젤로와 티에폴로Tiepolo가 각기 달리 조명한 〈성 바돌로매의 순교〉는 대표 사례들이다. 서양 미술사에 기록된 대표적 박피형으로 이들이 실제로 언제 집행되었는지는 우선 관심 대상이 아니다. 그보다 이들 작품은 신화와 성경의 근거를 제공하기 위해 애쓴다.

● 작품 제작 시기의 편차는 엄연하지만 가톨릭이 개입하는 건 어쩔 수 없다.

마르시아스Marsyas는 아폴론에게 도발한 예외적 인물로 혹독한 대가를 치렀던 이야기가 유명하다. 신화에 따르면 아테나 여신은 피리를 발명했고 이를 곧잘 불어 사람들을 즐겁게 해줬다고 전해진다. 하지만 어느 날 피리를 불려고 희한하게 찡그린 여신의 얼굴을 보며 장난꾸러기 에로스가 배를 움켜잡고 웃어대자 무안했던 여신이 피리를 내던진 일은 잘 알려져 있다. 피리는 때마침 땅에 떨어졌고 지나가던 마르시아스가 그걸 주워 불며 자신감이 솟구쳤던 게 화근이었다. 감히 아폴론에게 도전했기 때문이다. 내기에서 이긴 아폴론은 도전의 죗값으로 마르시아스에게 박피형을 요구한다.[74]

박피형의 원형은 고대 아시리안에서 찾는 게 관례다. 아시리안들은 전쟁포로나 적들의 살가죽 혹은 정치적 도발자들의 피부를 도려내어 당사자들이 살던 도시의 벽에 생생하게 못질을 하며 미래의 도전을 용서치 않겠다고 경고한다. 제한된 사례나마 이후에도 중세 유럽의 박피형은 정치적 반역자들을 공개처형하는 방법 가운데 하나로 채택된다.

〈시지프〉에서 이미 회화적 울림을 보여 준 티치아노였지만 여기서도 충격은 만만치 않다. 얼핏 보면 한 화폭에 너무 많은 걸 이야기하는 것처럼 보이지만 티치아노는 적갈색과 강렬한 콘트라스트를 이용하여 음울한 신화를 압축 처리한다. 그림을 그리던 1576년은 때마침 베네치아에 지독한 전염병이 돌아 그가 아들 오라치오Orazio를 잃은 해였다. 만투아의 궁전 프레스코 일부인 이 그림에서 티치아노는 복잡한 해석의 함정들을 그림 곳곳에 파묻는다. 그림은 음악의 신, 아폴론의 예술적 승리를 찬미하는가 하면 신의 위용에 눌린 피리 연주자의 위상을 한껏 초라하게 만들기도 한다.

티치아노 자신은 (카메오처럼) 미다스Midas 왕으로 현현하여 자신의 미술정치적 삶을 성찰한다. 신화를 빌려 복잡한 심사를 토로하거나 역설적 자기 고백의 상으로 미술은 그의 여전한 안주와 도피의 계기가 된다.[75]

〈그림 8〉 아폴론의 분노: 마르시아스의 박피형과 미다스의 고통

TIZIANO, Vecellio, The Flaying of Marsyas, 1576, Oil on Canvas, 212×207cm, State Museum, Kromeriz

박피형의 또 다른 경우는 예수의 열두 제자 가운데 하나인 '바돌로매Bartholomew'의 순교다. 그렇지 않아도 국가 형벌의 신학적 지원支援은 중세의 핵심 화두지만 순교 과정에서 종교는 해석의 자신감을 한결 보강한다.●

바돌로매는 『신약성서』의 「요한복음」에서 나다나엘Nathanael로 등장하며 그리스도에겐 '진정한 이스라엘인'으로 불린다(1장 43절 이하). 전언에 따르면 그는 그리스도 승천 이후 인도와 페르시아, 메디아와 게르마니아 등지에서 포교하고 메디아의 왕 아스티아게스Astyages의 처를 개종시킨 후 왕에게 처형당한 것으로 알려져 있다. 모래주머니를 달아 바다에 가라앉게 했다거나 참수당했다고도 전해지지만 도상에서는 산 채로 살가죽이 벗겨지는 장면이 많다.

미켈란젤로의 바돌로매 순교 작업 역시 그의 〈최후의 심판〉 전체를 봐야만 알 일이다. 세상의 종말에 그리스도가 이 땅에 다시 내려와 인류를 심판하되, 그를 믿고 따른 자는 구원할 뿐 아니라 믿지 않거나 역행한 자는 멸한다는 작품을 공심판公審判이라 부르지 않더라도 해석은 무겁다. 전체 속의 한 부분을 다뤄야 한다는 점 말고도 이야기가 워낙 유장悠長하여 형벌쯤이야 그 안에 묻혀 버리기 십상이다.

미다스 왕의 얼굴에 티치아노가 들어 있듯 〈최후의 심판〉 한가운데에도 누군가가 있다. 바돌로매가 자신의 전신 가죽과 이를 벗겨낸 칼을 들고 있는 처연한 모습도 기억해야 하지만 그 안에 제 사인처럼 또렷이 새겨 넣은 (축 처진 살가죽의) 얼굴이 미켈란젤로 자신인 것도 잊어서는 안 된다. 이를 두고 오랜 세월 이 벽화에 바친 미켈란젤로의 지친 모습으로 해석하는 사람들도 적지 않지만 피부가 벗겨지는 고통을 똑같이 겪어야만 형벌을 아는 건 아닐 것이다.●

● 오죽하면 바티칸, 그것도 시스티나의 프레스코 한가운데 등장하는 '그'일까. 엽기적으로 벗겨진 전신 가죽 곁에 처참하고 초라하니 말이다.

● 축 처진 살가죽의 얼굴이 정작 그림을 그린 미켈란젤로였으되 그 표정 또한 박피의 고통을 견디다 못해 일그러졌으리라 여기는 경우는 제한적일 것이다.

〈그림 9〉 바돌로매의 고통 1: 처형 이후

MICHELANGELO, Buonarroti, Last Judgment (detail), 1537-41, Fresco, Cappella Sistina, Vatican

자신에게 닥칠 후대의 영광과 찬사를 미리 가늠할 그는 아니었을 것이다. 소박하게 고생의 대가를 그렇게라도 보상받고 싶었던 마에스트로였을 것이라는 생각이 드는 것도 무리는 아니다. 자기가 자기를 처형한 게 아니지만 제 꺼풀을 치켜들되 얼굴은 정작 타인의 것을 움켜잡은 바돌로매의 모습[76]은 임무의 혹독함과 역할의 고난 또한 형벌을 능가하는 괴로움이었음을 잘 말해준다.

피부가 벗겨지는 고통을 똑같이 겪어야만 형벌을 아는 건 아닐 것이다.

앞선 작품들이 박피의 행형 자체를 다루거나 그 결과를 그렸다면 이번에 살펴볼 작품은 단순하다. 형벌의 물리적 고통을 발견하기도 어렵다. 그것도 이제 막 구인하여 집행 단계로 돌입할 채비를 갖추는 순간, 거친 숨을 몰아 쉬는 바돌로매의 긴박감이 도드라진다. 게다가 박피형의 진행을 둘러싼 물리적 의문보다 억지로 붙잡힌 그가 애잔하고 안쓰러워 억세게 붙잡는 두 장정들이 야속할 지경이다. 두 팔로 옭아매는 형리들의 기세를 대각선으로 제압하는 바돌로매의 육신은 머잖아 도륙당할 처지를 감지한 채 두려움과 긴장으로 굳어 가고 있고 집행(자)의 손길 위로 내려앉는 성령의 빛 역시 예사롭지 않다. 곧 단행될 폭력의 손길을 혼곤히 꺾어 버릴 기운까진 아니지만 빛과 어둠의 명료한 콘트라스트가 기적이라도 일으킬지 모를 신통력을 풍기는 건 우연이 아니다. 분위기는 살벌해도 바돌로매는 겁내지 않고 절망적이지만 단호한 스트레칭은 잠시도 천상의 기운을 놓치려 들지 않는 눈길과 조화를 이룬다.●

● 어찌 하릴없이 내리쬐는 빛이요, 무작정 솟구치는 영험의 기운일까 마는 어처구니없는 폭력조차 수용하려는 자세는 곧 비범함으로 승화되고 있었다.

본격적인 데뷔작으로 티에폴로[77]가 서슴없이 나선 건 1722년에 죽은 베네치아 귀족, 안드레아 스타치오Andrea Stazio의 특이한 유언 때문이었다. 스타치오는 주변의 탁월한 화가 열두 명에게 열두 사도들의 순교 장면을 각기 따로 위촉하고 싶다는 유언을

〈그림 10〉 바돌로매의 고통 2: 처형 직전

TIEPOLO, Giovanni Battista, The Martyrdom of St. Bartholomew, 1722, Oil on Canvas, 167×139cm, San Stae, Venice

남긴다. 일정 규격으로 위탁한 작품들을 베네치아의 산스타이San Stae 성당에 걸려 했기 때문이다. 작업은 순조롭게 진행되어 1723년 초 그의 유언은 집행된다.[78]

대부분의 성인들이 겪는 최후가 그러하듯이 형벌은 그 순간을 한층 비장하게 만든다. 그때마저 초연함을 보인 사실을 미술로만 표현하는 게 아쉽지만 형벌의 '시각정치'는 이를 잘 생각하게 만든다. 바돌로매가 유독 두드러졌다기보다는 모든 순교가 그 같은 생각의 진지함을 반영한다고 봄이 옳을 것이다. 그만이 아닌 다른 사도들의 최후를 보며 모두의 정신세계와 용기를 따른 가톨릭의 후예와 작가들의 성실한 집착을 보면 이를 잘 알 수 있다.

순교의 작품사를 소급·천착하는 건 또 다른 작업을 요구하지만 이는 얼마든지 확인 가능하다.[79] 하지만 순교의 미술사로 국한하더라도 성인들이 각기 어떤 형벌 과정을 겪는지 구체적인 기록을 찾기는 어렵다. 따라서 다음 바돌로매의 박피형은 어떤 부위부터 어떻게 먼저 벗겨냈는지에 관한 추론도 주관적일 수밖에 없다. 바돌로매의 순교를 그린 작가들은 많았어도 주세페 데 리베라Jusepe de Ribera처럼 그의 처형이 손목부터 시작되었으리라고 상상하는 경우는 드물다. '성인'이면서도 처형당하는 자로 견뎌야 할 아픔과 두려움을 보통사람처럼, 아니 잔뜩 겁에 질려 지금이라도 멈출 수 없겠냐며 애원하는 듯 표현한 리베라는 바돌로매가 느꼈을 고통의 디테일을 물리적으로 유추한다.●

● 칼로 피부를 벗겨내는 형벌을 무릅써야 했음은 훗날 그를 일컫는 상징물로 칼과 벗겨진 살가죽을 꼽게 한다. 아울러 치즈 상인, 미장공, 석고 세공인 등은 그를 수호성인으로 삼는다.

바돌로매는 예수가 부활하여 갈릴리 호숫가에 나타났을 때 그를 본 사람 중 하나다. 전언에 따르면, 바돌로매는 예수 승천 후 소아시아 지방인 프리기아Phrygia와 리카오니아Lycaonia 등지를 거쳐 아르메니아Armenia에 도달하여 기기서 선교활동을 하던 중 이교 사제들의 선동을 받은 아스티아게스 왕에게 참수당한 것

〈그림 11〉 바돌로매의 고통 3: 처형의 진행

RIBERA, Jusepe de, Martyrdom of Saint Bartholomew, 1640-50, Oil on Canvas, 179×139cm, Museo Parroquial de la Collegiata, Osuna (Seville), Spain

으로 알려져 있다. 바돌로매는 산 채로 전신의 살가죽이 벗겨지고 나중에는 십자가에 못 박혀 머리가 베어지는 등 갖은 혹형을 당한다.[80]

리베라가 사실적 형벌 묘사에 집착한다면 피아체타는 형리와 순교자 사이의 긴장을 표현하는 데 주력한다. 다음 작품은 독특한 명암 구조와 종교적 암시의 단면을 이해하는 좋은 전거가 된다. 언뜻 보면 티에폴로와 그의 스승 피아체타의 화풍은 거의 유사하다. 두 사람 모두 지극히 교육적인 미술 기법을 구사한 인물들로 '선'과 '면'은 물론 '색조' 처리에서 일치한다. 정확히 말하자면 티에폴로는 피아체타의 분신이자 판박이였다. 닮아도 너무 닮은 둘은 미술에서 차이란 화풍이 아니라 오브제와 소재의 문제일 뿐이라고 착각하게 만들 지경이다.

빛과 어둠의 대비가 단지 명암 처리를 위한 미술적 원칙과 그 실천이 아니라 선과 악의 콘트라스트를 주입하려는 화가의 의도와 그가 이미 압도당하고 있던 가톨릭의 온갖 교훈적 메시지 때문이었음은 피아체타의 〈성 야고보(세인트 제임스)의 순교〉에서도 드러난다. 〈그림 12〉에서 좌측의 완력은 '어두운' 폭력이며 곁의 성자는 '밝은' 일탈과 '해맑은' 범법의 모순을 드러낸다. 그리하여 거룩한 기운을 방해하거나 저지한다는 건 그 자체만으로 죄악임을 증언한다. 형벌이 구원이며 권력의 명령이 해악임을 보여주는 또 하나의 사례다.

마치 한 사람이 그린 듯 보이는 서로 다른 두 그림은 대각선으로 내리쬐는 성령의 빛을 모티브로 선과 악을 선명히 가른다. 티에폴로가 그 빛의 기운으로 박피형의 두려움에서 벗어나려 몸부림치는 바돌로매를 표현하는 것처럼, 피아체타도 말로는 형용하기 힘겨운 초월적 에너지로 약자의 위기와 강자의 고약한 처지

〈그림 12〉 성 야고보의 순교

PIAZZETTA, Giovanni Battista, Martyrdom of St. James, 1722, Oil on Canvas, 165×138cm, San Stae, Venice

를 구분한다. 완강하게 버티는 성 야고보의 머리 위로 그것이 하늘의 뜻임을 알리는 빛의 계시는 불한당을 한층 어둡게 하며 오늘의 관객들마저 조명 수단 없이 작품의 의도를 읽게 만든다.

믿음에 따라 움직이는 성자의 처지가 권세 있는 자들의 용맹함과 단호함을 꺾는 단서의 하나임을 읽을 수 있는 대목이다.● 최초의 순교자인 사도 야고보에 대한 기록은 그저 칼로 죽임을 당했다는 것뿐이다. 로마의 재판이나 유대 법정에서 사형 판결도 받지 않은 채 헤롯의 개인 권한으로 참수형에 처해진 야고보의 죽음은 우연이 아니다.

● 성서에 등장하는 야고보가 여럿이어도 그림의 주인공이 누구라도 될 수 있는 건 순간의 공포와 암담함을 이 빛으로 이겨내려 할 때일 것이다.

「마가복음」 10장 38절과 39절에 따르면, 야고보가 예수께 높은 지위를 요청했을 때 예수께서 "너희 구하는 것을 너희가 알지 못하는 도다. 너희가 나의 마시는 잔을 마시며 나의 받을 세례를 받을 수 있느냐."라고 묻자 그들은 서슴지 않고 "할 수 있나이다."라고 대답한다. 이때 예수님의 '마시는 잔'과 '받을 세례'란 순교의 쓴잔과 피의 처형을 뜻한다. 이미 순교를 각오한 것이다. 인간으로서 그는 가장 의로운 일을 위해 자기 목숨을 기꺼이 희생했던 것이다.

순교의 거룩함과 이를 통한 형벌의 종교적 승화는 가톨릭의 정치적 저항성은 물론 인문학 확장에 크게 이바지한다. 이는 곧 예수를 따르던 열두 제자들의 모범적 포교와 전도 과정만이 아니라 그들을 좇던 숱한 후예의 정신적 초석이 되었음은 아무리 강조해도 지나치지 않다. 하지만 그렇다고 해서 순교와 형벌을 동일시하거나 형벌의 모든 걸 순교로 환원시키려는 건 바람직하지 않다. 순교는 모범적 행위지만 전혀 일상적이지 않았고 그 역시 한 '인간'의 행적임을 부인할 길은 없지만 어디서나 자주 확인할 만한 반복적 사단은 아니란 점에서 예외성을 인정하지 않을 수 없기 때문이다.

순교는 형벌의 자의적 수행이거나 현시적 실천이란 점에서 단순한 개인 범죄나 그에 따른 불가피한 인과응보 수준을 넘어선다. 형벌 이행의 지극한 모범 사례로 누구나 대상자가 될 수 있지만 아무나 성공할 일은 아니었다. 따라서 순교는 '성스런 죽음'으로 이해해야 했던 터다.● 인간이었으되, 범상치 않은 존재로 수범과 인용의 전거가 되고 타율적 죽음의 순간마저 두려움을 한결같이 뛰어넘는다는 점에서 형벌 그 자체에 사로잡히지 않았음은 유념할 항목이다. 벌 받기 전에 모두가 현명하거나 스스로에게 준엄할 수만 있었더라면, 아니 인간이란 거죽을 뒤집어쓴 채 살더라도 앞의 성자들이 발휘한 기운의 소박한 일부라도 끌어낼 재간이 있었다면 '죄와 벌'은 어찌 사람이 누릴 이승의 몫이었을까.[81]

● 순교자의 역량이 후천적 영역인지 아니면 선험적으로 천착할 생래 차원의 문제인지는 지속적 탐구 대상으로 남는다.

인간의 죄악에 대한 벌의 부과가 제아무리 '하늘'과 '신'의 뜻이었다 해도 집행을 둘러싼 온갖 절차와 물리적 논란은 사람의 것이었다. 그에 따라 인간이 치러야 할 고통도 엄밀히 따지자면 종교를 빌린 통치 요건이자 강제적 복종의 유인책이었다. 하는 수 없이 따르게 만드는 권력의 의도적 '고안 장치'이자 가치 박탈의 예고 가운데 가장 비루하고 저열한 사발성의 농원 수단으로 육체적 고통을 수반하는 '처형'은 치사한 도구성을 본질로 삼는다.

순교는 형벌의 자의적 수행이거나 현시적 실천이란 점에서 단순한 개인 범죄나 그에 따른 불가피한 인과응보 수준을 넘어선다.

그것이 순교 형식을 취하든 아니면 비겁하며 이기적인 잡범의 죗값을 특정하든 전근대 신체벌은 정작 탈법과 일탈을 일삼은 자들을 향한 '징치'였다기보다 죄짓지 않은 다수를 겨냥한 현시 효과와 절대타율의 복종을 이끌어내기 위한 극히 단순한 '폭력'이었다. 가장 즉발적이며 또렷한 정치적 추종, 즉 싫어도 하는 수 없이 따라야 할 마지막 수단으로 그것을 끝내 '인종'이라 부르게 만드는 이치도 형벌 구상과 집행의 맥락을 함께 지탱하고 있었던 것이다.

형벌의 종류 역시 다양하고 문명권별로 복잡했다는 사실은 결국 세상 속 폭력의 제도화 절차가 그만큼 정교했음을 뜻한다. 처형 기법마저 여러 가지였다는 사실은 곧 공포와 복종의 동원 기법도 다양했음을 의미한다. 그뿐만 아니라 저 전대미문의 형벌들이 지향한 것은 온갖 정치적 도발의 잠재력을 아예 시작부터 제거해 버리려는 통치 차원의 의지와 맞닿아 있던 터였다. 그 과정에서 고문이 자행되고 소리 없이 죽거나 사라져 버린 사람들의 절대 규모 역시 감안해야 한다면 전근대 정치권력의 폭력적 지탱은 변수가 아니라 엄연한 상수였다.

이제 '땅의 나라'에서 빚어진 온갖 형벌 가운데 기꺼이 반복된 폭력적 처형의 모습들을 면밀히 찾으려 한다. 인간으로 태어나 '하늘나라' 근방에라도 다가갈 최소한의 각성 계기를 찾을 수 있다면 다행이리라. 죄인의 미술적 표현이 천국과 지옥의 틈새에서 온갖 '불합리'와 '비이성'을 견뎌야 했던 '착한 백성'들의 또 다른 순수를 읽을 색깔 있는 인문학으로 거듭날 수만 있다면 형벌을 그린 작가들의 정치적 의도는 늘 주목해야 할 대상이다.[82]

주

1 Zygmunt Bauman, *Liquid Modernity* (Cambridge: Polity, 2000).

2 교황의 푸르른 서슬과 국왕의 주눅, 신 앞의 어린 양으로 방황하는 백성들의 범람과 오만한 사제들의 물리적 거리감, 가톨릭의 원죄 개념만으로도 삶의 왜곡과 위축을 견뎌야 했던 민중의 억울한 굴레, 가없는 신분차별과 일방 노동의 운명적 수용, 대토지소유제(Latifundium)를 바탕으로 하는 장원경제의 지탱과 착취, 권력의 압도와 가시적 복종의 현시 효과, 사회적 내면 풍경으로 자리 잡은 기나긴 행렬의 생활화와 수기석 교회 종소리, 결혼식과 장례식, 배반 없는 복종과 예측 가능한 통솔 전략으로 안달하는 정치권력의 안정적 리더십 동원, 그리고 공개처형을 통한 민중의 제압과 형벌의 잦은 집행, 영주의 깃발과 가문의 상징으로 펄럭이는 문장(紋章)의 향연, 전쟁의 패배와 승리를 위로하는 각양각색의 민중동원과 그 속에서마저 물건을 사고파는 인간들의 원초적 자기중심성.

3 Johan Huizinga, *The Waning of the Middle Ages: A Study of the Forms of Life, Thought and Art in France and the Netherlands in the 14th and 15th Centuries* (Mineola, NY.: Dover Publications, 1999), p. 1.

4 *Ibid.*, pp. 3-4.

5 Sarah Dunant, *In the Company of the Courtesan* (New York: Random House, 2006), p. 8.

6 *Ibid.*, p. 44.

7 Michael Radford, dir., *William Shakespeare's The Merchant of Venice* (2004) [Al Pacino, Jeremy Irons (Actor)] Rated: R(Restricted) / Studio: Sony Pictures / Run Time: 138min.

8 베아트리스 퐁타넬 지음, 심영아 옮김, 『살림하는 여자들의 그림책』(파주: 문학동네, 2012), p. 36.

9 그에 관해서는 III장의 '화형' 부분을 참조할 것.

스트라파도

10 스트라파도(Strappado)는 급속히 들어 올렸다 떨어뜨리길 반복하는 데서 오는 고통보다 결국에는 자기 체중을 제 스스로 견디지 못하는 데다 발목에 매단 육중한 돌 무게 역시 참아내기 힘든 형벌이었다(오른쪽 그림 참조). 이에 관해서는 http://en.wikipedia.org/wiki/Strappado를 참조할 것.

11 Dunant, *op. cit.*, p. 331.

12 유희수, 「중세 말 육체와 성에 대한 교회의 이념과 규율 메커니즘」, 한국서양사학회 편, 『몸으로 역사를 읽다: 몸과 생명정치로 본 서양사』(서울: 푸른역사, 2011), p. 198.

13 위의 글, p. 177.

14 이에 관해서는 다음을 참조할 것. 장 클로드 볼로뉴 지음, 전혜정 옮김, 『수치심의 역사: 일상생활과 예술작품에 나타난 인간의 나체 이해 방식』(서울: 에디터, 2008), pp. 12-13.

15 이 문제는 다음 연구를 참조할 것. 이은기, 「중세 말 지옥의 광경: 14세기 이탈리아를 중심으로」, 한국미술사교육학회 편, 『미술사학』 제24집(2010), pp. 151-180.

16 유희수, 앞의 글, p. 197.

17 이는 다음을 참조할 것. 권태형, 「Augustine의 죄 이해에 관한 연구」, 칼빈대학교 대학원 신학과 조직신학전공 석사학위논문(2007).

18 장 베르동 지음, 이병욱 옮김, 『중세의 쾌락: 서양 중세 사람들의 사랑, 성 그리고 삶의 즐거움』(서울: 이학사, 2000), p. 76.

19 Andrew McCall, *The Medieval Underworld* (London: Hamish Hamilton, 1979); Samuel K. Cohn, Jr., *Women in the Streets: Essay on Sex and Power in Renaissance Italy* (Baltimore, ML.: The Johns Hopkins University Press, 1996); Nicholas Terpstra, *Lost Girls: Sex and Death in Renaissance Florence* (Baltimore, ML.: The Johns Hopkins University Press, 2010); Jacques Rossiaud, *Medieval Prostitution* [tr. by Lydia G. Cochrane] (Oxford: Basil Blackwell, 1984).

20 Marc Bloch, *Feudal Society: The Growth of Ties of Dependence*, Vol. I (London: Routledge & Kegan Paul, 1965); *Feudal Society: Social Classes and Political Organisation*, Vol. II (London: Routledge, 1989).

21 심지어 민중의 분노가 모든 사회범죄나 봉기의 핵심 원인이었다고 보는 경우도 있다. 이에 관해서는 다음을 참조할 것. Barbara H. Rosenwein, "Controlling Paradigms," Barbara H. Rosenwein, ed., *Anger's Past: The Social Uses of an Emotion in the Middle Ages* (Ithaca, NY.: Cornell University Press, 1998), pp. 233-247.

22 Nicholas Terpstra, ed., *The Art of Executing Well: Rituals of Execution in Renaissance Italy* (Kirksville, MI.: Truman State University Press, 2008), pp. 120-132; *Lost Girls: Sex and Death in Renaissance Florence* (Baltimore, ML.: The Johns Hopkins University Press, 2010).

23 Samuel Cohn, "Criminality and the State in Renaissance Florence, 1344-1466," *Journal of Social History*, Vol. 14 No. 2 (1980 Winter), pp. 211-233; Kate Lowe, "The Political Crime of Conspiracy in Fifteenth-and Sixteenth-Century Rome," Trevor Dean and K. J. P. Lowe, eds., *Crime, Society and the Law in Renaissance Italy* (Cambridge: Cambridge University Press, 1994), pp. 184-203.

24 Cohn, Jr., *op. cit.*, pp. 98-136.

25 Nicholas Davidson, "Theology, Nature and the Law: Sexual Sin and Sexual Crime in Italy from the Fourteenth to the Seventeenth Century," Trevor Dean and K. J. P. Lowe, eds., *Crime, Society and the Law in Renaissance Italy* (Cambridge: Cambridge University Press, 1994), pp. 74-98.

26 대체 왜 누구는 목이 잘려나가야 했으며 또 동아줄에 몸을 매달아야 했는지 구체적 전말은 규명하기 어려워도 처형의 규모나마 확실히 남겨놓으려 했던 당대의 기록과 현장 산정에 눈길을 고정시켰던 건 크게 주목할 일이다.

27 이에 관한 다양한 논의로는 다음을 참조할 것. Allison Levy Farnham, ed., *Sex Acts in Early Modern Italy: Practice, Performance, Perversion, Punishment* (Burlington, VT.: Ashgate, 2010).

28 이경재, 「고전주의 범죄학의 인본주의사상」, 원광대학교 경찰학연구소 편, 『경찰학논총』 제3권 제1호(2008), pp. 10-11.

29 체사레 베카리아 지음, 이수성 · 한인섭 옮김, 『범죄와 형벌』(서울: 지산, 2002), pp. 38-39.

30 홍기원, 「프랑스 사형폐지론의 역사: 계몽주의에서 1981년 사형폐지까지」, 법과사회이론학회 편, 『법과 사회』 제23호(2002), pp. 111-140; 장세룡, 「18세기 후반 프랑스에서 사형제도 비판론의 전개(1760-1795)」, 한국서양사학회 엮음, 『몸으로 역사를 읽다: 몸과 생명정치로 본 서양사』(서울: 푸른역사, 2011), pp. 250-289.

31 장강의 물결은 의도된 '결과'가 아니라 역사의 후파가 빚는 자연적 '밀림(rush)'이요, 그 열매였다. 그리고 예견된, 아주 '오래된 미래'이기도 했다. 바라긴 했으나 쉽사리 오지 않는 행복과 희망이 그랬고 인간 개개인이 주인이 되는 새로운 국가 탄생과 그에 따라야 할 종교의 정치적 기능 축소가 당연했던 것이다. 그렇다고 유럽의 모든 국가가 동시 경험할 만한 '사회혁명'도 아니었고 보면 크고 작은 사회 변화와 정치 변동은 결국 머잖아 펼쳐질 새 시대의 전조였다.

32 박종성, 『혁명의 이론사: 그 연구는 아직 끝나지 않았다』(서울: 인간사랑, 1993), p. 81.

33 Samuel K. Cohn, Jr., *Lust for Liberty: The Politics of Social Revolt in Medieval Europe, 1200-1425* (Boston, MA.: Harvard University Press, 2008); *Creating the Florentine State: Peasants and Rebellion, 1348-1434* (Cambridge: Cambridge University Press, 2008); Samuel Kline Cohn, Jr. and Steven A. Epstein, eds., *Portraits of Medieval and Renaissance Living: Essays in Memory of David Herlihy* (Ann Arbor, MI.: University of Michigan Press, 1996)

34 Samuel Y. Edgerton, Jr., *The Renaissance Rediscovery of Linear Perspective* (Ithaca, NY.: Cornell University Press, 2009); *The Heritage of Giotto's Geometry: Art and Science on the Eve of the Scientific Revolution* (Ithaca, NY.: Cornell University Press, 1991).

35 대표 사례가 중세의 흑사병일 것이다. 14세기 중엽부터 17세기 중엽까지 3세기 동안 유럽은 흑사병으로 인구가 감소한다. 이에 관해서는 다음을 참조할 것. Samuel K. Cohn, Jr., "Cultures of Plague: Medical Thinking at the End of the Renaissance," *The English Historical Review*, Vol. 127 No. 524 (2012), pp. 164-166; *Cultures of Plague: Medical Thinking at the End of the Renaissance* (Oxford: Oxford University Press, 2010); *The Black Death Transformed: Disease and Culture in Early Renaissance Europe* (London: Arnold, 2002).

36 죄인의 발목 하나만 밧줄에 걸고 몸은 거꾸로 매달아 피의 흐름을 서서히 저지하는 이 형벌은 처형의 종결 개념이라기보다 생명을 끊기 위한 중간 단계의 고문이었다.

37 죽이고 때리며 심지어 두개골을 터뜨리거나 사지를 찢어 공공장소에 내걸어도 줄지 않는 범죄는 체제의 사회안전망 관리나 국가의 문제해결능력을 한심스럽게 했다.

38 Cohn, Jr. (1996), *op. cit.*, pp. 125-128; Nicholas Davidson, "Theology, Nature and the Law: Sexual Sin and Sexual Crime in Italy from the Fourteenth to the Seventeenth Century," Trevor Dean and K. J. P. Lowe, eds., *Crime, Society and the Law in Renaissance Italy* (Cambridge: Cambridge University Press, 1994), pp. 74-98.

39 공개처형으로 사형당한 사례 말고도 사적 형벌 역시 충분히 감안할 일이었고 보면 통계의 물리적 실질을 담보하기란 여간 어렵지 않으리라.

40 Trevor Dean, "Criminal Justice in Mid Fifteenth-Century Bologna," Trevor Dean and K. J. P. Lowe, eds., *Crime, Society and the Law in Renaissance Italy* (Cambridge: Cambridge University Press, 1994), pp. 16-39.

41 Nicholas Terpstra, "Theory into Practice: Executions, Comforting, and Comforters in Renaissance Italy," Nicholas Terpstra, ed., *The Art of Executing Well: Rituals of Execution in Renaissance Italy* (Kirksville, MS.: Truman State University Press, 2008), pp. 122-125.

42 성인들의 순교도 자살이 아닌 사법살인 형식을 밟을 때 더 고결하고 순수해진다. 참수는 물론 심지어 유두를 도려내거나 창자를 꺼낸다든지 피부를 벗겨내는(flaying) 등 잔혹한 박해는 가톨릭의 종교적 단결과 정신적 통합에도 꾸준히 기여한 게 사실이다. 이에 관해서는 다음을 참조할 것. Alison Stone, "Nipples, Entrails, Severed Heads, and Skin: Devotional Images for Madame Marie," Colum Hourihane, ed., *Image and Belief: Studies in Celebration of the Eighteenth Anniversary of the Index of Christian Art* (Index of Christian Art, Dep't of Art and Archaeology, Princeton University in association with Princeton University Press, 1999), pp. 47-70.

43 형장의 이슬로 사라질 하찮은 목숨이었다 해도 민중의 마지막 자존과 존재의 이유는 늘 따로 마련되고 있었다. 산처럼 쌓인 중세 형장의 시신들 너머 정치적 저항과 일탈 기류 역시 소멸하지 않았던 건 죄와 벌의 관계를 늘 새롭게 헤아려야 할 거시 변수의 하나로 의미를 더했기 때문이다.

44 자기를 학대할수록 상대가 더 미워진다든지 외벌적 자아 방어를 심화함으로써 순간적으로나마 자기 과오를 잊거나 제한적 평안을 누림과 이는 서로 통할 것이다.

45 Phillip Cary, *Inner Grace: Augustine in the Traditions of Plato and Paul* (Oxford: Oxford University Press, 2008).

46 기독교미술사에서 이 부분을 빼면 논의가 어렵다. 고통과 대속, 가학과 피학, 현시와 부활, 용서와 화해에 이르는 저 장구한 가톨릭의 교화가 바로 형벌 하나로

집약되기 때문이다.

47 신준형, 『천상의 미술과 지상의 투쟁: 가톨릭개혁의 시각문화』(서울: 사회평론, 2008), p. 6.

48 위의 책, pp. 6-7.

49 인간의 고통을 이용하는 종교의 중세 형벌정치에 관해서는 다음을 참조할 것. Javier Moscoso, *Pain: A Cultural History* [tr. by Sarah Thomas and Paul House](New York: Palgrave Macmillan, 2012), pp. 43-54. 고문과 처형을 다룬 연극이나 공연예술의 경우 인간의 고통을 해석하는 다양한 방식에 관해서는 다음을 유념할 것. Marla Carlson, *Performing Bodies in Pain: Medieval and Post-Modern Martyrs, Mystics, and Artists* (New York: Palgrave Macmillan, 2010).

50 이에 관한 기초적 논의로는 다음을 참조할 것. 박홍규, 『시대와 미술』(경산: 영남대학교출판부, 1997); 『예술, 정치를 만나다: 위대한 예술가 8인의 정치코드 읽기』(서울: 이다미디어, 2007).

51 그런다고 신의 본원적인 영역이 사라지거나 가톨릭이 이를 인정할 리 만무겠지만 말이다.

52 손쉽게 성사될 혁명이었다면, 게다가 어디서든 녹아 없어질 고통의 세월이었다면 오늘마저 괴로워해야 할 신화적 까닭이란 애당초 없는 우리네 삶 아니었을까.

53 http://kritik.tistory.com/74(접속일자: 2014/10/18).

54 신화는 물론 일방의 믿음을 전제한다. 그것도 쉽게 믿기 어려운 기이함을 이야기 중심에 담을 때 신화는 더욱 신비롭다. '믿거나 말거나' 자기만의 스토리텔링을 권력화하는 신화는 믿을 수 있는 이야기만 우선 섭취하는 인간들로부터 자신의 자리를 더 멀리 떼어 놓는다. 그러면서 믿을 수 없는 이야기를 통해 인간을 뒤돌아보게 하거나 곱씹게 만든다.

55 http://blog.naver.com/vitaminwon?Redirect=Log&logNo=60103206712(접속일자: 2014/10/18).

56 알베르 카뮈 지음, 김화영 옮김, 『시지프 신화: 부조리에 관한 시론』(서울: 책세상, 1997), pp. 68-69.

57 첸토(Cento)에서 1591년 태어난 그의 별명은 '일 구에르치노(Il Guercino)'다. 이탈리아어로 '사팔뜨기'다. 로도비코 카라치(Lodovico Carracci)에게 배우고 카라바조의 명암에 강한 영향을 받은 그는 1621-1623년간 로마에서 활약, 카지노 루도비시에 〈오로라〉 천정화를 제작한다. 카라치의 영향을 받지만 초기 작품은 음울하다. 후기에 이르면 밝은 색조와 보수적 양식으로 큰 차이를 보인다. 귀도 레니(Guido Reni)의 그늘에 가려 끝내 빛을 발하지 못하지만 1642년 그가 죽자 작업실을 넘겨받아 볼로냐파를 이끈다. 끝내 레니의 후기 작품을 뛰어넘지는 못한 채 1666년 볼로냐에서 사망한다.

58 신준형, 앞의 책, pp. 138-141 참조.

59 *Encyclopaedia Britannica*, Vol. 10 (1986), p. 848.

60 *Brockhaus Enzyklopädie*, Vol. 20 (F. A. Brockhaus GmbH, 1991), p. 334.

61 트뤼브너(Wilhelm Trübner)와 우데(Fritz von Uhde) 등과 뮌헨 분리파를 이끌며 실질적 선두주자가 된다. 당시로선 획기적이었던 첫 전시에서 뵈클린(Arnold Böcklin), 코로(Camille Corot), 밀레(Jean François Millet), 쿠르베(Gustave Courbet) 등 외국 화가들의 그림을 걸지만 1897년 클림트(Gustav Klimt)를 회장으로 하는 비엔나 분리파가 탄생하자 흐름은 바뀐다. 1899년 뭉크(Edvard Munch)가 작품 전시를 거부하자 리버만(Max Liebermann)의 지도 아래 베를린 분리파도 생긴다. 인상주의가 주류였던 베를린 분리파에서 놀데(Emil Nolde)와 펙슈타인(Max Pechstein) 등 표현주의 화가들마저 출품을 거부하자 1910년 신분리파가 조직되고 여기에 드레스덴의 다리파와 뮌헨 신미술가협회 화가들이 합류하여 전성기를 맞는다.
http://terms.naver.com/entry.nhn?cid=1389&docId=894375&mobile&categoryId=1389(접속일자: 2014/10/18).

62 STUCK, Franz von, [Sisyphus], 1920, 103×89cm, Oil on Canvas, Galerie Ritthaler, München.

주 62의 그림

63 우데와테르에서 태어나 브뤼헤에서 사망한다. 하를럼에서 학업을 마친 후 1484년 브뤼헤의 화가조합에 등록한다. 1494년 멤링(Hans Memling)이 죽자 그곳의 공식화가 지위를 이어받는다. 1501-1502년 화가조합장을 지내면서 브뤼헤파 최후의 거장으로 로히르 반 데어 웨이덴(Rogier van der Weyden)의 영향을 청산하고 얀 반 아이크 양식으로 돌아간다. 1515년 안트워프로 이주, 성 루카 조합에 등록하지만 1521년 브뤼헤로 돌아간다. 두 폭 그림으로 이루어진 〈캄비세스의 재판〉(1498)은 완성 연도가 기록된 유일한 작품이다. 그 밖에도 〈그리스도의 세례도〉, 〈네 명의 천사와 성모자〉 등이 있다.

64 1) 속임 그림; 실물과 매우 흡사하게 묘사한 그림 기법, 그로 인한 착각 효과, 2) 실내 장식에서의 그 응용.

65 서경식 지음, 박이엽 옮김, 『나의 서양미술 순례』(파주: 창비, 2010), p. 13.

66 Robert Mills, *Suspended Animation: Pain, Pleasure & Punishment in Medieval Culture* (London: Reaktion Books, 2005), p. 59.

67 Hans Eckart Rubesamen, *Gesta Romanorum Die Taten der Romer: Ein Geschichtenbuch d. Mittelalters* (München: Goldmanns gelbe Taschenbucher, 1969), p. 45[*Lehre von den schlechten Richtern*]. 같은 내용의 사소한 차이지만 영문 번역도 주목하자: "An emperor established a law that every judge convicted of a partial administration of justice should undergo the severest penalties. It happened that a certain judge, bribed by a large sum, gave a notoriously corrupt decision. This circumstance reaching the ears of the emperor, he commanded him to be flayed. The sentence was immediately executed, and the skin of the culprit nailed upon the seat of judgement, as an awful warning to others to avoid a similar offence. The emperor afterwards bestowed the same dignity upon the son of the deceased judge, and on presenting the appointment, said, 'Thou wilt sit, to administer justice, upon the skin of thy delinquent sire: should any one incite thee to do evil, remember his fate; look down upon thy father's skin, lest his fate befal thee.'" / APPLICATION - My beloved, the

emperor is Christ; the unjust judge is any evil man, who ought to be flayed - that is, stripped of all bad dispositions and humours. The skin nailed to the seat of judgement is Christ's passion, which is a memorial to us of what our conduct should be.: Charles Swan, *Gesta Romanorum: or, Entertaining Moral Stories* (London: George Bell, 1877), pp. 62-63[TALE XXIX: *Of Corrupt Judgement*].

68 피터 머레이·린다 머레이 지음, 김숙 옮김, 『르네상스 미술: 예술의 부활, 인간의 발견』(서울: 시공사, 2013), p. 158; Stones, *loc. cit*., pp. 55-58.

69 두려움? 찔림? 못마땅함? 거북스러움? 분노? 고통의 감정이입? 억지 여유? 회상과 기억의 교차? 미래의 상상과 자발적 대입?

70 이에 관해서는 르네상스기 홀란드 특유의 '집단초상'이란 장르가 빚은 현상학적 결과라는 견해가 지배적이지만 시선의 제각각을 당대 민중의 공민의식을 고취시키기 위한 교훈적 계기로 이해할 수도 있다. 즉 사회적으로 '피해야 할 대상'에 대한 경고의 의미로 말이다. 무표정한 눈길들 대부분은 일어나야 할 일이 진행되고 있다는 당연한 수용이라는 해석도 그래서 가능하다. 이 같은 분석으로는 다음을 참조할 것. 전한호, 「벗겨진 가죽, 벗겨진 죄: 미술작품에 나타난 '죄와 벌'」, 아시아교정포럼 편, 『아시아교정포럼 학술대회』(2014), pp. 30-31.

71 다음은 응용 형벌이다. 산 채로 불에 태워 죽이는 화분(火焚)과 머리 위를 쳐서 죽이는 착전(鑿顚), 척추를 자르는 단척(斷脊)과 생매장의 다른 이름인 활매(活埋), 쇠 솔로 긁어 피부를 해쳐 죽이는 쇄세(刷洗, 鐵梳)와 여죄수의 음부에 나무막대를 찔러 넣은 후 높은 곳에서 순간 떨어뜨려 입으로 관통하여 살해하는 기목려(騎木驢), 톱으로 육신을 썰어 처형하는 거할(鋸割)과 끓는 납물을 입에 부어넣는 관연(灌鉛) 등 권력의 임의적 형벌 집행도 감안해야 한다.

72 박피형 집행에 관한 다양한 사례에 관해서는 http://en.wikipedia.org/wiki/Flaying 참조(접속일자: 2014/10/18).

73 왕용쿠안 지음, 김장호 옮김, 『중국 고문형벌사』(서울: 심포지움, 2007), pp. 68-76, *passim*.

74 마르시아스(Marsyas)는 정령(精靈)이다. 음악과 예술의 신, 아폴론이 귀양살이하고 있을 때 '마르시아스'는 신통한 피리 한 자루를 주웠는데 입술에 대기만 해도 아름다운 가락이 절로 흘러나왔다. 마르시아스는 아폴론도 부럽지 않다며 피리를 불어댔다. 마침 소문을 들은 아폴론이 마르시아스를 찾아가 자기의 수금(竪琴) 솜씨와 한번 겨뤄 보지 않겠냐고 제안한다. 마르시아스는 내기의 종류를 물었고 아폴론은 이긴 쪽이 상대방 피부 껍질을 벗기는 것으로 대신하자고 대답한다. 둘은 끝내 겨루기에 들어갔고 심판은 신 쪽에서 뮤즈 아홉 신녀(神女), 인간 쪽에서는 미다스 왕이 맡는다. 판정 결과 아홉 신녀들은 아폴론의 수금 솜씨가 낫다 했고 미다스 왕은 마르시아스의 피리 솜씨가 낫다며 그의 손을 들어준다. 9 대 1의 판정으로 승리한 아폴론은 감히 자신에게 대든 마르시아스의 껍질을 산 채로 벗긴다. 마르시아스를 편든 미다스는 '음악의 신'을 알아채지 못한 대가로 당나귀 귀를 갖는다.

75 그렇다고 어디 스스로 살가죽마저 벗겨지는 통증을 각오하거나 처절한 반성까

지 마다치 않을 일이었을까. 하지만 그림이 구원이 되고 미술이 독한 가책의 계기가 되는 일들도 역사에선 비일비재했다. 유난히 정치적이었던 티치아노 역시 주변에서 미움을 사거나 그로써 마음 편치 않은 사단들이 있었을 것이고 그때마다 회화의 세계로 침잠하여 스스로를 위로했을 것이란 추론도 힘을 얻는다.

76 이에 관해서는 다음을 참조할 것. 오근재, 『인문학으로 기독교 이미지 읽기』(서울: 홍성사, 2012), p. 101.

77 베네치아 출생으로 신화나 성서 이야기를 장식적 환상으로 표현한다. 비첸차, 베로나 등지의 벽화 작업에서는 바로크적 효과를 집약하면서도 로코코 취향으로 접근한다. 스승인 피아체타를 통해 독특한 명암법을 배우고 마냐스코의 영향도 받는다. 명성이 높아지자 1750년 두 아들을 보조로 둔다. 대부분 밝은 투명색을 써서 경쾌하게 명암을 대비시키지만 끝내 몽환적 무드를 잃지 않는다. 1762년 스페인 왕의 초청으로 마드리드 왕궁 천장화를 작업하고, 1769년 아란페즈 성당의 제단화를 완성한 이듬해 마드리드에서 죽는다. 신고전주의 미술이 등장하자 그의 속사적 터치와 환상 형식은 잊혀지지만 테크닉은 고야에게 편입된다.

78 티에폴로 이외에 화가 열한 명은 다음과 같다. 그의 스승인 조반니 바티스타 피아제타(Giovanni Battista Piazztta), 안토니오 발레스트라(Antonio Balestra), 니콜로 밤비니(Nicolò Bambini), 그레고리오 라차리니(Gregorio Lazzarini), 실베스트로 마나이고(Silvestro Manaigo), 지암바티스타 마리오티(Giambattista Mariotti), 조반니 안토니오 펠레그리니(Giovanni Antonio Pellegrini), 지암바티스타 피토니(Giambattista Pittoni), 세바스티아노 리치(Sebastiano Ricci), 안젤로 트레비사노(Angelo Trevisano), 피에트로 우베르티(Pietro Uberti) 등이었다. 이들의 불꽃 튀는 경쟁은 산스타이 성당을 눈부시게 바꾼다.

79 바돌로매의 박피 순교에 관한 미술적 유산은 풍요롭다. 회화만이 아니라 조각으로도 널리 알려진 그의 순교는 차라리 아름답다. 마르코 다그라테가 제작한 바돌로매의 〈피부 없는 나신〉은 그중 압권이다.[Statue of St. Bartholomew with his own skin by Marco d'Agrate, 1562 (Duomo di Milano)] 자신의 전신 가죽을 온몸에 휘감고 먼 곳을 바라보는 조각의 주인공은 미켈란젤로가 그린 바돌로매와도 다르고 티에폴로의 그것과도 차별적이다.

〈피부 없는 나신〉

80 그의 유해는 알바노시에 매장되었다가 훗날 메소포타미아의 다라 지방으로 옮겨졌고 6세기경 시칠리아 부근의 리파리 섬으로 이송된다. 839년에는 사라센의 침략을 피해 베네벤토에, 983년에는 로마로 옮겨졌고 오늘날은 티베르강 가운데 자리한 성바돌로매 성당에 보관되어 있다(http://en.wikipedia.org/wiki/Bartholomew_the_Apostle, 접속일자: 2014/10/18).

81 고상하고 거룩한 이들의 초월적 행동에 눈길 돌리기보다 삿되고 처량한 인간의 번민과 그로써 저지른 죄악과 부대꼈을 통증을 잊지 말 것이며, 죽음보다 더한 후회 때문에라도 살아남아야 했던 죄인의 '삶의 까닭' 앞에 모두는 진지할 일이다. 그리하여 사람의 나라가 끝내 사람들에 의해 다스려지고 개선될 '빈' 자리로 넘쳐나는 곳임을 끝내 터득할 수 있어야 할 것이다.

82 그 많은 화가들은 왜 피 흘리고 애절한 통증으로 자지러지는 단장의 현장을 떠나지 않은 채 기록과 표현의 노동을 마다하지 않았던 걸까. 그것이 끝내 또 다

른 시선의 폭력을 잉태하면서 불편한 기억과 회상의 고통을 확대 재생산할망정, 아련한 '살'과 '피'를 고단한 죄인들의 '뼈'와 함께 치열히 표현한 작가들의 생각 안에는 무엇이 들끓고 있었을까.

III

형벌 그리기

단죄의 미술

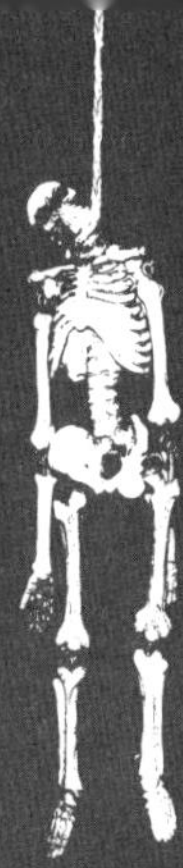

책형 磔刑

형벌 중에서 작가들이 가장 많이 다룬 대상은 '책형'이다.[1] 동서양 미술사를 넘나들며 책형은 기독교를 대변하는 시각 아이콘으로 자리 잡은 지 오래다. 교회와 성당의 중심 조형물에서 십자가와 책형은 나란히 자리한다. 예수의 손바닥과 발등을 관통하는 대못이나, 우측 갈비뼈 밑으로 선연히 흐르는 핏물을 형상화하는 일도 책형 묘사에선 엽기적이지 않다. 뜯겨진 살점은 물론이고 전신을 낭자하게 적시는 붉은 피가 책형의 절대 요건인 양 인식되는 것도 예수의 처형을 사실적으로 표현하려 애쓴 작가들의 공헌이다.●

● 책형이 결코 기독교 미술의 전부가 아님에도 마치 모두인 것처럼 받아들여지는 까닭이기도 하다. 작가와 작품의 개인별 편차를 면밀히 고려해야 할 문제겠지만 거기엔 적잖은 과장과 생략도 뒤따른다.

전언과 고증에 의존할 수밖에 없지만 현장감 넘치는 작품으로 예수의 '책형도'만 한 경우도 드물다. 처참할수록 유대 당국의 폭력과 빌라도의 무능(은 물론이고 우유부단함)이 돋보이고 상처와 고문의 흔적이 선명할수록 예수의 초인적 자제력이 빛을 발하는 것도 성인이기에 거둘 수 있는 예술적 보상이었다.[2]

십자처형은 예수의 물리적 종말을 재촉하고 그에 담긴 극한의 예외성과 드라마틱한 정치성은 형언하기 어려운 충격의 메시지를 남긴다. 모든 형벌은 예외성을 공유하지만 인내의 적극성과 초월성은 예수의 삶을 재구성하는 결정적 계기로 이 지점에서 빛난다. 준법저항은 물론이고 예사롭지 않은 '용서'의 감행은 조용한 혁명치곤 엄청난 것이었다. 그의 행적을 불손한 도발로 받아들였다 한들 정확히 뭘 어떻게 잘못했으며 왜 죽어야만 하는지 모든 건 불분명했다.●

● 가장 위대한 복수는 용서라고 설파하는 그의 작업은 '입'과 '몸'으로 드러내야 할 '실행'이자 '교육'이며 '정치'였던 셈이다.

그러나 책형이 예수를 벌하기 위한 상징적 전유물이었으리란 생각은 잘못이다. 종교적 처단 방식으로만 이해하려는 편견도 수정되어야 한다. 나무로 만든 십자형틀을 쓰지만 책형은 유대, 그리스, 로마 등지에서 적어도 기원전 5세기경부터 '역사의 시대'에 이르도록 광범위하게 반복된 형벌이었다. 동양에서는 일본이 대표적이다. 일본의 책형[3]은 견고한 나무기둥에 두 개의 횡목을 달고 죄인의 팔과 다리를 벌려 '대大'자가 되게 묶은 후 창을 든 형리들이 죄인의 상반신을 여러 차례 찌르고 마지막에 목을 찔러 죽이는 방법을 썼다.[4]

정치권력이 책형을 통해 노린 효과는 다른 처형처럼 '위협'과 '시위'였기 때문에 사형수의 시신을 며칠씩 방치하여, 여러 사람에게 경각심을 갖게 만드는 것은 처형 그 자체를 넘어서는 기획이었다.

우리의 경우는 고구려에서 조선 말기까지 간헐적으로 채택한 '기시棄市'(저잣거리에 버림-屍身遺棄)가 이에 가깝다. 죄인을 기둥에 묶고 횃불로 지진 다음 목을 쳐서 며칠 동안 저잣거리에 두어 행인들에게 보이곤 했다. 문명권의 차이에도 불구하고 정치권력이 책형을 통해 노린 효과는 '위협'과 '시위'였기 때문에 사형수의 시신을 며칠씩 방치하여, 여러 사람에게 경각심을 갖게 만드는 것은 처형 그 자체를 넘어서는 기획이었다.[5]

역사·사회적 관용어로 책형의 '책磔'에 담긴 본연의 의미소를 잘 살피면 편견의 함정들을 메워야 할 까닭이 분명해진다. 본래 '찢음', '갈라냄', '돌로 때림', '찢어 죽임' 등의 뜻을 지니는 '책'이 유독 십자형틀에 의한 처형으로 대체되는 계기는 그리스도의 '그것'이 워낙 막강한 파급 효과를 지닌 데다 그에 비친 모종의 신비수의 때문이었을 것이다. 책형의 형벌 내용은 복합적이지만 한 인물의 '죽음'과 '부활'은 처형의 결과적 국면만으로 전부를 연상·이해하도록 만든다.

예수의 사후 영향력은 물론이고 그에 따른 가톨릭의 막강한 종교적 영향은 당대의 사법적 정의뿐 아니라 이를 둘러싼 물리적 고문과 폭력을 지시한 유대 권력을 '불의'의 것으로 환원한다. '책형=십자가형'이라는 등식과 나아가 '십자가형=예수'의 동일시도 그 이후의 일이다. 이런 즉발적 수용은 책형이 반드시 예수처럼 1) 나무십자가에 손발을 고정시킨 후 두 손바닥과 양발을 포개고 그 위에 대못을 박거나, 2) 이후 적절한 고문과 물리적 모욕이 동반되어야 한다고 믿게 만들기도 한다.

이른바 책형의 '예수결정론'은 모범의 극치로 부각된다.● 아울러 '그'를 벌하고 죽게 한 모두는 '선'을 시험하고 욕되게 한 악마였던 셈이다. 여기서 돌아보게 되는 것이 '선악'을 둘러싼 절대적 양분 논리다. 본래 중간 가치체계와 인식의 접점이란 쉽게 허용되지 않는지라 '선'과 '악'의 대비도 어렵다. 둘은 서로를 밀쳐내는 길항과 배척을 특징으로 한다. 이를 자각하는 인간 역시 둘의 조화나 융합보다 강제적 선택으로 종종 진영 논리에 갇히고 만다. 억지로라도 좋은 '편'이 되지 않는다면 나쁜 '쪽'으로 내몰리는 일도 삶에선 불가피하다. '선'이 '악'을 멀리하려 들거나 '악'이 '선'의 세계에 압도당하지 않고 자기 확장성을 강화하는 이치도 따지고 보면 이 같은 배타성에 기인한다.

● 누구라도 잘못하면 그처럼 처형되던 당대의 형벌 가운데 하나였지만, 아무나 겪지 못하고 상상 이상의 비용을 치르지 않고선 행하지 못할 일이었다.

예수가 빛나자 그 눈부심은, 아니 후대의 종교적 계몽은 책형으로 사라진 숱한 인간들의 존재감이나 실존성을 희석시켜 버린다. 그들의 죄과는 같은 잣대로 잴 수 없는 다양한 행적과 과거를 전제하는 게 맞다. 하지만 예수의 책형은 이들 모두를 훌쩍 넘어설 뿐 아니라 세속적인 인간들이 범접하기 힘든 모범 중의 모범이었다.

'선'을 부추길수록 '악'은 깊이와 크기를 더하고, '악'을 공격할수록 '선'은 스스로의 가치를 강고히 하게 마련이다. 따라서 (좀 더 세련된 어조로 강변의 얼개를 확장하더라도) '선'은 '악'의 추함을 키운다. 이는 '악'이 인간을 치떨게 할 때 '선'이 돋보이는 이치와 같다. '선'과 '악'의 배타적 반사성은 모든 문명권의 역사적 교훈이자 이율배반이다.

선을 부추길수록 악은 깊이와 크기를 더하고, 악을 공격할수록 선은 스스로의 가치를 강고히 하게 마련이다.

그것은 두 가치체계의 생화학적 침투나 인문학적 삼투조차 원천 봉쇄하는 사고의 경직을 낳는다. 악인이 착해질 가능성도 희박하지만 선인이 타락할 가망도 크지 않은 게 이런 논리의 닫힌 구조가 낳는 당연한 인식세계다. 행여 예수가 타락할 근거도 찾기 힘들지만 인간 말종이 어느 날 갑자기 현자의 반열로 편입하기도 쉽지 않은 게 이제까지의 선악론이다. 결국 '선'과 '악'의 상호 대립은 '선 대 악'의 항구적 갈등보다 '선↑ · 악↓'의 상대론을 통하는 것이 상책임을 일깨운다.

예수의 책형만이 전부가 아니며 역사 속에서 실행된 '전체'를 형벌 그 자체로 온전히 받아들일 필요가 있다.[6] 그럼에도 불구하고 책형의 일상적 접근에서 여성이나 보통사람들의 존재를 찾을 수 없는 건 왜일까. 흉악범들과 사회적 지탄 대상들을 상대로 동일한 범죄의 재발을 막기 위해 책형이 고대 사회에서 발휘한 정치력은 만만치 않았다. 범죄의 성적 주체가 남성으로 제한되었다는 근거도 희박하다면 책형 대상인 고대 죄인들을 모조리 남자로만 국한하는 건 온당치 않다.

책형의 일상적 접근에서 여성이나 보통사람들의 존재를 찾을 수 없는 건 왜일까.

그러나 작가들은 역사적 소급에 대부분 인색하다. 이름 없는 백성들의 책형은 관념으로만 인정할 뿐, 중세 서양화의 기본 오브제는 예수였고 ('그릴 만한' 소재가 아무리 다양했어도) '그려야 하는' 건 십자형틀 위에서 피 흘리는 그리스도뿐이었다. 책형은 박해의 징표이자 이를 각인하려는 사회계몽과 종교적 동원의 우선 수단이었기 때문이다. 하지만 십자책형의 미술사적 집중과 민중의 절대 배제를 비판한다고 하여 예수의 생애와 가치가 경감·훼손되는 건 아니다. 그가 보인 극한의 모범은 마지막까지 견결堅決했다는 점에서 처벌은 도리어 초라해진다. 모든 형벌은 견뎌야 하는 자의 억울함을 반증하지만 처형하는 자들을 향한 용서와 초극의 진정성은 범부들로선 생각조차 할 수 없는 일이기 때문이다.

그것 말고도 예수가 반복 강조한 사랑과 희생의 메시지와 내면의 울림은 사회혁명 지도자들 거의가 넘지 못한 자기 과신이나 파쟁의 함정마저 흔쾌히 건너뛴다. 아울러 인간이라면 흔하게 저지르는 (인간적) 흠결을 보이지 않음은 그를 뒤따르게 만든 결정적 동인이 된다. 사람의 아들이었으되 사람의 '보통 됨'을 딛고서며 이미 충분히 높은 곳에 올랐건만 거기서 흔쾌히 내려올 준비가 되어 있었던 건 낮은 마음으로 임한 '그'였기에 가능했다.●

그러나 정작 책형을 그린 작품들은 세월이 흐를수록 의미와 영향력을 상실해 갔다. 인간의 이성과 그에 따른 정치적 자율성의 확장은 그만큼 종교에 기대려는 의식적 타율성을 약화시켰기 때문이다. 그럼에도 불구하고 그리스도의 물리적 종말에 환호하는 사람들의 여전한 열기의 정체는 무엇일까. 그것이 종교적 열정이나 모종의 정신적 의무일 것이란 편견은 버려야 한다. 보통 사람들은 견디기 힘든 양 손바닥의 대못 박히기와 포갠 두 발을 내리꽂는 또 다른 대못의 존재하며 주변의 피 흘림을 무색케 하는 그리스도의 의연함은 '초월'이란 단어의 사전적 피상성을 훌쩍 넘어선다.●

그것은 당하는 자보다 보는 이들을 한층 괴롭힐 형용불가의

● '그'를 따른다고 모두가 구원되리란 보장은 없었다. 하지만 '구원'은 칸트의 '밤하늘 별'처럼 자신을 향한 끝없는 주문이자 다짐으로 스스로 빛나고 있었다. 때로는 책형 치르는 예수를 연상하며 얼마든지 참아내는 삶의 이유가 되기도 하고 외롭지 않음을 일깨우는 단서가 되기도 했다. 정리하자면 십자책형은 예루살렘 입성부터 부활로 마무리되는 예수 수난기를 압축 반영한다.

● 초인적 견딤을 너무나 일상적이며 태연자약 보여주는 예수의 모습은 문자 그대로 자제(自制)의 정치로 넘쳐 난다.

현장으로 잡아끈다. 거기엔 가톨릭 신자의 부담스런 종교적 의무도, 앞으로 어찌 살아야 할지를 둘러싼 불편한 압박감도 개재할 까닭이 없다. 그저 상황을 극복하고 처지를 돌파해야 할 절박한 한 남자의 삶 속에 자신을 대입해 보는 일만 남는다.

사람들의 눈길은 생각보다 훨씬 간사하다. 직접 보지 않으면 확신하기 어렵고 눈으로 확인했어도 그것이 '실체 없는' 그림이라면 의심하려는 존재가 바로 인간이다. 예수가 책형의 주요 대상이었다는 사실 말고도 거룩함이나 신비함의 오브제가 되는 까닭도 따지고 보면 식상할 노릇이다. 그런 이유 때문에라도 그리스도의 평범한 묘사는 주목할 필요가 있다. 이는 정작 예수의 마지막 모습과는 별개다. 그리스도를 연상하자면 늘 신비주의에 갇혀 버리곤 했던 한계를 의식하면 그를 보통사람으로 표현하는 일은 흥미롭다.[7]

사람들의 눈길은 생각보다 훨씬 간사하다. 직접 보지 않으면 확신하기 어렵고 눈으로 확인했어도 그것이 '실체 없는' 그림이라면 의심하려는 존재가 바로 인간이다.

일일이 헤아릴 수조차 없는 그리스도의 십자책형 가운데 이젠하임 제단화에 감탄하는 사람들의 속내도 따지자면 낮고 초라한 자리로 기꺼이 임하려는 예수를 지극하게 다룬 작가의 의도 때문이다.[8] 마티아스 그뤼네발트Matthias Grünewald의 예수 해석에 스민 가히 폭력적인 마조히즘 말이다. 많은 책형도 가운데 그의 작품이 눈길을 끄는 것은 보는 이들의 측은지심을 한껏 고조시키는 수형자의 상황 때문이다. 그렇지 않아도 처참한 지경의 예수가 빼낼 수 없는 가시들을 이미 온몸에 뒤집어쓴 데다 그것도 모자라 치유할 방도조차 없이 앓아야만 했던 중증 맥각중독麥角中毒, ergotism·holyfire 환자[9]였다니.

물론 이는 그처럼 그려야겠다고 작정한 화가 그뤼네발트의 생각이었지만 미술적 반어도 이 정도 파격을 보인 경우는 서양 미술사를 관통하더라도 좀처럼 찾기 어렵다. 이는 예수를 보통사

〈그림 13〉 이젠하임 제단화에 나타난 그리스도의 책형

GRÜNEWALD, Matthias, The Crucifixion, 1515, Oil on Wood, 269×307cm, Musée d'Unterlinden, Colmar

람이 아니라 (누구라도 동일한 전철을 밟지 못할) '초인적 환자'이자 또 다른 극단의 '저항적 인간'으로 묘사한 성공 사례다. 그림이 단순한 2D 미디어로만 기능하지 않고 스토리텔링의 도구가 되는 이치는 널리 알려진 바와 같다.[10] 이 그림은 형벌로서의 책형만이 아니라 수형 대상인 예수가 정작 그 병을 앓는 장본인이었다고 가정하여 당대의 사회상을 고발한다.

중세의 위생 상태는 참담했다. 나카노 교코中野京子는 이렇게 정리한다.

> 중세 유럽에서는 페스트, 한센 병, 성 안토니우스 병이 3대 질병으로 맹위를 떨쳤습니다. 페스트와 한센 병의 무서움은 익히 알려져 있지만 성 안토니우스 병은 발원지가 대체로 알프스 북쪽에 한정되었고 또 17세기 말에 원인이 밝혀지면서 급속히 잦아들었기 때문에 오늘날에는 아는 사람이 거의 없습니다. 병증도 한센 병으로 여겨진 경우도 많았던 것 같습니다. 병명의 유래는 '은둔 수도사의 시조'로 추앙받는 성 안토니우스가 엄격한 수행 속에서 이 병에 걸렸기 때문이라는 설이 있지만 분명하지 않습니다. 원인은 맥각麥角(호밀이나 보리 따위의 씨방에 발생한 맥각균의 균사菌絲를 말린 것) 알칼로이드에 의한 중독으로 세균에 감염된 호밀로 만든 빵을 먹으면 증세가 나타났습니다. 신경에 침투하여 경련과 발작을 일으키고 손발의 끝부분이 타는 듯 아프면서 부어오르고 병이 진행되면서 부어오른 부분은 괴사하고 결국은 죽음에 이르는 병입니다. 불에 그을리는 듯한 아픔을 동반하기 때문에 '성 안토니우스의 불'이라고도 불렸습니다.[11]

원인도 모른 채 손발이 괴사하거나 이를 잘라내야 하는 중세의 환자들이 찾은 곳은 병원 아니면 수도원이었다. 성 앙투완 수도원도 그 가운데 하나였다. 그렇게 앓다 고스란히 죽음을 기다리거나 곪아 가는 부위를 도려내 잠시라도 생명을 연장하거나 관계없이 정작 맥각중독자들에게 필요한 건 자기 위안의 방도였다. 이젠하임 제단화는 프랑스 북농부 알사스 지역의 성 앙투완 수도원장인 귀도 구에르시Guido Guersi의 공식 요청에 의해 그뤼네발트가 작업한 기발한 책형도다(〈그림 14〉 참조). 환자의 무너지는 육체를 잠시라도 곧추 세울 방법이란 강력한 위로와 치유의 암시였다. 게다가 '그들' 영혼의 적극적 구원을 위해 환자의 통증보다 더한 고통을 짊어지고 한없이 낮은 데로 임하려는 예수의 본원적 자세였다.

먹을 것이 없어 맥각류를, 그것도 곰팡이 낀 이삭이라도 주워 섭취해야 했던 삶에서 가톨릭은 막상 무엇이었을까. 그뤼네발트가 착안한 건 고통당하는 환자들보다 더 혹독한 통증과 이를 재촉하는 물리적 폭력을 동시에 표현하는 일이었다. 생각해 보자. 죽음보다 더한 고통으로 시달리는 자에게 약이나 물리요법 대신 한층 지독한 통증으로 괴로워하는 경우를 보여 주려는 작업의 반어법적 효과를.

생각해 보자.
죽음보다 더한
고통으로 시달리는
자에게 약이나
물리요법 대신
한층 지독한
통증으로
괴로워하는 경우를
보여 주려는
작업의 반어법적
효과를.

그것은 예수의 십자책형을 강요하는 유대인들에게 '이 사람을 보라Ecce Homo'며 시간을 끌던 빌라도를 연상시킨다. 구태여 이 자리에서 그의 우유부단함이나 정치적 두려움까지 공유할 필요를 지적하겠는가마는 예수를 그린 모든 책형도의 궁극적 의도는 사실 빌라도의 이 말을 바탕에 둔다. 이렇게 죽어가는 이도 있건만 '당신은 지금 무엇을 하고 있느냐'라는 되물음은 비수처럼 내리꽂힌다.

고통의 상대성을 자각하는 일은 불가능할 것이다. 어찌 타인의 아픔을 내 것처럼 액면 그대로 감지할 수 있겠으며, 나의 그것을 누군들 가감 없이 피부로 절절하게 느낄 수 있을까. 인간이 지각하는 모든 고통은 주관적이며 일방적이다. 그럼에도 불구하고 이런 상식의 한계를 벗어나는 데 그뤼네발트는 모범적으로 이바지한다. 이미 충분히 아픈 자를 위하여, 아니 곧 죽어 이 땅에서 영영 사라질지 모를 이들의 마지막 삶을 위해 순간이나마 따뜻한

〈그림 14〉
고통의 전달과 이입 1 :
쓰리고 아린, 언어로는
다다르지 못할

GRÜNEWALD, Matthias, The Crucifixion (detail), 1515, Oil on Wood, Musée d'Unterlinden, Colmar

위로의 계기를 만들어 달라 권한 그림 한 폭이 하필 자기보다 더 한 고통으로 견디지 못할 상황에 처한 예수였다니.

제단화에서 예수가 몇 개의 대못으로 고문당했는지는 무색한 질문이다. 십자형틀의 '하삼단下三端'을 관통하는 안정적 꼭짓점으로 '3'이라는 숫자를 연상하지만 이런 생각은 그의 몸에 숱하게 박혀 있는 가시들을 보노라면 이내 쉽게 묻히고 만다.●

● 이제는 더 피 흘릴 곳 없이 처참한 '살 뜯김'으로 익숙한 우리의 뇌리와 시지각은 가시 세례에 순간 당황한다. 못과 채찍도 모자라 가시까지 박았다고?

병들고 문드러져 가는 그의 (회화적) 육신 앞에서 죽어가는 환자들이 잠시나도 마음의 평안과 육신의 휴식을 꾀할 수 있다면 그건 얼마나 다행일까. 이는 책형의 이중미학이 돋보이는 이유다. 기왕의 고통이 더 강한 물리적 폭력에 의해 은폐되고 바라보는 이들의 시지각마저 사로잡을 수 있다는 사실은 고문과 형벌이 동원하는 미술의 아이러니다.●

〈그림 15〉 고통의 전달과 이입 2: 또 다른 통증

GRÜNEWALD, Matthias, The Crucifixion (detail), 1515, Oil on Wood, Musée d'Unterlinden, Colmar

시지각의 '사로잡힘'은 비단 미술적 체험만이 아니다. 그것을 담아내는 도구나 색감, 사물의 조형성만으로도 얼마든지 가능하기 때문이다. 하지만 2D 미술 매체를 통한 감동은 '아름다움'만이 아니라 '추함'과 '두려움'으로도 체험할 수 있다.[12] 그뤼네발트 책형도에서 관객들의 감정이입이 고조되는 계기는 사람에 따라 다를 것이다. 어떤 이들은 예수에게서 고통의 진수를 공감할 수 있지만, 요한의 표정과 마리아의 왜소한 모습은 물론이고 감정의 일렁임을 애써 참아내는 막달라 마리아 앞에서 같이 무너질 수도 있으리라.

그뤼네발트는 생모 마리아보다 막달라 마리아를 왜 예수에게 더 가깝게 그렸으며, 슬픔 역시 후자에게 더 크게 부과한 것일까 (〈그림 15〉 참조). 그림을 보는 이들은 책형도 자체보다 이런 주변적 궁금함에 더 강한 호기심과 의문을 가질 수 있다. 그건 성자를 낳고 기른 어미의 고통이 단순한 존경을 넘어서는 엄청난 사랑을 감당하지 못하는 이치와도 통할 것이다. 더 크고 훨씬 강한 연민은 물론, 대신 죽지 못하는 안타까움의 극치가 회화적 표현에서 오브제의 변별력을 키웠다면 지나친 해석일까. 그림으로 말을 대

● 화가의 사회적 역할이 특정한 정치적 동기나 의도를 지닌다면 미술의 동원 효과는 간단할 것이다. 흔히 말하듯 이데올로기적 목표나 정치권력의 의지를 바탕으로 삼는 유명한 사례들만으로도 이해의 별다른 장치는 필요치 않기 때문이다. 하지만 미술이 효율적 사회 교육 도구나 정치 교육 수단이 되는 건 이런 때다.

신하는 화가에게 온갖 것들을 물으려 함은 무리일 것이다. 하지만 그가 예수의 책형을 그리되 단순히 십자형틀에 묶고 못을 쳐 목숨을 끊으려 했던 유대 율법 집행에만 치중하지 않으려 했음은 이로써 분명해진다.

그뿐만 아니라 예수의 슬픈 가족사를 표현하기 위해 그가 같은 작업을 얼마나 반복했는지도 놓칠 수 없다. 다음 그림은 이젠하임 제단화와 흡사하다(〈그림 16〉 참조). 구도와 배치, 색상 처리와 표현의 강도는 크게 차이가 없지만 이 그림은 널리 알려진 제단화의 감동이나 드라마틱한 효과를 넘어서지 못한다. 하지만 그가 이 작품 하나를 의식하면서 예수 자신이 되기 위해 얼마나 애썼는지 가늠할 수 있다. 상상이 곧 고통이요, 재현 절차가 견디기 어려운 형벌이었음은 물론이다.

기왕의 고통이 더 강한 물리적 폭력에 의해 은폐되고 바라보는 이들의 시지각마저 사로잡을 수 있다는 사실은 고문과 형벌이 동원하는 미술의 아이러니다.

제단화(1515) 말고 이제껏 알려진 그 전후 습작은 모두 둘이다. 두 작품의 편차는 20년이 넘는다. 제단화를 그리기 훨씬 전에도, 그리고 나서도 같은 주제에 집요하게 매달렸던 것이다. 때로는 마리아를, 때로는 막달라 마리아를 예수 우측 하단에 배치하고 반대편에 성 요한을 세워 놓음으로써 시각적 안정을 도모하거나 이야기의 부분적 변별력을 갖춘 것도 그뤼네발트의 당시 생각들을 잘 말해 준다.

나카노 교코는 당시 교육 수준으로 볼 때 제단화에서 구원을 갈구하던 환자들 대부분이 문맹이었다고 단언한다.[13] 하지만 그림을 보며 충분히 느낄 수는 있었다는 것이다. 그도 그럴 것이 먹을 게 없어 썩은 이삭마저 식량으로 삼아야 했던 그들에게 문명과 문자를 기대한다는 건 사치였을 것이기 때문이다. 자신들이 왜 그 병에 걸렸는지조차 알지 못한 채 제단화 앞에서 모든 걸 잊고 위로받고자 애썼다면 그 자체만으로도 숭고한 일이었을 것이

〈그림 16〉 그뤼네발트의 책형 탐구

GRÜNEWALD, Matthias, The Crucifixion, 1523-24, Oil on Wood, 193×152.5cm, Kunsthalle, Karlsruhe

다. 수도원과 교회가 그들을 품어 줄 학교였다면 제단화는 마지막 텍스트였다. 그림이 훌륭한 사회교육 매체이자 삶의 지탱과 정리를 위한 마지막 위안의 모티브였다는 건 환자들의 절박함을 견뎌낼 정치적 도구로도 적합성을 지닌다. 그것도 자기보다 훨씬 못한 상대로 성자의 처지를 대입해 보는 일은 비록 종교적 의탁 일망정 기막힌 경험이었기 때문이다.●

● 시각적 충격 효과는 '낫고 못함'의 문제를 낳는다. 그것도 강렬한 감동을 담보하는 독특한 예술 형식이라면 설령 환자가 아니어도 그에 빠져드는 일은 시간 문제이기 때문이다.

여기서 주의 깊게 살펴볼 문제는 형벌을 다루는 화가들뿐 아니라 예수라는 성인을 그리는 작가 본연의 마음 자세다. 이젠하임 제단화가 동원하는 시각적 흥분과 감동의 대부분은 결국 예수의 존재론적 강등에서 온 것이었다. 여기에는 우리가 늘 보아 오던 고결하고 점잖은 턱수염이나 베이지 톤의 마의麻衣 드레시 룩은 없다. 새파랗게 질려 버린 입술하며 이미 초죽음이 되어버린 성자의 육신이 채찍과 가시에 의한 통증보다 세포 곳곳을 파고든 병균 때문에 크게 망가졌다는 해석은 그리스도를 두 번, 아니 여러 번 측은하게 만든다.

죽어가는 '그'일지라도 '그'가 나보다 훨씬 나은 존재일 것이란 예감은 여기서 여지없이 깨진다. 이 지점에서 느끼는 감흥의 새로움이란 글과 말에 의한 것보다 훨씬 특이하며 시지각의 교란이 불러오는 상식의 해체도 생각보다 깊다.● '그분'께서 나를 대신해 병들고 고통당하셨으며 죽음마저 대행했다는 해석의 종교적 파격이 미술적 처리 과정에서도 예외적으로 평이하게 다뤄질 때 사람들은 시각적으로 흥분한다. 예수를 유독 그처럼 보통사람으로 다루는 이가 카라바조였음도 서양 미술사에선 이미 상식 아닌가. 모두가 신비롭게 한결같이 높고 외롭게 표현하려 들 때 보통사람의 일굴과 친근한 포즈로 모두의 곁에 성큼 다가오도록 예수를 쉽게 해석한 카라바조가 기실 서양 미술사에서는 예술적 불

● 이는 흔히 '말 문학'이 '글 문학'을 대체하는 것도 문맹의 경우 그 효과를 더하는 이치와도 같다. 읽지는 못해도 들을 수 있는 경우는 보면서 흔들리는 경우와 얼마든지 친화력을 갖기 때문이다.

한당으로 인식되는 것[14]도 어제 오늘의 일은 아니다.

그러나 '책형도'를 포함하여 카라바조의 형벌 그림도 또 하나의 탐구 대상이다. 중복을 피하기 위해 여기서는 그가 그린 예수의 자태 가운데 보통사람의 형상을 취하는 작품 하나에만 집중하자(〈그림 17〉 참조). 그뤼네발트의 이젠하임 제단화에 드러난 예수의 형상과 카라바조의 〈엠마오에서의 만찬〉에 비친 그리스도는 기계적으로 일치하지 않는다. 물리적으로도 '둘'은 겹쳐지지 않는 개성과 예술적 독자성을 지닌다. 특히 카라바조의 성자는 소박·담백하다 못해 아예 촌스럽고 기이한 중성성으로 넘쳐 난다. 그리하여 앞의 제단화에서 신음하던 예수의 측은함과는 다른, 하지만 기막히도록 평이한 대중성을 반영한다. 여기서 관객들은 다시 당황한다. 이것이 과연 예수의 얼굴 맞는가. 이렇게 평범하거나 예상외의 표정을 한 그리스도를 본 적이 있는가? 살찐 볼은 물론이고 '여성성'마저 흐르는 데다 넘치는 기이함은 어떻게 받아들여야 할까.[15]

수도원과 교회가 그들을 품어 줄 '학교'였다면 제단화는 마지막 '텍스트'였다. 그림이 훌륭한 사회교육 매체이자 삶의 지탱과 정리를 위한 마지막 위안의 모티브였다는 건 환자들의 절박함을 견뎌낼 정치적 도구로도 적합성을 지닌다.

부활한 예수의 모습은 그와 같았건만 저 오랜 환란의 과정을 견디던 그분께서 그런 얼굴을 했으리라곤 엠마오에서 첫 만찬을 나누던 순간까지 동행하던 사도들●조차 감 잡지 못했을 것이라는 해석도 그래서 가능하다. 희고 정갈한 식탁보 위에 썩고 녹슬어 가는 과일을 올려놓은 정치적 콘트라스트하며 그래도 논의의 중심 인물답게 그림 한가운데 피라미드 구도로 배치한 '부활한 성자' 앞에서 의아함과 놀람으로 일관하는 사람은 사실 오른쪽의 누가Luke만이 아니다. 부활한 얼굴로 이처럼 젊고 풍만하며 턱수염조차 없는 넉넉한 남성을 전면에 내세운 카라바조의 속내는 뭘까?[16]

● 정작 '누가(Luke)'로 추정되는 예수 왼쪽(관람자의 눈으로는 오른쪽) 인물은 늘 동반 수행하던 열두 사도가 아니다. 그렇다면 예수가 부활한 그날 엠마오에서의 식사 자리는 물론 그를 수행한 이는 정작 한 사람뿐이었을까.

피 흘림의 흔적조차 사라진 육신의 태연자약함은 말할 것도

〈그림 17〉 보통남자 예수의 민낯

CARAVAGGIO, Michelangelo, Supper at Emmaus, 1601-02, Oil on Canvas, 141×196cm, National Gallery, London

없고 며칠 전 일들은 아랑곳하지 않은 채 뭔가 다시 말하려 하는 모습은 언어로 묘사할 대상이 아니다. 견줄 수 없는 인간의 고통이겠거늘 죽어가는 환자보다 더 참담하게 생을 마감한 경우 역시 그 같은 상황을 온전히 받아들여야만 하는 (바라보는) 자들의 답답하고도 편안한 조건은 작품의 온전한 이해를 방해한다.[17]

'형벌'은 '죄'와 흔쾌히 분리되며 죄인의 입장에서 벌주는 자를 도리어 쑥스럽게 만드는 것은 물론 용서함도 얼마든지 고려할 경지에 다다른다. 어느 한쪽의 지독히도 불편한 상황이 불특정 다수를 편안하게 만드는 기묘함은 종교의 경지를 넘어 사회적 불가해함으로 다가온다. 그것은 흔히들 말하는 '타인의 불행이 나의 행복'이란 병든 에고이즘과는 다르다. 이익이 없으면 행동하지 않고 행위의 대안을 고민할 때조차 자신이 누릴 가치와 편안함을 먼저 따지는 인간 보편의 치밀한 경제적 사고나 합리적 선택과 이는 거리가 멀다. 지극히 예외적인 성자의 '보통성'은 보통 사람으로선 상상조차 불가능한 이타주의를 바탕에 둔다. 언어나 문자에 의한 절규가 아니고 교육과 계몽을 의식한 부르짖음도 아닌 단순한 형상 묘사만으로도 보는 이들을 편안하게 만드는 결과론적 안정 효과를 이른다.

나 아닌 타자가 형벌 치르는 모습을 바라보는 것만으로 편안할 수 있다는 표현은 정확하지 않을 것이다. 차라리 누군가 대신 벌 받길 바라는 음흉함이 다시금 자신의 이기심에 불을 붙인다는 표현이 옳을 것이다.● 미술적 해석과 역사적 실체가 반드시 일치해야 한다는 강박도 여기선 불필요하다. 그뤼네발트와 카라바조의 당대 그리스도 형상화에 관해 교황청이 어떤 입장을 취했는지도 우리의 염려 대상은 아니다.

● 그런 절묘한 순간이 늘 보장된다면 얼마든지 시치미 뗄 준비를 마친 자 역시 '자기'라는 것도 힘주어 말할 필요는 없다.

압도적인 종교의 영향력을 제외하고 나면 제도교육은 물론 사회교육조차 변변찮던 중세 번성기에 미술이 텍스트가 되고 콘텐츠의 항구적 지탱이 정치가 아니라 예술 영역에서 담보·동원되고 있었다는 사실[18]은 늘 주목해야 할 대상이다. 감동과 흥분은 물론 공감의 정치력을 이끌고 살아 있는 군주보다 때로 더 막강한 위세를 갖고 있던 화가들의 예술적 힘이 종교적 권위와 버금가는 대중적 친화력을 확보했던 것도 부인하지 못할 일이다. 어떤 경우라도 정치권력은 고분고분한 민중을 바랐고 교회권력은 그것이 자신들의 영험한 기운에 의해 항구적으로 담보되는 세상을 원하고 있었다. 저항이든 반항이든, 아니 사소한 도발일망정 자신을 향한 반기를 환호할 권력은 예나 지금이나 없기 때문이다.●

● 화가의 놀라운 표현 능력을 굳이 예술권력이라 부르자면 그 힘은 어느덧 이들 두 권력을 매개하거나 혹여 발생할 갈등을 조율하는 데 서슴없었다.

믿기만 하면 하늘나라에 이른다는 일방의 강요만 넘쳐 나던 세상에 읽을 것이라곤 성경뿐이었다. 게다가 볼 것이라곤 성경대로 행하라 암묵적으로 권하는 '종교화'로, 그것도 십자가에 못 박혀 피 흘리며 죽어가는 모습을 바라보는 일은 편치만은 않았을 것이다. 왜냐하면 자신을 포함한 대부분의 민중들이 공감하는 사회·경제적 불안과 정치적 불만은 바로 예수가 죽어야 했던 까닭과 기막히게 통하고 있었기 때문이다. '대들면 죽으리라'는 예고와 이를 무릅쓰고픈 정치적 충동 사이의 긴장도 예수를 따르는 살아 있는 자들의 몫이 되는 것 역시 이승의 목숨을 부지하고자 하는 자가 치러야 할 또 다른 고통이었다.

온전히 받아들일 수 없는 정치질서와 이를 잘못 이끈 권력자들을 향한 이유 있는 항변 때문에 죽어야 했던 그 남자. 그저 단순한 죽음이 아니라 보여 주기 위한 처참한 죽음의 대열에 기꺼이 서야만 했던 그 사람. 정치적으로 온순치 않을 때 '너희도 이처럼 죽으리라'는 권력의 경고와 사법적 계고가 민중을 옥죄며 압박해 들어갈 때 두려움도 아픔도 흔연히 떨치고 극한 모범으로 온갖 곤란함을 고스란히 받아들인 그 인물. 중요한 건 형벌이 아니라 모두가 죄인이며 자신들이 저지른 모든 죄업의 무게를 전혀 감지하지 않으려 드는 몰염치와 자기기만에서 비로소 새삼스러워진다고 홀로 탄식하며 끝까지 계몽을 아끼지 않던 그 위인.

그리스도의 존재감은 그가 '사람의 아들'이었기에 한층 깊었다. 그를 보면 궁극에 다다르는 물음은 한결 같았다. 그렇다면 '나는 누구인가?'라는 그것 말이다.

오롯이 따르자니 그처럼 죽어야 했고 기꺼이 버리자니 견디지 못할 양심으로 고통의 나락에 다시 빠져들게 만드는 그리스도의 존재감은 그가 '사람의 아들'이었기에 한층 깊었다. 그를 보면 궁극에 다다르는 물음은 한결 같았다. 그렇다면 '나는 누구인가?' 라는 그것 말이다. 그는 죽었는데 나는 이처럼 살아 있다는, 그러면서도 여전히 그가 말한 대로 '저들은 저희가 하는 일을 아직도 알지 못한' 채 이승의 땅을 헤매고 있다는 사실 앞에서 한 번 더 괴로워해야 한다는 것 말이다.●

● 모두가 '그'처럼 죽어야 한다면 남아날 재간 없는 인류였겠으나 그 같은 논리의 함정에 기대어 도망갈 수 없는 어리석은 존재 역시 인간이었다.

가톨릭이 싹트고 꽃 피던 '밭'에서 정작 타락과 부패의 빈터조차 넓혀질 채비를 마쳤다는 역사도 아이러니치곤 심했다. 이스라엘 백성의 환란을 혹독히 외면한 로마의 심장부에 교황청을 마련했다는 것까진 그만두더라도 수많은 프로테스탄트들이 죽어나가도록 개혁과 변화란 좀처럼 자신의 일로 받아들이지 않던 독일 가톨릭의 극단적 보수주의 밑동에도 간단히 줄을 긋기엔 손이 무겁다.

이탈리아에 다빈치와 미켈란젤로, 라파엘로가 있듯이, 독일에는 뒤러와 그뤼네발트 그리고 크라나흐가 있었다.[19] 그것은 우연이 아니었다. 그들 모두 피치 못할 대상으로 그리스도를 상대한 '그 일'은 온전히 따르지 못할 성자의 행위와 정치적 강박을 이겨내려 애쓴 예술적 흔적이었다. 자신도 험난한 그 길을 걸어야겠지만 차마 나서거나 선뜻 행하지도 못하는 부끄러움으로 불편한 기억 주변을 맴돌게 만드는 형벌이 책형이었다.

교형 絞刑

책형은 십자형틀에 사지를 묶고 그저 편리한 대로 못 박아 고통과 기다림 속에 죄인이 죽길 바랐던 단순한 처형법이 아니다. 앞에서 살펴본 바와 같이 책형은 '1) 찌르고 2) 뜯어내거나 3) 생살과 뼈를 뚫고 못 박아 4) 절반은 이미 죽은 상태로 매달되, 5) 형틀 위에서 때로 뒤틀고 신음하도록 내버려둔 처벌법'이다. 죽이되 천천히 괴롭히고 처참하게 숨을 거두도록 만드는 과업이 절반의 목표라면 나머지는 그 과정 전체를 뭇사람들로 하여금 보게 만들어 제도폭력의 잔혹함을 모두에게 알리는 현시 효과가 처형의 숨은 뜻이었을 것이다.●

● 제거하되 가급적 널리 알게 하며 오래도록 참혹함을 보여 주려는 것.

동양의 '기시'가 그에 해당함도 지적한 바 있다. 내다버려도 시원찮을 죄인의 육신을 하필 저잣거리에 내걸려는 공시 의도 역시 집단공포의 동원에 있었다. 확실하게 겁주고 재발 가능성을 사전에 차단하려는 것이었다. 그렇다면 '보여 주기 위해 죽인다'는 뜻과 죽이기 위해 먼저 '내걸고' '놔두려는' 동기가 교묘히 섞이는 형벌로 책형의 다중성을 파악할 수 있다.

이렇게 보면 책형과 교형은 상당 부분 겹치는 게 사실이다. 하지만 둘은 결코 같지 않으며 각자의 독립성을 갖는 것 또한 사실이다. 여기서 책형의 교형적 성격에 주목하는 일도 실은 이제 살피려는 교형의 이해 폭을 넓히기 위해서다. 따라서 모든 책형은 교형일 수 있으나 교형 전부가 책형은 아니라고 정리할 수 있다. 교형은 본디 한자 '교絞'의 뜻대로 죄인의 목에 튼튼한 동아줄을 엮어 형틀에 걸되, 마룻바닥이나 의자 등 하반신을 지탱하던 물체를 제거해 버림으로써 자기 체중에 의해 죽음에 이르도록 한 '유도질식사'다.

이 역시 물리적 기원을 추론하기 어려울 만큼 고전적이며 폭넓게 퍼져 있던 방법이다. 왕조 사회의 중범죄자나 대역大逆 죄인들을 제거하기 위해 당국이 우선 사용하던 오랏줄을 연상하면 옳을 것이다. 몸을 묶던 포승줄이 이내 형장의 질식사 유도 기구로 전환하는 것도 시간문제였다.●

● 억세고 질긴 삼마를 꼬아 끊어지지 않게 '매듭처리'하여 목에 거는 행위는 '실[사絲]'의 이미지와 어쩔 수 없이 이를 '교交[차叉]'시켰던 방법으로 모두에게 각인된 지 오래다.

역사를 거슬러 훑자면 책형 대상은 교형의 그것을 넘어서지 못할 것이다. 그리스도를 포함한 숱한 이들이 책형으로 고통당했으나 사실 더 넓고 오래도록 채택한 일상의 형벌은 교형이기 때문이다. 교형은 책형보다 물리적 처리가 간단한 반면, 공포 효과 동원에서 훨씬 대중적이며 장기적이었다. 형벌 역시 고문과 처형을 병행하는 복합 방식보다 바로 죽이고 그대로 보이는 폭력의 단순미학이 깊고 오랜 힘을 지탱한다.

논의의 연속성과 이해의 편의를 위해 여기서는 그 내용을 둘로 나누어 앞서 살핀 예수 책형에 겹쳐 드러나고 있는 '교형'의 의미를 살펴보고, 수많은 형장에서 채택한 대중형벌로서의 성격을 이어 살피고자 한다. 경우의 수를 모조리 훑지 않는 한, 논의의 일방 진술은 분명 한계를 지니지만 '교형'의 보편성은 크게 두 방향에서 살필 수 있다. 그것은 당국의 공시성, 즉 '죽임'보다 '주검'을 우선시하려는 정치적 의도를 충분히 감안하고 보아야 한다. 게다가 숱한 교형의 관찰 과정에서 늘 문제가 되는 '집행'과 '현시'의 순차적 단계에 주목할 것이다.

형벌 역시 고문과 처형을 병행하는 복합 방식보다 바로 죽이고 그대로 보이는 폭력의 단순미학이 깊고 오랜 힘을 지탱한다.

그렇다면 '교형'이란 미리 죽여 놓고 단지 전시 효과의 극대화를 위해 내걸고 보여 주는 '후발형벌'인가, 아니면 처벌과 공시 과정을 효율적으로 통합하려 했던 '동시처형'일까. 이제까지 두려운 마음으로 흘끗 훔쳐보거나 아니면 먼발치에서 안타까움을 쓸어내리며 바라보는 가족과 친지들이 대부분이었을 뿐 그 형벌이 구체적으로 어떤 단계를 거치는지는 물음의 대상이 아니었다.

〈그림 18〉 교형의 표본: 링컨 암살범들의 사형 집행(디테일)[21]

이 역시 현장 검색의 어려움만큼이나 구분하긴 경험적으로 어렵지만 이들 두 방식은 겸용·병행했다고 봄이 옳다. 왜냐하면 역사는 이들 두 방식을 실제로 자주 섞었기 때문이다. 어느 경우든 바라보는 입장에선 엽기적이며 거리낄 만했고 잔인하기 그지없는 일이었다. 문명권과 국가별 편차를 상세히 비교하거나 교차 분석할 근거는 약하지만 교형의 역사적 집행 추이는 1) 죽인 다음 내거는 경우와 2) 형틀에 매단 채 죽게 내버려두는 사례로 크게 나뉜다.

엄밀하게 따지자면 교형의 본래 의미는 후자가 옳다. 그러니까 1) 취조와 고문을 거쳐 판결 절차를 밟은 다음, 2) 대부분 나무를 세워 만든 형틀 위에 굵은 밧줄로 죄수의 목을 걸고, 3) 그의 하체를 지지하고 있는 물리적 기반을 순간 제거함으로써 체중의 인력에 의해 숨을 끊도록 유도하는 방법이다. 교형이 곧 '교수형'의 줄임말이었던 까닭이다.[20] 여기서 파생한 응용 형벌이 효수

梟首, 즉 사형당한 죄수의 시신 가운데 목을 따로 베어 공공장소에 보란 듯이 일정 기간 내거는 공시법[22]이었다. 자주 혼동하지만 둘은 엄연히 다르다.

효수는 교수형의 물리적 번거로움이나 부담을 넘어서기 위해 치밀하게 고안한 권력의 산물[23]이다. '책형'에서 '교형'을 구상했다면 '교형'에서 '효수'의 이미지를 끌어낸 것도 형벌사의 자연스런 귀결이었을 것이다. 그렇게 보면 시신의 공시 효과는 효수가 교형을 앞섰을 것이다. 물론 보는 이들이 각기 달리 느꼈을 공포의 크기란 객관적 변별력을 보이기 힘들었겠지만 말이다.●

● 밧줄에 걸린 채 축 늘어진 죄인의 죽은 '모습'과 가지각색 표정으로 괴로운 최후를 맞은 사형수의 잘려진 '머리' 가운데 어느 경우가 더 꺼림칙할까. 하지만 공포의 객관화라는 것이, 아니 누구의 어떤 두려움이 또 다른 사람의 그것과 비교 가능하기나 한 것일까.

군중의 두려움을 배가시키고자 한 당국의 노력은 처절했다. 정치권력을 강하게 의식하는 자들도 초라했지만 이들을 다잡아 영구히 복속시키려 온갖 장치들을 고안하려는 제도 권력의 궁리란 것도 이와 다를 바 없었다. 효수의 국가별 편차를 헤아리는 일보다 중요한 건 그처럼 단순해져 갔던 제도의 정치적 장악력과 막후의 동기였다.

조선사회에서 자주 채택한 효수는 '죄인의 목을 베고 그 시체를 길거리에 버리던' 기시에서 한 단계 발전한 방법이다. 죄수의 시신을 형장에서 재수습하되 이른바 '육시戮屍·六屍'라 하여 몸의 본체와 팔다리는 물론이고, 두부를 따로 잘라내어 모두 여섯 부분으로 분할한 다음, 특히 머리만을 창에 꽂아 장안 한복판이나 동네 어귀에 놓아두기도 하고 삼발이 나무 걸개에 산발한 죄수의 머리를 매달아 엽기성을 더하기도 했다. 이른바 '조리돌림'이라는 게 이것이었다.

형벌 그 자체의 콘텐츠 분석을 떠나 발생론적 변화 추이와 역사적 전후 맥락을 천착하는 게 이 책의 목적은 아니다. 하지만 형벌의 고전적 기초로 교형의 종교사회적 기반과 제도적 변이의 중요성은 아무리 따져 봐도 지나치지 않다. '책형 → 교형 → 효수'의 변화 과정도 이처럼 공포 효과의 정치적 확장과 그에 따른 복종의 모색으로 맞춰진다. 바꿔 말해 형벌은 외형과 실질이 무엇이든 복종의 즉시적 맹세를 동원하는 폭력과 강제이기보다 차라리 이를 예견 가능하게 하는 공포의 추출과 지탱의 도구였다.

형벌은 외형과 실질이 무엇이든 복종의 즉시적 맹세를 동원하는 폭력과 강제이기보다 차라리 이를 예견 가능하게 하는 공포의 추출과 지탱의 도구였다.

형벌사학자들과 형사법 연구자들이 흔쾌히 동의할 만한 일반 이론의 출현은 기대할 수 없는 게 오늘의 현실이지만 이는 역사이자 문화였고 관행이자 기억이었다. 여기서 응용 가능한 형벌 지평이라든지 유형별 특성의 비교까지 미리 염려하는 것도 논의의 범주를 벗어나는 일일 것이다. 다만 교형의 전후사를 거시분석하고 막후의 정치적 동기를 국가별로 나눠 살피는 것도 미룰 수 없는 문제다. 효수의 교형적 속성에 앞서 책형의 교형성에 집중하는 일이 순서상 먼저다.

거장의 기운이 늘 시각적 규준이나 교육적 지표가 되는 건 역시 수많은 경우의 수를 압축 대변하는 모범적 힘 때문이다. 본원적이며 섬세한 회화 작품이 아니어도 사람들의 시지각을 움켜잡는 건 드로잉만으로도 가능하다. 미켈란젤로의 다음 드로잉은 그리스도의 책형을 잘 압축하고 생략한다(〈그림 19〉 참조). 그리고 이에 항시 뒤따르는 '좋은 도둑'과 '나쁜 도둑'의 이야기도 눈여겨봐야 할 대상이다.

'좋은 도둑'과 '나쁜 도둑' 이야기는 (미켈란젤로 말고도 숱한 거장들의) 책형도에서 유명하다. 그들이 있어 예수는 외롭지 않았고 더욱 높았으며 한결 빛났던 일도 널리 알려져 있기 때문이다. 그럼에도 불구하고 이들을 문예적으로 재현할 때 본래의 위치가 이따금 뒤바뀌는 건 그다지 주목할 만한 대상이 아니었다. 엄밀히 따지고 보면 '그들'의 위치가 예수를 중심으로 어느 쪽이었느냐

효수의 교형적 속성에 앞서 책형의 교형성에 집중하는 일이 순서상 먼저다.

〈그림 19〉 책형과 교형의 공존: 우연적 필연과 필연적 우연

MICHELANGELO, Buonarroti, The Crucifixion of Christ and the Two Thieves, 1522-24, Red Chalk, 394×281mm, British Museum, London

하는 물음은 종교적으로나 철학적으로 그리 중요치 않은 역사의 디테일이기 때문이다.

그러나 진실이 '둘'일 수 없고 보면 누가 어디에 자리하여 무슨 말을 했고 예수와 함께 하늘나라로 들어갔는지를 밝히는 일은 의미가 없지 않다. 문제는 그 중요성에 비추어 문헌 기록이 정확하지 않다는 것이다. 성경 어느 구절에도 이 사실을 또렷이 일러주는 대목은 없기 때문이다. 단지 이를 사실로 명확히 단정하는 경우는 위경僞經, Pseudepigrapha●으로 알려진 「니코데무스 복음서」[24] 한 군데밖에 없다. '좌도左盜 · 우도右盜'로 세상에 회자하는 것처럼 '좋은 도둑은 예수 오른쪽에, 나쁜 도둑은 왼쪽' 십자가에 못 박힌다고 꼬집어 전하는 '말씀' 역시 이 복음서에서 비롯된 것임을 아는 이들은 많지 않다.

● 정경(正經, Canon)이나 위경(僞經, Pseudepigrapha) 혹은 외경(外經, Apocrypha) 등으로 나눠 부르는 건 성경학자들의 주관적 분류 때문이다. 따라서 이를 내용의 옳고 그름을 가리는 기준으로 해석해선 안 된다.

유념할 것은 위경으로 알려진 문헌 기록을 모조리 믿지 않으려드는 정경正經 우선의 편견과 사회적 유습이다. 어느 도둑이 어느 자리에 있든 그것이 사실 그리 중요한 문제는 아니겠지만 주목할 것은 방대한 기독교 경전 어디에도 예수의 임종을 전후한 수난기록에서 좌우 십자가에 오른 죄인들의 이름까지 밝히며 이를 기정화한 경우는 일찍이 없었다는 점이다. 역설적으로 이 같은 진술의 명료함은 '위경'의 사실적 근거를 더 또렷이 해 주는 게 아닐까.

「니코데무스 복음서」 제10장은 예수 오른쪽(보는 이의 자리에서는 왼쪽)의 좋은 도둑이 '디스마Dismas'였고 왼쪽(보는 이의 자리에서는 오른쪽)의 나쁜 도둑은 '게스타스Gestas'였다고 공언한다. 책형 전후에 예수가 당한 정신적 수모나 물리적 고문은 물론, 이들 두 도둑의 과오와 공손함의 행적에 관한 기록도 이제껏 전해진 다른 문헌과 다를 바 없다.[25]

그렇다면 예수 책형 당일의 그림은 한결 선명해지지 않을까. 그리스도 좌우 도둑 배치의 명확성과 성명의 '밝힘'은 물론, 이제까지 성서적 전언에 담긴 공약公約성까지 이 복음서는 보완한다.● '정경'이 이를 명확히 하지 않았다는 이유만으로 문헌적 적실성과 성서적 영험의 기반을 취약하게 만든다는 논리가 성립되기 어렵듯, 예수 책형 현장의 명확성을 담보하는 기록마저 하필 위증과 과장의 문서에서 발견된다는 사실만으로 이를 전면 부인해야 한다는 해석도 문제다.

● 단지 그 문헌이 정통 경전이 아니라는 이유로 이제껏 배격과 폄하의 대상이 되어 왔다면 '믿음'의 문제는 이를 판단하는 인간 각자의 몫으로 돌아간다.

얘기를 꺼낸 김에 정경들은 이 대목을 어떻게 다루고 있는지 견주어 보자. 그들 대부분은 예수 책형의 결정적 순간을 전후한 좌우 도둑의 위치를 과잉 단순화한다. 그건 마치 도둑의 물리적 위치나 그들의 구체적 언사가 그다지 중요하지 않다는 가치판단을 전제한 듯하다. 「누가복음」과 「마태복음」, 「마가복음」 등은 이 대목을 이렇게 적는다.

> 해골이라 하는 곳에 이르러 거기서 예수를 십자가에 못 박고 두 행악자도 그렇게 하니 하나는 우편에, 하나는 좌편에 있더라.〔「누가복음」 23장 33절〕

> 이때에 예수와 함께 강도 둘이 십자가에 못 박히니 하나는 우편에, 하나는 좌편에 있더라.〔「마태복음」 27장 38절〕

> 강도 둘을 예수와 함께 십자가에 못 박으니 하나는 그의 우편에, 하나는 좌편에 있더라.〔「마가복음」 15장 27절〕[26]

그러나 한결같이 여기서 멈춰 버리는 도둑 이야기는 늘 허전하고 아쉽다. 기왕이면 '누가' '어디에' 있었고 '거기서' '뭘' 말했는지 정확히 이르는 작업은 필요하지 않았을까. 게다가 그걸 유일하게 적시한 문헌이 하필 위경이었다는 사실은 뭘 의미하는 걸까. 형식은 내용을 결정하는 치명적 단서가 되는 것일까. 성서 연구와 형벌 천착은 역시 별개 영역이지만 이 대목에서 인문학적 갈등과 긴장은 그래서 여전히 현재진행형이다.

자주 채택하는 「누가복음」 기록에 따르면, 십자가의 우도 이야기●의 전말은 이렇다.

● 전통적으로 십자가에 못 박힌 예수 오른편에, 곧 정면에서 보자면 왼쪽에 매달린 죄인을 '우도'라 했다. 그는 예수님으로부터 "너는 오늘 나와 함께 낙원에 있을 것이다."라는 말을 들은 행복한 사람이다. '라트로(Latro)'라는 이름으로 불리는 성 디스마(Dismas)가 바로 이 사람이다. 좌도는 '게스타스(Gestas)'란 이름으로 알려져 있다.

> '해골'이라 하는 곳에 이르러 그들은 예수님과 함께 두 죄수도 십자가에 못 박았는데 하나는 그분의 오른쪽에 다른 하나는 왼쪽에 못 박았다. … 예수님과 함께 매달린 죄수 하나도 "당신은 메시아가 아니시오? 당신 자신과 우리를 구원해 보시오." 하며 그분을 모독하였다. 그러자 다른 하나는 그를 꾸짖으며 말하였다. "같이 처형을 받는 주제에 너는 하느님이 두렵지도 않으냐? 우리야 당연히 우리가 저지른 짓에 합당한 벌을 받지만 이분은 아무런 잘못도 하지 않으셨다." 그러고 나서 "예수님, 선생님 나라에 들어가실 때 저를 기억해 주십시오." 하였다. 그러자 예수님께서 그에게 이르셨다. "내가 진실로 너에게 말한다. 너는 오늘 나와 함께 낙원에 있을 것이다."(「누가복음」 23장 33절, 39-43절)

'좌·우도론'의 문헌학적 기원은 「니코데무스 복음서」가 분명하지만 이를 무시·홀대하는 일은 흔하게 일어난다. 일상의 무의식적 혼돈이 그러하고 문예적 재현이나 영상화 작업 과정에서도 두 도둑의 자리 바꿈은 거침없다. 도둑이 그리스도 좌우에 있었고 그들이 서로 상반된 태도를 보임으로써 '주인공'을 한층 돋보이게 했다는 사실이 중요하지 '위치의 정치학'은 별로 의미가 없다는 생각일 것이다. 크리스천들마저 이를 혼동하는 건 물론이고 이를테면 영화 〈패션 오브 더 크라이스트*The Passion of the Christ*〉에서 나쁜 도둑이 예수 오른쪽에서 반발과 비아냥을 일삼고 왼쪽 도둑이 선한 언행만으로도 구원받는 장면은 이를 잘 말해 준다. 하지만 이 같은 혼돈이 위경에 대한 의도치 않은 저항인지, 아니면 의식적 반발인지는 불분명하다.

다시 '교형'으로 되돌아가자. 책형의 교형적 속성에 관한 서양 미술의 상대적 치중은 그 자체만으로도 논의 대상이 된다. 집중적인 관심을 기울일 대상은 다음과 같다. 1) 예수는 책형 본래의 방식과 절차를 따른 것으로 처리하되, 2) 두 도둑은 위치와 행적 차이와 관계없이 왜 예수처럼 못으로 단죄하지 않고 하나같이 묶고 매달았으며, 3) 보여 주되 방치하려는 불완전한 십자가형을 그림의 기본 구도로 삼았던 걸까.

앞서 인용한 미켈란젤로의 드로잉을 자세히 살피면 이를 금세 알 수 있다. 상식과 달리 이는 처형의 디테일에서 적잖은 혼돈을 불러일으킨다. 그리스도와 마찬가지로 나머지 두 도둑들도 '못 박음'으로 재현하지 않은 건 왜일까. 그의 드로잉은 복음서의 기록과 인습적 전언을 그대로 존중한다. 예수의 우측 인물은 이미 편안히 '먼 나라'로 입성한 다음임을 알 수 있고 그와 반대의 경우는 자신을 처형하려는 사람들과 여전히 다툼을 거듭하는 중임을 분명히 한다. 그러니까 자신의 몸에 손대려는 형리들의 '오름'을 극력 저지하면서 혹시라도 자신의 생명과 물리적 처지를 개선할 수 있지 않을까 하는 '필생즉사'의 절박함을 잘 드러낸다.

완성도 높은 독립 작품이 아니라 단지 밑그림 정도로 생각하

예수는 책형 본래의 방식과 절차를 따른 것으로 처리하되, 두 도둑은 위치와 행적 차이와 관계없이 왜 예수처럼 못으로 단죄하지 않고 하나같이 묶고 매달았으며, 보여 주되 방치하려는 불완전한 십자가형을 그림의 기본 구도로 삼았던 걸까.

기 십상인 드로잉 한 편에 미켈란젤로가 왜 그토록 천착했는지는 의문이다.● 고치고 다시 그리며 상상을 거듭했을 미켈란젤로가 정작 예수 좌우 인물들의 종말을 교형으로 마무리하는 건 예수와의 차별을 의식했기 때문이었을까, 아니면 개인적 신념과 과학적 집착이었을까. 엄밀히 따지면 이 문제는 미켈란젤로 한 사람으로만 국한되지 않는다. 크라나흐 역시 이 대목을 미켈란젤로처럼 처리하고 있기 때문이다. 그의 다음 그림들과 목판화 제작 시기가 16세기 직후이고 보면 이 같은 처리는 미켈란젤로보다 오히려 앞선다. 하지만 도둑의 처형 장면이 '교형'으로 일치하는 게 두 작가 사이의 암묵적 영향 때문이었는지를 가릴 인과론의 단서도 없다. 현재로선 두 사람의 작품을 놓고 드로잉의 내용과 역사적 전후 맥락을 비교해 볼 따름이다. 생존 시기의 세기적 동시대성을 감안하면 크라나흐의 영향을 무시할 수는 없겠지만 결정적 증거는 없다.

● 드로잉이 미술의 초라한 하위 장르라거나 그 자체만으로 별다른 비중을 지니지 않는다는 뜻은 아니다.

미켈란젤로가 정작 예수 좌우 인물들의 종말을 교형으로 마무리하는 건 예수와의 차별을 의식했기 때문이었을까, 아니면 개인적 신념과 과학적 집착이었을까.

얼핏 보면 해학적으로 보이는 크라나흐의 드로잉은 '표현'에 치중하기 위해 정밀한 해부학을 일부러 포기한다. 차라리 오늘의 캐리커처에 가깝다. 모두가 사실적 선묘에 치중하거나 '성스러움'과 천상의 기운에 압도당할 때 자기만의 해석으로 새로운 표현을 시도하는 건 지극히 예외적이다. 그것도 그렇게 서슬 푸르던 중세의 끝자락에서.

무엇보다 감상의 주요 포인트는 십자가에 불편하게 매달려 있는 죄인의 왜곡된 자세와 이내 풀릴 듯 불안하게 묶여 있는 동아줄의 무성의한 처리다. 불편함과 불안함을 편리한 대로 압축한 이 드로잉을 살펴보면 좀처럼 견디기 어려운 (나쁜) 도둑의 처형 포즈는 형벌보다 고문에 가깝다고 해야 하리라. '책형 속의 교형'에 주목하지 않는다 해도 이 자체만으로 비정상적인 신체 왜곡

〈그림 20〉
나쁜 도둑의 처형:
'못'과 '끈'의 차이 1

CRANACH, Lucas the Elder, The Bad Thief on the Cross, 1501-02, Black and White Chalk on Reddish Paper, Staatliche Museen, Berlin

은 당사자는 물론이고 보는 이를 계속 괴롭힌다. 그가 그리스도 주변인의 처형 과정에서 특이한 교형 자세를 인용한 까닭은 무엇일까.

우선은 예수와 도둑과의 외형적 차별성, 즉 형벌의 차등을 통한 정치적 변별력의 강화를 들 수 있다. 아무리 유대 율법이 책형의 정통 절차를 대상자 전원에게 명령했다 하더라도 이를 기록하고 전달하는 임무를 지고 있던 작가들에게 시대의 초월자이자 성인으로 추앙받는 이의 죽음은 도둑에게 가해지는 물리적 형벌과 달라야 했을 것이란 추론이다. 출중한 외모는 그 자신의 면모만으로도 결정되는 문제겠으나 같이 자리하는 주변의 면면이 '그'만 못할 때 효과적으로 돋보이는 역설을 연상하면 이해 못할 것도 아니다.

기록의 원형에서 벗어난 표현과 그에 치우친 역사적 고의성이 예수와 도둑을 달리 처리하려 한 정치적 전략 때문이었을 것이란 추론은 필자 개인의 생각에 머물 따름이다.

다음은 서양 미술사 속에 뚜렷이 각인되어 있는 책형의 교형적 묘사와 그 오랜 역사성이다. 가설적 추적이지만 미켈란젤로가 크라나흐를 참조할 수 있었다면 '둘'의 영향이 한스 발둥 그리엔Hans Baldung Grien에게 고스란히 전파(1512)되었으리란 생각도 가능하다.[27] 더 거슬러 올라가자면 빈센초 포파Vincenzo Foppa(1456)[28]나 콘라드 폰 쇠스트Konrad von Soest(1404 혹은 1414),[29] 비탈레 다 볼로냐Vitale da Bologna(1335)[30] 등의 책형도 제작에서도 도둑들의 교형 묘사는 단순한 우연이 아니었음을 잘 알 수 있다.

14세기 초부터 이 문제의 처리는 일관성을 지닌다. 심지어 20세기 초반까지도 차별적 묘사는 (교형으로) 반복된다.● 두 도둑의 처리 기록이 '못 박음'으로 엄연했음에도 작가들의 자의적 해석은 이단(혹은 이질)의 맥을 형성한다. 알면서도 일탈하고 정통의 기록에서 자유롭고자 고의로 벗어나는 미술적 재해석은 존중하지 않을 수 없는 역사성을 지닌다. 기록의 원형에서 벗어난 표현

● 알베르트 비르클레(Albert Birkle)의 책형도(1921)만 하더라도 두 도둑은 늘어진 양팔과 기형적으로 확장된 다리의 꺾임으로 엽기성을 더한다.

과 그에 치우친 역사적 고의성이 예수와 도둑을 달리 처리하려 한 정치적 전략 때문이었을 것이란 추론은 필자 개인의 생각에 머물 따름이다. 하지만 미술 표현에서 대상을 달리 처리하는 게 '성자'와 '범부'의 차등을 통한 인식의 서열화나 무의식적 계서階序화를 재촉했기 때문이란 생각은 아직 구체화되지 않고 있다.

예외 없는 규칙이 존재하지 않듯 성서의 기록과 미술적 이단의 행적이 늘 나란했던 것만은 아니다. 심지어 동일 작가의 경우에서도 표현의 불일치는 얼마든지 발견할 수 있다. 크라나흐의 세 작품들이 이를 잘 말해 준다. 드로잉에서는 교형으로 처리한 그도 목판화에서는 당대의 규범과 사법적 명령에 충실한 준법화가로 기꺼이 변신하는 이유는 무엇일까.

묘사의 두드러진 차이는 무엇보다 크라나흐 본인의 고민과 예술적 방황을 고스란히 반증할 것이다. 중세 유럽의 기독교 미술을 이끈 장본인의 한 사람으로 그 역시 이 문제 앞에서 어찌 자유로울 수 있었을까?

같은 작가가, 그것도 비슷한 시기에 그린 동일한 대상의 표현이 이처럼 큰 차이를 보인다는 건 간단한 사실이 아니다. 드로잉 단계의 실험적 스케치와 완성도 높은 판화의 결과적 표현이 반드시 같아야 할 필요는 없다. 하지만 그 같은 사고는 무책임한 가설이나 철저한 주관적 판단일 뿐 그 편차를 설명해 줄 만한 최소한의 설득력을 발휘하지 못한다. 묘사의 두드러진 차이는 무엇보다 크라나흐 본인의 고민과 예술적 방황을 반증할 것이다. 중세 유럽이 기독교 미술을 이끈 장본인의 한 사람으로 그 역시 이 문제 앞에서 어찌 자유로울 수 있었을까? 크라나흐 생존 시에도 논란 대상이 되었을 도둑의 처형 디테일을 놓고 그가 아무 거리낌 없이 두 단계 묘사를 무릅썼을 것이란 인식은 쉽게 성립되기 어렵다. 크라나흐 역시 드로잉 단계에서 도둑의 처리를 교형으로 대체했던 건 정치적 변별력을 의식한 전대 묘사는 물론 의도적 편차 때문이었을 것이다.

문제는 목판 제작 단계에서의 그의 판이한 변화다. 이 또한 합리적 추론에 기대야 할 형편이다. 중세인의 삶의 모습을 살피면서 의식주의 곤궁함과 종교의 과잉은 앞서 지적한 바 있다. 먹을 것과 입을 것은 물론 주거환경마저 하향 평준화되어 있던 중세 사회에서 교육의 빈곤도 일상적이었다. 성인 교육이나 사회교육은 그만두더라도 그 시대에 아동 교육의 풍요를 기대했다면 그건 과욕일 것이다.

그러나 그 사회 기능의 최소한마저 요구하지 않을 순 없었을 것이다. 누군가 대행하더라도 그 역할을 이행해야 할 때 '종교화'는 거의 유일하게 빛을 발하는 시각 텍스트로 훌륭한 대안이 되고 있었다. 열두 사도들의 순교 행위에 관한 목판화 작업을 주도한 인물 가운데 크라나흐에 주목한 미첼 머백Mitchell Merback은 그의 작품이 특히 당대 아동들의 미래 생활 태도와 국가관 형성에 적지 않은 형벌 교육 효과를 거두었으리란 점에 착안한다.[31]

크라나흐뿐 아니라 뒤러의 영향도 결코 무시할 수 없지만 이들에게 부과된 예술사회적 주문은 정치 교육과 종교 교육 양 측면에서 거의 압도적이다. 이런 절대적 영향력을 고려하면 크라나흐로서도 성서의 원전을 벗어난다는 건 상당한 부담이었을 것이다. 〈그림 21〉과 〈그림 22〉에 나타난 대로 (차라리 어색하게 보이는) 3인의 균등한 '못 박음'은 이 같은 배경에서 단행된 미술적 생소함(?) 아니었을까. 길이 남을 텍스트로 자신의 작품에 성서의 기록 어디에도 없는 표현을 불사한다는 건 그로서도 감행 못할 일이었을 것이다. 하지만 이를 둘러싼 번민이 당대는 물론 이전의 책형 표현이나 교형을 응용한 도둑들의 묘사에서 암암리에 파생되었을 것이라고 추론하는 일은 그리 어렵지 않다. 머백 역시 중세 기독교 회화를 탐구하기 위한 몇 가지 포괄적 시내 구분과 책형도의 비성서적 전통을 밝혀내는 일 이외에 과학적 원인 규명

〈그림 21〉 목판화로 본 그리스도와 두 도둑의 책형 1 : 크라나흐의 경우

CRANACH, Lucas the Elder, The Crucifixion, 1502, Woodcut, 40.5×29.2cm, Metropolitan Museum of Art, New York

〈그림 22〉 목판화로 본 그리스도와 두 도둑의 책형 2: 크라나흐의 경우

CRANACH, Lucas the Elder, The Crucifixion, 1500-04, Woodcut, 39.8×28.4cm, Staatliche Museen, Berlin

은 정확히 담보하지 못한다.[32] 문제의 중요성에 비추어 적실성 있는 분석과 인과론 규명이 얼마나 힘든 과업인지 잘 말해 주는 셈이다.

그림으로 역사를 추론하고 표현으로 작가의 의도를 추적하는 일은 그만큼 가치 있는 작업이다. 작품으로 말을 대신하는 화가의 경우, 주관적 한계를 넘나드는 일 말고도 긴장과 오류의 가능성이 커지는 것은 감안해야 할 또 다른 부담일 것이다. 그럼에도 불구하고 시각 자료에 관한 논란이 끊임없이 제기되는 까닭은 결국 문헌을 통한 이해와 인식의 한계를 벗어나려는 인위적 노력 때문이다. 역사의 현장을 담보하는 물리적 증거의 제공자로 영상미디어 시대 이전의 화가의 역할이 때로 권력과 종교에 앞서는 것도 이 때문이다.

성경이 명시하는 한결같은 못 박음보다 세 인물을 묘사하는 차별적인 미술정치는 곧 당하는 사람보다 바라보는 관중들을 먼저 의식한 권력이자 교재였고 설교요 웅변이었다.

'못'과 '끈', '꺾인 팔'의 대칭적 묘사는 책형도의 양가성을 더한다는 데 머백 역시 동의한다.[33] 대못의 거침없는 관통과 주변 도둑들에게 가해지는 로프의 중복사용은 고통의 입체성과 폭력적 중압감을 표현하는 무기들과 함께 시각적 부담을 키운다고 그는 주목한다.[34] 그것들은 모두 고문과 모욕으로 충분히 지쳐 있는 죄인의 처지를 더욱 괴롭히며 그 모습을 바라볼 모든 이들의 시지각을 이울러 고통스럽게 만든다는 점에서 극히 효과적이다.

성경이 명시하는 한결같은 못 박음보다 세 인물을 묘사하는 차별적인 미술정치는 곧 당하는 사람보다 바라보는 관중들을 먼저 의식한 권력이자 교재였고 설교요 웅변이었다. 흔히 '13일의 금요일'로 알려진 그날의 책형 행적에 관한 성서학의 고증도 간단치 않다. 그날은 대체로 빌라도가 유대 총독으로 재임하던 기원후 26-36년 사이가 분명하되, 특히 기원후 30-36년 사이로 좁혀진다. 근대 학자들은 그날이 '기원후 30년 4월 7일'이었다고 주

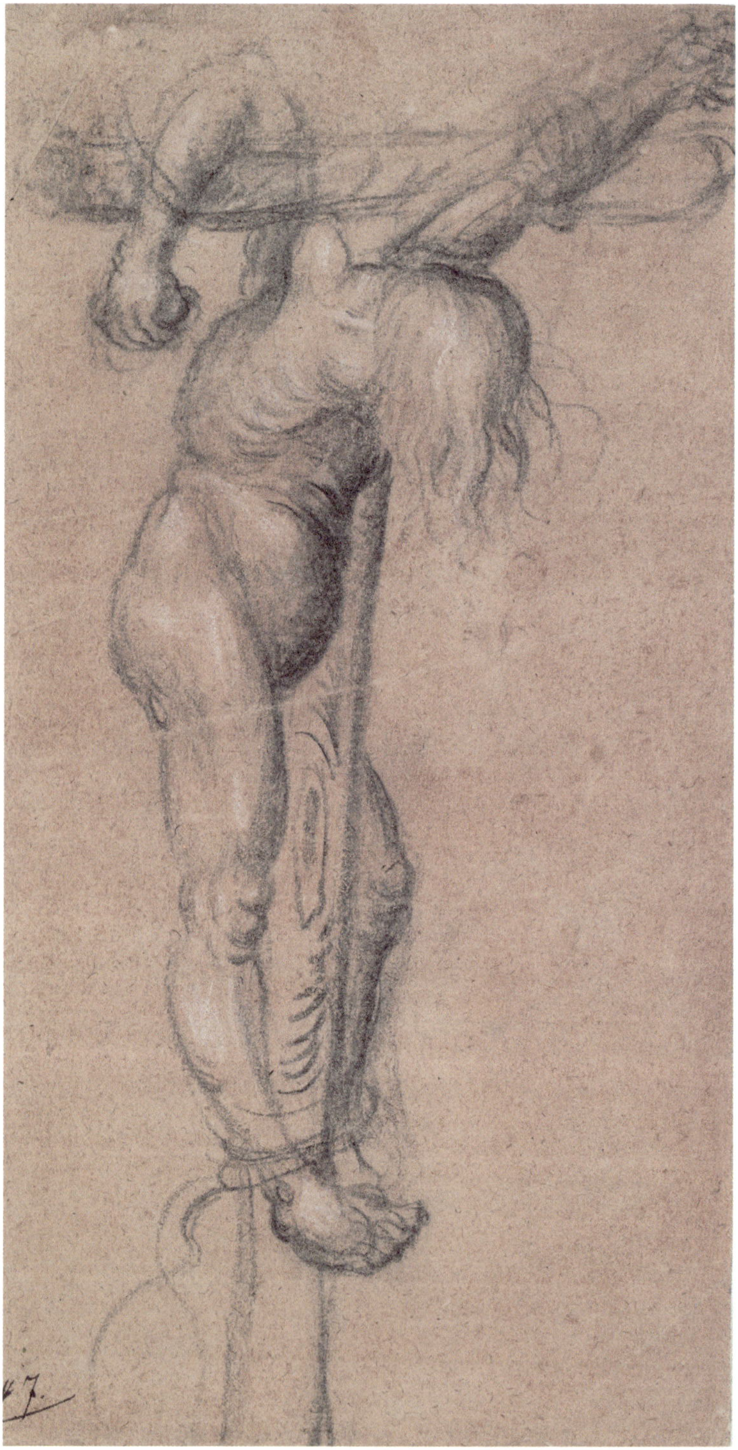

〈그림 23〉
좋은 도둑의 처형:
'못'과 '끈'의 차이 2

CRANACH, Lucas the Elder, The Good Thief on the Cross, 1501-02, Black and White Chalk on Reddish Paper, 22.6×12.1cm, Staatliche Museen, Berlin

장하거나 혹은 '기원후 33년 4월 3일(금)'로 기울기도 한다.[35] 그 날이 언제든, 그 언덕에 올라 거친 숨 몰아쉬며 온갖 환란을 무릅쓴 시간이 오전 9시부터 오후 3시까지였음도 전해지는 바와 다르지 않다.[36]

동서양 교형 표현 과정에서 '끈' 처리와 육신의 비정상적 왜곡은 핵심 대상이다.

여섯 시간의 현장 경험을 온 세상에 전달하려 애쓴 방법은 이처럼 다양했고 때로 자의적이었다. 원전 기록을 뛰어넘는 표현의 호기豪氣와 임의적 해석의 한계를 분간할 기준도 유감스럽지만 명쾌하지 않다. 이제까지 그 어떤 연구자들이나 이름을 남긴 작가들도 가장 그럴듯한 해명한 이들은 없었기 때문이다.

동서양 교형 표현 과정에서 '끈' 처리와 육신의 비정상적 왜곡은 핵심 대상이다. 교형의 본래 기준은 '끈으로 목 걸기' 혹은 그로 인한 '질식사'라고 앞서 밝힌 바 있으나 그 응용 지평은 폭넓다. 필자 역시 이미 논의한 책형에 이어 그 속의 '교형성'에 매달리려는 까닭도 여기 있다. 게다가 반드시 끈이나 밧줄에 의한 '목 걸기'가 아니라 '팔 꺾기'와 죄인의 신체 일부를 밧줄로 묶는 방식에 오래도록 눈길을 두게 되는 이유도 이 때문이다.

조연이란 주연을 빛나게 하는 고단한 존재임에도 불구하고 어쩌자고 때로 더 생생하며 사람들의 눈길을 사로잡으려는지 포함시키자.

다음 작품 속에서 두드러지는 미술적 조연의 결과적 '빛남'을 찬찬히 들여다보자. 조연이란 주연을 빛나게 하는 고단한 존재임에도 불구하고 어쩌자고 때로 더 생생하며 사람들의 눈길을 사로잡으려는지 포함시키자. 〈그림 24〉에서 도둑들의 포즈는 극도의 비현실적 왜곡과 과장으로 두드러진다. 삼절 판 중앙 부분으로 보이는 여기선 신체의 뒤틀림과 전복이 극심하여 이를 견뎌내야만 하는 이들의 처지가 예수를 압도할 지경이다.●

● 죽은 자는 빛나고 산 자는 애틋하기만 하여 한꺼번에 그리고 삽시간에 사라지지 않는 시각적 미련을 의도한 작가들이라면 이 같은 죽음의 지연과 물리적 통증의 연장도 이해 못할 일은 아니다.

해석의 탄력과 새로운 여백이 성서학적 탐구의 엄격함이나 원전 기록에서 벗어나는지 여부는 종교적 믿음의 문제와는 별개였다. 어딘지 불쌍하고 견디기 힘든 연민의 정이 덧대어지는 도

〈그림 24〉
형장의 주연과 조연:
'못'과 '끈'의 차이 3

UNKNOWN MASTER,
Bohemian, Crucifixion,
1360, Panel, 67×30cm,
Staatliche Museen, Berlin

둑들이라면 형벌 차이를 통한 극적 효과는 성공을 거둔 셈이다.

모든 형벌은 괴롭다. 그리고 비교 불가의 절대 공포와 극한 고독의 비용까지 요구한다. 따라서 책형이 교형보다 더 두렵다거나 그 반대일 것이라는 논리는 성립되기 어렵다. 겪어야 할 당사자의 통증이 '최고·최대'의 것임을 인정하지 않는 한 타인의 형벌에 따라붙는 폭력성을 수용하기란 원천적으로 불가능하며 그(녀)가 감당해야 할 최후의 모습도 온전히 이해하긴 어렵다.

모든 형벌은 괴롭다. 그리고 비교 불가의 절대 공포와 극한 고독의 비용까지 요구한다.

정리해 보자. '책형도'의 역사는 교형의 미술사를 낳는다. 그 예술적 기원은 불분명하나 예수와의 변별력을 키우고자 한 정치적 판단 결과였으리란 추론은 간단치 않은 수확이다. 표현의 시차와 묘사의 전후사 역시 복잡하지만 이에 관한 미술적 변화 경로는 1) 예수와 도둑 모두의 '못 박음' → 2) 예수만의 '못 박음'과 도둑 '둘'의 '끈' 처리(교형) 혹은 '팔 꺾음' → 3) 도둑과 예수의 분리 표현 혹은 단독 처리 → 4) 가치 배제와 중립 묘사 등으로 나타난다.[37]

책형에서 출발한 형벌과 고통의 각론이 교형으로 이어진다는 여기서의 논의는 특정 종교를 강조하려는 정치적 계산을 염두에 두지 않는다. 도둑들의 모습을 그림에서 빼버린다 한들, 아니 본래 없었던 것이라고 해도 예수의 형벌과 이를 둘러싼 온갖 부남이 줄어드는 건 결코 아니다. 인위적 배제와 가시적 절제는 앞선 왜곡이나 변형과는 생소한 주관적 감정을 선사한다. 미켈란젤로의 드로잉은 예수가 감당해야 했던 형벌이 단순 책형이나 책형의 형식을 빌린 교형이라는 사실보다 살아남은 자들을 위한 고통의 학습과 대행이 무엇인지 잘 말해 주기 때문이다. 그것도 하필 몽환적으로 드리나는 고통의 시연試演으로 수없이 겹쳐 그으며 10여 년 동안 고쳐 온 선의 떨림은 책형에 관한 그의 여섯 드로잉 가운

〈그림 25〉
예수의 차별적 최후:
도둑 없이 빛나는 천사와 성인

MICHELANGELO, Buonarroti, Christ on the Cross with the Virgin and St. John, 1555-64, Black Chalk, White Heightening, 41.2×27.9cm, British Museum, London

데 최후의 작품으로 빛난다(〈그림 25〉 참조).

누군가 곁에 없어도 홀로 빛날 거룩한 기운이라면 빛은 늘 또렷했을 것이다. 하지만 그 빛을 더욱 찬연히 만들기 위해 엉뚱한 가혹함도 때로 과장할 필요가 있던 건 아니었을까. 그렇다면 주변의 미장센을 둘러싼 작가들의 생각과 이를 한층 돋보이게 하려는 정치적 기획은 이미 '죄와 벌'의 순환논리에 익숙해지고 있었던 셈이다. 그것이 본디 책형인지 아니면 교형인지 확인하는 건 다음다음의 일이었을 뿐이다.

참형斬刑

형벌의 종류가 제한적이었다면 인간이 치러야 했던 고통도 작았을 것이다. 하지만 이 같은 생각 자체가 얼마나 순진한지 확인하는 데는 오랜 시간이 필요치 않다. 형벌의 역사는 간단치 않으며 인간의 본성이 선하다는 오랜 믿음을 근본부터 조롱한다.●

● 형벌의 역사가 고문의 역사와 비례했다든지 그 내용과 기법이 일찍이 상상을 초월하는 극단의 폭력성을 반영한다는 건 이런 믿음 자체가 무책임한 편견의 결과였음을 잘 말해 준다.

신체벌이 횡행하던 전근대 사회에서 가장 먼저 등장한 형벌이 무엇인지도 아직 밝혀지지 않은 물음 중 하나다. 때로는 책형이, 경우에 따라서는 교형이 형벌의 효시라며 은근히 기정화하는 경우도 흔하다. 하지만 이를 고증할 방법도 기대하기 힘든 현실이다. 칼로 목을 베어 죽이는 형벌로 '참형beheading·decapitation'은 앞선 두 방식에 비해 당장 죄인의 목숨을 끊는 즉발적 수단이란 점에서 엽기적이며 폭력적이다. 가장 빠르고 확실하며 지극히 단순한 문제 해결 수단을 '폭력'[38]이라고 하면 참형만큼 폭력적인 형벌도 드물 것이다. 참형의 예외적 엽기성은 몸과 머리를 '완전 분리'하는 물리적 절연截然함과 절반 혹은 일부를 자르는 '불완전 분리'의 기형 폭력을 핵으로 삼는다. 이는 참형이 단독 형벌로의 '자기완결성'과 절차 형벌로의 '매개적 도구성'을 동시에 지닌다는 점에서 다른 형벌과 차별적이었다.●

● '신수이처(身首異處)'란 사형법으로 우리나라에서는 가장 오래된 형벌이다. 조선의 사형수는 춘분 이전과 추분 이후에 형을 집행한 대시수(待時囚)와 형이 확정되면 즉시 집행하는 특별한 부대시수(不待時囚)로 구분한다.

그뿐만 아니라 참형의 '참斬'은 '목을 베는 일'만 뜻하는 것으로 인식되기도 하지만 실은 신체의 중간 부분, 즉 허리를 치거나 중심부 주변의 급소를 찔러 절단하는 무자비함을 특징으로 한다. 종합하면 '머리를 자르는' 참형과 '허리를 자르는' 참형으로 나뉜다. 참수와 요참腰斬으로 대별하는 이 방식에서 전자는 머리를 자르는 것으로 끝나지만 후자는 한층 가혹했다. 이마에 '죄인'이란 묵墨을 들여 팔다리를 자른 후 저잣거리에서 허리를 자르는 벌이었다. 앞서 밝힌 대로 주로 사람들이 많이 오가는 곳에서 처형하여 시신을 임의로 수습한 후 그대로 방치·유기하는 '기시'도 이에 해당한다.

참형에는 효수란 뜻도 스며 있었다. 즉 '머리를 잘라 걸어놓는다'는 뜻으로 본보기를 보이려 했던 것이다. 그야말로 타율적 공포와 그 동원 효과를 극대화함으로써 민중의 자발적 복종을 이끌어내려는 단호하고도 정교한 통치 수단이었다. 참형은 결국 그 자체로 독자적 공포 대상이 되거나 또 다른 유형의 형벌을 치르기 위한 절차적 수단으로 폭력성을 드러낸다.

중요한 것은 참형을 단순히 목 자르는 형벌로만 인식하려는 편견으로부터 자유로워지는 일이다.

참형 집행은 문명권별로 모습을 달리했고 절차와 현시 방법도 다양했다. 고문과 형벌을 분리하지 않고 연속 개념으로 이해하면 의미의 총체적 파악은 더 어려워진다. 게다가 당국의 집행을 구체화하는 물리적 도구들도 상당히 많아서 '자른다切·斷·截'라는 뜻을 형장의 입체적 현실로 일일이 대입하기란 극히 어렵다. 중요한 것은 참형을 단순히 목 자르는 형벌로만 인식하려는 편견으로부터 자유로워지는 일이다.

먼저 절차 형벌로 참형을 살펴보자. 대표적 신체벌의 하나로 참형을 채택한 당국의 정치적 의도는 잔인하고 혹독한 목적을 염두에 둔다. 대부분의 경우 이는 민중의 눈을 겨냥한 첫 단계 혹형으로 특히 '능지처사(참)'와 같은 물리적 신체 단절과 그 강제성을 원색적으로 암시한다. 중국의 사례는 유명한데, 이제는 그들 역시 신체벌을 중단했지만 아시아의 대표적 사법폭력국가로 형벌과 고문의 합법성을 자랑하면서 참형의 물리적 한계를 스스로 확장시킨 경우다.

이 문제에 천착한 니이다 노보루仁井田 陞에 따르면 능지처사에서 신체 절개 횟수는 '8, 24, 26, 120회' 등으로 다양하다.[39] 여기서 그 외과학적 부위와 집행의 구체적 까닭을 적시하긴 힘들지만 두개부를 포함하여 이른바 '육시六屍, the six pieces of corpse' 개념으로 익숙해진 우리네 정서로만 보더라도 중국의 참살은 훨씬 강한 폭력성을 지닌다.

전근대 신체벌이 광범위한 보편성과 역사적 일관성을 공유한다는 건 차라리 경이롭다.

〈표 8〉에 적시한 내용만 보더라도 중국 역시 죄 지은 자에 대한 징벌보다 이를 보고 듣게 될 불특정 다수의 정치적 두려움에 초점을 맞추었음을 잘 알 수 있다. 능지처참의 전통을 중국이나 아시아의 전유물로만 이해하는 건 잘못이다.• 전근대 신체벌이 광범위한 보편성과 역사적 일관성을 공유한다는 건 차라리 경이롭다. 오늘날의 통신과 교통을 기대조차 할 수 없던 시절에도 동서양 형벌의 중복성을 확인할 수 있는 건 주목해야 할 또 다른 현상이기 때문이다. 참형과 능지형의 순차적 관계 역시 동서양을 넘나든다는 점은 특히 흥미롭다.

• 그것이 한자어로 통용된다는 사실과 제한된 문명권의 잔혹형이자 고문 방식이었음을 따로 인식하는 건 늘 중요하다.

영국과 스코틀랜드의 형벌 집행 과정에서도 참형과 능지형의 전후 관계는 뚜렷하다. 중국의 경우를 거울처럼 비춘다. 브라이언 이니스Brian Innes는 이렇게 말한다.

> 가톨릭 교도였던 트로크모턴도 희생자 중 한 사람이었다. 그는 1583년에 영국을 전복하고 메리 스튜어트를 구하려는 음모에 연루되어 고문을 받았다. … 결국 그는 자신의 입으로 죄를 인정했고 1584년 7월 10일 타이번의 형장으로 끌려가서 교수형에 처해

〈표 8〉『대명률大明律』과 『대청율례大清律例』에 나타난 능지처참의 범법 사례

『大明律』 조항	범법 사례
277	모반(謀叛) 또는 대역(大逆)
307	친조부모나 친부모를 고의 살해한 경우
308	간부(姦夫)와 모의하여 남편을 살해한 경우
310	한 집안의 족인(族人)을 3인 이상 살해한 경우
311	생기(生氣)를 얻으려고 산 사람을 절단하는 경우
337	노비가 주인을 구타한 경우
338	처나 첩이 남편을 구타한 경우
341	2등급의 거상(居喪) 관계에 있는 집안의 연장자를 구타하거나 살해한 경우
342	조부모나 부모를 구타한 경우
『大清律例』 조항	범법 사례
26	두 가지 범죄가 한꺼번에 발견되었을 때 더 심각한 범죄에 준해 처벌하는 경우
267	무력으로 죄수를 탈출시킨 경우
276	발총(發塚)의 경우
282	모살(謀殺)의 경우
284	친조부모나 친부모를 모살한 경우
285	간부와 모의하여 남편을 살해한 경우
286	죽은 남편의 부모를 모살한 경우
287	한 집안 사람을 3인 이상 살해한 경우
299	다른 사람을 죽도록 핍박한 경우
311	스승을 구타한 경우
319	조부모나 부모를 구타한 경우

출처: 티모시 브룩 외 지음, 박소현 옮김, 『능지처참: 중국의 잔혹성과 서구의 시선』(서울: 너머북스, 2010), pp. 117-124.

진 뒤 끌어내려져서는 사지가 찢겨졌다. 스코틀랜드에서는 고문이 영국보다 한층 더 광범위하게 사용되었다. 특히 고문은 마녀사냥이 맹위를 떨쳤던 17세기에 널리 자행되었다. 이런 분위기 때문에 포크스와 공모자들이 의회를 전복시키려는 공모에 실패하고 체포되었을 때, 스코틀랜드의 제임스 6세이자 영국의 제임

스 1세였던 새로운 왕은 이들에게 끔찍한 고문을 사용하는 데 전혀 망설임이 없었다. 1605년 11월 6일에 서명한 서신에서 제임스 1세는 포크스를 '무모한 녀석'이라고 특별히 지목하면서 "먼저 좀 더 부드러운 고문을 가하고 점차 더 고통스러운 방법으로 바꾸어 고문하도록" 지시했다.[40]

중세 형벌은 안으로 권력 내부의 반발과 도전을 제어하고 밖으로 민중의 자발적 복종을 동원하려는 주도면밀한 정치적 기획의 결과물이었다. 결국 군주가 귀족들을 통제하고 민중이 도발의 대가를 충분히 감안해야만 하는 이중부담 속에서 고문의 발달과 형벌의 제도화를 읽을 수 있는 정치적 잔혹사가 충만했다는 해석도 그래서 가능하다.[41]

목을 베는 일은 물리적 폭력의 극치로 직접 튀는 피를 보는 일이었다. 제도적 징치의 한 전형으로 '사법살인'이나 '파면' 혹은 '해임' 등 훨씬 누그러진 표현으로 대체되기까진 상당한 역사가 필요했지만 참형의 위세는 동서양 가릴 것 없이 가혹했다. 이 역시 미술의 역사로 훑기란 간단하지 않다. 작품의 양이 많기도 하지만 참형은 부분으로서 전체이자 총체 안의 개체로 제각각 존재하기 때문이다. 따라서 2D 범주로 제한하기란 출발부터 쉽지 않다. 여기서는 이해의 편의상 1) 집행 전 묘사, 2) 처형의 실제 순간, 3) 참형 후 표현의 세 단계로 나누어 참형의 실제를 살핀다. 작품의 전수조사를 마치지 않는 한 이를 정확히 확인하기는 어렵지만 현재로선 작품들의 양적 우위를 3) → 1) → 2)의 순위로 헤아릴 수 있다.

중세 형벌은 안으로 권력 내부의 반발과 도전을 제어하고 밖으로 민중의 자발적 복종을 동원하려는 주도면밀한 정치적 기획의 결과물이었다.

참형의 역사성과 인과론은 사실상 소급과 추론이 불가능하다. '고전적'이면서 여전히 '현재적'이란 점으로 보면 이는 간단

〈그림 26〉
영국의 참형 1:
월터 롤리의 경우
(1618. 10. 29)

Unknown Illustrator, The Execution of Sir Walter Raleigh, c. 1860

치 않고 처형 방법도 나라별·시대별로 편차가 크기 때문이다. 여기서는 무작위 선별에 기대기로 한다. 먼저 살필 참형 전 물리적 준비와 미술적 표현은 크게 세 작품인데 〈그림 26〉, 〈그림 27〉, 〈그림 28〉은 국가별 차이에 주목한 경우이고 그 내용도 귀족과 왕실 및 프로테스탄트라는 서로 다른 신분을 대상으로 한다.

참형을 일컬어 '예리한 처방'이라 이름붙인 월터 롤리Walter Raleigh는 미국의 식민경영 중 영국에 담배를 처음 들여온 장본인으로 널리 알려져 있다. 엘리자베스 1세와의 우호적 관계를 스캔들로 이해하는 경우[42]도 자주 있지만 막강한 정치적 후원자로 군림하던 여왕이 사망하자 그의 운명도 다한 건 우연이 아니다. 제임스 1세를 향한 역모 사건도 끝내 그를 죽음으로 내몰지만 생전의 여왕과의 은근한 관계가 미움을 더하는 계기가 된 것도 감수해야 했던 대가다.

영국 역사상 오랜 고문과 형벌의 온상으로 유명한 타워 힐에서 가장 참혹한 고통을 무릅쓴 주인공이 바로 롤리였다는 사실도 장소의 무게만큼 편치 않은 소분으로 다가온다. 상상을 초월하는 고문과 처형의 반복으로 죽을 만큼 괴롭히다 죽음에 이르게 한 사실[43]도 특이하지만 오랜 유폐 생활은 물론 출감과 재수감을 반복하는 그의 예외적 이력은 〈그림 26〉으로 끝난다. 하지만 목도 절반만 자르고 초죽음으로 실신한 그를 물에 넣고 빼길 거듭했다거나 창자마저 끄집어내는 고문 끝에 사지를 자르는 혹형을 반복했다는 소문은 살아 있을 때 차마 그를 공격하지 못한 사람들이 품은 질투이자 의도적 과장이었는지도 모른다.

롤리 말고도 스코틀랜드 여왕 매리나 얼 오브 에섹스Earl of Essex, 레이디 제인 그레이Lady Jane Grey 등으로 거슬러가는 참형의 맥락을 국가 경계를 넘어 정치·지리적으로 살피긴 어려울 정도다.[44] 그만큼 참형은 보편적이며 통시대적 극형의 바이블로 통용된다. 비슷한 시기의 서로 다른 사례로 유명한 참형 중 하나가 17세의 어린 나이로 죽어야만 했던 '9일 여왕' 레이디 제인 그레이다. 파란만장했던 그녀의 곡절이야 여기서 자세히 살필 여유가 없지만 제인 역시 종교와 권력, 파벌과 가문, 적통 시비에 따른 경쟁 세력의 견제와 시기가 죽음의 복합적 원인이었던 건 영국사의 또 다른 비극으로 남는다.

〈그림 26〉과 〈그림 27〉을 관통하는 공통점은 튜더 왕조의 형벌사를 풍미한 거대한 도끼와 죄인의 목 받침이다. 견고한 나무를 적당한 높이로 잘라 무릎 꿇은 죄수가 목과 턱을 걸도록 다듬어 양옆에 원형의 운반용 철제 손잡이를 박아 넣은 형틀은 그 자체만으로는 형구 이미지를 지니지 않는다. 하지만 죄인의 턱과 목은 물론 어깨 부위가 밀착되도록 완만하고 둥글게 깍은 'I'자형 목형을 기본으로 삼아 단숨에 형 집행을 마치도록 강고한 도구를 만들기 위해 당국은 늘 대비하고 있었다.

특히 참형용 도끼는 예리할 뿐 아니라 신속성과 정확성을 담보하기 위해 '날'을 부채 모양으로 만들어 목과 닿는 부분을 넓고 얇게 펼치며 상단으로 올라갈수록 좁게 만들곤 했다. 이는 형리들의 신체적 완력과 집행 순간의 물리적 충격을 순간 최대화하여 일을 효율적으로 마치려 했던 결과다. 가급적 단번에 일을 마치고 군중의 환호와 전율을 극대화하려는 생각은 형벌의 정치적 전시 효과를 의식할 때 더욱 중요했다. 아울러 영국의 참형에서 도끼와 목제 형틀의 관계는 바늘과 실처럼 밀접했다.

〈그림 27〉
영국의 참형 2:
레이디 제인 그레이의 경우
(1554. 2. 12)

DELAROCHE, Paul,
The Execution of Lady Jane Grey, 1833, Oil on Canvas, 246×297cm, National Gallery, London

두 그림의 도끼를 외형만으로 단순 비교하자면 16세기 후반에 이를수록 날의 끝 부분이 넓어지고 있음을 알 수 있다. 물론 이는 미세한 편차일 수 있고 장소와 시대에 따라 사용의 실제도 달랐을 것이라는 추론 역시 가능하다. 하지만 그 차이가 바로 형벌의 역사성과 정치성을 극명하게 반영한다는 데 주목할 일이다. 그러나 롤리의 참형보다 반세기 앞선 레이디 제인의 참수에서 눈여겨볼 대목은 도끼만이 아니다.

당일의 일을 복기復碁하려면 사형집행인의 회고에 귀 기울여야 한다. 튜더 시대를 천착하는 엘리슨 위어Alison Weir는 그날의 일을 이렇게 복원한다.

> 1554년 2월 12일, 타워 그린; 사형을 집행할 때마다 드는 생각이지만 처음에는 온갖 의식이니 소위 의전을 따져가며 점잖게 시작해도 금세 피투성이 살육으로 변하는 건 매번 마찬가지였다. 물론 나는 솜씨가 있기에 불쌍한 친구들도 몇몇 서툰 녀석에게 걸렸을 때처럼 그렇게 험한 꼴을 당하지는 않았다. 내가 들은 이야기 중에 가장 심한 경우가 전왕 때 처형당한 레이디 솔즈베리였다. 수석 사형집행인은 병에 걸려 쉬고 있었고 그 대리는 경험이 없었다. 결국 도끼를 휘둘러대며 불쌍한 할망구를 쫓아다닌 끝에 피바다를 만들어놓았다고 한다. 하지만 이 일에 대해 너무 감상적으로 생각하는 것도 좋지 않았다. 어차피 그냥 일일 뿐이니까. 아니, 그냥 일은 아니었다. 목을 매다는 일은 간단하고 나는 내장을 꺼내는 작업도 신속하고 능숙하게 해낼 수 있었다. … 레이디 제인은 이제 마지막이 될 세상을 오랫동안 바라본 다음, 울음을 그친 시녀에게서 손수건을 받아들고 눈을 가렸다. 그리고 받침대를 잡으려고 두 손을 내밀었다. "어디 있죠? 어디 있어요? 어떻게 해요?" 그녀가 혼란에 빠져 부르짖었다. 불쌍한 어린애는 몸을 앞으로 내밀고 필사적으로 팔을 내저었다. … 나는 거대한 도끼를 들어 올렸다가 재빨리 내리쳤다. 살과 뼈와 동맥이 깔끔하게 잘려나갔다. 가냘픈 몸뚱이가 펄쩍 뛰어오르고 작은 머리가 돌멩이처럼 밀짚 위에 떨어졌다. 잘린 목에서 뿜어 나온 붉은 피가 금세 밀짚을 적셨다. 경험이 많은 나조차도 그렇게 피가 많이 나오는 건 처음 보았다. 이제 시체에서 옷을 벗기고 시체를 관에 넣고 뒷정리를 하기 전에 할 일이 한 가지 더 있었다. 나는 몸

을 굽혔다가 내 트로피[45]를 높이 쳐들었다. "여왕폐하의 적은 모두 이런 죽음을 맞기를!" 나는 외쳤다. "역적의 목을 보라!"[46]

집행인의 회고를 액면 그대로 받아들이면 참형은 단숨에, 그것도 깨끗이 마무리된 것으로 보인다. 하지만 이 증언을 〈그림 27〉과 견주어보면 이해하기 어려운 몇 가지 문제가 드러난다. 그림을 그린 폴 들라로슈Paul Delaroche가 프랑스 사람이었던 건 유명하다. 그가 작품을 마친 1833년은 때마침 프랑스를 휩쓸던 앵글로마니아의 기운이 융성할 때였고 파리 살롱전을 통해 하필 유럽인의 명성을 독차지할 즈음이었다. 많은 사람들을 사로잡은 건 대량복제가 가능한 판화류 작품들과 화려한 골동품 아니면 부르주아 멜로드라마를 연상시키는 사이비 리얼리즘 풍이었다. 하지만 들라로슈의 처형 장면 묘사는 예외적 깔끔함에도 불구하고 지나친 과장과 역사왜곡으로 현실성을 크게 벗어났다는 평가로부터 자유롭지 못하다.

누구보다 16세기 프로테스탄트 순교사와 그 열전에 주력한 들라로슈였고 보면 동시대 인물들을 그렇게밖에 표현하지 못한 건 크나큰 오류다. 1) 레이디 제인은 마구간처럼 보이는 어두운 실내에서 처형당하지 않고 타워 힐 건물 밖, 즉 '타워 그린'으로 이름 붙여진 특정 장소에서 참수되었고, 2) 고래 뼈로 만든 우아한 코르셋을 착용하거나 화사한 화이트 새틴 드레스를 입고 처형 당일을 맞이할 수 없었으며, 3) 그녀의 머리칼은 참형을 앞두고 틀어 올렸을tucked up 것이 분명했으므로, 즉 그림처럼 탐스런 금발을 어깨 한쪽으로 흘러내리게 한다는 건 형벌 현장에서 상상하기 어려웠다.●

● 갈색 목 받침 또한 대칭으로 파지 않은 채 단순 정방형 그대로 처리된 것은 들라로슈의 치명적 실수로 남는다.

그럼에도 불구하고 들라로슈의 '표현의 정치학'은 대중적 인기를 먼저 의식하고 미술적 환호와 끈적한 멜로물을 지향하려 든다. 정치적 센티멘털리즘에 거침없이 발을 들여놓으려는 것이다. 하지만 들뜬 화풍으로는 '있었던 일'들을 가릴 수 없었다. 한탄스런 역사를 흐느끼도록 재현할 순 있었지만 민중의 감각을 들끓게 하기 위해 '슬픔'의 에너지 하나만으로 '역사'와 '연극'을 함부로 섞을 순 없는 노릇이었다.●

● 사라진 역사의 인물들이 곧 배우는 아니며 비록 자기 역할에 충실한 인물들이었을망정 권력의 주역과 조연은 인위적 조작과 연출 가능한 탄력적 캐릭터들은 아니었기 때문이다.

가눌 길 없는 비통함에 온 벽을 휘젓거나 맥없이 주저앉는다 한들 살길 없는 여왕임을 잘 알면서도 그림을 보는 이들은 어느덧 여자 시종들의 망연함에 이끌린다. 타워의 치안관이 못내 안쓰러워하는 곁에 잠시라도 같이 서 있고픈 감정으로 물들어가는 자신을 발견하게 된다. 애틋함은 넘쳐 이러지도 저러지도 못하고 집행인의 도끼날만 민망하게 만들고 있었다.

처지의 통렬함으로 상황을 얼려 버리고 싶었던 게 들라로슈의 계산이었을지 모른다. 이방의 작가에게 딴 나라 역사는 그만큼 연출과 조율이 가능한 자유 소재였을 것이란 해석도 가능하다. 형벌보다 무서운 것이 집행에 이르는 '기다림'이라고, 죽기보다 힘겨운 것이 죽는 순간까지 살아 있어야 하는 것이라고 되뇌며 말이다. 들라로슈가 노린 그 같은 애틋함, 아니 민중의 안타까움을 한껏 지탱하면서 그대로 남아 있길 바라는 세속의 감상주의가 멜로드라마의 기본 속성이라면 이를 거침없이 분쇄해 버리는 죽음도 있었다. 그것도 형벌이란 폭력을 자기 의지로 온전히 비웃으며 말이다. '순교殉敎, martyrize'란 단어는 그 자체로 엄청난 의미의 덩어리를 포섭하진 않는다.

동양권에서 순교의 '순殉'의 의미는 '따라죽는다'는 추수적 메시지가 근본을 이룬다. 물론 그 역시 자연석 죽음이 아니란 점에서 따라죽어야 할 이유와 전후 맥락의 비장함을 감안하면 집단의 의연한 연쇄사로 이해해야 할 것이다. 바꾸어 말해 죽음의 형식을 빌린 폭력적 집단행동이라고 불러도 무방하다.● 이 같은 집단죽음과 추수적 절명은 차라리 '타율적 자살'로도 부를 수 있다. 개인적 버거움을 벗어나려는 세상의 여느 자살과도 같지 않았고 이루지 못할 사랑일랑 원통하고 억울하여 그나마 세상 한 편에 알리고 떠나려는 소박한 정사情死와도 순교는 달랐다.[47] 아무나 저지르지 못할 일들로 그것은 대부분 종교의 힘을 빌리지만 그에 기대야 할 자기 명분도 철저하게 마련한다. '따라 죽는다'는 행위의 비장미와 철저한 계몽성은 그래서 지독한 이타성을 바탕으로 한다.

● 현실에 깊은 불만을 품거나 이를 극복할 진정한 방법을 아무리 호소해도 세상이 받아주지 않을 때 차라리 삶의 구차함을 '기꺼이' 버림으로써 상대의 뼈아픈 각성과 자신들의 진정성을 계몽하려는 죽음의 형이상학은 여기서 빛난다.

〈그림 28〉이 말하려는 저 희한한 죽음 역시 바로 그런 집단정서를 비춘다. 로마 교황청의 무오류와 종교 중심으로서의 초월성을 인정하지 않고 교회의 우월성마저 믿음의 주체에게만 한정하여 적용함으로써 종교권력의 정치적 축소를 부르짖었던 프로테스탄트들을 '당국'이 괘씸하게 여긴 건 당연했다.[48]

종교개혁기의 숱한 박해와 억압 사례를 일일이 거론하긴 어렵지만 극단의 사례로 종교권력의 왜곡과 완고한 정치적 보수주의를 읽을 순 있다. 그림은 그나마 종교재판조차 거치지 않고 교황 개인의 명령에 의해 프로테스탄트들의 의연한 거역을 단죄한 경우다. 그것도 가장 단순하고 급진적이며 확실한 처형을 즉발 시행함으로써 기존 권위를 지탱하려 한 사례 말이다. 가톨릭의 존재 이유가 비인간적이며 비합리적 폭력을 딛고 서야만 담보되는 희한한 순간이었을 것이다.●

● 그림에 나타난 참형의 형식은 삿된 표현으로 '목을 딴다'는 조폭들의 용어를 연상시킨다.

엄밀히 따지면 자기 권위를 억지로 내세우기 위해서라도 '이단'과 '불손'은 불식해야 할 종교적 일탈이었고 이를 징벌할 수단은 충격적이고 엽기적이어야만 했다. 그림의 근거는 결국 전언과

〈그림 28〉
이탈리아의 참형:
교황 비오(Pius) 4세의 명령
에 의한 로마 프로테스탄트
70인의 순교(1560)[49]

소문이겠지만 그것이 주는 압도감은 종교적 관중들과 이미 목 베어져 쓰러진 자들 사이에 흐르는 긴장감으로 더 커진다. 그뿐만 아니라 이와는 아랑곳없이 명령을 집행하는 형리의 단호함만으로도 더 이상 편안한 감상은 어려워진다.

이 역시 종교개혁 당시의 정치적 긴장을 잘 말해 준다. 게다가 그 기운이 교회 중심과 주변을 얼마나 피 마르게 갈라놓고 있었을지 웅변으로 압축한다. 믿음은 결코 강요의 대상이 아니며 교회란 믿음을 가진 자들의 교유敎諭와 만남의 공간으로 축소되어야 한다는 주장은 한때 목숨 걸고 전도와 교화의 임무로 전율하던 숱한 선지자들의 처연함을 거울처럼 비춘다.

죽여서 얻은 영광과 죽음으로 쌓은 권위가 무너져 갈 때 기독교 권력은 훨씬 더 많은 '주검'을 필요로 했다. 예수가 몸소 보여 준 가르침만으로 종교개혁이 완성되길 바랐다면 그처럼 순진한 바람도 더는 없었다. 끝 모를 '피의 제전'이 로마를 물들이고 유럽 전역과 세상의 종교질서를 뒤바꿀 채비로 분주할 때 덧없는 '칼'과 인간의 '목'은 뗄 수 없는 관계가 되고 있었던 것이다.

죽여서 얻은 영광과 죽음으로 쌓은 권위가 무너져 갈 때 기독교 권력은 훨씬 더 많은 '주검'을 필요로 했다. 예수가 몸소 보여 준 가르침만으로 종교개혁이 완성되길 바랐다면 그처럼 순진한 바람도 더는 없었다.

앞서 살펴본 것처럼 형 집행 직전의 긴장감과 이후의 처연함을 예술적으로 중재할 죽임의 순간을 표현한 작가들은 의외로 많지 않다. 피의 표현은 여간해선 바로 성사시키지 못할 묘한 긴장과 희한한 거부의 원천이었던 까닭이다. 좀처럼 강인하지 않고선 이를 걸출하게 드러내기는 힘겨웠을 것이다.

『구약성서』의 외경 가운데 하나인 「유디트서」에는 아름다운 여인이 조국 이스라엘을 구하기 위해 적장을 잔인하게 참수하는 이야기가 자세히게 실려 있다.[50] 잘 알려진 대로 이스라엘 민족은 이집트에서 오랜 노예생활을 하며 핍박받다가 모세의 손에 이끌려 고향으로 돌아온다. 하지만 얼마 후 아시리아 군대의 침공을 받는데 적군의 총사령관은 홀로페르네스Holofernes였다. 이웃나라들 대부분이 아시리아에 항복했지만 오직 이스라엘만 강력하게 저항하자 총사령관은 잔인한 약탈과 폭력은 물론이고 남자들은 죽이고 여자들은 겁탈하기 이른다. 겁에 질린 이스라엘인들은 홀로페르네스의 군대에 굴복하면서 목숨을 지탱하기 위해 애쓴다.

유디트Judith는 아름답고 형편이 넉넉한 과부였다. 남편이 죽은 후 3년상을 치르던 중 적군의 행위에 복수를 다짐한다. 그녀는 화려하게 몸치장을 하고 시녀와 함께 적진으로 들어가 손수 홀로페르네스의 목을 벤다. 혼비백산한 군대는 끝내 도망가고 이스라엘은 구출된다는 유명한 이야기는 화가들의 주목 대상이었다. 줄거리뿐만 아니라 처형 주체가 여성인 데다 언어로는 적절한 묘사가 힘든 사적 형벌이었다는 점에서 특히 그랬다. 사적 형벌은 따로 다룰 예정이지만 다음 그림들이 눈에 띄는 건 유디트의 행위가 극적일 뿐 아니라 시제 자체가 '현재진행형'이기 때문이다.

카라바조보다 10여 년 늦게 유디트를 그린 아르테미시아 젠틸레스키Artemisia Gentileschi에게서도 '폭력의 향기'가 묻어나는 건 어쩔 수 없다. 둘이 같은 오브제를 다룬 까닭은 불분명하지만 후자가 겪은 성폭력 경험과 어처구니없는 사법당국의 판결이 작가의 혹독한 '반남성주의'를 재촉했을 것이란 추론도 얘깃거리가 된 지는 오래다.●

● 미워하면 더 잔혹해지는 걸까. 그러고 보면 젠틸레스키가 그리는 유디트가 훨씬 한 많고 북받치는 감정의 주인공인 이유도 이해 못할 건 없다.

카라바조가 사용하는 적과 흑의 명암 대비는 커튼과 핏물의 색채미학으로 두드러진다(〈그림 29〉 참조). 카라바조의 이런 색채 처리가 여기서만 특이한 건 아니지만 검정의 기운은 적색의 화려함으로 더욱 초라해지고 '붉음'의 위압감은 '검정'의 참담함으로 한껏 살아난다. 희한하게도 그림 좌측 상단을 채우는 커튼의 붉은빛과 이제 막 숨을 거둬야 할 적장 목에서 내뿜는 핏물이 같은 색조란 사실도 관객들이 넘어서야 할 또 다른 패러독스다. 그것은 침략군의 권력을 기어코 무너뜨린다는 환희와 느닷없이 죽어야만 하는 한 남자의 공포를 뒤섞는다. 그리하여 유디트가 벼르고 별러 단행한 피의 제전을 이스라엘 민족 전체의 영광으로 맞

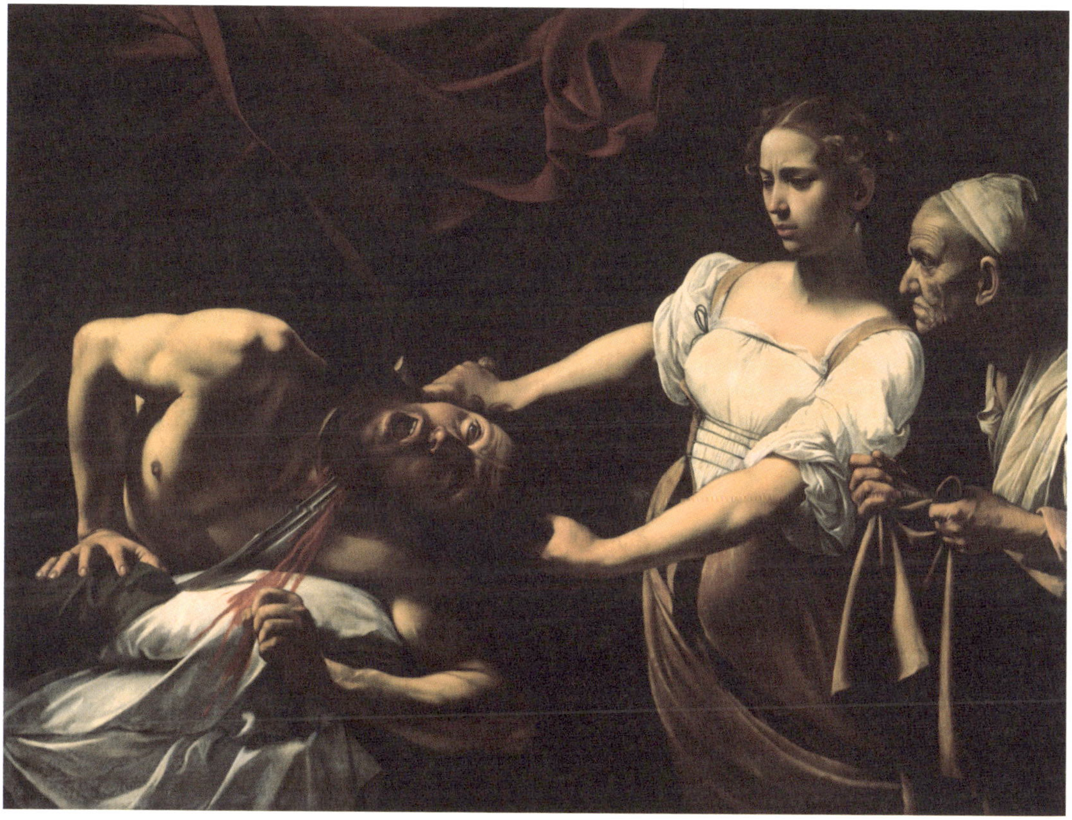

〈그림 29〉
홀로페르네스의 목을 베는
유디트 1:
카라바조의 경우

CARAVAGGIO, Judith Beheading Holofernes, 1598, Oil on Canvas, 145×195cm, Galleria Nazionale d'Arte Antica, Rome

바꾸는 대표적 상징이 된다. 카라바조가 쓴 붉은색과 젠틸레스키의 그것은 큰 차이를 보이지 않는다. 미술적으로 '그'에게 기울어 있던 자가의 표현이 전직을 닮은 곡절노 따라서 유난스레 캐물을 일은 아니다.

크게는 비슷하고 작게는 같지 않은 두 그림을 견주어 보면 '차이'와 '다름'은 매력적이다. 하녀의 외모와 참살을 단행하는 유디트의 위치, 고통스러워 하는 홀로페르네스의 표정이 각기 다름은 물론이고 의상의 색조 차이와 함께 시트를 물들인 피의 농도 또한 같지 않다. 그러던 유디트 그림들은 점차 밝아진다. 젠틸레스키의 경우, 명암 처리는 카라바조를 방불케 하지만 목에서 내뿜는 적장의 피는 시녀의 옷 색깔과 겹쳐지고 그림의 수직적 연결고리로 작동하는 칼날의 방향은 힘차게 홀로페르네스의 목을 꺾는 유디트의 억센 두 팔과 직각을 이루며 관객의 시선을 분산시킨다. 〈그림 30〉은 그래서 보아야 할 것들이 많다.

그런다고 해서 이야기의 밀도가 느슨해지는 건 아니다. 유디트의 가슴골을 한결 육감적으로 파 넣은 젠틸레스키 역시 유혹의 치명성을 지니지만 작정하고 덤빈 두 여인의 총기와 기개가 한 나라의 군사력과 자존심을 여지없이 뭉개 버리는 강고한 자원임을 그림은 웅변으로 보여 준다. 하지만 정작 두드러진 특징 가운데 하나는 표현의 시차에 주목한다는 점이다. 그녀는 홀로페르네스를 죽이고 난 '다음 시점'까지 표현의 대상을 넓혀 잡는다. 복수는 그림 하나로 끝나지 않는다. 그녀의 분노는 두고두고 삭여야 할 한의 연료燃料다. 유디트의 미술사를 이야기할 때 젠틸레스키에 주목해야 할 까닭이다.

그도 그럴 것이 아버지가 소개한 그림 선생에게 강간당한 후 순결을 잃었다는 사실을 입증하라는 로마 법정의 어처구니없는 요구와 이를 이끌어내는 당국의 고문은 젠틸레스키의 퇴로를 모조리 막아 버렸기 때문이다. 하소연할 데라곤 한 군데 없는 그녀가 상처를 달랠 길은 그림밖에 없었다. '유디트'는 어느덧 자신의 얼굴이자 육신이며 대체 영혼이었다. 둘은 하나였고 홀로페르네스는 졸지에 이 세상 모든 남자로 변신해 간다. 불타는 화가의 적개심을 잠재울 길은 강하다는 남성보다 더 폭력적이고 능글맞은 마초의 완력보다 한결 막강한 힘으로 '그'를 목 조르고 칼로 베며 끝내 자기 손아귀에 남자의 머리채를 휘어잡는 일밖에 없었다. 수도 없이 유디트를 그려낸 그녀에게 습작과 완성품은 그래서 구분하기 어렵다.

〈그림 30〉 홀로페르네스의 목을 베는 유디트 2: 젠틸레스키의 경우

GENTILESCHI, Artemisia, Judith Beheading Holofernes, 1611-12, Oil on Canvas, 159×126cm, Museo Nazionale di Capodimonte, Naples

〈그림 31〉도 그렇게 읽어야 할 분노의 표적이자 복수의 과녁이었다. 이제 막 남자 하나 죽인 여성의 눈동자치고 '죽음'과 관계가 없고 그 남자 목을 바구니에 담아 왼손으로 받쳐 든 가녀린 시녀의 시선도 조금 전까지의 살벌함과는 상관없는 시치미로 일관하는 중이다. 게다가 얼마 전 그림에서와는 전혀 다른 의상을 입혀놓은 젠틸레스키의 의중이라니. 그 같은 '차이'와 '다름'은 무엇을 뜻하는 것일까. 그림마다 다른 표정과 얼굴까진 고사하고 이 같은 간단한 물음에 금세 답할 수 없는 정황만으로도 작가의 생각이 얼마나 복잡하고 예민했는지는 감 잡을 수 있다.● 작가의 상상 속에 관객의 뇌리를 압도할 내용이 가득했다면 그 정치적 지향점의 끝은 어디였던 걸까.[51]

유디트를 그려낸 그녀에게 습작과 완성품은 그래서 구분하기 어렵다.

● 둘은 벌써부터 승리의 대가를 즐기고 있었던 걸까. 아니면 장군의 '잘린 목' 만으로는 아직 이스라엘의 평화와 안정이 불충분하다고 여겼던 걸까. 불만스런 만족? 숨기고픈 환희와 불안한 승리? 허탈과 포만의 막연한 교차? 희열 뒤의 허무?

있었던 역사를 복원하거나 재현하지 않고 자신의 개인적 곡절을 위로하려고 은폐와 은유를 동시 단행하는 경우도 있다. 하필 유디트의 참형을 빌미로 말이다. 〈그림 32〉는 크리스토파노 알로리Cristofano Allori의 작품이다. 얼핏 보면 멋진 옷을 입은 유디트가 홀로페르네스의 머리를 들고 있는 것처럼 여겨진다. 하지만 연구자들은 알로리가 사랑에 좌절한 자기 감정을 표현한 것으로 이해한다. 유디트는 차갑고 잔인한 여인이지만 아름다운 양면성을 지닌다. 알로리는 한때 자신의 정부였던 마차피라Mazzafirra·Maria di Giovanni Mazzafirri의 배신으로 괴롭기 그지없는 심경을 그리려 구실을 찾고 있었다는 것이다. 그러던 중 그녀의 모습에 유디트를 겹쳐 버렸고 하필 홀로페르네스의 잘린 목 안에 실연으로 괴로워하는 제 얼굴을 넣었다는 것이다.● 결국 알로리는 마차피라와 이루지 못한 사랑을 유디트의 아름다움에 기대어 두고두고 알리려 든다.

● 유디트 곁의 하녀는 마차피라의 어머니였다는 해석도 빠뜨릴 수 없다.

또 다른 속설도 있다. 천하의 이탈리아 바람둥이libertine 알로

〈그림 31〉 목을 벤 이후의 유디트 1: 젠틸레스키의 경우

GENTILESCHI, Artemisia, Judith and Her Maidservant, 1612-13, Oil on Canvas, 114×93.5cm, Pitti Gallery, Florence

〈그림 32〉 목을 벤 이후의 유디트 2: 알로리의 경우

ALLORI, Cristofano, Judith with the Head of Holofernes, 1613, Oil on Canvas, 120.4×100.3cm, Royal Collection, Windsor

리가 젠틸레스키에게 연정을 품고 접근했으나 남자에 대한 선입견으로 똘똘 뭉쳐 있던 그녀가 흔쾌히 받아줄 리 없어 그 사랑은 애당초 성사될 길 없었다는 제법 널리 알려진 얘기 말이다. 이게 사실이라면 유디트로 서 있는 여인은 바로 '젠틸레스키'일 터다. 상처로 가득했던 젠틸레스키가 집안에서 강권한 결혼생활을 정리하고 몸도 마음도 쉴 겸 머물렀던 1613년 플로렌스에서의 일이다.

참형의 구체적 표현 과정에서 잘린 목은 잘릴 목에 양적으로 앞선다.

그림으로 말하는 화가가 작품 안에 분명한 단서를 남겼을 리 없다면 '전언'과 '속설' 가운데 어느 게 옳은지 가리기란 쉽지 않다. 지금은 윈저의 로열 컬렉션 가운데 하나인 이 온화한(?) 엽기와 자학은 그나마 오래 살지도 못한 알로리의 매너리즘적 투정일는지 모른다.●

● 따지고 보면 그들의 짧기만 한 러브 스토리, 아니 알로리의 짝사랑과 아무 관계없는 유디트의 하드코어는 억울할 것이다. 하기야 이루지 못한 사랑을 놔둔 채 그대로 사라지기란 격렬한 고통이었을 테니까.

젠틸레스키가 형벌미술사의 분화에 이바지한 점은 이처럼 참형의 시제를 자유롭게 넘나들었다는 데서 찾을 수 있다. 유디트와 홀로페르네스의 극적인 관계를 그린 이들은 적지 않았지만 젠틸레스키처럼 정작 죽이는 모습과 죽인 이후를 함께 다룬 작가들은 흔치 않았다. 이로써 그녀의 '참살'은 더 능청스러워졌고 살인 이후의 시치미도 다양하게 표현할 단초를 마련한다. 하지만 참형의 구체적 표현 과정에서 '잘린 목'은 '살릴 목'에 양적으로 앞선다. 이제껏 살핀 '잘리는 목'도 그렇게 따지면 상대적으로 희소하다. 유디트의 행위를 손수 표현한 미술적 노력이 돋보였던 이유가 여기에 있다.

그럼에도 불구하고 참형의 미술사에서 집행 이후의 현장과 상황에 크게 주목한 건 표현의 '결과론'과 폭력미학에 관한 집착 때문이었을 것이다. 형벌의 미술적 접근이 다 그런 건 아니겠지만 목과 신체가 분리되고 핏물 낭자한 비일상적 미장센이 화면을 압도하는 데 눈길이 먼저 가는 건 극히 자연스러웠을 것이다. 강한 것을 오래 기억하는 인간의 시지각과 잔혹할망정 한 번 입력된 극한 정보를 회상하는 뇌 구조는 한층 폭력적인 일들과 장면을 좋아했던 것이다.

강한 것을
오래 기억하는
인간의 시지각과
잔혹할망정
한 번 입력된 극한
정보를 회상하는
뇌 구조는 한층
폭력적인 일들과
장면을 좋아했던
것이다.

이런 기억의 현상학과 감각적 소환의 정치학은 형벌이 부르는 죽음과 그 결과적 장엄함에 무게중심을 둔다. 땅바닥에 뒹구는 목과 내뿜는 피, 죽은 채 부릅뜬 눈 아니면 처연히 감아 버린 눈꺼풀 등은 말할 것도 없고 아무렇게나 흐트러진 머리칼이나 구체적 표현이 불가능한 표정에 이르기까지 참형의 디테일은 예사롭지 않은 관찰의 꼭짓점들을 양산하기 때문이다. 무엇보다 참형의 엽기성은 '목'과 처절하게 벼려진 채 따로 방치된 '몸통'에 서린 비일상성에서 크게 상승한다. 참형이 무서운 건 '하나'인 육신이 정말로 '둘'이 되는 때였다.●

● 이제 막 잘려져 형장에서 구르는 목이나 그에 묻은 피의 색깔은 두렵지 않았다. 느닷없는 사라짐에도 불구하고 조금 전까지를 기억하는 몸통의 움직임과 떨림의 여전함이 섬뜩했던 터였다.

죽어도 죽지 않는 살들의 버팀은 바라보는 이들을 두고두고 괴롭혔고 현장을 기억해야 할 불특정 다수로 하여금 죽음의 모든 과정을 각인하도록 혹독히 채근한다. 바로 참형의 정치력이었던 것이다.

미술사를 관통하는 참형의 반복 표현 과정에서 '잘린 목'이나 '잘릴 목'만큼 관심의 대상이 된 건 도구다. 도끼, 받침대, 칼처럼 논란과 흥분의 계기를 마련한 건 기요틴guillotine이다. 그것도 일상의 기억을 압도한 프랑스혁명기의 헤일 수 없는 사례들 말고 고전적 원형은 별개의 논란거리다. 크라나흐의 목판화나 고야가 그린 혁명기 크레용화 속의 기요틴이 대표적이다. 〈그림 33〉은 이를 잘 말해 준다.

원근묘사 때문에 정확한 앞모습은 드러나지 않지만 크라나흐의 기요틴은 고야의 그것과 비교적 정확히 일치한다. 3세기

〈그림 33〉
프랑스혁명 전후의 기요틴

[좌] CRANACH, Lucas the elder Martyrdom of St. Matthew, c. 1512, Woodcut
[우] GOYA, Francisco, French Punishment, 1824-25, Black Crayon on Paper, 19.2×15cm

의 시차에도 불구하고 대부분의 이미지가 겹친다는 건 뭘 뜻하는 걸까. 크라나흐가 목판화를 통해 미술의 사회교육 기능을 확장한 이야기는 앞에서도 했지만 특이한 건 과연 그 옛날 마태(매튜)Matthew가 순교[52]할 때도 기요틴을 사용했을까 의아할 정도로 이를 기정화한다는 점이다. 그들도 중세인처럼, 아니 마치 혁명기 분노한 군중들처럼 그 같은 기구를 썼을 것이라는 크라나흐의 고증은 독특하다.

순교의 방법론적 진위보다 중요한 것은 16세기 초에도 형벌의 사회화가 이루어진다는 점이다. 하지만 정작 프랑스혁명기의 기요틴이 크라나흐의 이 작품과 어떤 상관성이 있는지 추론하긴 어렵다. 나무와 철을 이용하되 칼날의 단면 처리와 대각선 절삭을 제외하면 둘은 무척 닮아 있다. 이에 비해 스페인 화가의 눈에 비친 프랑스의 처형법은 표현의 단순성에도 불구하고 마무리가 견고하고 확실하다. 칼날이 막상 목을 스칠 때 발생하는 충격이나 행여 발생할지 모를 '밀림'을 방지하기 위해 하단의 목제 고정틀을 마련한 점이나 접지 부분의 공고화 작업 등은 역시 둘 사이의 결정적 차이다.[53]

미술이 감각을 단련하는 전형적 도구이자 시각 텍스트로 작동하는 이치야 다시 강조할 필요가 없을 것이다. 형벌의 현장도 자주 보다 보니 무감각해졌고 끝내 그 같은 사정이 그림 속으로까지 파고드는 것도 이상한 일은 아니었다. 감상과 관찰의 '중심'보다 '주변'이 한층 흥미로운 건 앞의 헤라르트 다비드의 경우에서도 확인했지만 미술의 반어법을 주목해야 할 까닭은 미술사 곳곳에 있다. 참형에서도 마찬가지다. 한스 멤링Hans Memling과 디에릭 보우츠Dieric Bouts의 다음 작품들만 봐도 그렇다. 참형의 처절함이야 그때라고 달랐을까마는 15세기 후반, 이를 바라보는 세상 사람들의 모습은 재미있다. 그림이라면 대부분 제단화나 초상화가 주류였던 시절, 세례 요한이 아니라 애먼 사람을 죽인 경우였지만 보우츠의 그림과 멤링의 그것은 마치 한 사람이 그린 다른 작품인 양 헛갈린다.

둘은 형벌의 공포보다 이를 지켜보는 사람들의 무덤덤한 눈길과 별달리 두려워할 것조차 없다는 시각적 아스라함에 그림 대부분을 할애한다. 바라보는 이들의 시선은 지나칠 정도로 분산되어 있어 자리에 있긴 하되 철저하게 무관심하며 처형 대상을 의식하고는 있지만 의외로 복잡하다. 때문에 둘은 비슷해도 같지 않으며 달라 보이지만 판에 박은 것처럼 유사하다.

찌든 삶에서 비롯된 무표정인지, 아니면 바로 보기 무서워 외면한 탓인지 참형장 군중들이 취하는 냉담함이란 논리로는 설

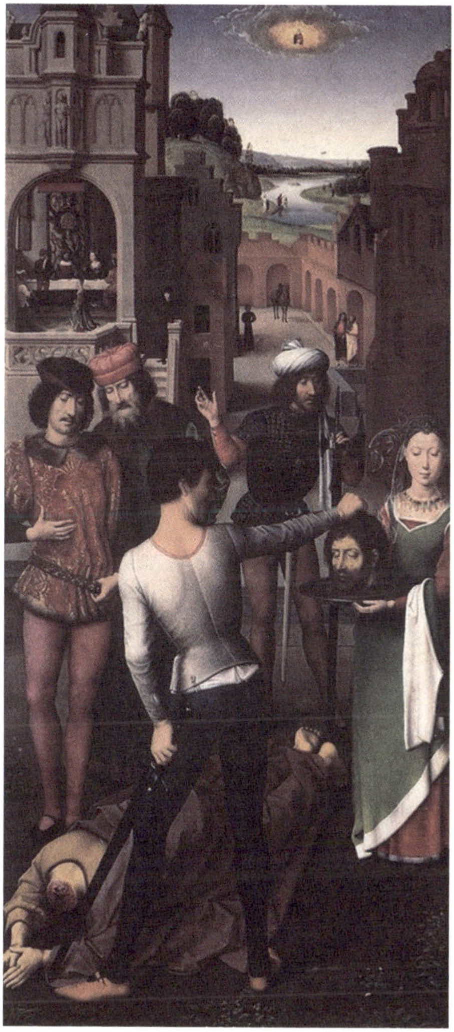

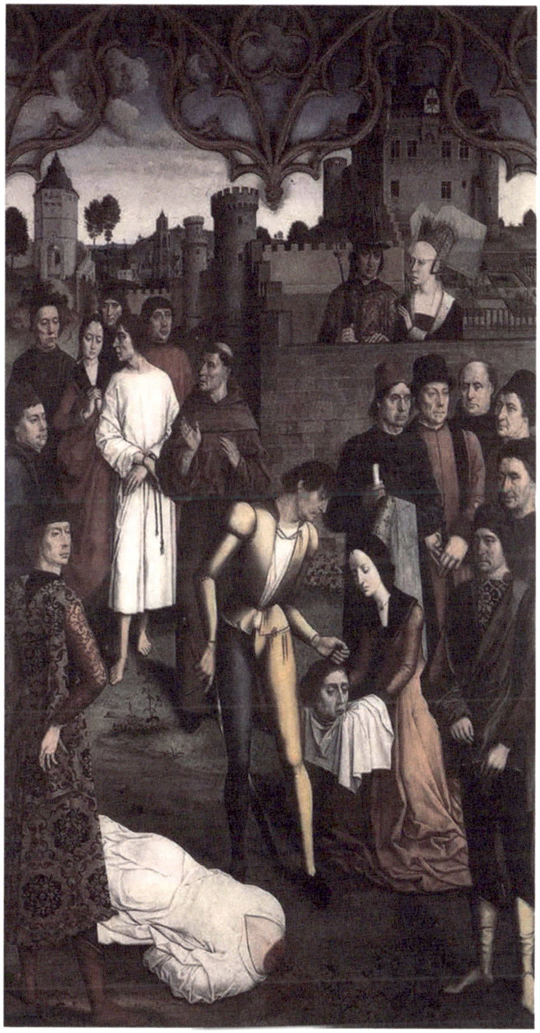

〈그림 34〉 중세 회화와 참형

[좌] MEMLING, Hans, St. John Altarpiece (left wing), 1474-79, Oil on Oak Pane, 176×78.9cm, Memlingmuseum, Sint-Janshospitaal, Bruges

[우] BOUTS, Dieric the Elder, The Execution of the Innocent Count, 1460, Oil on Wood, 324×182cm, Musées Royaux des Beaux-Arts, Brussels

명하기 어렵다. 괴로움도 넘치면 초연해지고 두려움도 한계를 넘어서면 차라리 여유로워지는 비일상적 긴장이란 의도치 않은 결과였을 것이다. 죽을지 모르고 저지른 죄를 후회하든, 아니면 자기 또한 저렇게 죽을는지 모르리란 예감에 질려 버리든 아직은 붙어 있는 자신의 목이 그저 고마워 아연한 군중들을 바라보며 안심한 쪽은 차라리 종교권력과 정치권력 쪽이었을 것이다.

지극히 정적인 분위기는 중세라는 시대적 특징보다 자기들 눈앞에서 벌어지고 있는 처참한 광경이 어서 지나가 주기만 빌던 또 다른 간절함 때문이었을 것이다.● 형벌의 혹독함은 역시 당하는 자의 몫이었다. 기이한 두려움이 질리도록 퍼져 겉잡지 못한 까닭은 당국이 겨냥한 정치적 과녁을 피할 재간이 누구에게도 없었기 때문이다.

● 말로만 듣고 귀로만 겪던 참담한 '그 일'을 정작 제 앞에서 실행하다 보니 할 말 잊은 자들의 집단공포는 표정의 건조와 감각의 동결마저 무릅써야 했다.

바라보고만 있어야 한다는 건 형벌이 낳은 또 다른 고통이다. 참수 현장에서 이제 막 잘린 채 구르는 목과 튀는 피를 쳐다보고 목 없는 몸통이 과거를 기억하는 엽기적 움직임마저 바라봐야 하는 건 살아남은 자들에게 무엇이었을까. 공포의 지탱과 잔상의 호출, 끝없는 회상과 기억의 부담을 권력은 노리고 있었던 걸까. 죽어야 하는 자의 서러움보다 살아가야 할 이들의 버거움을 늘리고 관리하는 데 전근대 정치권력이 애쓰고 있었다는 증거는 이걸로도 충분한 게 아닐까.

민중의 정치적 일탈과 저항을 정면에서 억압하는 최고·최대의 방편이 당국의 형벌 메뉴의 개발이었다는 사실에 주목해야 하는 것도 이 때문이다. 뿐만 아니라 서양 형벌이 책형과 교형 혹은 참형이란 기본 유형에 얽매이지 않고 수많은 변용과 응용을 가져온 까닭도 통치 차원의 민감한 기획과 맞닿아 있었다. 따라서 누군가는 정교한 고문의 물리적·외과적 효과와 사회·심리적 충격을 계산하고 있었고 그 결과 민중 부문이 어떻게 반응할는지 측량하기 위해 보이지 않는 정치적 고민을 계속하고 있었다.

누군가는 정교한 고문의 물리적·외과적 효과와 사회·심리적 충격을 계산하고 있었고 그 결과 민중 부문이 어떻게 반응할는지 측량하기 위해 보이지 않는 정치적 고민을 계속하고 있었다.

행여 권력 내부의 흠결과 정치적 오류가 민중 도발의 빌미가 되거나 권력투쟁의 단서가 되지 않게 하기 위해서라도 형벌의 강화와 다양화는 강자의 정밀한 자산이자 단속 수단이 되었다. 잃을 게 많은 쪽일수록 챙기고 지켜야 할 메뉴도 역설적으로 그에 비례했던 셈이다. 어느 국가든 죄와 벌은 불가피했지만 사법적 명분도 쌓다 보면 그건 곧 권부의 부담이자 정치적 압박이 되고 있었다.●

● 가진 걸 놓치지 않고 당장 움켜잡고 있는 것들을 잃지 않기 위해서라도 몸부림치는 일은 '없는 자'들의 전유물이 아니었다. 그것은 힘 있는 자들의 강박이자 긴장어린 정치적 의무였다.

목숨이든 권력이든 잃는다는 건 결국 가진 자들 모두의 두려움이었다. 정작 잃어버리는 순간의 공포보다 언젠가는 그것이 자신의 일이 되리란 예감과 막연한 상상만으로도 형벌은 죽기보다 싫었던 것이다. 죄인의 잘려나가는 목보다 아직도 붙어 있는 자신의 목이 고마웠던 것도 그 때문이었다.

화형火刑

형벌의 폭력성이 커진다는 건 권력의 강박과 민중의 공포가 비례하고 있음을 잘 보여 준다. 둘은 하나이며 형식은 달라도 내용의 동질성을 공유한다. 형벌의 한계가 과거의 물리적 잔혹성을 넘어선다는 사실은 그 자체만으로도 강한 정치성을 지닌다. 중세 정치권력은 종교를 핑계로 무한정 자유롭게 제도폭력을 추구할 수 있었다. 그들이 애용한 처형의 법적 근거가 거룩한 '하늘'에 있고 '땅'의 더러움과 삿됨마저 깨끗이 만들 구실을 마련할 수 있었던 건 극히 편한 논리였다. 종교권력과 정치권력의 야합이 중세 사회를 지탱한 보이지 않는 힘의 원천이었다고 인식하는 까닭도 이 때문이다. 그것은 세속 질서에 직접 개입하지 않으면서 '외면'과 '초월'을 가치 중심에 올려놓는 종교적 관용과 이를 재활용하려 들던 정치권력의 이해관계가 겹치고 있었음을 뜻한다. 강자의 지배연합은 그래서 오래도록 유지될 수 있었고 서로를 향한 두려움도 생각보다 쉽게 면할 수 있었다.●

형벌의 한계가 과거의 물리적 잔혹성을 넘어선다는 사실은 그 자체만으로도 강한 정치성을 지닌다.

● '주께서 가장 위대한 복수와 치죄의 수단이 용서라 설파하셨던들' 강자의 강인함은 폭력의 구현과 과시로 꽃처럼 피어났고 약자의 처절함이란 저들이 휘두르는 혹독한 힘과 권세로 한결 초라하며 긍휼히 여겨야 할 이유였다.

중세 유럽의 여러 국왕들이 교황의 눈치를 보며 자신의 활동 거점을 모색하고 교회가 세상을 압도하는 정치적 형국 속에서 형벌은 내치의 주요 수단이자 종교적 우월성을 입증할 물리적 방편이었다. 그렇지 않아도 자기 권위의 극한을 노리던 권력의 단위들이 자신의 세를 과시할 만만한 근거란 결국 인간을 향한 폭력

사용과 그 한계의 확장에 있었던 것이다. 전근대 사회에서도 사법판결은 국가폭력을 사용할 명백한 근거였다. 하지만 민중의 자발적 복종을 유도할 힘은 원시적이며 즉발적인 계기로 마련되고 있었다. 산 자의 몸을 그대로 찌르든, 죽은 후 내다 걸든, 아니면 목 자르고 방치하는 것도 모자라 산 채로 불태워 죽이는 원시성 앞에서 항의와 절규는커녕 떨고 숨죽이며 바라만 봐야 했던 군중의 나약함이란 서양 형벌사에서 무엇을 의미했던 걸까. 인간성이니 합리성이니 하는 개념조차 없던 시절, 죄와 벌은 정치적으로 어떤 의미를 지니고 있었을까.

형벌의 역사로만 거꾸로 훑자면 '인간'이 가장 두려워해야 할 상대는 '인간'이었다. 가급적 참담하게 벌하기 위해 한없이 개발하고 궁리하는 인간의 가혹함이란 폭력을 넘어 악마성 넘쳐 나는 저주의 그것이었다. 죽어야 하는 자 앞에서 산 자들이 점점 냉담해지고 자신도 어느 날 그 대상이 될는지 모른다는 예측보다 피 흘리며 죽어가는 죄인의 육신을 더 혹독하게 괴롭힐 방도를 찾는 데 주력한 인간의 동물성이란 정말 본연의 모습이었을까. 무능하고 타락한 군주의 목이 존엄했던 몸에서 떨어져 나가는 순간, 절규와 함성으로 광란한 군중의 얼굴이나, 더 많은 살점이 뜯기고 더 뜨거운 핏물이 몸에서 솟구치길 바라던 익명의 흥분이나 형용할 길 없는 광기는 무척이나 닮아 있었다.

형벌의 역사로만 거꾸로 훑자면 '인간'이 가장 두려워해야 할 상대는 '인간'이었다.

과격한 형벌에 환호한 민중의 갈증이 빈곤과 차별에서 비롯된 사회적 불만이나 정신적 스트레스의 집단적 해소 방안이었을 것이라는 추론은 그래서 온당하다고 볼 수만은 없다. 선과 악도 애당초 확연한 경계를 중심으로 나뉘는 것은 아니기 때문이다. 마치 한나 아렌트Hannah Arendt가 말하는 악의 평범성*the Banality of Evil*, 아니면 집단적 마비와 심리적 일탈을 통한 총체적 최면이 권력의 기획으로 가능했던 역사 사례들을 의식하게 만드는 것처럼 말이다.

무엇이든 익숙해지면 현재의 것을 탐닉하며 지난 것들을 망각하는 존재도 인간이었다. 그런 관행 속에 세상의 습속이 쌓이고 사회화한 것 또한 사실이기 때문이다. 보고 듣는 게 지극히 제한적이었던 전근대 사회에서 이 같은 일은 더 자연스러웠다. 칼과 창, 십자형틀과 몽둥이, 쇠사슬과 차꼬, 수갑과 감옥 등은 형벌을 집행하거나 준비하기 위한 물리적 조건이자 고문의 기본 수단들이었다. 이런 기본 조건 주변에, 아니 그와는 별도로 '불'이 마련된 건 또 다른 사회적 폭력성을 잘 반증한다.

무엇이든 익숙해지면 현재의 것을 탐닉하며 지난 것들을 망각하는 존재도 인간이었다.

이단과 불손함을 벌하고 재발을 방지하기 위한 공시적 응징 수단으로 화형은 다분히 연극적이었다. 볼거리 없는 문화의 건조함과 세상의 척박함을 일거에 날려버릴 '쇼 비즈니스'이자 집단 광기에 호소할 대형 '퍼포먼스'였을 것이다. 이만큼 현시적이고 과시적인 형벌도 흔치 않았다. 그것은 책형과 교형, 참형과 박피형 같은 전통 형벌의 엽기성이나 인습적 공포와 전혀 다른 폭력성을 지닌다.

가톨릭 교회권력의 우월성을 능멸하려는 새로운 기류가 악마성을 띠거나 신기神奇의 속성을 발휘한 것도 따지고 보면 정치적 저항과 도발의 다른 형식이었다. 화형이 '종교재판'과 '마녀응징chastisement'의 본보기였던 까닭도 그 때문이다. 교회와 국가가 대립을 하든 말든 삶은 척박하기 이를 데 없었고 먹고사는 문제조차 해결하지 못한 권력을 민중이 존경해 주길 바라는 건 곤란한 일이었다. 구원은 고사하고 희망의 실질조차 담보하지 못하는 삶 속에서 허울만의 기적을 담보하려는 종교는 민중의 눈에 위선이자 허영으로밖에 비치지 않았다.

이단과 불손함을 벌하고 재발을 방지하기 위한 공시적 응징 수단으로 화형은 다분히 연극적이었다.

갈망하고 꿈꿔도 오지 않을 행복을 막연히 기다리는 그 일이 그토록 오래 이어진 까닭은 어느덧 기도가 생활이자 기다림이 습관으로 굳어 갔던 일상 때문이었다. 몸에 밴 복종이 물리적 항거나 시위보다 항상적 굴신성을 숙성시키는 동안 이따금 혹독하게 학습하는 형벌의 사회화는 교회와 국가의 정치적 위력이 얼마나 막강한지 잘 주입한다. 그것은 공포와 폭력의 지속적 확인을 통한 주눅의 교화敎化였다. 미신이 횡행하고 미래가 불투명한 현실 속에서 환상과 요행의 논리가 기승을 부리는 것도 민중을 탓할 일은 아니었다. 그것은 더 이상 하늘을 믿지 않으며 꿈과 내일의 세계 역시 인정하지 않으려는 사회불안이나 절박한 정치심리를 잘 대변한다.

몸에 밴 복종이 물리적 항거나 시위보다 항상적 굴신성을 숙성시키는 동안 이따금 혹독하게 학습하는 형벌의 사회화는 교회와 국가의 정치적 위력이 얼마나 막강한지 잘 주입한다.

엄격히 말하자면 마녀와 무당이 넘쳐 나도록 많아 종교재판을 자행하고 형벌을 강화한 게 아니다. 그것은 가톨릭 전파에 맞서려 했던 유럽 토착 종교와 교회의 갈등을 해소하고자 애쓴 당국의 폭력 때문이었다. 심지어 교회의 수장들은 무조건 자기들 교리에 어긋나는 행동과 말을 하면 마녀로 몰아붙여 무자비한 탄압에 들어간다. 이런 현상은 시기, 질투, 원한 등의 감정이 서로 얽혀 있던 여성들 사이에서 시작되었고 시간이 지나자 그 양상은 급기야 공무원, 귀족, 사제, 법정인, 시장 상인에게까지 확산되는가 하면 어린이들 사이에까지 퍼져 사소한 일로도 서로 마녀라고 고발하는 이상한 풍조까지 생겨났다.[54]

화형은 대부분 기둥이나 임시 건조물을 만들어 '묶고' 군중이 바라보는 가운데 장작과 건초더미를 사용해 태워 죽이는 형벌이다. 가톨릭은 부활을 믿었기 때문에 육체의 원형을 남김없이 태우는 화형을 가장 무서운 형벌로 간주했다. 하지만 초월적 존재에 대한 제의적 공물로 화형의 '희생적' 기원은 훨씬 오래전으로 소급한다. 정확한 고증은 어렵지만 앞에서 지적한 것처럼 화형 집행 공간은 불특정 다수에 대한 공포와 오락적 요소를 동시에 보여 주는 이데올로기 주입 장소로 이용된다.

유럽의 전형적 화형은 이단 심문과 18세기 후반까지 계속된 '마녀사냥'으로 이어진다. 하지만 유럽의 화형은 마녀재판의 소멸과 궤를 같이하면서도 궁극에는 프로테스탄트의 처단을 둘러싼 대규모 과시 수단으로 활용된다. 과잉단순화하면, 유럽의 화형은 마녀뿐만 아니라 프로테스탄트들을 잡기 위한 극단의 수단이었다.

〈그림 35〉는 후자의 경우를 잘 보여 준다. 좌측 그림은 헨리 4세 집권기, 구교에 저항한 프로테스탄트 롤라즈Lollards의 화형을 준비하는 장면이고, 우측은 그랜드 더치 오브 리투아니아에서 가톨릭에 맞섰던 성직자 아드리안 찰린스키Adrian Chalinsky의 처형 장면이다. 무작위로 추출한 두 경우만 보더라도 화형의 원시성과 폭력성은 여지없이 드러난다. 그들이 겪은 사연과 관계없이 그림에 드러난 모습만 보더라도 저 무지막지함 속에서 당사자가 치러야 했던 고통은 가히 상상할 만하다.

어떤 형벌이든 육체적 고통의 크기를 가릴 수 있겠는가마는 화형의 잔혹함은 생사람을 서서히 태워 죽이는 동안 이를 무릅써야 하는 장본인과 지켜봐야 할 이들의 시선마저 함께 타들어가는 사회·심리적 통증이 승수 효과를 일으킨다. 칼과 십자가보다 불이 무서웠던 건 궁극에 이르러 한 생명을 흔적조차 남김없이 소멸시킨다는 사실과 그 기운을 모두가 즉시 확인할 수 있었던 때문이다.

분형焚刑이라고도 부르지만 대부분 화형으로 인식하는 이 형벌 역시 누가 언제 어디서 처음 사용했는지 소급과 고증은 어렵

화형 집행 공간은 불특정 다수에 대한 공포와 오락적 요소를 동시에 보여 주는 이데올로기 주입 장소로 이용된다.

칼과 십자가보다 불이 무서웠던 건 궁극에 이르러 한 생명을 흔적조차 남김없이 소멸시킨다는 사실과 그 기운을 모두가 즉시 확인할 수 있었던 때문이다. 죽은 자를 태우는 화장이 아니라 산 자를 녹여 버리는 죗값의 지불은 생각보다 쉽지 않았다

〈그림 35〉
프로테스탄트의 화형

Henry Moore, *The History of the Persecutions of the Church of Rome; and Complete Protestant Martyrology*, 2nd ed. (London: Brimmer, 1819), p. 83 [plate 2], p. 654 [plate 25].

다. 중세 유럽에서만 사용한 형벌로 인식하곤 하지만 인도와 고대 이집트에서도 행해졌고 중국과 일본도 예외는 아니었다. 일본은 전국시대에서 에도시대까지 가톨릭 신자들의 탄압 수단으로 애용했고 나중에는 방화범에게만 제한 사용했다고 전해진다. 고대 국가 역시 본보기의 범죄 예방 목적으로 사용했으리라 추정하지만 유럽의 초기 화형은 로마제국이 기독교 박해를 작정했을 때부터였고 독일과 영국이 이단 심문과 마녀재판을 감행한 이후 프랑스가 혁명 시기까지 이에 의존했던 건 주목해야 할 역사로 남는다.

세월이 흐르자 화형의 폭력성은 교수형으로 완화된다. 죽음의 순간에도 인권은 배제할 수 없으며 사형수의 고통 역시 줄여야 한다는 생각이 퍼진 건 역시 혁명의 영향 때문이다. 신체벌의 감소가 곧 근대 사회로의 이행을 담보하는 외형적 변화의 하나였던 건 분명하다. 하지만 종교개혁기에 이르도록 엄청난 숫자의 프로테스탄트들과 성공회 순교자들이 화형으로 처단되었던 사실 역시 지울 수 없는 역사로 남는다.

스페인의 종교재판소 서기였던 요렌테Jorente는 1481년부터 1517년까지 적어도 1만 3천 명이 산 채로 화형당하고 8,700명이 시신 상태로(즉 감옥에서 이미 목 졸려 죽은 뒤) 화형당했으며 1만 7천 명이 다양한 처벌에 처해졌다고 추산한다.[55] 하지만 유럽 전역으로 눈길을 돌리면 이 통계는 지극히 일부였음을 알게 된다. 이니스는 이렇게 말한다.

> 마녀박해의 확산은 적어도 부분적으로는 내부로부터 공격당하고 있다는 로마 가톨릭교회의 두려움에 기인했다. 그러나 많은 나라가 개신교를 공식적으로 채택할수록 히스테리는 계속되었고 가톨릭으로 남아 있던 나라보다 이런 나라들이 더욱 극렬하게 마법을 근절시키려 했던 건 분명하다. 두 세기를 통해 독일에서는 적어도 10만 명이 마녀란 이유로 화형당했다. 1590년, 당시의 한 기록자는 브룬즈윅의 볼펜뷔텔에 관해 기록했다. "화형을 집행하던 장소는 마치 많은 나무 막대로 이루어진 작은 숲과 같았다." … 15-6세기 프랑스에서 벌어졌던 마녀 사냥은 대부분 종교재판소가 주도한 것이었고 1580년대에 비로소 세속의 재판관들이 대규모 박해에 참가했다. 1581년부터 1591년 사이에 니콜라스 레미라는 로렌의 법무장관은 9백 명의 마녀들에게 유죄판결을 내

렸다. 많은 사람들이 1589년에서 1645년 사이에 노르망디 지방의 루앙에서 화형당했다. 부르고뉴에서는 최고재판관이었던 앙리 보게의 명령에 따라 6백 명 정도에게 형이 집행되었다. 바스크 지역에서 피에르 드 랑크르라는 재판관은 왕의 명령에 따라 1609년의 넉 달 동안에 역시 6백 명 정도의 마녀들을 화형에 처했다고 한다. … 프랑스에서 마녀 재판은 1682년 루이 14세의 칙령과 더불어 실질적으로 끝났다. … 이 칙령은 무엇보다 점술을 억압하기 위한 목적으로 만들어졌다. 여기에서는 마법을 '미신, 있을 법한 마법, 사기' 등으로 정의했고 여전히 죄로 여겼다. 하지만 더 이상 고문이나 화형으로 다스리지는 않았다.[56]

역사의 소급이 현실적으로 불가능한 상황 속에서 (누락분과 과장을 감안하더라도) 위의 증언에 비친 수치는 화형으로 사라진 인구의 절댓값을 전제한다. 여기 드러난 당국의 폭력성과 비인간성은 증언이라기보다 차라리 절규에 가까우며 고발마저 곁들인 것으로 이해할 수 있기 때문이다.

이탈리아의 메디치 가문이 무너진 후 세상 관심을 독점했던 지롤라모 사보나롤라Girolamo Savonarola(1452-1498)의 화형을 그린 작품은 의외로 적다. 대표적인 작품이 이탈리아의 스테파노 우씨Stefano Ussi가 그린 '유리화'다. 그림의 바탕을 하필 유리로 택한 작가의 의도는 알 수 없지만 유화물감으로 상상 스케치한 그날의 모습은 묘하게 우울하다. 현장의 함성과 특유의 긴장감도 느껴지지만 그 같은 감정을 유리가 머금거나 빨아들이지 못하는 탓일까. 오일 때문인지, 아니면 권력을 공격한 또 다른 권력의 무자비한 종말을 바라봐야 했던 군중심리의 덧없음 때문인지 불분명하긴 매일반이다.

우울함이라기보다는 차라리 안타까움과 통쾌함이 교차하는 기이한 복합심리의 확장이었다. 즉 민중 전체의 집단적 카타르시스와 정작 형장의 이슬로 사라지는 뉴스메이커의 최후가 착잡하기 그지없는 상황은 복잡함 그 자체다. 우씨의 묘사는 이 같은 사회심리의 복잡성을 잘 드러낸다. 죽어야 하는 자의 모습이 후련하면서도 측은하고 이제 다시는 도덕적 엄숙주의와 격렬한 비판의 진수를 경험하지 못할는지 모른다는 집단의 회한 역시 작가는 그림에 묻으려 든다.●

● 온갖 정념의 엇갈림은 유리와 오일의 비상합성으로 도드라지고, 그 혼합가능성보다는 '차이'와 '구별'이 한층 부각된다.

우씨의 유리화를 돋보이게 하는 부분은 표현의 디테일보다 오브제의 총체성을 덩어리와 색감으로만 드러내려는 생략 기법이다. 그림에서 보듯 얼굴의 구체성도 없고 표정조차 상상 불가한 상황 속에서 죽음의 유추 역시 어렵다는 데 눈길이 간다. 죽음을 그리고 있지만 정작 죽음에 임한 장본인의 이름도 정체도 얼굴마저 뭉개 버림으로써 두려움과 머쓱함으로부터 잠시 벗어나게 만드는 '순간의 정지'로 많은 걸 뒤돌아보게 만든다.

그래서인지 형장에 모인 모두의 얼굴은 다르지만 무대 위 한 곳만 응시하는 군중의 뒷모습은 한결같다. 얼굴을 그리지 않았어도 팔을 뒤로 한 채 사형집행인들의 부축을 받고 있는 좌측 인사가 사보나롤라이며 우측 장작더미 위에 목을 맨 후 화형 절차를 앞둔 이들이 그의 제자임은 금세 알 수 있다. 집행인들마저 후드로 얼굴을 가린 것은 당대의 관행인지 아니면 작가의 자의적 상상인지는 불분명하다. 하지만 여기서 도드라지는 흑과 백의 대비는 사보나롤라를 향한 당시 이탈리아 여론의 역사적 전후 맥락만큼이나 선명하다. 아울러 죽음의 향연을 둘러싼 민중의식의 덧없음이란 목제 화형 가설대 만큼이나 불안하고 믿지 못할 것이었음도 재론의 여지는 없다. 구체적이지 않아도 리얼한 우씨의 그림

〈그림 36〉
지롤라모 사보나롤라의 화형

USSI, Stefano, The Execution of Savonarola, Date: Unknown, Oil Sketch on Glass, 41×45cm, Galleria Palatina (Palazzo Pitti), Florence

이 낭만주의적 역사화 속에서 돋보이는 이유다.

사보나롤라가 플로렌스의 산마르코 성당을 처음 찾은 건 1481년의 일이다. 그는 사치와 부도덕, 세속의 한갓됨을 공격하는 열광적 설교로 민중의 인기를 끌어 10년 뒤에는 산마르코 수도원장으로 임명된다. 1494년, 메디치 가문이 피렌체에서 추방되자 그는 도시의 지도자로 우뚝 선다. 1497년에는 사치품과 이교도적 미술품은 물론 그것들을 두둔하는 서적 등을 불태워야 한다는 그의 주장에 따라 시뇨리아 광장에서 '허영의 소각'이 거행된다. 많은 시민들이 가발과 책, 미술품, 보석 등을 내놓았고 말년에 사보나롤라에 심취한 보티첼리Botticelli도 이교도적인 과거의 그림이 부끄럽다며 일부를 내놓는다. 그뿐만 아니라 프랑스의 샤를

8세가 이탈리아를 침략할 것이라던 사보나롤라의 예언이 들어맞자 시민들의 신뢰와 지지도는 더욱 높아졌다. 그는 플로렌스에 민주정부를 세우는 작업을 샤를 8세가 지원할 것이고 타락한 교황 알렉산더 6세의 통치를 개혁해 줄 것이라고 기대하면서 이국의 왕을 지지한다. 자신이 타락했다는 사보나롤라의 주장에 교황은 당연히 분노했고 직권으로 설교를 금지한다. 하지만 아랑곳하지 않던 그는 1497년 불복종을 이유로 파문당한다.

죽이되 우선은 목매달고 흔적조차 사라지도록 태워 없애는 잔인한 절차는 죄인이란 이유로 한 인간을 두 번 죽이는 고통의 과정이었다.

그즈음 플로렌스 시민들은 지나치게 엄격하고 과격한 사보나롤라에 질려 등을 돌리기 시작한다. 1498년 3월, 그는 결국 두 제자와 함께 체포되어 고문 끝에 자신이 '거짓예언자'란 고백을 하고 시뇨리아 광장에 박은 말뚝에 매달려 (같은 해) 5월 23일 화형당한다. 1년 전 '허영의 소각'을 감행했던 바로 그 광장이었다. 공격과 비판을 섞고 비난과 함성을 함께 묶어 쏜 불화살이 제 자신에게 돌아올 줄이야 전혀 예상하지 못한 일이었다. 불로 흥한 자가 불로 망할 줄은 더더욱 말이다.

사보나롤라만 하더라도 15세기 말, '사형으로서의 화형'은 불안한 목제 가설대와 다시 그 위에 세운 나무 기둥을 중심으로 이루어진다. 게다가 화형 전단계로 교형 역시 수형 조건이었다. 하지만 17세기의 러시아 화형은 대규모 목재 더미를 쌓되 단을 높이 올리고 불길과 연기 또한 그에 비례하여 공포의 크기를 늘림으로써 형벌 자체의 '공연성'과 '개방성'을 압도적으로 키운다.

죽이되 우선은 목매달고 흔적조차 사라지도록 태워 없애는 잔인한 절차는 죄인이란 이유로 한 인간을 두 번 죽이는 고통의 과정이었다. 러시아는 차후 교형 단계를 과감히 생략한다. 형벌을 한 단계 '생략'한 것은 상당한 정치적 배려이자 민중 통제의 완화를 뜻한다. 이는 물론 오랜 세월을 통한 유럽 국가 간 형벌문화의 이식과 중첩이 빚은 결과로 이해할 것이다.

화형의 시각적 동원 효과는 컸다. 공포의 메시지를 집중 전달하는 데 과시적으로 주력하는가 하면 '교형'의 병행 부과를 통한 민중 통제의 강화는 화형의 폭력성이 축제를 방불케 하는 정치적 볼거리로 커졌음을 읽을 수 있다. 가짓수는 줄이되 고통의 질량을 극대화하는 중세의 형벌은 미미하나마 '근대화'하고 있었다. 그것이 결코 사람을 향한 진솔한 배려나 정치적 해방을 겨냥한 폭력의 완화가 아니라 제도의 위신과 종교권력 증진을 위한 명분 강화로 맞춰지고 있었지만 말이다.

편형鞭刑과 사적私的 형벌

형벌의 도구는 착실히 늘어났다. 인간의 권리와 최소한의 위신이라도 염두에 두는 것 같았던 형벌의 '근대화'란 단지 고통의 교묘한 분화와 응용을 거친 '피 흘림'의 감소를 뜻했다. 혹은 신체벌과 고문의 축소를 생색내면서도 실제로는 한층 혹독한 폭력 사용을 합법화하거나 외면한 정치권력의 야합적 행태에 주목해야 한다. 그 결과 형벌 유형의 기계적 축소와 체감 폭력의 물리적 증가는 근대 형벌사의 특징이다.

형벌 유형의 기계적 축소와 체감 폭력의 물리적 증가는 근대 형벌사의 특징이다.

사실상 죄수들을 죽음에 이르도록 만드는 물리적 절차는 대부분 1) 고문에서 출발하여 반복적인 고통 부과를 통한 2) 초죽음 단계를 거쳐 열린 공간에서 다중의 공포를 동원하기 위해 이루어지는 3) 공식 처형의 모습을 갖춘다. '편형鞭刑, whipping'은 1)과 2)의 단계별 집행을 통해 살벌한 두려움과 견디기 어려운 육신의 고통을 이끄는 대표적인 방법'이었다'. 정확히 표현하자면 시제는 '현재형'으로 전환하는 게 옳다. 이슬람권은 아직도 그 형벌을 버젓이 사용하고 있기 때문이다.[57] 이런 관점을 확장하면 채찍형은 독립적 '완성형벌'로 당국의 결정에 따른 판결 집행 수단, 즉 3)의 메시지도 충분히 반영한다.

채찍은 동물의 움직임을 조종하기 위해 고안된 도구였으나 언제부턴가 사람 역시 그 대상에 포함되었다. 채찍은 대부분 길

쭉한 대나무 지팡이나 목재 막대 끝에 가죽 끈이나 체인 등을 매단 기구로 인식된다. 이 또한 문명권별 차이를 감안해야 하지만 회화 기록에 따르면 채찍 사용은 대부분 손에 잡기 적절한 길이의 나무막대 끝에 가죽 끈을 짧게 매단 모습에서 출발하여 점차 날렵한 외형에 단단하고 긴 형식을 취한다. 물론 형벌을 주제로 한 작품 추이에 주목한 결과다.

'채찍'과 '죽음'을 동시에 연상하지 못했던 건 도구 자체가 지니는 외형적 유연성 때문이었을 것이다.

'죄형법정주의'가 보편화된 게 최근의 일이었고 보면 전근대의 온갖 형벌이 이성과 합리성 혹은 휴머니즘 따위의 개념과 어우러질 수 없었던 것도 이해 못할 일은 아니다. 채찍을 비롯한 온갖 형벌 도구가 고문 도구와 애매한 경계를 지니는 까닭도 여기서 그 이해의 최솟값을 구하게 된다. 뿐만 아니라 채찍이 형벌 집행의 최종 수단이라는 인식보다 형장에 이르게 하는 도구로 세상에 회자된 것도 이 같은 '애매함'이나 '편견'의 결과였을 것이다. 압축하여 정리하면 채찍은 형벌과 고문의 수단이되 그것만으로 죽음에 이르게 하는 도구는 아니었다.

그럼에도 불구하고 채찍형이 목숨을 끊지 않는다고 말할 수는 없었다. 정도가 심하면 채찍의 반복 사용만으로도 얼마든지 죽을 수 있었기 때문이다. 하지만 '채찍'과 '죽음'을 동시에 연상하지 못했던 건 도구 자체가 지니는 외형적 유연성 때문이었을 것이다.●

● 칼과 창, 혹은 장 같은 형구가 발휘하는 물리적 폭력성만큼 강하거나 치명적이지 않을 것이라는 자연스런 예측 말이다.

그러나 채찍은 후려치는 순간 당사자가 치러야 할 고통은 물론 이를 바라보는 이들의 괴로움을 어쩔 수 없이 감정 이입시키는 자극원으로 작동한다. 이런 예외적 특징은 채찍의 도구성과 목적성을 결합하는 중요한 요소가 된다. 가죽 편발에 뜯겨져 산지사방散之四方으로 튀는 살점과 낭자한 핏물을 뇌리에 담아야 했던 중세 군중들에게 폭력의 변별과 비교는 힘겨웠다. 늘 볼 수 있고 어디서든 확인 가능한 형벌은 이미 형벌이 아니다. 일상화된 폭력과 이를 방임·조종하는 정치·사회적 조건은 종교적 구원이나 개인적 소망 따위와는 거리가 먼 세상의 관행이자 보편화된 현상으로 편재할 따름이다. 익숙해지면 악도 이미 악이 아니며 악마의 의도적 결과물은 더더욱 아닌, 단지 생각 없이 저질러지는 반복적 행태 같은 것들이다. 그래서 그것은 '악의 평범성'을 두드러지게 강조한 한나 아렌트의 '진부한 폭력'처럼 세상에 널려 있었던 것이다.[58]

늘 볼 수 있고 어디서든 확인 가능한 형벌은 이미 형벌이 아니다.

맞는 일과 맞아죽는 일은 같지 않다. 그러니까 절차적 형벌로 '때리는 과업'과 목적형으로 '죽도록 때려' 정녕 '죽이는 작업'은 적잖은 차이가 있다. '가학'과 '피학'의 노동은 입장 차이와 고통의 감지에서 역시 달랐다. 〈그림 37〉은 집행과 수형의 순간적 입장 차이를 잘 보여 준다. '때리는 자'는 더없이 진지하고 혹독하게 형벌의 절차를 성실히 이행하는가 하면, '맞는 자'는 기꺼이 견뎌내야 할 물리적 통증과 고통의 실질을 예비하도록 스스로 재촉하면서 인내의 한계를 반복적으로 넘어선다. 맞는 일보다 이내 다시 맞을 것이라는 예측이 방금 겪은 물리적 아픔을 간섭·방해할 때 더 이상 나아질 게 없다는 가망 없음은 더한 고통으로 다가온다.

채찍으로 맞는 일보다 잠시 후에 다가올 아득한 통증에 미리 질려 버리는 그 순간이 죽음보다 두렵고 괴로웠던 것이다.

끊어질 듯 이어지는 고통이 곧바로 죽음의 문을 여는 폭력보다 더 참기 어려운 까닭도 채찍 맞는 자의 그림 속 표정으로 짐작할 수 있다. 즉 채찍이 피부에 닿는 순간보다 잠시 후 닿으리란 분명한 예감과 그 어쩌지 못할 기다림이 훨씬 견디기 어려운 것이다. 그래서 채찍형의 혹독함은 때로 참형과 교형의 고통을 능히 넘어선다.

하지만 채찍으로 몇 차례 맞는다는 것과 죽도록 다시 맞을 것

〈그림 37〉
채찍형의 전형

HOPFER, Hieronymus,
A Man Whipping Another
Man, Prints, Etching on
Paper, c. 16C, 14.3×9cm

이란 예측 사이의 틈새는 여전히 넓다. 그것이 얼마나 두렵고 견디기 힘든 것인지 가늠하기란 간단치 않다. 채찍 길이와 모습은 유럽의 많은 나라들에서 거의 다르지 않다.●

● 당대의 형벌과 고문 과정에서 '그들'이 사용하던 채찍의 '실제'를 회화로 비추어 볼 때 지닐 수 있는 생각이다.

세월을 좀 더 거슬러 올라가더라도 사정은 마찬가지다. 마이스터 프랑케Meister Francke가 표현하는 채찍은 애통해하는 천사들의 호위와 염려 속에서 자신의 옆구리 상처를 매만지는 예수 그리스도의 오른손과 대척점을 이룬다. 왼손 엄지와 검지 사이를 관통하는 물건은 분명 채찍이지만 막대 끝에 매달린 끈은 그것이 과연 그리스도를 괴롭힌 형구가 맞는가 할 정도로 가늘고 초라하다. 그것도 움켜잡거나 빼앗으려는 거역의 몸짓이 아니라 용인과 순응의 제스처로 그린 작가의 의도는 고통의 수용과 초극을 고스란히 드러낸다.

채찍과 함께 표현한 주변의 다른 형구들이라 하여 눈에 띌 만한 크기를 자랑하지 못한 건 결국 어떤 폭력도 성자를 압도할 수는 없다는 작위적 해석 때문이었으리라. 지상의 그 무엇도 '그분'을 이겨낼 순 없다는 믿음은 여기서 다시 탄탄해진다. 아울러 바라보는 이들의 마음마저 이끌려는 작가의 생각은 예수의 왼손이 만드는 구멍과 채찍의 몸통 사이만큼이나 넓다.

십자가에 못 박힌 후 땅으로 끌어내려져 형벌 집행과 고문의 수행을 되돌아보는 그림으로 이해해야겠지만 핵심은 역시 예수의 표정이다. 충분히 괴롭지만 견뎌낼 수 있고 (아니 끝내 뛰어넘었고) 나눌 수만 있다면 아픔도 궁극에는 인간의 작은 사단임을, 그것이 다부진 채찍인들 얼마든 맞자고 나서면 그 또한 초라해질 수밖에 없는 폭력 수단임을 작가는 증언한다.●

● 이들 그림에만 의존하지 않더라도 고문과 형벌의 경계를 넘나드는 자유로운 도구로 채찍을 바라볼 계기는 미술사적으로 충분하다. 하지만 채찍만으로 인간을 죽도록 학대하여 끝내 죽음에 이르도록 방임한 작가는 그리 흔치 않다.

정지 화면을 잡아내는 2D 매체로 한 순간에 집착할 수밖에 없는 회화의 특징을 감안하면 어차피 '채찍'과 '죽음'의 간극을

〈그림 38〉 예수와 천사 그리고 채찍

MEISTER FRANCKE, Der Schmerzensmann; *Vir Dolorum* (Man of Sorrows), c. 1420, Tempera on Oak, 42.5×31.5cm, Museum Der Bildenden Künste, Leipzig

완벽하게 메울 수는 없다. 얼마나 반복 사용하고 어느 정도 힘을 축적해야만 목숨 끊는 고통을 눈으로도 전달할 수 있는지 가늠하기란 쉽지 않다.

세월이 흐를수록 채찍은 한층 '견고하고 날렵하며 길고 매끈한 재질에 낭창낭창한' 모습으로 진화한다. 이 또한 효용과 비용을 계산하는 인간의 합리적 선택이 빚어낸 결과였으리라.●

● 엄밀히 따지자면 과거의 단출한 채찍의 경우, 고통은 맞는 자의 전유물이 아니었다. 때리는 자 역시 힘들긴 마찬가지였기 때문이다. 채찍들은 한결같이 짧고 느슨하였기에 반복 사용할 경우 고문(형벌) 집행자 역시 상당한 체력 소모를 감수해야 했다. 집행자와 수형자의 고통 분배를 감안해야만 하는 특이한 형벌이 채찍형이었다.

지상에서 자행된 온갖 형벌을 문명권을 넘나들며 섭렵할 재간은 충분치 않다. 이제 미술로 보는 형벌도 갈무리할 때다. 애초부터 모든 걸 다루리란 의지가 앞선 게 아니고 특정 작품에 매몰되리라 작정한 것 역시 아니었기에 논의의 마무리도 새삼스러울 리 없다. 단지 나머지 요소는 곧 '사적 형벌'이라는 데 착안한다. 형벌의 임의성은 전근대 권력의 관례적 특권으로 오래도록 통용된다. 법과 제도가 있었다고는 하나 어디까지나 형식적 명분에 그쳤을 뿐 형벌의 과격함이나 폭력성을 제어할 실질적 힘은 기대하기 어려웠다. 이런 예외적 관행은 민중 부문의 사회적 미래가 전혀 예측 불가능했음을 잘 알려 준다.

〈그림 39〉에서 정치적 자의성이 특히 돋보이는 이유는 그것이 있었던 일의 미술적 재현이 아니라 그렇게 일어날 수도 있었으리란 '상상 속 실제'이기 때문이다. 그것도 27세 프랑스 청년이 지닌 편견과 오인의 결과였다고만 치부하기에는 극히 선명하고 이례적이다. 차라리 선정적이라고까지 할 정도로 처연한 형벌 집행 결과만 놓고 보면 영락없는 '참형'이다.

뭔가 단단히 화가 난 검은 피부의 남자가 스페인 이슬람 최후의 왕국인 '그라나다'의 왕이었다는 사실과 그의 거침없는 칼날에 이제 막 목이 잘린 인물 역시 인종적으로 크게 다르지 않다는 사실은 그림을 종종 왜곡된 오리엔탈리즘으로 해석하게 만든

〈그림 39〉
즉결 처형하는 그라나다의 무어 왕

REGNAULT, Henri, Summary Execution under the Moorish Kings of Granada, 1870, Oil on Canvas, 305×146cm, Musée d'Orsay, Paris

다.[59] 그뿐만 아니라 분노와 처단의 극단성 혹은 일방성과 관계없이 칼에 묻은 피마저 자신의 치렁치렁한 옷자락에 씻어내는 천연덕스러움 역시 형벌의 자의성을 더한다. 게다가 거기서 일어난 '그 일'이 도무지 있을 수 없는 사단임을 극구 강조한다는 점에서 서양의 근대 권력을 차별화한다.

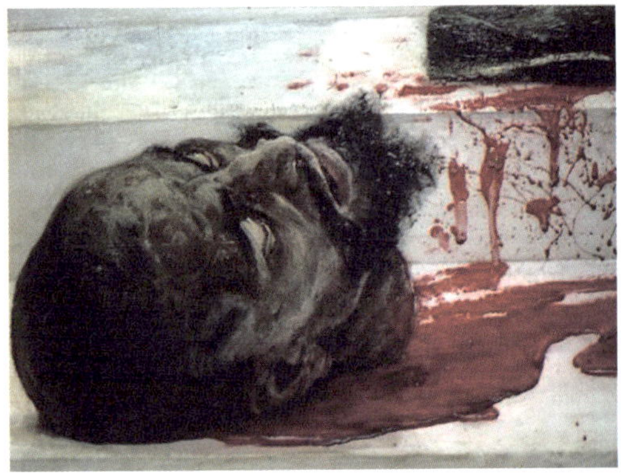

왜곡과 편견에 젖은 오리엔탈리즘의 발로였다면 앙리 르뇨Henri Regnault는 왜 하필 알함브라의 아라베스크 문양과 그 시각적 반복 메커니즘에 유념했던 걸까. 하고 많은 동방의 왕들을 제치고 어쩌자고 무어인the Moorish과 터키 풍caftan 의상만 고집했던 것일까. 프랑스 화가로 그처럼 젊은 나이에 아시아 전체를 폭넓게 인식할 여유를 기대할 수 없었을 것이란 사실 말고도 유럽과 지리적으로 가까웠던 중근동 이슬람을 동양으로 인식하는 건 분명 19세기 오리엔탈리즘의 한계다.[60]

보불전쟁에 참전하여 나이 스물여덟에 사망하기 바로 한 해 전에 그린 이 작품은 '재현'과 '표현' 사이의 장벽을 허문다. 보지 않고도, 아니 겪지 않았으면서도 재현해 내는 상상의 극한과 참형을 다룬 그 어떤 회화보다 극적인 죽음을 표현하는 미술적 폭력의 경계는 여기서 점차 녹는다. 지극히 짧은 그의 이베리아 반도 방문이 '사실'이었고 설령 오리엔탈리즘의 편견이 뿌리 깊었다 해도 살며 겪은 자보다 사실적 표현이 가능했던 건 '직관'과 '상상'이 '체험'을 앞지르기 때문이었을 터다. 문명권의 차별과 독한 편견의 결과물로 번뜩이는 이 작품을 리얼리즘의 또 다른 계보로 편입시킬 것인지 여부는 연구자들의 몫이다. 하지만 억울

법과 제도가 있었다고는 하나 어디까지나 형식적 명분에 그쳤을 뿐 형벌의 과격함이나 폭력성을 제어할 실질적 힘은 기대하기 어려웠다.

한 형벌로 몸서리치는 죽은 자의 부릅뜬 눈을 똑똑히 바라보는 일은 살아남은 자 모두의 몫이다.●

● 여지없이 잘려지긴 하였으되 아무리 그래도 그렇지 '이럴 수가 있느냐'는 어처구니없음과 죽어서도 대들겠다는 항심만큼은 무어왕을 향해 부라리는 눈매에서 번뜩이고 있기 때문이다.

흔치는 않아도 사적 형벌의 미술적 기록은 엄연하다. 네덜란드 화가, 얀 드 반Jan de Baen의 다음 그림이 이를 잘 말해 준다(〈그림 40〉 참조). 17세기 후반에도 포퓰리즘은 흔했다. 도리어 오늘보다 더 자주 격분하고 극단으로 치우치는 집단의 여린 성정도 역사는 얼마든지 허용한다. 사법제도의 원칙과 준엄한 관행이 있었어도 앞의 그림에서 읽은 권력의 자의성과 처형의 임의성은 세월을 거스를수록 더했다. 사적 형벌의 주체가 굳이 최고 권력으로 국한되는 건 아니기 때문이다.

권력의 자의성과 처형의 임의성은 세월을 거스를수록 더했다. 사적 형벌의 주체가 굳이 최고 권력으로만 국한되는 건 아니기 때문이다.

이 그림을 읽으려면 역사 공부는 불가피하다. 16세기 초까지만 해도 네덜란드는 유럽의 변방으로 스페인 합스부르크 지배권 아래 있었다. 1648년 (30년 전쟁이 끝나자) 스페인은 베스트팔렌 조약을 통해 네덜란드의 독립을 인정하지만 그렇다고 후자가 정치적으로 자립하긴 힘들었다. 주변 국가들과도 끝없이 싸워야 했다. 나라는 군주제를 바탕으로 군국주의를 옹호하는 칼뱅파를 한 축으로 삼고 평화주의와 공화정을 실현하려는 얀 드 비트Jan de Witt 중심의 공화파가 극한 대립하고 있었다. 1653년 영국 함대를 격파한 얀 드 비트는 (오늘의 총리에 해당하는) 행정장관이 되었고 국민들의 복지를 실현하기 위해 애쓴다.

그러나 영국과의 정전협정(웨스트민스터 평화조약) 조건으로 오라네Oranje(일명 오렌지) 가문을 총독 직에서 제외하는 '배제령'은 국민들의 눈엣가시였다. 네덜란드는 당시 영국과의 전쟁에서 비겼지만 루이 14세의 프랑스에겐 밀려 유럽의 주도권은 프랑스로 넘어간다. 그때까지만 해도 네덜란드는 공화국 체제를 유지하면서 특정 가문의 권력 집중을 용납하고 있었다. 국민들 역시 이 같

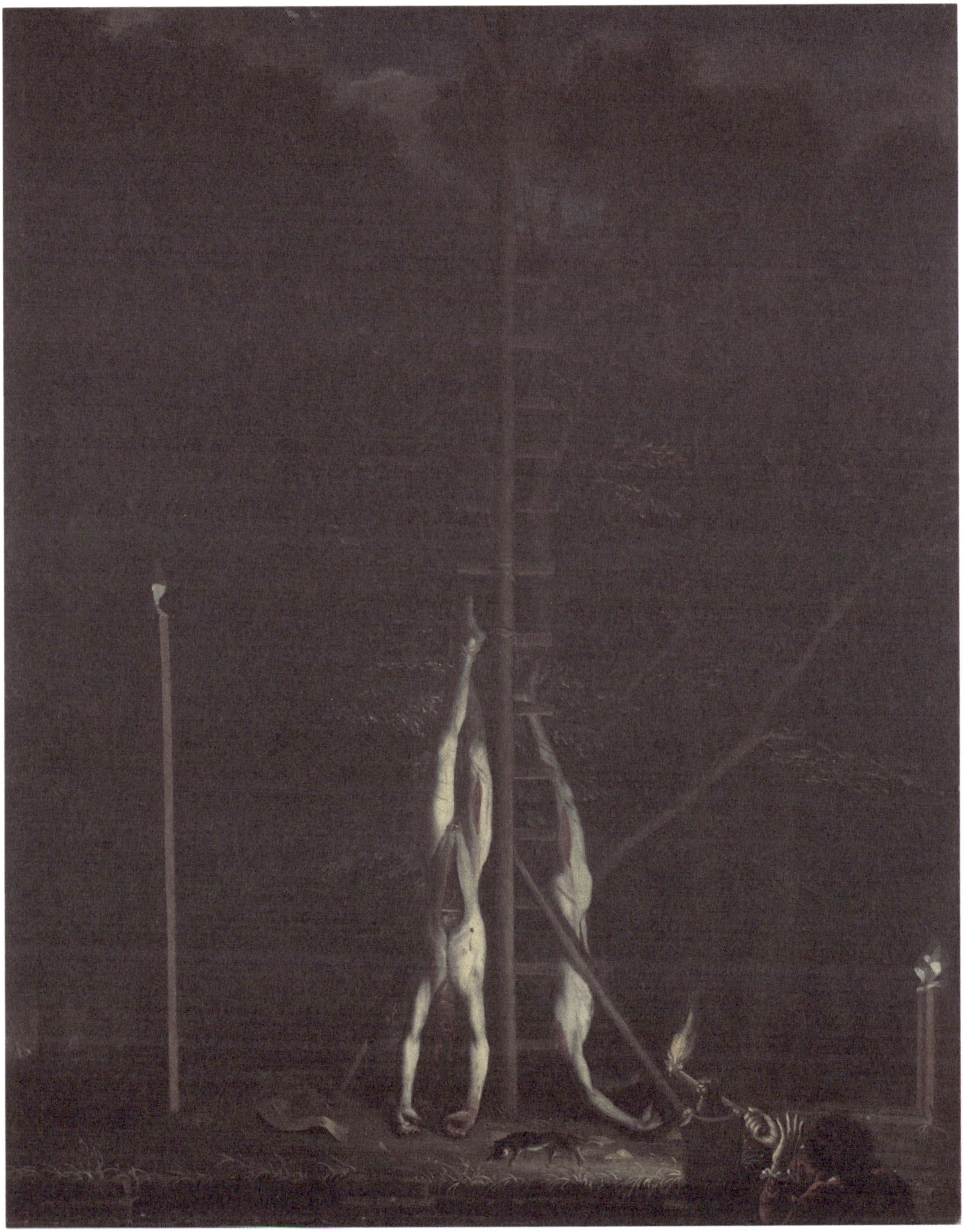

〈그림 40〉 드 비트 형제의 참살

BAEN, Jan de, The Corpses of the De Witt Brothers, 1672, Oil on Canvas, 70×56cm, Rijksmuseum, Amsterdam

은 정서의 당연한 지지 기반이었다. 오라녜 가문이 끝내 공직에서 배제되자 공화정 체제에 불만을 품는 일도 자연스러웠다.

칼뱅파를 중심으로 뭉친 오라녜 가문은 총독 빌렘 3세Willem III를 앞세워 군중 심리를 극적으로 조장하여, 무지한 국민들이 스스로 공화정을 무너뜨리도록 자극한 후 다시 소수 권력이 나라를 장악하는 체제로 되돌린다. 권력 중심이 다시 공화파에게 돌아가길 원치 않았던 당연한 결과다. 성난 군중들이 얀 드 비트와 코르넬리스 드 비트 형제를 잔혹하게 죽인 것도 이때의 일이다. 유럽의 주도권이 프랑스로 넘어가 네덜란드의 입지가 좁아진다는 사실에 불안해하며 모든 상황의 책임이 얀 드 비트에게 있다고 여긴 탓이다.

그날은 1672년 8월 20일이었다. 때마침 국가변란 음모죄로 수감 중이던 형, 코르넬리스를 면회하러 간 얀은 은밀히 대기하고 있던 군중들에 의해 체포된다. 형제를 함께 감옥 밖으로 끌어낸 이들의 행동은 분노와 정의에 따른 무척이나 자발적인 것처럼 보였지만 오라녜 가문의 선동과 빌럼 3세의 묵인 아래 이뤄진 '방조살인'이었다.

성난 군중들의 린치는 사감에 의한 복수를 정치화하려는 집단공격의 전형이었다.[61] 사람들은 치명적인 무기나 압도적 폭력으로 '바로 죽이는' 방법보다 물리적으로 괴롭히고 '오래 끄는' 고문형 살해에 기꺼이 나선다. 그림에서 보듯, 내장은 도려내지고 손가락은 잘려져 어디론가 사라져 버렸고 온몸의 피는 다 빠져나간 다음이었다.[62] 형제의 시신들도 그나마 도시 한가운데 설치한 목제 비계飛階에 거꾸로 매달아 놓아 회화의 오브제라도 될 수 있었고 자취를 감춘 신체기관들은 광기어린 군중들의 전리품으로 유린되거나 심지어 불에 구워 먹어버리는 등 들뜬 카니발리

즘cannibalism의 도구로 전락하고 있었다.[63]

프랑스 혁명 전야에 루소가 있고 영국의 전환기 지성사에 베이컨이 있듯이 네덜란드가 정치적 위기의 터널을 통과할 때 스피노자가 목소리를 냈던 것도 주지의 사실이다. 그의 철학은 뚜렷한 사상과 종교의 자유를 추구하는 네덜란드적 분위기의 산물이었다. 그러나 다른 한편 '국가의 목적은 자유'라는 스피노자의 말을 네덜란드는 저버리고 있었다. 대표적인 예가 드 비트 형제의 이 같은 참살일 것이다. 보기에 따라 그것은 국민들 스스로 공화정을 버리고 정치적 예속을 위해 싸운 꼴이기도 했다. '전체주의' 체제에 자발적으로 편입되길 원했던 듯 말이다.

포퓰리즘이 왕성할 때 정치적 사고의 균형은커녕 노선과 진영 논리가 인간의 영혼을 유린하는 일이 흔했던 건 예나 지금이나 다르지 않았다.

예속이란 주어진 인간 본성을 자발적으로 억압한다는 점에서 타고난 삶을 부정하며 자기 자신에게 죽음을 선고하는 일이다. 네덜란드는 자유와 예속의 체험 모두를 통해 스피노자의 사유를 자극했지만 포퓰리즘이 왕성할 때 정치적 사고의 균형은커녕 노선과 진영 논리가 인간의 영혼을 유린하는 일이 흔했던 건 예나 지금이나 다르지 않았다.●

● 비록 한 장의 그림이지만 얀 드 반이 말하려 한 형제 주검의 억울함에는 당대의 정치적 변화 필요와 사상적 전환의 복잡한 속내가 깃들어 있는 셈이다.

근대로의 이행과 역사의 전환은 그처럼 흔쾌하지 않았다. 분명히 오리라 믿었지만 속도는 더뎠고 윤곽은 아리송하기만 했다. 설령 그 고비와 문턱을 넘어섰다 한들 온몸으로 익숙하기만 했던 '중세'가 '근대'에게 그리 쉽게 내어줄 자리도 아니었다. 드 비트 형제의 군중살육을 자세히 들여다보면 이 같은 전근대의, 아니 원시적 무례와 군중적 불손은 거짓처럼 되살아난다. 알렉상드르 뒤마Alexandre Duma는 형제의 죽음을 이렇게 묘사한다.

> 혼신의 힘을 다해 자기 제자가 숨어 있는 곳의 맞은편 집 층계에 이른 얀은 사방에서 동시에 가해지는 충격에 흔들리며 부르짖었

다. “형님, 형님은 어디에 있는가?” 한 광분한 사내가 주먹으로 그의 모자를 떨어뜨렸다. 다른 사내는 자기의 손을 물들이고 있는 피를 내보였다. 코르넬리스의 배를 갈랐던 그는 다른 자들이 이미 죽은 제방 감독관을 공개 처형대로 끌고 가는 동안, 총리대신에게 같은 짓거리를 할 기회를 놓치지 않기 위해 부지런히 달려온 참이었다. 얀은 비탄의 신음소리를 내며 한손으로 두 눈을 가렸다. “아! 눈을 가리시겠다.” 하고 부르주아 경비대의 한 병사가 말했다. “그렇다면 너의 눈을 뽑아 주지!” 그는 얀의 얼굴을 창으로 찔렀다. 창끝 아래에서 피가 뿜어져 나왔다. “형님!” 얀 드 비트가 자기 눈을 가리는 피의 물결 너머로 코르넬리스를 보려 애쓰며 외쳤다. “형님!” “그를 만나 보게 해주지!” 또 다른 암살자가 그의 관자놀이에 화승총을 대고 방아쇠를 당기며 고함쳤다. 하지만 총은 발사되지 않았다. 그러자 암살자는 총을 거꾸로 하여 두 손으로 총구를 움켜쥔 뒤 개머리판으로 얀 드 비트를 때려눕혔다. 얀 드 비트는 비틀거리다 그의 발치에 쓰러졌다. 그러나 금세 사력을 다하여 몸을 일으켰다. “형님!” 하며 그가 어찌나 비탄에 잠긴 목소리로 외쳤던지 청년이 덧문 뒤로 몸을 숨길 정도였다. 그러나 이제는 더 이상 볼거리가 많이 남아 있지 않았다. 세 번째 암살자가 얀의 머리에 총구를 식섭 들이댄 채 방아쇠를 당겼고 이번에는 제대로 발사되면서 머리통을 부쉈기 때문이다. 얀 드 비트는 넘어져서 다시는 일어서지 못했다. 그러자 이 추락에 대담해진 불쌍한 군중은 시체에 대고 자신들의 무기를 시험해 보고 싶어 했다. 각자 곤봉이나 긴 칼, 아니면 단도로 가격해 보길 원했고 거기서 핏방울이나 옷 조각을 얻길 바랐다. 그리하여 두 형제가 죽고 찢기고 약탈당했을 때 군중은 피투성이의 벌거벗은 그들을 임시로 가설한 공개 처형대로 질질 끌고 갔고, 아마추어 형리들이 거꾸로 매달았다. 그러고 나서 가장 비겁한 자들이 몰려왔다. 차마 살아 있는 몸을 건드리지는 못하던 그들은 죽은 살을 난도질한 뒤 시내로 돌아다니며 한 조각에 서푼씩 받고 팔았다.[64]

이 정도라면 처형의 자발성은 극에 달했던 셈이다. 그것을 군중심리의 야만성이라 부르는 것도 군더더기 같은 표현일 뿐이다. 익명성이 보장될 때 용감해지는 집단 심리의 조악함이란 타협도 조율 대상도 아닌 동물적 본능에 다름 아니기 때문이다.●

● 피를 보며 살면 피에 익숙해졌던 걸까. 죽일 수 있을 때 죽이다 보면 인간의 감성은 통제 불능의 또 다른 능력으로 확대 재생산되는 것일까.

지상의 모든 형벌을, 그것도 시공간을 넘나들며 종횡으로 견주고 훑는 작업이 중요한 건 아니다. 군중의 이 같은 믿지 못할 표류와 집단적 공격 현상들은 그렇다면 전근대의 전유물로만 남아 있었던 걸까, 아니면 역사와 국가의 경계를 녹일 만한 보편의 인간 언어로 지탱하고 있었을까. 인간의 죄와 벌을 둘러싼 온갖 사법 논리가 단죄의 약화와 행형 자제를 위해 비인간성의 극복으로 맞춰진 중세 이후였다면 형벌은 무엇으로 어떻게 남았을까.

법은 법을 쓰지 않기 위해 강화하고 벌은 곧 벌을 쓰지 않기 위하여 만든다는 저 오랜 동양의 사고가 서양 사회에도 적용될 것인지에 답하려면 별도의 연구가 필요할 것이다. 비록 논의와 탐구의 디테일은 다를지라도 근대 사회로의 이행과 중세 극복을 의식한 일체의 지성사적 노력은 적어도 '갖고는 있으되 쓰지 않고, 알고는 있지만 잊지 않으'려는 모종의 자기 억제가 처형의 기본임을 공통으로 일깨운다.

형벌이 사라질 순 없었어도 인간을 함부로 대하진 않는다는, 아니 그렇게 대할 수 없다는 사고가 상식으로 퍼지고 그 실천 의무가 보편화한 것만으로도 근대는 위대했다.

형벌이 사라질 순 없었어도 인간을 함부로 대하진 않는다는, 아니 그렇게 대할 수 없다는 사고가 상식이 되고 그 실천 의무가 보편화한 것만으로도 근대는 위대했다. 중세의 눈으로 보자면 그 같은 생각은 분명 혁명이자 천지개벽할 변화였다. 게다가 그 순간 넘쳐 나던 꿈결 같은 이상과 그게 꼭 행복은 아니지만 그처럼 믿고 싶었던 환상이 영영 지탱할 것이란 예감 때문이기도 했다. 인간을 비로소 인간으로 다루려는 삶의 변화와 그로써 새삼 살아나는 기대는 괴롭기만 했다. 달라진 세상이 다시 나빠질는지 모른다는 우려는 늘 그대로였던 나날들보다 훨씬 견디기 힘들었기 때문이다.

중세는 끝나지 않고 있었다. 중세보다 못한 근대가 세월의 허울을 뽐내려 들 때, 아니 이름 하여 '포스트모던'이란 괴물 같은 용어마저 전근대의 허튼 속내를 들킬 때 절망보다 낯선 환멸은 커져만 가고 있었다.

주

1 나카노 교코 지음, 이연식 옮김, 『무서운 그림으로 인간을 읽다: 삶의 이면을 꿰뚫는 명화 이야기』(파주: 이봄, 2012), p. 222.

2 잔인해도 빛나고 간단해도 감동적인 그림의 오브제는 그래서 십자형틀 위의 그리스도다.

3 Daniel V. Botsman, *Punishment and Power in the Making of Modern Japan* (Princeton, NJ.: Princeton University Press, 2005), pp. 14-40.

4 일본의 책형 http://upload.wikimedia.org/wikipedia/commons/3/3b/Japanese_Crucifixion.jpg (접속일자: 2014/10/18).

재물을 약탈하려다 주인집 아들을 죽인 요코하마의 소키치(25세)가 19세기 말 책형에 처해지는 모습이다. 기독교가 일본에 들어간 센고쿠 시대(1467-1573)에 십자가 콘셉트와 함께 채택된 것으로 보인다. 도요토미 히데요시 치하에서는 십자형틀을 거꾸로 활용한 '사카사하리츠케[逆さ磔(さかさはりつけ)]'와 바닷물을 이용한 '미즈하리츠케[水磔(みずはりつけ)]'가 대표적인 책형 방법이었다. 후자는 주로 기독교도 처형을 위해 썰물 때 형틀을 설치하고, 밀물 때 죄인의 머리 부분이 바닷물에 잠기도록 하여 서서히 죽음에 이르게 한다. 죄인의 목숨이 끊어지기까진 여러 날이 걸렸고 그 전후 과정을 지켜보는 사람들의 괴로움 역시 당사자만큼 컸다. 죄의 다스림이 목적이지만 책형의 궁극은 당국의 폭력과시였다.

5 서양의 경우는 313년, 그리스도교를 공인한 콘스탄티누스 대제가 이를 폐지하자 십자가는 단지 교수용으로만 쓰인다. 일본에서는 19세기에도 힘을 발휘한다. 조선의 경우 '기시'는 19세기 말까지 이어진다. 『조선왕조실록』은 '원본'의 경우 영조 13(1737)년(丁巳) 8월 10(丙寅)일 네 번째 기사까지, 국역본은 고종 29(1892)년(壬辰) 12월 25(己卯)일 두 번째 기사까지 그 항목은 계속된다.

6 숭고한 자기절제와 상상을 초월하는 인내의 정치력이 또렷이 드러나지 않는다 하여 그것을 쉽게 잊거나 아예 '없었다'고 오인하는 과오도 피할 일이다.

7 신비로우면 신비한 대로 평범하면 평범한 대로 논란의 중심에 서는 '성인'이요, 그의 '죽음'이었다. 그가 '왜 죽었냐'는 물음과 '어떻게 사라지고 다시 등장하느냐'는 문제는 그래서 늘 나란히 따져야 할 화두였다.

8 제정인, 「그뤼네발트(Grünewald: 1455/80-1528) 이젠하임 제단화 연구」, 숙명여자대학교 대학원 미술사학과 석사학위논문(2005).

9 김승환, 「〈이센하임 제단화〉와 맥각중독: 미술과 질병」, 프랑스문화예술학회 편, 『프랑스문화예술연구』 제43집 2호(2013), pp. 191-216.

10 스티븐 그린블랫 지음, 이혜원 옮김, 『1417년, 근대의 탄생: 르네상스와 한 책 사냥꾼 이야기』(서울: 까치, 2013).

11 나카노 교코 지음, 이연식 옮김, 앞의 책, pp. 236-237.

12 카를 로젠크란츠 지음, 조경식 옮김, 『추의 미학』(파주: 나남, 2008); 움베르토 에코 지음, 오숙은 옮김, 『추의 역사』(파주: 열린책들, 2008).

13 나카노 교코 지음, 이연식 옮김(2012), 앞의 책, p. 235.

14 그의 삶을 팩션화(factionalization)하는 작업은 이미 상당 부피에 이르러 아예 장르화할 정도다. 다음은 그 인문학적 단서로 중요하다. Peter Robb, *M: The Man Who Became Caravaggio* (New York: Henry Holt and Co, 2000); Jonathan Harr, *The Lost Painting: The Quest for a Caravaggio Masterpiece* (New York: Random House, 2005).

15 어딘지 '굼떠' 보이고 '신비'와 '초월'과는 거리가 먼 외모를 받아들이려면 이제 해야 할 일은 뭘까. 익숙했던 예수와의 결별? 기적의 주체 아닌 나 같은 사람의 아들? 그리스도의 본원적 이미지와 종교적 유별남의 지나친 산삭? 본디 그러했으나 숭배와 추종이 필요하여 만들어 낸 지나친 존엄 아니면 허구?

16 그가 바로 '그분'임을 자각하는 계기 역시 사소한 제스처 하나로 가능하다면 며칠 전 그리도 혹독하던 고문과 채찍은 그만두더라도 귓가를 처연히 쩌렁대던 못 박음일랑 무엇이었단 말인가.

17 우선은 1) '그분'처럼 맞거나 찢기며 피 흘리지 않았기에 물리적 아픔이 뭔지 잘 알지 못하며, 2) '죽음'과 '부활'이 뭔지 도무지 알 수 없어 덜 번거로운 데다, 3) 처음엔 몰랐지만 결국 나를 대신하여 상대가 겪고 치르는 온갖 일들이 예사롭지 않아 4) 민망하고 황망하기만 한 예외적 경험 말이다.

18 책형도만이 아니라 사도들의 순교를 그린 목판화가 프로테스탄트 시대의 대표적인 종교정치의 비주얼이었다는 사실도 잊혀져가는 상식 가운데 하나다. 이에 관해서는 다음을 참조할 것. Mitchell B. Merback, "Lucas Cranach, The Elder's *Martyrdom of the Twelve Apostles*: Punishment, Penal Themes and Spectacle in his Early Graphic Art," Ph.D. Thesis, University of Chicago (1995); *The Thief, the Cross and the Wheel: Pain and the Spectacle of Punishment in Medieval and Renaissance Europe* (Chicago, IL.: The University of Chicago Press, 1998b); "Torture and Teaching: The Reception of Lucas Cranach the Elder's *Martyrdom of the Twelve Apostles* in the Protestant Era," *Art Journal*, Vol. 57 No. 1 (Spring, 1998a), pp. 14-23.

19 서현주, 「크라나흐, 개혁의 현장을 캔버스에 옮긴 화가(1472-1553)」, 서성록·김이순·김미경·심상용·서현주·최태연·안용준 지음, 『종교개혁과 미술』(서울: 예경, 2011), p. 58.

20 영어사용권에서 부르는 교형의 다양한 표현법은 대개 다음과 같다: hanging; strangulation; death execution by hanging; the punishment of hanging; the gallows.

21 모든 교형이 두건(hood)을 강요하진 않았지만 공개처형장에서 이는 엽기성이나 폭력성을 줄이는 데 이바지했을 것이다. 하지만 정작 사형수에게 이 같은 조

치가 사형의 공포를 얼마나 줄여줬는지, 혹은 군중들 역시 '죽어야 하는 자'의 민낯을 바로 보는 것보다 덜 거북했는지 구체적으로 헤아리긴 어렵다. 이 사진은 링컨 대통령의 암살(1865. 4. 14) 주모자 처형 현장의 디테일이다. 집행일인 1865년 7월 7일, 워싱턴디씨에서 사진가 알렉산더 가드너(Alexander Gardner)의 작업으로 매리 수랏(Mary Surratt)과 루이스 포웰[Lewis Powell(Paine or Payne)], 데이빗 헤롤드(David Herold)와 조지 애처롯(George Atzerodt) 등 네 명의 음모자 가운데 수랏과 포웰(페인)의 사후 장면이다.

22 다음 용어들 역시 이를 잘 말해 준다: hanging up the head of a decapitated criminal on a pole. -하다 hang up the head of a decapitated criminal; gibbet a head; -대 a gibbet; a stock; -경중(警衆)하다 display the criminals' heads as a warning to the people.

23 이에 관해서는 다음을 참조할 것.
http://terms.naver.com/entry.nhn?cid=3424&docId=1523504&imageNo=2&categoryId=3424 (접속일자: 2014/10/18).

24 「빌라도 행전(Acts of Pilate)」 1-16장과 「예수가 죽은 후 명부(冥府)에 내려간 이야기」로 이루어진다. 예수의 죽음 앞에 빌라도가 마치 정의롭게 처신한 인물인 양 여기게 만든다.

25 *Gospel of Nicodemus*, Ch. 10; "And when Jesus was scourged, he delivered Him to the Jews to be crucified, and two robbers with Him; one by name Dismas, and the other by name Gestas. And when they came to the place, they stripped Him of His garments, and girt Him about with a linen cloth, and put a crown of thorns upon His head. Likewise also they hanged the two robbers with Him, Dismas on the right and Gestas on the left." http://www.ccel.org/ccel/schaff/anf08.vii.xv.xi.html?highlight=gestas#highlight (접속일자: 2014/10/18).

26 대한성서공회, 『신약성서』 개역개정판(서울: 대한성서공회, 1998).

27 한스 발덩 그리엔은 모두 세 개의 책형도를 그린다. 린덴 패널에 그린 유화 한 점과 목판화 두 점이 그것이다. 그 가운데 유화의 경우, 그도 어김없이 두 도둑들의 처형 장면을 교형으로 처리한다.[Crucifixion; 1512; Linden Panel; 152×104cm; Staatliche Museen; Berlin]

28 Crucifixion; 1456; Tempera on Wood; 68×38cm; Accademia Carrara, Bergamo.

29 Crucifixion; 1404/1414; Tempera on Wood; 158×267cm(Without the Frame); Parish Church; Bad Wildungen.

30 Crucifixion; 1335; Tempera on Panel; 93×51cm; Museo Thyssen-Bornemisza, Madrid.

31 Merback (1998a), *loc. cit.*, pp. 21-23. 이에 관한 상세한 논의로는 다음 연구를 참조할 것. 이한순, 「루터와 크라나흐의 프로테스탄트 도상학」, 한국미술연구소 편, 『미술사논단』 제7호(1998), pp. 187-225.

32 이에 관해서는 다음을 참소할 것. Merback (1998b), *op. cit.*, pp. 69-100.

33 *Ibid.*, pp. 72, 77, 83.

34 *Ibid*., pp. 95-99.

35 http://en.wikipedia.org/wiki/Crucifixion_of_Jesus (접속 일자: 2014/10/18).

36 예수가 빌라도 앞에서 머문 시간은 정오쯤이었을 것으로 추단(推斷)한다.

37 이처럼 변화하는 표현 과정에서 '누구'의 '어떤' 고통이 더 강하고 약했는지 헤아릴 준거는 없다. 이 같은 변화가 반드시 '순차적'인 것도 아니다. 흔히 양 손바닥 아니면 손목을 관통하는 '못 박음'이 '끈'의 사용과 신체의 '꺾음'보다 고통의 거룩함을 동원하는 데 늘 우위에 있을 것이라는 믿음도 (따지고 보면) 허약하다. 모두가 한꺼번에 '못 박혀 죽었다'는 형벌의 전형은 적어도 원전에 충실한 묘사라는 점에서 고통의 정통성을 표방할지 몰라도 '맞고 틀리는' 문제가 궁극의 '옳고 그름'까지 결정하지 않는다는 건 늘 중요하다. 엄밀히 따지자면 '올바른 고통'이란 개념은 성립하기 어렵다. 위에 말한 '고통의 정통'이란 표현도 단지 텍스트에 충실한 제한된 의미만 반영할 뿐 항구적 적실성을 지닌 자기완결적 콘셉트인 양 인식하는 건 무리다. 앞서 지적했듯 모든 고통은 결국 주관적이며 아무리 교류와 소통대상으로 받아들인다 해도 그것은 완벽한 교환 대상도 상호 주관적 자각의 주제도 아니란 점에서 극히 역설적이기 때문이다.

38 박종성, 『한국정치와 정치폭력: 해방후 권력과 민중의 충돌』(서울: 서울대학교 출판부, 2001), pp. 5-6.

39 仁井田 陞, 『中國法制史硏究 刑法』 第2版(東京: 東京大學出版會, 1981), pp. 153-165.

40 브라이언 이니스 지음, 김윤성 옮김, 『고문의 역사』(파주: 들녘, 2008), pp. 136-137.

41 Lisa Silverman, *Tortured Subjects: Pain, Truth, and the Body in Early Modern France* (Chicago, IL.: The University of Chicago Press, 2001), pp. 153-176.

42 홍옥숙, 「스펜서와 시드니의 작품에 나타난 엘리자베스 여왕의 통치와 그 문학적 재현」, 한국외국어대학교 영미연구소 편, 『영미연구』 제15집(2006), pp. 81-102.

43 Raleigh Trevelyan, *Sir Walter Raleigh: Being a True and Vivid Account of the Life and Times of the Explorer, Soldier, Scholar, Poet, and Courtier - The Controversial Hero of the Elizabethan Age* (New York: Henry Holt, 1866) pp. 398-409, 477-487, 489-505.

44 영화 형식을 빌려 영국의 참형 전통을 엿볼 수 있는 대표적 시대가 엘리자베스 1세 집권기다. 특히 다음 작품에 주목할 것. *Elizabeth I* (2006): Dir. by Tom Hooper, Acted by Helen Mirren, Jeremy Irons, et al.; Studio: HBO Studios; Run Time: 220min.

45 여기서는 'trophy'를 노획물, 그러니까 사형집행인이 이제 막 참수한 레이디 제인의 '머리' 그 자체로 이해할 것이다.

46 엘리슨 위어 지음, 권영주 옮김, 『9일 여왕: 레이디 제인 그레이』(서울: 루비박스, 2008), pp. 689-693, *passim*.

47 박종성, 『사랑하다 죽다: 정사의 정치학 혹은 지독한 순정이나 아련한 절망의

형식』(고양: 인간사랑, 2012).

48 Henry Moore, *The History of the Persecutions of the Church of Rome; and Complete Protestant Martyrology: Containing an Authentic and Interesting Account of Every Event relative to the Sufferings of the Protestants, in our Own and Foreign Countries; Including the Substance of Fox's Book of Martyrs, Burnet's History of the Reformation, and Various Other Works. Also, a Complete History of the Ten Persecutions of the Primitive Christians, by the Roman Emperors; the Lives of the Reformers; The History of the Inquisition; The Lives of the Popes*, 2nd ed. (London: Brimmer, 1819), p. 631.

49 *Ibid*., p. 630[Plate 23].

50 「유디트서」 13장의 홀로페르네스 처단 내용은 다음과 같다: "*Judith cutteth off the head of Holofernes, and returneth to Bethulia*. 13:10. And she struck twice upon his neck, and cut off his head, and took off his canopy from the pillars, and rolled away his headless body. 13:11. And after a while she went out, and delivered the head of Holofernes to her maid, and bade her put it into her wallet."; http://www.tldm.org/bible/old%20testament/judith.htm (접속일자: 2014/10/18). 한국어판으로는 다음을 참조할 것. 『공동번역 성서(외경포함)』(서울: 대한성서공회, 1978), pp. 27-53.

51 종교적 관점으로 이를 이해하자면 다음을 참조할 것. 천사무엘, 『구약 외경의 이해』(천안: 한국신학연구소, 1996), pp. 60-77.

52 성서학자들에 따르면 마태의 순교는 참형과 화형, 혹은 도끼 난자(亂刺)의 형식을 취한다. 참고로 열두 사도들의 순교 형식을 살펴보자. 16세기 독일 재침례교 성도였던 텔레만 브라트의 기록에 따르면, '12제자는 모두 로마시대 박해를 통해 순교를 당하는데 예루살렘에서 처음 사도 야고보가 목이 잘렸고 사도 빌립은 히에라폴리스에서 뱀을 숭배하는 자들을 전도하던 중 그들에게 돌에 맞아 죽었으며(AD 54), 사도 바돌로매는 아르메니아의 아스테지스 왕에게 순교한다. 사도 바나바는 키프러스에서 목줄에 끌려 다니다 순교했고(AD 64), 마가는 이집트 알렉산드리아에서 꼬챙이로 온몸을 살육당했으며(AD 64), 알패오의 아들 야고보는 예루살렘에서 몽둥이에 맞아 숨을 거두고(AD 63), 사도 베드로는 예루살렘에서 나무에 거꾸로 매달려 죽는다(AD 69). 한편 사도 바울은 로마에서 2년간 복음을 증거하며 옥중생활을 하다 목 잘려 죽고(AD 69), 사도 안드레는 그리스의 파트레에서 X표 십자가에 3일간 묶여 있다 순교했으며(AD 70), 사도 마태 역시 이디오피아에서 손발목이 땅바닥에 박힌 채로 도끼로 난자당한다(AD 70). 사도 도마는 인도에 가서 옹기 가마굴에 산 채로 던져져 순교당했고(AD 70), 사도 요한은 에베소에서 끓는 기름 가마솥에 산 채로 내던져지지만 하나님의 기적으로 머리털 하나 기름에 타지 않고 살아난 후 밧모 섬에서 요한계시록을 기록한다.'(http://blog.daum.net/changho3927/153)

53 Robert Frederick Opie, *Guillotine* (Phoenix Mill: Sutton, 2003); Allister Kershaw, *A History of the Guillotine* (New York: Barnes & Noble, 1993).

54 이에 관해서는 다음을 참조할 것. 양태자, 『중세의 뒷골목 풍경: 유랑악사에서 사형집행인까지, 중세 유럽 비주류 인생의 풍속 기행』(서울: 이랑, 2011),

pp. 169-170.

55 브라이언 이니스 지음, 김윤성 옮김, 앞의 책, p. 116.

56 위의 책, pp. 167-171, *passim*.

57 '양성평등'은 꿈도 못 꿀 사우디아라비아의 경우가 특히 그렇다. 여성의 성적 일탈을 유난스레 의심하고 실제 징벌을 감행하는 사우디아라비아에서 그러나 남성들이라 하여 형벌 과정에서 예외가 되는 건 아니다. 14세기 이상 지속된 채찍형은 부과 형량이 많을 경우 분할집행도 무릅쓸 만큼 철저하다.
http://www.soccerline.co.kr/slboard/view.php?code=totalboard&uid=1992680675;
http://news.nate.com/view/20091026n19677(접속일자: 2014/10/18)

58 Hannah Arendt, *Eichmann in Jerusalem: A Report on The Banality of Evil* (New York: Penguin, 2006); Bernard J. Bergen, *The Banality of Evil: Hannah Arendt and 'The Final Solution'* (Lanham, MD.: Rowman & Littlefield Publishers, 1998).

59 이유리, 『검은 미술관: 미술이 개인과 사회에 던지는 불편한 질문들』(파주: 아트북스, 2011), pp. 156-158; 이주헌, 『지식의 미술관: 그림이 즐거워지는 이주헌의 미술 키워드 30』(파주: 아트북스, 2009), pp. 214-218; Marc Gotlieb, "Legends of the Painter Hero: Remembering Henri Regnault," June Hargrove and Neil McWilliam, eds., *Nationalism and French Visual Culture, 1870-1914* (New Haven, CT.: Yale University Press, 2005), pp. 100-127.

60 이유리, 위의 책, p. 158; "잔인함과 불결함, 가난과 질병, 미신과 무지 등 수많은 악덕이 존재하는 세계. 근대화, 문명, 민주주의, 합리주의, 과학, 위생 같은 서양을 정의하는 특징적인 가치가 없는 사회. 그리고 비기독교 사회로서 신에게 저주받은 세계. 그것이 르노가 본 '오리엔트 왕국'이자 이슬람의 나라인 그라나다였다."

61 유교국가 조선의 경우에 관해서는 다음 연구를 참조할 것. 윤재현, 「다산 정약용의 복수론」, 다산 학술문화재단 편, 『다산학』 제3호(서울: 전통과 현대, 2002), pp. 422-449.

62 해방공간 조선의 정치적 아우성도 이와 그게 다르지 않다. '뭐늦세' 봉삼했던 해방기 군중들의 항일감정은 독립적 연구 주제다. 특히 친일파를 향한 폭발적 군중심리와 정치적 반감이 테러와 린치 수준을 넘어 요인 암살과 파출소 방화·파괴로 이어진다든지 친일골수 부역자들을 겨냥한 '얼굴가죽 벗기기(face-off)' 등의 행각으로 거침없었던 건 철학적으로 여과할 문제가 아니다. 이에 관해서는 박종성(2001), 앞의 책, p. 177 참조.

63 Alexandre Dumas, *The Black Tulip* [tr. by Franz Demmler; ed. by David Coward] (New York: Oxford University Press, 2008).

64 알렉상드르 뒤마 지음, 송진석 옮김, 『검은 튤립』(서울: 민음사, 2011), pp. 51-53.

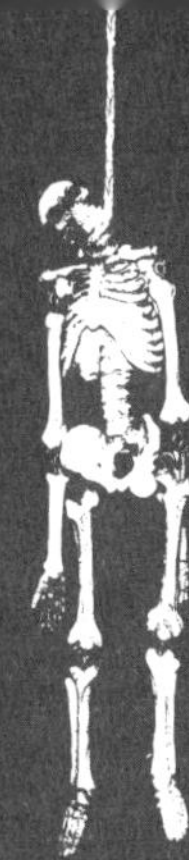

Ⅳ

고문과 처형의 정치학

전근대의 지속

제국의 정의正義와 전쟁의 폭력미학

전쟁의 정치가 휩쓸던 지난 세기만큼 일상으로 폭력을 바라보던 때도 드물었다. 죽이고 파묻다 못해 산처럼 쌓인 시신을 태워 없애던 현장의 참혹함 앞에서 사람들은 더 이상 경악할 필요조차 느끼지 않았다. 중세의 형벌이야 기껏 몇 명의 죄인들을 광장에 붙잡아 매달거나 죽음의 제전을 치르며 겁주려 했지만, '평화'와 '정의'를 핑계 삼는 오늘의 전쟁에서 사람의 목숨은 하찮은 벌레처럼 다뤄진다. 수백만을 죽이고 수십만을 숙청하며 수천을 기꺼이 고문하는 존재가 인간인 것도 이상할 리 없는 역사였다.[1] 이 당연하고도 기이한 현실을 받아들이는 것은 종교의 과잉과 과학의 결핍으로 집약되는 전근대를 이해하는 것만큼이나 쉽지 않다. 그뿐만 아니라 역사 발전은 지식인들의 예고나 열변과 무관한 것임도 어렵잖게 알아차릴 수 있다.●

● 가까운 예로 '근대'를 '이성의 시대'와 등식화하려는 생각이 얼마나 무모하고 허튼 것인지 잘 알 수 있지 않은가.

정의를 지키기 위해 불의를 감행하고 '불공평'과 '비인간'을 제거하기 위해 상상 이상의 폭력을 두둔하거나 외면 또는 미화하는 명분 만들기는 강대국의 정치적 특권이었다. 게다가 지상의 온갖 비판을 피하거나 논리적 공격마저 뛰어넘을 방어기제를 확대재생산하는 일도 그들의 몫이었다. 하지만 그것이 얼마나 황당한 일이었는지 모르는 사람은 드물다. 악을 소탕한다는 핑계로 더 큰 악을 독점하고 폭력을 없애기 위해 더 큰 폭력을 생성·장악하는 일이 마치 세상의 동의를 거친 듯 거침없었던 게 '파워 폴리틱스Power Politics'의 요체였다.

형벌의 정치적 동기를 그림으로 인식하는 일과 그 현재적 지탱을 오늘의 국제적 갈등구조 속에서 찾는 작업은 무관한 듯 보여도 기실 그렇지 않다.

형벌의 정치학을 미술로 읽는 작업이 전쟁의 정치경제학과 어떻게 조화를 이룰 것인지는 간단치 않다. 주제의 관련성조차 직접적이지 않다는 반론도 얼마든지 가능하다. 하지만 그림이 그림으로만 존재하지 않듯, 정치 현상과 인문 현상이 관계 맺는 방식의 다양성은 여기서도 뚜렷하다. 형벌의 정치적 동기를 그림으로 인식하는 일과 그 현재적 지탱을 오늘의 국제적 갈등구조 속에서 찾는 작업은 무관한 듯 보여도 기실 그렇지 않다.

강한 나라일수록 형벌 집행과 은폐는 더욱 과감하며 약한 국가일수록 역사적 반성과 자책의 의무 앞에서 게으르기 때문이다. 다음 몇 가지 항목들은 이런 문제의식을 발전시킬 수 있는 단서가 된다. 그것이 강대국의 위선이든 아니면 힘없는 나라의 허세이든 그들 모두는 결국 베르나르-앙리 레비Bernard-Henri Lévy가 한때 적확히 표현한 '인간의 얼굴을 한 야만'[2]의 속성을 공유한다.

1. 깡패rogues를 다스리기 위해 정치의 기본 지식인 '질서'의 최소한과 '공공'의 안전 보장이라는 견고하고 거창한 문법까지 필요하진 않을 것이다. 악을 소탕하기 위해 반드시 더 큰 악이 필요한 것인지는 지속적인 논의 대상으로 남는다.

2. 이 같은 사회적 패악과 반국가적 행패가 국제관계로까지 확장·모사될 수 있는 가능성은 시간문제다. 그 역시 '관계의 정지'를 전제하며 불공평한 힘의 흐름을 불편하고도 고통스럽게 요구한다는 점에서 '둘'은 무척 닮아 있다.

3. 승자독식과 패권우선의 제국주의 지배 원리를 강조하지 않더라도 평화의 재건과 자유 회복을 핑계 삼은 국제정치적 갈등은 늘 전쟁 도발의 새로운 단서가 된다. 게다가 패악의 주체가 내거는 '정의'와 '구원'의 깃발은 거의 언제나 '폭력'이란 바람 없인 펄럭이지 않는다.

4. 이러한 사실들을 증거할 인문학의 아카이브와 미술적 근거는 또 다른 천착 대상이다. 그러나 그 과정과 결과는 실제적이며 직접적이다. 그것은 폭력의 무한증식과 전쟁 재발 혹은 그 연장을 막아야 할 최소한의 시지각적 인프라이자 시대의 마지막 텍스트이기 때문이다.

역사와 문학을 시각적으로 재(표)현해 내는 도구가 미술이라는 것도 다시 강조할 필요는 없다. 단지 오늘의 가능한 인식 수단이자 때로 절박한 경험적 근거를 소환해 내기 위한 절차를 밟을 때 그림은 여전히 유효한 도구라는 데 한 번 더 착안하자. 작가는 역사를 토대로 상상하고 화가는 순간을 영원으로 동결시키는 인위적 연출의 주역이라면 형벌은 아직도 지속성을 지니는 보편의 화두로 작동하고 있으므로.

그림은 여전히 유효한 도구라는 데 한 번 더 착안하자. 작가는 역사를 토대로 상상하고 화가는 순간을 영원으로 동결시키는 인위적 연출의 주역이라면 형벌은 아직도 지속성을 지니는 보편의 화두로 작동하고 있으므로.

그렇다면 앞서 예시한 폭력의 국제정치와 전쟁의 인문학을 연계하는 미술적 주제는 무엇일까. 그림으로 지속되는 정치폭력의 세계와 형벌 묘사가 감추고 있는 음모나 흉계가 있다면 그건 또 어떻게 이해해야 할까. 이성과 합리성이 지배하는 세계인 양 굳어 버린 근대 이후의 삶이나 '현대'를 넘어 오늘날에도 고문과 형벌의 경계가 불분명한 야만성을 얼마든지 찾을 수 있다면 전근대의 지속과 단절을 둘러싼 폭력 논의는 어떻게 집약해야 할까.

깡패를 제압하려면 더 센 깡패가 되는 수밖에 없다는 비유가 힘을 얻는 까닭은 적들을 다스릴 가용 에너지를 공유할 수 없다는 그럴듯한 논리 때문이다. 알면서도 외면하고 분노하면서도 어쩔 수 없이 동의해 주는 이유는 자신들에게 없는 힘을 저들이 갖고 있다는, 그래서 필요하면 언제든 그들에게 기대야 할 자신의 처지가 거울처럼 드러나기 때문이다. 그때 솟구치는 모종의 초라함이 역겨워서라도 가장 강한 깡패에게 편입될 수밖에 없다는 것이다.

깡패를 제압하려면 더 센 깡패가 되는 수밖에 없다는 비유가 힘을 얻는 까닭은 적들을 다스릴 가용 에너지를 공유할 수 없다는 그럴듯한 논리 때문이다.

여기서 중세의 침묵과 굴종의 메커니즘은 다시 빛나고 전근대를 이끌던 신비한 기운이 어김없이 모습을 드러낸다. 과장하면 원시성의 순환도 얼마든지 가능하다. 중세의 재현과 전근대의 명료한 리바이블도 그래서 힘을 얻는다. '깡패'란 용어가 거슬린다면 유사 한자어나 동일한 의미군의 다른 용어로 바꾸는 것도 얼마든지 가능하다. 특히 아시아권에서 적용할 악의 의미는 '좋지 않다'는 우회적 뜻과 반어적 비유로도 통용된다.●

● '불량배'나 '불한당'은 물론 '나쁜 놈'들의 행패쯤으로 군사적 파워 폴리틱스를 빗대는 일도 이제는 식상할 정도다.

데리다Jacques Derrida는 이렇게 말한다.

> 민주정치는 깡패정치와 아주 멀리 떨어져 있지 않습니다. … 사실 '깡패정치'라는 명사는 부르주아인 플로베르에 의해 1865년에 만들어졌습니다. … 깡패정치는 이미 일종의 반대세력이나 반反시민성을 구성하고 있으며 그것들을 확립하기조차 합니다. 그것은 바로 사람들이 '암흑가'라고 부르는 것입니다. 이것은 '암흑가'의 모든 사람들, 개별적인 불량배들을 또 상류층이 다소 비슷한 명칭으로 부르면서 싸우고 축출하려는 의심스러운 행실과 도덕성을 가진 개인들, 즉 불량청년 그래서 좀 바람둥이이면서 '기둥서방'—리비도적 의미가 '불량배'의 비방 속에 지울 수 없이 남

아 있습니다—몹쓸 자식, 무뢰한, 건달, 개망나니, 악당, 사기꾼, 불한당, 부랑자, 너절한 놈(스페인어로 canalla는 Rogue State에서의 rogue로 번역된다), 불량배, 야바위꾼, 깡패, 불량배패거리, 훌리건, 망나니(frape: 여성형 명사도 동일한데, 도둑을 가리키기 위해서는 p 하나, 또는 p 두 개와 더불어 씁니다. 깡패 '정치'의 힘은 망나니들의 힘일지도 모르겠습니다)를 관계망 속으로 재결집시킵니다. … 사람들이 불량배에 대해 말할 때 경찰은 결코 멀리 있지 않습니다. … 도시의 어떤 민주적인 정치에 대한 문제는 중요한 질문으로 시작됩니다. 즉 '변두리는 무엇을 의미하는가?' 다시 말해서 '불량배란 무엇인가?' '어떤 조건에서 깡패정치가 가능한가?'[3]

오늘날 사람들이 아주 엄밀히 '전쟁'이나 '테러리즘'이라고 부르는 것은 더 이상 아무것도 존재하지 않습니다. … 어떤 강력한 '합리화'는 진행 중에 있으며 그것의 계산은 의식적이거나 무의식적일 것입니다. 그것은 사실상 국제법에는 거의 관심 없는 소위 불량국가들을 비난하며 그 국가들에 반대해 전투태세에 들어가는 데 있습니다. 이 합리화는 미국을 위시해서 헤게모니를 쥔 국가들에 의해 조작됩니다. 사람들은 오래전부터 이 국가들 자체가 로우그 스테이트로 행동해 오고 있다는 점을 일찍이 또 제대로 입증해 주었습니다(촘스키가 그렇게 한 유일한 사람은 아니었습니다). 게다가 모든 주권국가는 잠재적으로 또 선험적으로 어떤 불량국가처럼 자신의 권력을 악용하며 국제법을 위반할 수 있습니다. 모든 국가 속의 불량국가가 문제입니다. 여기서 국가권력사용은 '원래' 과도하며 도를 넘습니다.[4]

직역하자면 '깡패국가'로, 자주 사용하는 의역으로는 '불량국가'로 고유명사화한 '로그 스테이트rogue state'는 흔히 북한, 이라크, 시리아, 코소보, 아프가니스탄 등 이른바 반미주의를 골자로 삼는 국가 일반을 지칭한다. 그들 대부분은 '반제투쟁'의 국제화나 '반봉건' 자주노선의 전 지구적 확장을 목표로 호전적 이데올로기를 꾸준히 강화했거나 실제로 물리적 폭력을 사용하면서 미국 중심의 군사·정치적 패권주의에 정면으로 맞서는 일군의 공격적 국가들이다.[5]

세계평화 유지의 책임을 담보하는 최종국가로 미국이 이 같은 불량국가 그룹을 '악의 축'으로 인식하거나 이를 축출·견제하기 위해 군사역량을 강화함으로써 경찰국가의 역할을 자임하는 동안 세상은 그들을 '빅 브라더'로 부르며 스스로 그 영향권 안에 편입·복속되길 바라고 있었다. 그것이 불량국가와의 직접 대결을 피하고 평화조건을 담보할 저비용·고효율의 방법이었기 때문이다.[6] 이런 합리적 군사전략의 확산은 미국의 압도적 군사 우위에 대한 맹목적 추종과 일방적 추수를 당연시했고 미국 주변의 자본주의 국가군들이 연합·공조·협동하는 전략적 제휴에 관해서도 별다른 가치판단을 병행하지 않는다.

'악'을 소탕하기 위해 필요한 가치마저 '악'일 수밖에 없다는 논리 때문에 기왕의 '악'을 방임하거나 외면할 수는 없는 노릇이다. '악'이 스스로를 파기하거나 개선할 가능성도 없고 더 나아가 '선'의 기운이 새롭게 다가와 바람직한 치유의 길을 열어 준다면 모를까 두 가지 가능성이 닫혀 있는 한, '악'을 '악'으로 제거하는 일은 현실적으로 불가피하다. 중요한 건 어느 경우든 악의 논리를 위증할 수는 없다는 절박함이다. 위선도 위악도 결코 받아들이기 어렵지만 눈앞의 가증스런 '악'을 당장 제거할 수 있는 힘이

위선도 위악도 결코 받아들이기 어렵지만 눈앞의 가증스런 '악'을 당장 제거할 수 있는 힘이 절실한 필요악이라 하여 이를 곧 '선'으로 착각한다든지 그로써 사라진 기왕의 '악'을 모두 부인·배척해야 할 절대 악으로 몰아 버리는 인식의 쏠림이 문제다.

'절실한' 필요악이라 하여 이를 곧 '선'으로 착각한다든지 그로써 사라진 기왕의 '악'을 모두 부인·배척해야 할 절대 악으로 몰아 버리는 인식의 쏠림이 문제다.

촘스키만큼이나 곤혹스레 미국을 후벼 파고 난감하게 만드는 지식인들은 많다. 슬라보예 지젝Slavoj Zizek이 대표일 것이리라. 『실재의 사막에 오신 것을 환영합니다』에서 그가 말하려는 폭력의 모순과 한계도 여기서 다시 새롭다. 아렌트처럼 그것은 본디 경계 없는 선악 문제나 상태와 조건으로 극히 가변적일 수 있기 때문이다. '선'의 일상성이 극도로 혹은 무한 반복되면 그 역시 진부해지듯 '악'도 일상으로 자리 잡으면 한껏 평범해지기만 한다는 생각도 들여다보면 희한하다.

'선'의 일상성이 극도로 혹은 무한 반복되면 그 역시 진부해지듯 '악'도 일상으로 자리 잡으면 한껏 평범해지기만 한다는 생각도 들여다보면 희한하다.

> 세계무역센터 타워의 스펙터클한 폭발은 단순히 상징적 행위('메시지를 전달하는' 것이 목적인 행위라는 의미로)는 아니었다. 무엇보다도 이는 치명적인 향락의 폭발, 스스로를 대타자의 향락의 도구로 만드는 도착적인 행위였다. 그렇다. 공격자들은 병적인 죽음의 문화, 스스로 생명의 절정을 달성하는 방법을 폭력적인 죽음에서 찾는 문화에 속해 있다. 문제는 '정신 나간 광신자들'이 무엇을 하느냐가 아니라 그 뒤에 있는 '합리적 전략가들'이 무엇을 하고 있느냐다. 대규모 폭격작전을 계획하고 실행하는 군사전략가에게는 적을 공격하는 과정에서 스스로를 폭파시키는 개인보다 훨씬 더한 윤리적 광기가 있다. 그렇다. 공격의 궁극적 목표는 어떤 숨겨진 혹은 명백한 이데올로기적 동기가 아니라 정확히 헤겔적 의미에서 절대적 부정성의 차원을 우리의 일상생활에 (재)도입하려는 것이었다. 니체가 말한 진정한 말인末人인 우리의 격리된 삶의 일상의 흐름을 산산조각 내려는 것이다. 오래전 노

> 발리스는 악한 자가 증오하는 것은 선이 아니라는 명쾌한 견해를 표한 바 있다. 악한 자는 악을 과도하게 증오하며(그가 악하다고 간주하는 세상을) 그래서 가능한 한 그것을 상처 입히고 파괴하려고 한다. 이것이 '테러리스트'들의 잘못된 점이다. 신성 모독적으로 보일지 모르지만 세계무역센터 공격은 확실히 안티고네의 행위와 뭔가 공통점이 있다.[7]

'타인의 불행'을 나의 행복이자 즐거움의 극치로까지 늘려 잡자면 '향락의 전이'는 시간문제라는 잔인한 가설도 가능해진다. 게다가 이 같은 대규모 공격이 동기의 합리성을 특정 종교의 초월성에서 찾으려 들 때 폭력의 즉발성은 형벌, 특히 집단형벌을 통해 학살의 부담감을 극복한다. '죽임'의 공포를 둘러싼 개인적 역겨움은 상상을 초월하는 대규모 살인으로 뛰어넘고 도덕적 면피의 계기를 종교에서 구하려는 논리는 끝내 윤리의 마비나 정치적 겸연쩍음마저 외면할 핑계가 되는 것이다.

'진영'의 정치 논리는 결코 어느 한 순간 소멸되지 않으며 상대의 힘과 역동적 흐름의 방향 혹은 속도를 감안할 수밖에 없다. 후세인이 악마였다면 부시 역시 천사일 수 없는 논리도 자연스러워야 한다.

문제는 지젝의 생각에 담긴 자기 함정과 오류다. 그는 폭력으로 인한 초국가적 비극과 몰염치의 원인을 향해 일일이 답하거나 공격 기반을 강고히 함으로써 자기 입지의 우위를 지탱한다. 하지만 그의 생각은 줄곧 정치적 양비론兩非論에 빠진다. 이를테면 9·11을 감행한 향락의 에이전트들이 '잘했다'고 할 근거도 희박하지만 그렇다고 이라크를 쳐들어가기로, 아니 그보다 몇 곱절 막강한 군사폭력을 투입한 부시 역시 '용서할' 까닭은 없다는 공박이 그것이다. 평화의 사도니, 정의의 구현을 담보할 포스트모던 십자군이니 하며 온갖 접두어와 현란한 수식어를 동원한들 앞의 '죽임'이 뒤의 '죽임'을 불러들일 이유란 물리적으로나 철학적으로 도무지 성립되지 않는다는 게 양비론의 당연한 근거다.

칸트는 인간이 인간인 이유를 이성, 즉 '선험적 지각능력'을 갖고 있기 때문이라며 이를 증명하는 데 많은 시간을 할애한다. 하지만 역사의 실제는 이성적이지 않고 도덕과 윤리로는 읽을 수 없는 것임을 다시 힘주어 강조할 필요가 없을 것이다.●

● 무엇으로 어떻게 역사를 환원할 것인지, 이를 관통하는 언어의 보편성을 어떤 기준으로 담보할는지는 사람에 따라 다를 것이다.

호르헤 루이스 보르헤스Jorge Luis Borges가 적절히 환유換喩했듯 세상은 결국 '불한당들의 세계사'[8] 속에서 함부로 흘러가고 있었다. 중요한 건 이 같은 용어의 인문학에 동의하는 국가들의 분포 정도와 그들 사이의 존재 양식이었다. 즉, 불한당들과 그렇지 않은 나라들 사이의 관계 맺는 방식은 물론 역사가 기억하는 못된 행적에 대응한 정치(군사)적 과거와 앞으로의 행동 양식이 낱낱이 포함된다는 사실을 잊지 말아야 한다. '진영'의 정치 논리는 결코 어느 한 순간 소멸되지 않으며 상대의 힘과 역동적 흐름의 방향 혹은 속도를 감안할 수밖에 없다. 후세인이 악마였다면 부시 역시 천사일 수 없는 논리도 자연스러워야 한다. 하지만 그것을 단지 논리로만 용인하는 순간 승자독식의 살벌함과 정치적 양비론의 함정에 모두는 한 번 더 갇히고 만다.

학살과 야만의 미술

미국은 무너지고 있었다. 너른 대지와 자원의 풍요는 여전할는지 몰라도 기백과 저력은 쇠하여 이제는 '기억'과 '추억'을 더해야만 살 수 있는 나라가 되었다. 천문학적 대외원조와 군사 개입 명분으로 그토록 오래 인용하던 빅 브라더의 끗발도 바닥을 드러낸 지 오래다. 빌려준 돈을 회수하지 못하여 생겨난 비의도적 재정 적자나 국내생산의 왕성한 잠재력을 상실한 지 오래란 사실은 이 같은 힘의 쇠퇴 앞에서 차라리 동정적 변수들밖에 되지 않는다.

정신은 피폐하고 윤리는 메말라 국가를 지탱하는 의식적 동력도 약해진 지 오래다. 전자산업과 할리우드가 토해내는 블록버스터가 세계문화를 선도하고 슈퍼파워의 여전한 프리미엄이 내수부진과 국내총생산의 빈곤을 메워 준다 해도 정치경제적 부가가치가 범죄와 메춘, 이혼과 일달, 질병과 공해로 인한 민중의 말기적 소외나 번뇌를 치유할 만능의 대안일 수는 없는 형편이다. 실업과 마약, 섹스와 록큰롤에 취해 버린 젊은 세대가 국가 발전의 잠재력을 취약하게 만든 국내 요인이란 해석도 더 이상 효과적이지 않다. 그건 이미 온 세상의 일반적인 고민거리로 자리 잡았으니까. 범죄와 공해, 매춘과 환경오염, 기상이변과 일부 자연 사원의 고갈도 미국의 쇠락을 재촉한 즉발적 요인이라고 보긴 어렵다. 그 역시 미국만의 문제는 아니기 때문이다.

미국은 무너지고 있었다. 너른 대지와 자원의 풍요는 여전할는지 몰라도 기백과 저력은 쇠하여 이제는 '기억'과 '추억'을 더해야만 살 수 있는 나라가 되었다.

공권력의 제도적 권위와 이를 향한 민중 보편의 자발적 복종이 나라를 빛나게 했던, 아니 여전히 실낱같은 미래의 황홀경을 민주주의란 이름으로 포장할 수 있는 나라가 미국임을 부인하긴 어렵다. 하지만 스스로 장담하던 윤리의 얼개와 홀로 지키고자 애쓰던 도덕의 틀을 그들 자신이 기꺼이 무너뜨릴 때 권력도 민중도 자기 방호 논리를 만들진 못하고 있었다.●

● 그것도 그들 자신이 그처럼 배격하면서 극력 혐오하던 폭력과 야만의 범람 앞에서랴.

악을 응징하고 평화의 새로운 기틀을 마련하겠다며 기습 투입한 군사폭력이 불법과 탈법으로, 아니 반인륜과 부도덕으로 자행한 임의형벌의 과잉은 이미 퇴조의 길을 내딛던 미국의 불운에 힘을 더한다. 그것은 함부로 용감하며 예상외로 무례했던 나라가 저지른 전근대의 추악함으로 또렷이 되살아난다. 자신의 이름이 알려지지 않을 때 용감해지듯, 격리된 공간과 타인의 시선이 배제된 상황에서 인간은 거칠고 난폭하게 돌변할 수 있는 악마이기도 했다.

9·11의 '복수'라는 뚜렷한 이유는 감춘 채 세계 최고의 무기를 들고 대량살상무기와 후세인을 찾겠다며 이라크 사막을 누빈 부시의 군대가 야만의 중세성마저 무릅쓴 패러독스는 '폭력의 비대칭'[9]으로 두드러진다. 나라를 세운 지 2세기 남짓하도록 스스로 보인 모범과 긴장의 세월을 그렇게 무너뜨릴 것이라곤 아무나 예측할 일도 아니었기 때문이다. 민주주의와 정의, 평화와 풍요의 고지를 점령하려면 독재와 야만, 부정의와 전쟁부터 간절하다는 패러독스마저 하필 미국이 모범을 보이리라곤 가늠하기 어려웠을 테니까.

9·11의 '복수'라는 뚜렷한 이유는 감춘 채 세계 최고의 무기를 들고 대량살상무기와 후세인을 찾겠다며 이라크 사막을 누빈 부시의 군대가 야만의 중세성마저 무릅쓴 패러독스는 '폭력의 비대칭'으로 두드러진다.

형벌의 전근대성이 여기서 문제가 되는 건, 1) 국가가 독점하던 제도적 사법폭력을 2) 군대가 전용·모방하는 몰상식과 3) 기왕의 점령 구도가 독점하는 비대칭적 전쟁 명분이 강자의 부도덕과 패악마저 엄폐해 버림으로써 4) 세상이 알고 권력이 자인하며 가련한 피해자들이 절규하는 반윤리적 작태들을 손쉽게 무시·망각해 버리기 때문이다. 그 같은 행각을 일삼는 주체가 누구든 또 그 나라가 어디든 문제는 과거[10]에나 생각할 수 있었던 형벌의 극한이 고문과 별 차이 없이 겹치고 있는 것이 오늘의 현실이다. 뿐만 아니라 지독한 폭력의 수행 주체가 군인이란 점은 사회적 용인의 한계를 넘어선다.

이 같은 역할과 기대의 저버림이 집단분노와 비판으로 이어지지 않았던 까닭은 또 뭘까.[11] 전쟁과 훈련이 기본 역할인 군인들이, 그것도 세계평화의 첨병이라며 자타가 공인한 미국 군대가 야만의 극치를 보임은 그 자체만으로도 포스트모던의 예외성을 지닌다.●

● 하지만 '가슴'으로 용납하기 어려운 미군의 과오를 고스란히 잊거나 무시하는 모두의 '머리'는 더욱 차갑게 그리고 무책임한 관행으로 굳어 가고 있었다.

스스로 저지르고 아무 일 없이 지나치거나 그걸 알고도 외면하는 결과적 무례함은 스티븐 아이젠만Stephen Eisenman이 말하는 이른바 '아부 그라이브Abu Ghraib 효과'로 구체화된다.[12] 정작 거기가 미국의 국토는 아니었지만 저지름의 주체가 미군이었다는 사실은 우리를 분노하게 만든다.[13] 아부 그라이브 교도소는 이라크 수도 바그다드에서 서쪽으로 32킬로미터 떨어진 (같은 이름의 도시에 위치한) 이라크 최대의 정치범수용소[14]로 후세인 시절부터 악명이 높았다. 특히 미군이 바그다드를 점령한 이후에는 처참한 인권 유린 현장으로 뉴스의 초점이 된다.

이라크 주둔 미·영 연합군을 겨냥한 반항과 공격 대가로 임의형벌과 사적 고문을 일삼은 군인들이 남녀 가리지 않고 자행한 폭력의 범주는 복잡하고 넓었다. 주로 성적인 학대를 기본으로 '미군 여성 → 이라크 남성 민간 포로', '미군 남성 → 이라크 남성 군인'의 구도로 형벌과 고문을 병행한 아부 그라이브의 일들은 디지털카메라로 찍은 비교적 해상도 높은 사진들[15]과 동영상으로 알려지기 시작한다. '찌르고 때리며 걷어차고' '가두며 물 먹이고 겁박하며' 두려움의 조건을 한껏 고조시킨 미군들의 패악은 급기야 머리에 두건을 씌운 채 고문하거나 손목에 동아줄을 묶고 앞이 보이지 않는 단절상황을 장기 체험하게 하는 등 복잡성을 보인다.

문명권 차이와 수용 과정의 예민한 차별성을 함께 고려해야 하지만 심지어 초죽음 상태의 이라크 남성 포로들을 탑처럼 쌓거나 인간 구릉으로 방치하는 사진들은 여간해선 받아들이기 쉽지 않다.[16] 게다가 미군들의 학대가 물리적 폭력이나 심리적 겁박에 이어 포로들을 향해 오줌까지 눠대는 지경이면 그것은 이미 단순한 공격성을 넘어선 정신의 황폐와 질환으로 볼 문제다. 이슬람권에서 자행한 기독교 문명권의 오만과 방자라고 단순재단하거나 폄하하더라도 형벌(고문)의 분화와 한계 이탈은 극도로 심해지고 있었다.

이런 심각성을 전달하는 매체로 사진보다 더 우회적이고 교육적이며 처연한 (도구성을 지닌) 것이 회화다. 아부 그라이브의 교도소 정치학이 형벌과 고문의 도상학을 통해 널리 그리고 입체적으로 알려진 것도 2D 매체의 대표인 드로잉과 회화 때문이었을 것이다.[17] 콜롬비아 작가 페르난도 보테로Fernando Botero의 작업이 각별한 의미를 지니는 까닭이다. 그의 회화와 조각에 담긴 관능성이나 육감적 인물들은 때로 세상 사람들의 기피 대상이 되기도 한다.●

● 비현실적으로 살찌거나 기이하게 토실토실한 모습도 모습이지만 보테로의 지극한 편파적 인간 해석의 바탕에는 진한 사회비판이 도사리고 있다.

지나치게 과장된 인체 비례로 그는 제도화된 규범을 조롱하거나 경우에 따라 우울하게 표현된 비정상적으로 비만한 인물들을 통해 자기만의 목소리를 더욱 크게 내기[18]도 한다. 보테로는 특히 콜롬비아 내전에서 국민들이 겪었던 고통과 사회적 불평등을 주제로 삼아 전쟁의 참혹함과 파괴를 그린 고야나 그로스, 피카소의 메시지를 반어법적으로 연상시키기도 한다.[19] 바로 여기서 보테로의 작가의식이 불평등과 탄압을 고발해야 한다는 책임감으로 연결되고 있음[20]을 읽을 수 있다.

그는 2003년 아부 그라이브 교도소 수감자 학대 사진들을 보고 2년 뒤 연작 제작에 나선다. 회화와 드로잉으로 구성된 이 작업에서 그는 비만과 누디티를 중심 콘셉트로 여러 유형의 학대받는 이라크 인들을 조각처럼 표현한다.● 눈이 가려져 있거나 머리에 두건을 씌운 사람들 표정은 고통으로 가득하고 그중 몇몇은 잠시 후의 구타를 예상한 듯 몸을 한껏 움츠리기도 한다. 비유컨대 십자가에 책형당하기 전 채찍과 고문을 견뎌내야만 했던 예수 같기도 하고 그를 뒤따르던 이들의 수난을 연상시키기도 한다.[21] 작품 속의 유난스런 폭력이 수감자들의 수모와 고통을 한층 사실적으로 보여 주되 갈수록 충격적인 까닭도 이 때문이다.[22]

● 살아 있으나 죽은 것 같고 움직여야 할 사람이지만 박제된 동물들처럼 말이다.

폭력을 사실이나 뉴스 그 자체로 받아들이는 것보다 예술로 상상하고 우회적으로 수용하는 일이 여기서 한결 중요해지는 건 왜일까. 사실을 정보 자체로 인식하거나 즉발적으로 확인하려면 사진 매체는 더없이 분명하고 과학적인 객관성을 지닌다. 하지만 홍수처럼 밀려드는 정보 속에서 과학이 주는 편리함은 고마움과 동시에 망각이란 이름의 역기능을 빛의 속도로 선사한다.

쉽게 얻고 빨리 잊을 정보라면 도리어 부정확하고 우회적이며 판단의 빈터를 마련하는 과업이 의식의 단련과 인식의 탄력을 위해 유의미하다는 것. 이는 자칫 보수적 사유의 극치로 매도될 가능성을 배제하지 못한다. 그렇다고 하여 극사실 예술이나 사진 매체의 중요성을 평가절하하려는 것 역시 아니다. 상상력의 확장

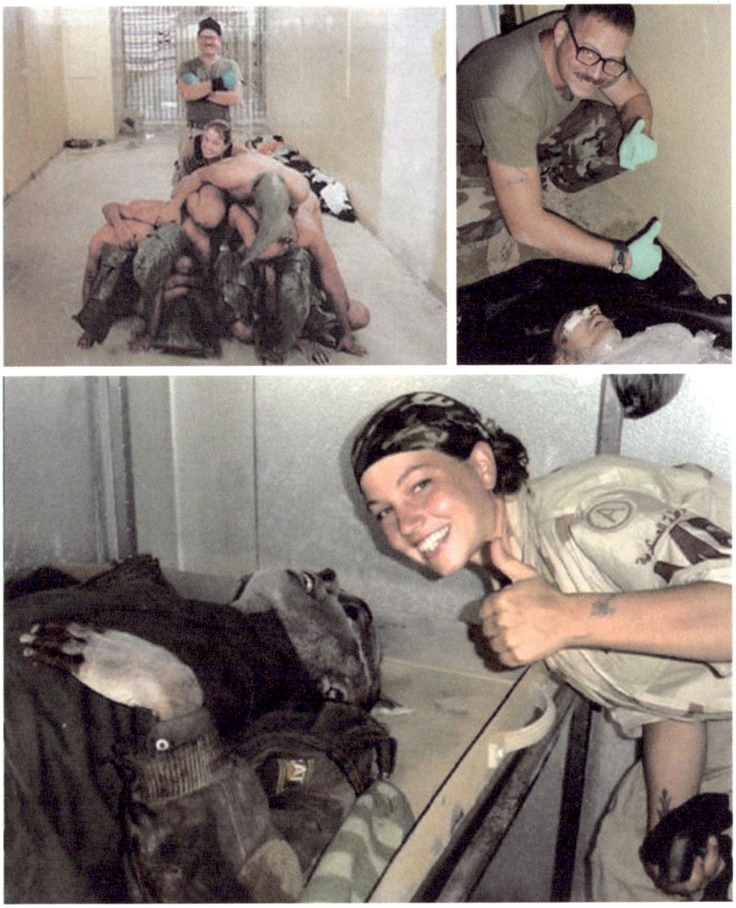

〈그림 41〉
보테로 연작의
사실(寫實)적 단서들

과 주관적 해석의 여백을 확장하는 일이 역사인식의 온당한 방법이라고 늘 강조할 순 없을 것이다. 하지만 도덕과 윤리의 힘을 빌려 아주 잠시라도 자신을 여과하고 상황에 대입시킬 만한 철학적 여유조차 누리지 못하는 삶이라면 우리에게 '정보'와 '통신'은 사고의 빈곤을 재촉할 이기적 쓰레기가 아닐까.

교도소에서 근무하며 자기들만의 페스티발을 치른 미군들의 디카 슈팅에 매몰되지 말아야 할 이유는 따로 또 있다. 미국에서 연작 전시회는 가졌으되 세상 누구에게든 결코 자신의 작품을

'팔지는 않겠다'는 보테로의 미술철학에서 답은 명쾌히 드러나기 때문이다. 폐쇄된 공간 속에서 세계최고 인권국가의 군인들에게 참혹한 피해를 입은 사람들을 그린 작품을 돈 받고 판다는 건 차마 인간으로 할 짓이 아니라는 작가의 당연한 자각이 차라리 계몽적이며 숭고하기 때문이다.[23]

야속하고 괴로운 형벌은 한결 같기만 한 미군들의 '웃음'이다. SNS로 가족과 친구들에게 퍼 나른 건 그 자체만으로 고문이자 얼굴을 달리한 야만이었다. 김용수는 그 웃음의 속내를 정확히 짚는다.

> 미군은 여기서 시선의 주체가 아니라 응시의 대상이다. 사진 속의 병사들은 타자의 응시에 스스로를 노출한 채 행동하는, 즉 응시의 지배 아래에 놓인 객체들이다. 여기서 흥미로운 점은 카메라를 향한 이들의 표정이다. 이들은 타자의 응시를 향해 환하게 그리고 뿌듯하게 웃고 있다. 고문하는 병사들을 바라보는 대타자의 응시는 부끄러움을 일으키는 응시가 아닌 만족감을 주는 응시인 것이다. 그것은 회의와 불확실성이 아닌 신뢰와 확신을 심는 따뜻한 응시이다. 이 사진에 시각적으로 나타나 있지는 않지만 구조적으로 존재하는 응시의 주인공은 다름 아닌 아버지 미국이다. 이들은 '자유'와 '민주'라는 미국적 가치에 대한 절대 확신 속에서 포로들을 모욕하고 아버지 미국의 온화한 응시의 보호 아래에서 안전하게 그리고 자유롭게 그들을 학대할 수 있다. 고문은 바로 대타자의 향유를 위한 봉사행위인 것이다. 그들은 마치 카메라를 바라보며 "아버지, 당신을 위해 제가 한 일을 보세요."라고 말하는 듯이 보인다. 그들은 진정 아버지를 향하고 있다(pere-version). 이와 같은 도착적 시선의 교차에서 특수한 가

야속하고 괴로운 형벌은 한결 같기만 한 미군들의 '웃음'이다.

치를 반영하는 미국적 초자아의 응시는 결핍으로서의 응시를 대체하고 보편적인 지위를 획득한다.[24]

9·11의 아픔을 후세인 색출로 이겨내고 대량살상무기의 또 다른 폐기 명분을 빈 라덴 검거에서 구하던 그 나라, 그 군인들이 보인 웃음의 까닭은 잔인했다. 그리고 사막의 전장을 누빈 성조기는 모래알만큼 많은 이슬람 백성들의 궁극의 절멸과 기독교 문명의 지탱만이 영원한 지상명령인 양 어지러이 드날리고 있었다. 제 나라 제 땅에서 애먼 이라크 인들은 세 번 죽는다. 1) 갇혀 죽고 2) 맞아 죽으며 3) 끝내는 '비아냥'으로 사라지는 것이다. 죽은 자들 모두가 가장 견디기 괴로웠던 형벌은 적군의 살인적 웃음이었을 것이다.

아울러 눈여겨볼 부분은 한결같은 죄수들의 '눈가림'이다. 이를 차라리 가해자의 양심과 일말의 선의를 의식한 소극적 가책 때문이었다고 보면 그건 순진한 발상이다.● 피의자를 절망시키고 기결수는 물론 수감자 전원을 효과적으로 다스릴 최고의 자원은 두려움의 학습이었다. 탈옥은커녕 터럭만 한 항변과 이의의 여백조차 허용하지 않으려는 제국의 여전한 교만이 기왕의 오만과 화학반응을 일으킬 때 미국과 미군이 취한 최고의 공포동원전략은 형벌과 고문의 차이를 두지 않으려는 것이었다.●

● 조국이 용서하리라 믿고 함부로 '비인간'과 '인간'의 경계를 넘나들었다는 해석도 윗글의 과잉독해로는 심할 것이다.

● 형벌을 고문처럼, 고문을 형벌처럼 반복하고 겹쳐 버리는 그 일 말이다.

절망은 두려움을 잡아먹는다. 희망이 없으면 무서움도 자취를 감추는 법. 하지만 제 나라 제 땅에서 이방의 군인들에게 당하는 무슬림 백성들의 정치심리는 굴종의 감수와 함께 언젠가는 상황을 개선시킬 수 있으리란 기대와 저항이 기묘하게 섞여 스스로를 부추기고 있었다.

전쟁의 명분과 우월적 기세를 항구 선점하려는 제국의 일방적 정의가 이처럼 사막 한구석의 피고름을 가리는 장막으로 행세할 때 강자의 이익은 제 추한 얼굴 곳곳을 감추고 있었다. 두려움과 부끄러움을 섞어 이라크 수감자들을 다스리려는 군인들의 야만적 실상은 죄수들 목에 줄 매달아 개처럼 끌고 다니기, 머리에 비닐주머니 씌워 목을 묶은 후 질식시키기, 초죽음 상태의 수감자들로 피라미드 쌓기, 제 똥을 몸에 묻힌 채 반복동작 벌 받기, 손목을 뒤로 묶은 채 오리걸음하기, 포로의 시체 조롱하기, 물구나무세운 채 벌거벗은 죄수의 성기 건드리기, 양팔 벌린 채 검은 두건 씌워 단상 위에 세워놓기, 앞으로 손목을 묶은 채 하염없이 허리 숙여 절하게 하기, 머리를 땅으로 향한 채 구부려 서 있기 등이었다. 대표적인 것들만 이 정도일 뿐 응용 형식까지 고려하면 전체 묘사는 여기서 불가능하다.

절망은 두려움을 잡아먹는다. 희망이 없으면 무서움도 자취를 감추는 법.

인내의 임계점까지 밀어붙이려 애쓴 미군의 극한 고문과 물리적 형벌이 잔인하기 이를 데 없었던 건 폭력의 물리적 부과로만 국한되지 않는다. 그것은 특히 남성 죄수들을 향한 '하체노출'과 '안면폐쇄'의 이중적 요구로 모아진다. 일상의 삶에서 늘 가리고 지내야 하는 성기와 아랫도리는 처절하게 드러내도록 강요하면서도 가리지 말아야 할 눈과 얼굴은 철저하게 은폐한 것은 타인의 시선은 물론 세상의 온갖 관행으로부터 수감자들 격리시키고 수모와 단절의식을 학습시키려 한 통제 방식이다. 그에 따라 지독한 수치심과 고도의 무기력은 물론 끝내 공포와 부끄러움마저 가리지 못하도록 아예 산 채로 화석화시켜 버리는 것이었다.●

● 한 가지 폭력에 길들어 가는 인간의 모습보다 동시다발적 절망에 익숙해 가는 사람의 삶의 변화를 작정하고 훔쳐보거나 바라보기란 즐겁고 행복한 법이다.

그들의 행각은 자율을 넘어 이미 만행의 문턱을 넘어선 지 오래였다. 예수의 언사를 빌리자면 '저들은 저희가 하는 일들을 알지 못하고' 있었다. 가두고 때리며 침 뱉고 욕하는가 하면 매달아 놓고 놀리다가도 그것만으로 성이 차질 않아 눈 가리고 뒤로 손목 묶인 죄수들에게 오줌까지 갈겨대는 군인들이란 이미 사람이길 포기한 야수였을 따름이니까.

신체벌이 대부분 사라져 이제는 죄와 벌을 물리적으로 확인할 '형장'도 '시민 광장'도 볼 수 없지만 도시 한구석 세상의 필요악쯤으로 통용되는 감옥들만이 역사의 추억을 들추거나 간헐적 긴장의 계기를 만들 뿐이다.[25] 그렇다 해도 감옥은 죄인과 비非죄인을 가르거나 죗값을 치르게 하기 위해 지은 차디찬 건조물이 아니다. 그들 모두가 그래도 용납할 최후의 장소이며 그 같은 사회적 용인이 예측 가능한 미래와 공적 가치의 기본으로 확장될 가능성을 항시 동원하기 때문에 우울해도 참고 비참해도 버티게 하는 곳이 된 것이다.

상처는 상처로 남아 '자국'과 '기억'의 골을 때로 헤집거나 하릴없이 파헤치는 핑계가 된다.

자유는 구속의 부재로 인식되는 경우가 흔하다. '억눌림' 없고 누군가 '통제'하거나 '간섭'하지 않을 때, 즉 내가 무언가 하려 할 때 그걸 하지 못하게 하는 '억지'가 없다면 우리는 자유롭다고 여긴다.● 그러나 갇힌 자 스스로 갇혀야 할 이유에 동의한다면 구속은 도리어 다시 자유로워야 할 의무이행의 단서가 되고, 나아가 사법적 면피 계기가 되는 모순도 함께 인정해야만 한다. 문학적으로 비틀면 차라리 '행복한 형벌'과 '구원의 고문'이란 표현도 불가능할 리 없다. 단지 모두가 인정하는 '상응의 징치'와 사회적 대가로 '죄와 벌'의 관계를 합리적으로 인식할 수 있을 때 말이다.

● 물론 자유가 능력인지 아닌지는 의외로 명쾌하다. 무슨 일을 하기에, 무언가를 누리기에 무능하다 하여 '그(녀)'가 '부자유스런' 건 아니기 때문이다.

하지만 아부 그라이브가 문제 되는 건 구속은 물론 자유를 제한한 다음 부과하는 온갖 조롱과 폭력의 부피가 사법적 정의와는 전혀 관계없는 자기 파괴 범주를 너무 멀리 벗어나 버렸기 때문이다. 그 결과 관리자와 수감자 모두가 감옥이란 이름의 물리적 창살 안에 갇혔을 뿐 아니라 적과 동지의 관계를 넘어 단죄 주체가 가해자가 되고 그 대상이 피해자가 되는 자유와 구속의 복잡한 메커니즘이 만들어진 것이다. 그래서 '이겼어도 졌고' '졌어도 이긴' 전쟁이었다. 대량살상무기도 '허구의 진실'이 되고 고작 사담 후세인 하나 잡기 위해 참담한 전쟁을 치러야 했다는 여론의 창살 속에 미국은 갇히고 만다.

검은 아스팔트 위에 사선으로 얹히는 형광의 노란색 안전지대가 눈에 띄듯 삶의 보색효과도 그와 다르지 않음을 보테로는 이라크 사막전쟁을 빌려 말한다. 뚱뚱해서 더욱 무기력하며 눈을 가려도 보이는 앞날에 이슬람은 끝없이 피멍 들고 있다고. 제국을 향한 복수는 다시 제국을 일구는 전쟁밖에 없으며 강자의 정의를 대체할 새로운 정의는 반미反美 항쟁 밖에서 구할 재간이 없다고. 억울함의 반어는 '행복한 삶'이 아니라 자살조끼와 끝없는 테러로 재건해야 할 알라의 뜻이라고.

보테로를 읽고도 반미항전의 기치가 여전히 역겹고 염려스럽다며 눈을 흘김은 미술로도 정치를 읽지 못하는 우민愚民의 행각일 것이다. 아부 그라이브가 물음의 근거인 동시에 답인 까닭이다. 고문과 형벌의 차이를 분간하지 못할 정도로 과도한 폭력으로만 지탱할 수 있는 21세기라면, 그리고 폭력으로 사야 할 정의이자 전쟁으로 구해야 하는 평화라면 세계 최고의 강자가 유일경찰로까지 군림해야 할 독선 논리는 언제쯤 설득력을 다하는 걸까.[26]

보테로를 읽고도 반미항전의 기치가 여전히 역겹고 염려스럽다며 눈을 흘김은 미술로도 정치를 읽지 못하는 우민의 행각일 것이다. 아부 그라이브가 물음의 근거인 동시에 답인 까닭이다.

강자의 불의를 약자의 정의로 이겨내는 방법은 아직 성공적으로 개발되지 않았다. 인위적으로 불가능하다면 기적처럼 발견할 개연성도 기대해 봄 직한 역사는 여전히 화려한 편이다.

작가에게 길을 물어 다다라야 할 평화의 고지라면 입 아프도록 묻고 또 기다려야 할 터다. 그것만으로도 부족하다면 지상의 모든 그림과 조각과 사진과 드로잉을, 아니 미술로 이름 붙일 온갖 장르를 뚫어져라 응시하고 성찰해야 할 것이다. 도무지 알 길 없는 물음도 꼬리를 문다. 왜 하필 보테로만이 아부 그라이브 묘사에 치열함을 보였던 걸까. 다른 작가들은 벌써 조지 부시와 이라크와 아부 그라이브를 잊어버린 것일까. 교소도 안에서 무슨 일이 있었던 것인지 이젠 정말 기억하지 못한단 말인가.

주

1 François Bizot, *Facing the Torture: Inside the Mind of A War Criminal* [tr. by Charlotte Mandel and Antoine Audouard] (London: Rider, 2011), pp. 126-128.

2 Bernard-Henri Lévy, *Barbarism With A Human Face* [*La barbarie à visage humain*] (New York: Harper & Row, 1979).

3 자크 데리다 지음, 이경신 옮김, 『불량배들: 이성에 관한 두 편의 에세이』(서울: 휴머니스트, 2003), pp. 148-152, *passim*.

4 위의 책, pp. 313-314 참조.

5 Judith R. Blau, *The Leading Rogue State: the United States and Human Rights* (Boulder, CO.: Paradigm Publishers, 2008).

6 Andrew Mack, "Dealing With 'Rogue' States: Cooperation versus Coercion?," *Asian Perspective*, Vol. 23 No. 1 (1999), pp. 205-214.

7 슬라보예 지젝 지음, 이현우·김희진 옮김, 『실재의 사막에 오신 것을 환영합니다: 9·11 테러 이후의 세계』(서울: 자음과모음, 2012), pp. 197-198.

8 호르헤 루이스 보르헤스 지음, 황병하 옮김, 『불한당들의 세계사』(서울: 민음사, 1994).

9 같은 무기라도 미군의 '것'은 좋은 것이고 이라크의 '것'은 나쁜 것이었으니까.

10 전근대 혹은 중세를 총칭하는 지나간 시간대를 이른다고 해두자.

11 자기편 봐주기? 의도적 묵인과 무의식적 지나침? 가책의 태연한 극복? 끝내 모두가 공감할 정의로운 자기검열은커녕 '망각'과 '무시' 아니면 '외면'과 '침묵'으로 일관하는 비겁의 문화가 지탱, 확대재생산하는 건 의외였다.

12 Stephen F. Eisenman, *The Abu Ghraib Effect* (London: Reaktion Books, 2007), p. 9.

13 Amanda Jean Davis, "Unveiling the Rhetoric of Torture: Abu Ghraib and American National Identity," Ph.D. Dissertation, The University of Texas at Austin Communication Studies (2008).

14 1960년대 말 콘크리트 벽돌로 지은 교도소에는 203명을, 8개 텐트구역으로 이루어진 '캠프 갠시(Ganci)'에는 4,800여 명을 가둘 수 있었다. 600명가량 수용할 수 있는 '캠프 비질런트(Vigilant)'도 따로 있었다. 사방 4킬로미터 안에 모두 24개 감시탑과 장벽·철조망을 설치한 이 교도소는 1984년에만 4,000여 명, 1990년대 후반에는 감옥 청소를 핑계 삼아 2,500명 이상을 처형한다.

15 이미 수많은 채널을 통해 알려졌으나 대표적 콘텐츠로는 다음 사이트를 참조할 것. http://blog.naver.com/mono0607/140021849002; http://uk.images.search.yahoo.com/search/images;_ylt=AwrSbjaLut9SKDkAbkNLBQx.;_ylu=X3oDMTB2amhkbjloBHNlYwNzYwRjb2xvA2dxMQR2dGlkA01TWVVLMDRfNzc-?_adv_prop=image&fr=yfp-t-903-s&sz=all&va=abu+ghraib(접속일자: 2014/10/18).

16 이영준, 「잔혹성과 차이: 아부그라이브 형무소의 포로학대 사진」, 서양미술사학회 편, 『서양미술사학회논문집』 제22집(2004), pp. 185-200.

17 E. Heartney, "An Iconography of Torture," *Art in America*, Vol. 95 No. 1 (Jan 2007), pp. 128-131.

18 David Ebony, *Botero Abu Ghraib* (New York: Prestel Publishing, 2006); F. Castro Florez and A. Kalenberg, *Fernando Botero: Abu Ghraib - El Circo* (Valencia: I.V.A.M, 2008).

19 Eisenman, *op. cit.*, pp. 18-41.

20 Jose-Manuel Barreto, ed., *Human Rights from a Third World Perspective: Critique, History and International Law* (Newcastle upon Tyne: Cambridge Scholars Publishing, 2013).

21 Shampa Biswas and Zahi Zalloua, eds., *Torture: Power, Democracy, and the Human Body* (Seattle, WA.: University of Washington Press, 2011).

22 H. Jones, "Fernando Botero: Botero's Abu Ghraib," *The Virginia Quarterly Review*, Vol. 84 No. 1 (2008), pp. 149-161; Cynthia Enloe, "Wielding Masculinity inside Abu Ghraib: Making Feminist Sense of an American Military Scandal," *Asian Journal of Women's Studies*, Vol. 10 No. 3 (2004), pp. 89-102.

23 그의 뜻을 조금이나마 같이 나누기 위해 직접적인 작품 인용은 생략한다.

24 김용수, 「폭력, 정치 그리고 라캉의 정신분석: 아부 그라이브 감옥과 영화 〈그리스도의 수난〉에 나타난 고문의 논리와 도착의 시선」, 『비평과이론』 제10권 1호(2005 봄/여름), pp. 162-163.

25 중요한 건 감옥이 형벌의 대가를 치르는 우선의 공간이자 최후의 장소가 된 오늘, 고문이란 이름의 비현실적 고통을 추가로 받아들일 채비는 어디에서도 가능하지 않다는 사실 아닐까. '그곳'은 창살과 콘크리트의 단순조합이 아니며 기다림의 고통과 더불어 수모와 치욕의 시간들마저 기꺼이 치러내야 할 곳까진 아니라는 사실들 말이다.

26 '착한 전쟁'이란 애당초 어불성설이란 주장도 이해 못하는 건 아니리라. 그렇다고 모든 전쟁이 악할 수밖에 없어 악마의 깃털을 액세서리삼아 사악함의 한계를 스스로 검증하고 남아도는 화력으로 폭력충동을 잠재우는 동기를 범의라 부르지 못할 이유도 우리에겐 없다.

미술정치학을 위하여

그림으로 형벌을 읽는 일은 죄의 대가를 이해하는 시각교육과 충동적 삶을 제어하는 단호한 자기 경계의 필요마저 함께 요구한다. 그림뿐만 아니라 조각과 사진, 건축과 디자인에 이어 심지어 액세서리나 패션도 형벌을 탐구할 시지각적 교훈의 근거라는 걸 새삼 알게 된 것도 부수적 수확이다. 문학과 영화를 아우르는 인문학의 세밀한 지평마저 함께 훑어야만 형벌이 인간을 어디까지 어떻게 옥죄는지도 효과적으로 천착할 수 있었다.

그럼에도 불구하고 역사 속 형벌을 총체적으로 살필 섬세한 능력과 이를 담아낼 치밀한 밑그림 없이 회화 자료들에만 기댄 여기서의 작업은 적잖은 한계를 안는다. 그것도 이미 서양 미술사에서 한껏 명멸했던 미스디피스들을 바탕으로 한 형벌 회화의 정치적 읽기는 작품의 희소성보다 해석의 대안을 의식한 작업이었다. 특히 형벌의 오브제를 택한 작가들의 생각에 매달린 건 형벌 '약한' 시대에 이르러 참담하기만 했던 과거가 오늘 무엇으로 되살아나는지 통시대적으로 사유한 흔적이 아쉬워서였다.

이제 와서 전근대의 형벌 회화 탐사와 그 이후의 궤적을 치밀하게 좇으려 함은 한때 미술이 자기검열과 규범적 절제를 자극한 대표적 사회교육 매체이자 정치교육의 거의 유일한 텍스트였기 때문이다. 그림은 그 가운데 가장 오래된 시지각 자료이자 반복 응시와 관찰 가능한 합리적 도구였다.

다음 몇 가지 항목은 여기서 얻은 발견물들이다. 첫째, 전근대 회화에 나타난 형벌 모습은 상상과 작위의 결과가 아니다. 그들 대부분은 실제 있었던 일들의 전후 맥락을 세상에 알릴 거의 유일한 매체였고 문화 '없던' 시절의 초보적 시지각 자료로, 경고와 단속 효과를 동시유발하려는 정치(통치)적 판단은 물론 사회통제를 의식한 당연한 결과다. 화가(작가)는 그만큼 자율적일 수 없었고 예술적 자유도 흔쾌히 누리지 못했다. 예술이, 특히 미술이 권력을 위해 복무해야만 했던 정치적 예속성은 생각보다 오래 지속되었다.

둘째, 르네상스 회화는 당대를 비추는 거울이었다. 세상은 바뀌어 갔건만 종교화의 규모가 막중했던 건 여전한 기독교의 융성과 인간의 현세적 고뇌를 호소하거나 해소할 대상이 없었음을 반증한다. 인간의 육신을 고스란히 드러내고 누디티의 번창조차 부끄럽지 않은 세상에는 어두운 그림들도 늘어 가고 있었다. 종교로도 어쩌지 못할 인간의 고통은 커져만 갔고 현실이 처절할수록 신의 초월적 의지는 빛바래 가고 있었다. 형벌을 다룬 회화가 중세 민중의 눈과 마음을 사로잡았다는 사실은 인간이 손댈 수 없는 범죄와 그로 인한 충격이 그만큼 컸음을 뜻한다. 르네상스는 따라서 피부로 느낄 만한 행복과 윤기 흐르는 번영의 시간들만은 아니었다.

셋째, 종교의 지속적 융성을 염원한 기독교 권력의 사회적 위축과 근대 정치권력의 실질적 부활은 만만한 논의 대상이 아니다. 하지만 '위축'이 소멸'은 아니며 '부활'과 '재생'은 모든 걸 압도할 '제패'나 종교의 자리를 대체할 만한 '위풍威風'을 뜻하지 않는다. 중세의 종말이 명료한 마침표로 돋보이는 것도 아니고 근대의 개막이 확실하지도 않았던 까닭이다. 시대의 변화를 절절히 바랐지만 시대를 이끌 정신과 구체적 인프라가 빈곤했던 것도 이 때문이다. 역사의 과도기는 한층 혼란스럽고 불안했다. 시대 변화를 눈치 챈 사람들의 욕망만 서둘러 커져 갔던 탓이다. 르네상스 중심국가인 이탈리아에서 점차 늘어난 범죄와 그에 따른 형벌의 비례가 이를 잘 말해 준다.

과도기 문명이 특유의 무질서를 양산하는 가운데 응분의 형벌을 의식한 종교권력과 정치권력은 서로 양보하거나 먼저 타협하려 들지 않는다. 범죄의 증가는 기독교 권력으로 하여금 인간의 타락과 부패를 돋보이게 할 악마적 재질을 부추김은 물론 회개와 반성의 길로 땅의 나라를 인도하고 자기 역할의 신성성을 다시금 계몽하는 절호의 계기가 된다. 반면, 국가권력은 모처럼의 정치적 자율성을 한층 강화하면서 죄지은 인간을 벌할 주체는 살아 있는 강자임을 과시하려 자기 목소리를 키운다. 형벌의 강화는 곧 종교권력의 우월성을 견제하려 한 현실적 고려의 결과이자 인간 권력자를 중심으로 그의 힘을 키우려 애쓴 추종자들과 지지자들의 정치적 연합이 빚은 다스림의 한 방법이었다.

넷째, 그처럼 정치권력의 일방적 '강화'와 '확장'을 좌시하거나 묵인할 종교권력은 흔치 않았다. 형벌 앞에서 하나 되기는커녕 자신의 위상과 저력을 키우기 위해 '둘'은 갈등·내연하고 상대를 점차 강하게 의식해 간다. 인간이 인간을 벌할 수 있는 힘은 초월적 존재의 계시와 위탁에 의해 가능한 것인지, 아니면 법과 주권에 의해 제도화해야 하는지는 상당 기간 논란의 대상이 된다. 두 진영의 알력과 신장은 오늘까지 이어진다.

인권 신장과 민주주의 확장에 따라 전 지구적으로 신체벌이 소멸하기까진 더 오랜 세월이 필요했다. 하지만 형벌의 미술적 표현이 적어도 서양 회화사에서 자기 정체를 본격적으로 드러내기 시작한 건 예수의 책형도가 광범위하게 정착되면서부터다. 기독교 권력의 여전한 위세와 그에 따른 국가권력의 주눅이 미묘한 갈등을 이어간 것도 책형의 미술적 표현 이후 다양하게 분화한 형벌과 표현의 입체성 속에서 다시 확인할 수 있는 문제다. 압도적 우위를 차지하는 책형도만큼 유명한 열두 사도들의 순교 장면이나 그 뒤를 착실히 잇는 교형과 참형, 박피형과 화형, 채찍형과 사적 형벌 등을 다룬 수많은 작가들의 미술적 세목화 과업도 따지고 보면 종교권력과 국가권력의 길항과 상호 견제가 일으킨 문화마찰의 단면들이다.

거기서 누가 더 강하며 영향력 있었는지는 정작 중요한 물음이 아니다. 가장 많은 작품 수를 자랑하는 게 '책형도'라 하여 그것만으로 기독교 권력의 실질을 가늠할 수도 없고 적게 묘사하거나 다루지 않았다 하여 그 대상이 되는 '죄와 벌'의 사회적 비중을 과소평가할 수도 없기 때문이다. 형벌을 미술로 다루되 그림이 차지하는 중세적 가치는 물론 전근대적 위력의 대강을 압축시켜 보면 작품들이 각기 내뿜는 사회적 경고는 주목해야 했다. 즉, 세상 누구든 그림의 다음 오브제가 될 수 있다는 예고는 볼거리 없는 전근대 사회의 선풍적 관심사였고 온 나라가 들썩이도록 흉미롭고 준엄한 사법적 스캔들이었다. 그림이 그림에 그치지 않고 한 인간의 심중을 뒤흔든 나머지 끝내 행위의 준거점마저 바꿀 '정치'가 되는 까닭도 여기 있었다. 동영상이란 꿈조차 꿀 수 없는 시대에 거행된 '공개처형'과 형벌의 미술적 묘사가 사회과학의 탐구 대상이 될 이유마저 포함해서 말이다.

다섯째, 미국의 정치적 '오만'과 군사적 '편견'이 악마의 새로운 표상을 만드는 일도 역사가 예견한 미술적 과업은 아니다. 다시 태어난 '야만'이 하필 가장 모범적이며 도덕적이라 자처하던 국가의 산물이었다는 사실도 쉽게 이해하긴 힘들다. 지상에서 '제일 강한 나라가 윤리적일 필요까지는 없다'는 허구적 주장에 동의할 수 없기 때문이다. 강자의 일탈과 타락을 징벌할 신조차 우리에겐 없다는 사실이 새로운 절망의 단서가 되는 모순도 그 나라는 자주 일깨우며 기꺼이 재생산한다. 강자의 패악과 부도덕은 쉽게 잊기 마련이라는 아부 그라이브 효과가 던진 교훈은 가장 민주적인 나라가 결국 비민주적이며 평화부터 외치는 국가가 궁극에는 비평화적이거나 폭력적일 수 있다는 역설이다. 즉, 못된 짓조차 모범의 관행을 보이는 국가가 하필 최고 강자란 사실도 미술로 이해하긴 쉽지 않다. 강자의 배반과 허구는 물론 타인의 불행을 자기 행복으로 대체하려는 잔인함마저 이겨낼 물리적 수단이란 바로 형벌밖에 없었으니까. 그 역시 폭력으로밖엔 담보되지 않는 법이니까.

형벌은 지은 죄를 잊고 질곡을 풀어주기 위한 잔인한 구원의 방법이자 그 해소 수단이다. 죄지은 자에게 형벌은 적어도 고통을 줄여주거나 가능하다면 다시 망각의 길로 인도할 강제적이며 참혹한 국가적 대응이다. 그런다고 사라질 고통도 아니며 지워버릴 과거 역시 아니지만 저지른 자는 '죗값'이란 핑계로 자신을 책망하고 함께 고통당한 사람들마저 죄인의 고통을 보며 스스로 달래게 마련인 것이 죄와 벌의 곡절이다.

누군가 시켜서 그렸든 아니면 간절히 바랐기에 표현했든 그림은 오늘 단순한 그림만으로 작동하지 않는다. 정녕 우러나는 마음으로 그렸다 하더라도 표현 이후의 문제는 바라보는 자들의 몫으로 돌아간다. 미술은 그래서 역사이고 문학이며 철학일 수밖에 없다. 하지만 사람들은 미술이 정치라는 사실을 자주 잊는다.

그럼에도 불구하고 미술의 정치력이 세상의 근본을 바꾸거나 아예 새롭게 만들 창조적 저력을 가진 건 아니다. 때로 정치가 미술을 조종하거나 충성스런 복종을 강요한 역사도 우리는 어김없이 기억한다. 하지만 정치의 동력 가운데 형벌의 부과와 집행이 중심이며 통치공학의 자원으로까지 활용하는 기획의 의지마저 알아차린 사람들의 기억은 그리 오래 가지 못한다. 인간이 저지르고 인간이 재단하며 인간이 인간을 벌하는 그 일이 그나마 죄를 사赦할 이승의 잔인한 구원임을 헤아린 이들은 따로 있었다. 미술이 형벌을 잊지 않고 가장 오래 기억해 두었던 까닭이다.

참고문헌

단행본

교코, 나카노(中野京子) 지음, 이연식 옮김. 『무서운 그림으로 인간을 읽다: 삶의 이면을 꿰뚫는 명화이야기』(파주: 이봄, 2012).

그린블랫, 스티븐 지음. 이혜원 옮김. 『1417년, 근대의 탄생: 르네상스와 한 책 사냥꾼 이야기』(서울: 까치, 2013).

김홍우. 『법과 정치: 보통법의 길』(고양: 인간사랑, 2012).

낭시, 장-뤽 지음. 김예령 옮김. 『코르푸스: 몸, 가장 멀리서 오는 지금 여기』(서울: 문학과지성사, 2012).

대한성서공회. 『공동번역 성서(외경포함)』(서울: 대한성서공회, 1978).

데리다, 자크 지음. 이경신 옮김. 『불량배들: 이성에 관한 두 편의 에세이』(서울: 휴머니스트, 2003).

뒤마, 알렉상드르 지음. 송진석 옮김. 『검은 튤립』(서울: 민음사, 2011).

로젠크란츠, 카를 지음. 조경식 옮김. 『추의 미학』(파주: 나남, 2008).

머레이, 피터, 린다 머레이 지음. 김숙 옮김. 『르네상스 미술: 예술의 부활, 인간의 발견』(서울: 시공사, 2013).

박경래·강우예·고학수·이종인·이종한·최성락·김대근, 『범죄 및 형사정책에 대한 법경제학적 접근(1)』(한국형사정책연구원, 2009).

박종성. 『사랑하다 죽다: 정사의 정치학 혹은 지독한 순정이나 아련한 절망의 형식』(고양: 인간사랑, 2012).

박종성. 『조선은 법가의 나라였는가: 죄와 벌의 통치공학』(고양: 인간사랑, 2007).

박종성. 『한국정치와 정치폭력: 해방 후 권력과 민중의 충돌』(서울: 서울대학교출판부, 2001).

박종성. 『혁명의 이론사: 그 연구는 아직 끝나지 않았다』(서울: 인간사랑, 1993).

박형서. 『새벽의 나나』(서울: 문학과지성사, 2010).

박홍규. 『시대와 미술』(경산: 영남대학교출판부, 1997).

박홍규. 『예술, 정치를 만나다: 위대한 예술가 8인의 정치코드 읽기』(서울: 이다미디어, 2007).

베르동, 장 지음. 이병욱 옮김. 『중세의 쾌락: 서양 중세 사람들의 사랑, 성 그리고 삶의 즐거움』(서울: 이학사, 2000).
베카리아, 체사레 지음. 이수성 · 한인섭 옮김. 『범죄와 형벌』(서울: 지산, 2002).
벤담, 제러미 지음. 신건수 옮김. 『파놉티콘』(서울: 책세상, 2007).
보르헤스, 호르헤 루이스 지음. 황병하 옮김. 『불한당들의 세계사』(서울: 민음사, 1994).
볼로뉴, 장 클로드 지음. 전혜정 옮김. 『수치심의 역사: 일상생활과 예술작품에 나타난 인간의 나체 이해 방식』(서울: 에디터, 2008).
브라운, 론 지음. 엄우흠 옮김. 『자살의 미술사: 서양미술 속의 자살 이미지』(서울: 다지리, 2003).
브룩, 티모시(외) 지음. 박소현 옮김. 『능지처참: 중국의 잔혹성과 서구의 시선』(서울: 너머북스, 2010).
서경식 지음. 박이엽 옮김. 『나의 서양미술 순례』(파주: 창비, 2010).
서성록 · 김이순 · 김미경 · 심상용 · 서현주 · 최태연 · 안용준 지음. 『종교개혁과 미술』(서울: 예경, 2011).
신준형. 『천상의 미술과 지상의 투쟁: 가톨릭개혁의 시각문화』(서울: 사회평론, 2008).
양태자. 『중세의 뒷골목 풍경: 유랑악사에서 사형집행인까지, 중세 유럽 비주류 인생의 풍속 기행』(서울: 이랑, 2011).
에코, 움베르토 지음. 오숙은 옮김. 『추의 역사』(파주: 열린책들, 2008).
오근재. 『인문학으로 기독교 이미지 읽기』(서울: 홍성사, 2012).
왕용쿠안 지음. 김장호 옮김. 『중국 고문형벌사』(서울: 심포지움, 2007).
위어, 엘리슨 지음. 권영주 옮김. 『9일 여왕: 레이디 제인 그레이』(서울: 루비박스, 2008).
이니스, 브라이언 지음. 김윤성 옮김. 『고문의 역사』(파주: 들녘, 2008).
이유리. 『검은 미술관: 미술이 개인과 사회에 던지는 불편한 질문들』(파주: 아트북스, 2011).
이주헌. 『지식의 미술관: 그림이 즐거워지는 이주헌의 미술 키워드 30』(파주: 아트북스, 2009).
정화열. 『몸의 정치』(서울: 민음사, 1999).
조영남. 『중국의 법치와 정치개혁』(파주: 창비, 2012).
지젝, 슬라보예 지음. 이현우 · 김희진 옮김. 『실재의 사막에 오신 것을 환영합니다: 9 · 11 테러 이후의 세계』(서울: 자음과모음, 2012).
천사무엘. 『구약 외경의 이해』(천안: 한국신학연구소, 1996).
최명. 『춘추전국의 정치사상』(서울: 박영사, 2004).
최윤. 『오릭맨스티』(서울: 자음과모음, 2011).
최정기. 『감금의 정치』(서울: 책세상, 2005).
최종고. 『법상징학이란 무엇인가』(서울: 아카넷, 2002).
카뮈, 알베르 지음. 김화영 옮김. 『시지프 신화: 부조리에 관한 시론』(서울: 책세상,

1997).

크리스테바, 줄리아 지음. 서민원 옮김. 『공포의 권력』(서울: 동문선, 2001).

퐁타넬, 베아트리스 지음. 심영아 옮김. 『살림하는 여자들의 그림책』(파주: 문학동네, 2012).

푸코, 미셸 지음. 오생근 옮김. 『감시와 처벌: 감옥의 역사』(서울: 나남, 2003).

한인섭. 『형벌과 사회통제: 근대감옥의 성립과 변모, 그리고 현대교정』(서울: 박영사, 2006).

홍성욱. 『파놉티콘: 정보사회 정보감옥』(서울: 책세상, 2002).

安達正勝. 『死刑執行人サンソン: 國王ルイ十六世の首を刎ねた男』(東京: 集英社, 2003).

仁井田 陞. 『中國法制史硏究 刑法』 第2版(東京: 東京大學出版會, 1981).

Agamben, Giorgio. *Homo Sacer: Sovereign Power and Bare Life* [tr. by Daniel Heller-Roazen] (Stanford, CA.: Stanford University Press, 1995).

Agamben, Giorgio. *Nudities* [tr. by Stefan Pedatella and David Kishik] (Stanford, CA.: Stanford University Press, 2010).

Arendt, Hannah. *Eichmann in Jerusalem: A Report on The Banality of Evil* (New York: Penguin, 2006).

Barreto, Jose-Manuel, ed. *Human Rights from a Third World Perspective: Critique, History and International Law* (Newcastle upon Tyne: Cambridge Scholars Publishing, 2013).

Bartol, Curt R., and Anne M. Bartol. *Criminal Behavior: A Psychological Approach*, 9th ed. (Upper Saddle River, NJ.: Prentice Hall, 2011).

Bauman, Richard A. *Crime and Punishment in Ancient Rome* (London: Routledge, 1996).

Bauman, Zygmunt. *Liquid Modernity* (Cambridge: Polity, 2000).

Beccaria, Cesare. *An Essay on Crimes and Punishments* [tr. from the Italian with a commentary, attributed to M. de Voltaire; tr. from the French] (Edinburgh: Printed by Bell & Murray, for W. Gordon and W. Creech, 1778).

Bergen, Bernard J. *The Banality of Evil: Hannah Arendt and 'The Final Solution'* (Lanham, MD.: Rowman & Littlefield Publishers, 1998).

Biswas, Shampa, and Zahi Zalloua, eds. *Torture: Power, Democracy, and the Human Body* (Seattle, WA.: University of Washington Press, 2011).

Bizot, François. *Facing the Torture: Inside the Mind of A War Criminal* [tr. by Charlotte Mandel and Antoine Audouard] (London: Rider, 2011).

Blau, Judith R. *The Leading Rogue State: the United States and Human Rights* (Boulder, CO.: Paradigm Publishers, 2008).

Bloch, Marc. *Feudal Society: The Growth of Ties of Dependence*, Vol. I (London: Routledge & Kegan Paul, 1965).

Bloch, Marc. *Feudal Society: Social Classes and Political Organisation*, Vol. II (London: Routledge, 1989).

Botsman, Daniel V. *Punishment and Power in the Making of Modern Japan* (Princeton, N.J.: Princeton University Press, 2005).

Boudon, Raymond. *The Unintended Consequences of Social Action* (New York: Palgrave Macmillan, 1982).

Brown, Ron. *Art of Suicide* (London: Reaktion Books, 2004).

Campbell, John H., and Don DeNevi, eds. *Profilers: Leading Investigators Take You Inside the Criminal Mind* (Amherst, NY.: Prometheus Books, 2004).

Canter, David. *Forensic Psychology: A Very Short Introduction* (Oxford: Oxford University Press, 2010).

Carlson, Marla. *Performing Bodies in Pain: Medieval and Post-Modern Martyrs, Mystics, and Artists* (New York: Palgrave Macmillan, 2010).

Cary, Phillip. *Inner Grace: Augustine in the Traditions of Plato and Paul* (Oxford: Oxford University Press, 2008).

Céline, Louis-Ferdinand. *Death on the Installment Plan* [tr. by Ralph Manheim] (New York: A New Directions Book, 1971).

Céline, Louis-Ferdinand. *Journey to the End of the Night* [tr. by Ralph Manheim, fw. by William T. Vollmann] (New York: A New Directions Book, 2006).

Cohn, Jr., Samuel K. *Women in the Streets: Essay on Sex and Power in Renaissance Italy* (Baltimore, ML.: The Johns Hopkins University Press, 1996).

Cohn, Jr., Samuel K. *Creating the Florentine State: Peasants and Rebellion, 1348-1434* (Cambridge: Cambridge University Press, 2008).

Cohn, Jr., Samuel K. *Lust for Liberty: The Politics of Social Revolt in Medieval Europe, 1200-1425* (Boston, MA.: Harvard University Press, 2008).

Cohn, Jr., Samuel K. *The Black Death Transformed: Disease and Culture in Early Renaissance Europe* (London: Arnold, 2002).

Cohn, Jr., Samuel K., and Steven A. Epstein, eds. *Portraits of Medieval and Renaissance Living: Essays in Memory of David Herlihy* (Ann Arbor, MI.: University of Michigan Press, 1996).

Coskun, Deniz. *Law as Symbolic Form: Ernst Cassirer and the Anthropocentric View of Law* (New York: Springer, 2010).

Cragg, Wesley. *The Practice of Punishment: Towards A Theory of Restorative Justice* (London: Routledge, 1992).

Darwish, Nonie. *Cruel and Usual Punishment: The Terrifying Global Implications of Islamic Law* (Nashville, TN.: Thomas Nelson, 2009).

Denhart, Jeff, and Stanley Tilles. *By the Neck Until Dead: The Gallows of Nuremberg* (Bedford, IN.: JoNa Books, 1999).

Donnelly, Mark P., and Daniel Diehl. *The Big Book of Pain: Torture and Punishment Through History* (Gloucestershire: The History Press, 2011).

Dumas, Alexandre. *The Black Tulip* [tr. by Franz Demmler; ed. by David Coward] (New York: Oxford University Press, 2008).

Dunant, Sarah. *In the Company of the Courtesan* (New York: Random House, 2006).

Durkheim, Emile. *The Rules of Sociological Method* (New York: Free Press, 1966).

Ebony, David. *Botero Abu Ghraib* (New York: Prestel Publishing, 2006).

Edelman, Murray. *The Symbolic Uses of Politics* (Champaign, IL.: University of Illinois Press, 1985).

Edgerton, Samuel Y. *Pictures and Punishment: Art and Criminal Prosecution During the Florentine Renaissance* (Ithaca, NY.: Cornell University Press, 1985),

Edgerton, Jr., Samuel Y. *The Heritage of Giotto's Geometry: Art and Science on the Eve of the Scientific Revolution* (Ithaca, NY.: Cornell University Press, 1991).

Edgerton, Jr., Samuel Y. *The Renaissance Rediscovery of Linear Perspective* (Ithaca, NY.: Cornell University Press, 2009).

Eisenman, Stephen F. *The Abu Ghraib Effect* (London: Reaktion Books, 2007).

Evans, Stewart P. *Executioner: The Chronicles of James Berry, Victorian Hangman* (Gloucestershire: The History Press, 2004).

Ewing, William A. *The Body* (London: Thames and Hudson, 1994).

Fagan, Thomas J., and Robert K. Ax, eds. *Correctional Mental Health: From Theory to Best Practice* (London: SAGE Publications, 2010).

Farnham, Allison Levy, ed. *Sex Acts in Early Modern Italy: Practice, Performance, Perversion, Punishment* (Burlington, VT.: Ashgate, 2010).

Ferri, Enrico. *Criminal Sociology* (Oakland, CA.: University of California Libraries, 1896).

Flew, Antony. *Crime, Punishment and Disease* (Piscataway, NJ.: Transaction Publishers, 2002).

Foucault, Michel. *Discipline and Punish: The Birth of the Prison* [tr. from the French by Alan Sheridan Surveiller] (New York, NY.: Vintage Books, 1995).

Foucault, Michel. *The Birth of the Clinic: An Archaeology of Medical Perception* (New York: Vintage, 1994).

Freedman, David Noel. *The Nine Commandments: Uncovering the Hidden Pattern of Crime and Punishment in the Hebrew Bible* (New York: Doubleday, 2000).

Fukuyama, Francis. *The Origins of Political Order: From Prehuman Times to the French Revolution* (New York: Farrar, Straus and Giroux, 2011).

Gambetta, Diego. *Codes of the Underworld: How Criminals Communicate* (Princeton,

NJ.: Princeton University Press, 2011).

Haney, Craig. *Death By Design: Capital Punishment As a Social Psychological System* (Oxford: Oxford University Press, 2005).

Haney, Craig. *Reforming Punishment: Psychological Limits to the Pains of Imprisonment* (Washington, DC.: American Psychological Association, 2006).

Harr, Jonathan. *The Lost Painting: The Quest for a Caravaggio Masterpiece* (New York: Random House, 2005).

Hassemer, Winfried. *Warum Strafe Sein Muss: Ein Plädoyer* (Berlin: Ullstein Buchverlage GmbH, 2009).

Honderich, Ted. *Punishment: The Supposed Justifications Revisited* (London: Pluto Press, 2006).

Huizinga, Johan. *The Waning of the Middle Ages: A Study of the Forms of Life, Thought and Art in France and the Netherlands in the 14th and 15th Centuries* (Mineola, NY.: Dover Publications, 1999).

Inderbitzin, Michelle L., Kristin A. Bates, and Randy Gainey. *Deviance and Social Control: A Sociological Perspective* (London: Sage Publications, 2012).

Innes, Brian. *The History of Torture* (New York: St. Martin's Press, 1998).

Johnston, Norman. *The Sociology of Punishment and Correction* (New York: John Wiley and Sons, 1970).

Kant, Immanuel. *Metaphysics of Morals* [tr. by Mary Gregor] (Cambridge: Cambridge University Press, 1991).

Kellaway, Jean. *The History of Torture and Execution: From Early Civilization Through Medieval Times to the Present* (Guilford, CT.: The Lyons Press, 2003).

Kershaw, Allister. *A History of the Guillotine* (New York: Barnes & Noble, 1993).

Kleinman, Arthur, Veena Das, and Margaret M. Lock, eds. *Social Suffering* (Berkeley, CA.: University of California Press, 1997).

Kristeva, Julia. *Powers of Horror: An Essay on Abjection* [tr. by Leon S. Roudiez](New York: Columbia University Press, 1982).

Lacey, Nicola. *State Punishment: Political Principles and Community Values* (London: Routledge, 1994).

Levitt, Steven D. *Economics of Criminal Law* (Northampton, MA.: Edward Elgar Publishing, 2008).

Lévy, Bernard-Henri. *Barbarism With A Human Face* [*La barbarie à visage humain*] (New York: Harper & Row, 1979).

Longford, Frank Pakenham. *The Idea of Punishment* (London: G. Chapman, 1961).

Lynch, Michael J., Raymond J. Michalowski, and W. Byron Groves. *The New Primer in Radical Criminology: Critical Perspectives on Crime, Power and Identity* (Monsey, NY.: Criminal Justice Press, 2006).

Mannix, Daniel P. *The History of Torture* (Gloucestershire: The History Press, 2003).

Matravers, Matt, ed. *Punishment and Political Theory* (Oxford: Hart, 1998).

Maxfield, Michael G., and Earl R. Babbie. *Basics of Research Methods for Criminal Justice and Criminology* (Belmont, CA.: Wadsworth Publishing, 2011).

May, David C., and Peter B. Wood. *Ranking Correctional Punishments: Views from Offenders, Practitioners, and the Public* (Durham NC.: Carolina Academic Press, 2010).

McCall, Andrew. *The Medieval Underworld* (London: Hamish Hamilton, 1979).

McNamara, Robert, and Ronald Burns. *Multiculturalism in the Criminal Justice System* (New York: McGraw-Hill Humanities, 2008).

Merback, Mitchell B. *The Thief, the Cross and the Wheel: Pain and the Spectacle of Punishment in Medieval and Renaissance Europe* (Chicago, IL.: The University of Chicago Press, 1998).

Miceli, Thomas. *The Economic Approach to Law* (Stanford, CA.: Stanford Economics and Finance, 2008).

Miethe, Terance D., and Hong Lu. *Punishment: A Comparative Historical Perspective* (Cambridge: Cambridge University Press, 2004).

Miller, Laurence. *Criminal Psychology: Nature, Nurture, Culture* (Springfield, IL.: Charles C. Thomas Publisher, 2012).

Mills, Robert. *Suspended Animation: Pain, Pleasure and Punishment in Medieval Culture* (London: Reaktion Books, 2005).

Moberly, Sir Walter. *The Ethics of Punishment* (London: Faber, 1968).

Moore, Henry. *The History of the Persecutions of the Church of Rome; and Complete Protestant Martyrology: Containing an Authentic and Interesting Account of Every Event relative to the Sufferings of the Protestants, in our Own and Foreign Countries; Including the Substance of Fox's Book of Martyrs, Burnet's History of the Reformation, and Various Other Works. Also, a Complete History of the Ten Persecutions of the Primitive Christians, by the Roman Emperors; the Lives of the Reformers; The History of the Inquisition; The Lives of the Popes*, 2nd ed. (London: Brimmer, 1819).

Moran, Richard. *Executioner's Current: Thomas Edison, George Westinghouse, and the Invention of the Electric Chair* (New York: Vintage, 2003).

Moscoso, Javier. *Pain: A Cultural History* [tr. by Sarah Thomas and Paul House](New York: Palgrave Macmillan, 2012).

Murphy, Jeffrie G. *Punishment and the Moral Emotions: Essays in Law, Morality, and Religion* (New York: Oxford University Press, 2012).

Nancy, Jean-Luc. *Corpus* [tr. by Richard A. Rand](Bronx, NY.: Fordham University Press, 2008).

Newman, Graeme. *Just and Painful: A Case for the Corporal Punishment of Criminal* (New York: Macmillan, 1983).

Newman, Graeme. *The Punishment Response* (Albany, NY.: Harrow and Heston, 1985).

Opie, Robert Frederick. *Guillotine* (Phoenix Mill: Sutton, 2003).

Pakes, Francis, and Suzanne Pakes. *Criminal Psychology* (Devon: Willan, 2009).

Paradis, Cheryl. *The Measure of Madness: Inside the Disturbed and Disturbing Criminal Mind* (New York: Citadel, 2010).

Paternoster, Raymond, Robert Brame, and Sarah Bacon. *The Death Penalty: America's Experience with Capital Punishment* (Oxford: Oxford University Press, 2007).

Perez, Douglas W., and J. Alan Moore. *Police Ethics* (Clifton Park, NY.: Delmar Cengage Learning, 2012).

Pincoffs, Edmund L. *The Rationale of Legal Punishment* (New York: Humanities Press, 1966).

Primoratz, Igor. *Justifying Legal Punishment* (New York: Humanity Books, 1997).

Ramsland, Katherine. *The Forensic Psychology of Criminal Minds* (London: Penguin Books, 2010).

Rejali, Darius M. *Torture and Democracy* (Princeton, NJ.: Princeton University Press, 2007).

Rise, Eric W. *The Martinsville Seven: Race, Rape, and Capital Punishment* (Charlottesville, VA.: University of Virginia Press, 1995).

Robb, Peter. *M: The Man Who Became Caravaggio* (New York: Henry Holt and Co, 2000).

Rodes, Robert E., and Howard Pospesel. *Premises and Conclusions: Symbolic Logic for Legal Analysis* (London: Pearson, 1996).

Rose, Daniel E. *A Symbolic and Connectionist Approach to Legal Information Retrieval* (New York: Psychology Press, 1994).

Rossiaud, Jacques. *Medieval Prostitution* [tr. by Lydia G. Cochrane] (Oxford: Basil Blackwell, 1984).

Rothchild, Jonathan, Matthew Myer Boulton, and Kevin Jung, eds. *Doing Justice to Mercy: Religion, Law, and Criminal Justice* (Charlottesville, VA.: University of Virginia Press, 2007).

Rubesamen, Hans Eckart. *Gesta Romanorum Die Taten der Romer: Ein Geschichtenbuch d. Mittelalters* (München: Goldmanns gelbe Taschenbucher, 1969) [*Lehre von den schlechten Richtern*].

Rühling, Erik C. *Infernal Device: Machinery of Torture and Execution* (New York: The Disinformation Co., 2007).

Sarat, Austin, and Christian Boulanger, eds. *The Cultural Lives of Capital Punishment:*

Comparative Perspectives (Stanford, CA.: Stanford University Press, 2005).

Scarry, Elaine. *The Body in Pain: The Making and Unmaking of the World* (Oxford: Oxford University Press, 1985).

Scheingold, Stuart A. *Politics, Crime Control and Culture* (Aldershot: Dartmouth, 1998).

Schopp, Robert, Richard L. Wiener, Brian H. Bornstein, and Steven L. Willborn, eds. *Mental Disorder and Criminal Law: Responsibility, Punishment and Competence* (New York: Springer, 2010).

Schulz, William F., ed. *The Phenomenon of Torture: Readings and Commentary* (Philadelphia, PA.: University of Pennsylvania Press, 2007).

Seredyska, Iwona. *Insider Dealing and Criminal Law: Dangerous Liaisons* (New York: Springer, 2012).

Sieberg, Katri K. *Criminal Dilemmas: Understanding and Preventing Crime* (Berlin: Springer-Verlag, 2011).

Silverman, Lisa. *Tortured Subjects: Pain, Truth, and the Body in Early Modern France* (Chicago, IL.: The University of Chicago Press, 2001).

Sim, Joe. *Medical Power in Prisons: The Prison Medical Service in England, 1774-1988* (Buckingham: Open University Press, 1990).

Stone, Michael H. *The Anatomy of Evil* (Amherst, NY.: Prometheus Books, 2009).

Ten, C. L. *Crime, Guilt, and Punishment: A Philosophical Introduction* (Oxford: Clarendon, 1987).

Terpstra, Nicholas, ed. *The Art of Executing Well: Rituals of Execution in Renaissance Italy* (Kirksville, MI.: Truman State University Press, 2008).

Terpstra, Nicholas. *Lost Girls: Sex and Death in Renaissance Florence* (Baltimore, ML.: The Johns Hopkins University Press, 2010).

Trevelyan, Raleigh. *Sir Walter Raleigh: Being a True and Vivid Account of the Life and Times of the Explorer, Soldier, Scholar, Poet, and Courtier - The Controversial Hero of the Elizabethan Age* (New York: Henry Holt, 1866).

Turow, Scott. *Ultimate Punishment: A Lawyer's Reflections on Dealing with the Death Penalty* (New York: Picador, 2004).

Turvey, Brent E., ed. *Criminal Profiling: An Introduction to Behavioral Evidence Analysis* (New York: Academic Press, 2011).

Tyldesley, Joyce. *Judgement of the Pharaoh: Crime and Punishment in Ancient Egypt* (Ukiah, CA.: Orion Publishing, 2000).

Vronsky, Peter. *Serial Killers: The Method and Madness of Monsters* (New York: Berkeley Books, 2004).

Walker, Samuel, Cassia Spohn, and Miriam DeLone. *The Color of Justice: Race, Ethnicity, and Crime in America* (Belmont, CA.: Wadsworth Publishing, 2011).

Wright, Richard A. *In Defense of Prisons* (Westport, CT.: Greenwood Press, 1994).

논문

김승환. 「〈이센하임 제단화〉와 맥각중독: 미술과 질병」. 프랑스문화예술학회 편, 『프랑스문화예술연구』 제43집 2호(2013), pp. 191-216.

김시업. 「한국 범죄심리학의 학문적 정립을 위한 주요 연구영역의 탐색」. 한국심리학회 편, 『한국심리학회지 사회문제』 제11집 2호(2005), pp. 109-142.

김연수·장석헌. 「두려움의 패러독스에 관한 진화심리학적 분석」. 한국공안행정학회 편, 『한국공안행정학회보』 제41호(2010), pp. 53-98.

김용수. 「폭력, 정치 그리고 라캉의 정신분석: 아부 그라이브 감옥과 영화 〈그리스도의 수난〉에 나타난 고문의 논리와 도착의 시선」. 『비평과이론』 제10권 1호(2005 봄/여름), pp. 155-171.

김일중. 「범죄와 형벌에 관한 법경제학적 일고」. 한국법경제학회 편, 『법경제학연구』 제8집 2호(2012), pp. 123-155.

김종오·유영현. 「연쇄성범죄자의 심리분석에 관한 연구」. 한국범죄심리학회 편, 『한국범죄심리연구』 제3집 1호(2007), pp. 29-59.

김진혁. 「한국형 증오범죄에 관한 연구」. 한국범죄심리학회 편, 『한국범죄심리연구』 제6집 1호(2010), pp. 31-57.

김창윤. 「군중심리와 경찰의 군중통제에 관한 연구」. 한국범죄심리학회 편, 『한국범죄심리연구』 제7집 2호(2011), pp. 27-52.

박기석. 「형벌의 범죄억지력과 국민의 자유와 권리: 법경제학적 분석」. 한국형사정책연구원 편, 『형사정책연구』 제8권 4호(1997 겨울), pp. 211-238.

박성수·김경옥. 「범죄심리학의 형사사법절차에서의 적용을 위한 고찰」. 한국범죄심리학회 편, 『한국범죄심리연구』 제1집 1호(2005), pp. 103-121.

백승영. 「양심과 양심의 가책, 그 계보의 차이」. 한국철학회 편, 『철학』 제90호(2007), pp. 107-133.

서현주. 「크라나흐, 개혁의 현장을 캔버스에 옮긴 화가(1472-1553)」. 서성록·김이순·김미경·심상용·서현주·최태연·안용준 지음, 『종교개혁과 미술』(서울: 예경, 2011), pp. 54-71.

신관우. 「노출증과 범죄: 노출범죄의 실태분석 및 대응방안을 중심으로」. 한국범죄심리학회 편, 『한국범죄심리연구』 제8집 1호(2012), pp. 77-104.

신도철. 「범죄와 형벌의 경제적 분석: 개관」. 한국법경제학회 편, 『법경제학연구』 제2집(2005), pp. 17-44.

오도기. 「사형(私刑)으로서의 복수와 사화(私和)」. 동암 이형국교수 화갑기념논문집 간행위원회 편, 『현대형사법의 쟁점과 과제』(서울: 법문사, 1998), pp. 743-757.

유홍림·홍철기. 「조르지오 아감벤의 포스트모던 정치철학」. 한국정치사상학회 편, 『정치사상연구』 제13권 2호(2007), pp. 155-182.

유희수. 「중세 말 육체와 성에 대한 교회의 이념과 규율 메커니즘」. 한국서양사학회 편, 『몸으로 역사를 읽다: 몸과 생명정치로 본 서양사』(서울: 푸른역사, 2011), pp. 174-199.

윤옥경. 「형벌의 사회적 맥락: 형벌사회학적 접근」. 한국교정학회 편, 『교정연구』 제30호(2006), pp. 59-82.

윤재현. 「다산 정약용의 복수론」. 다산학술문화재단 편, 『다산학』 제3호(서울: 전통과 현대, 2002), pp. 422-449.

이경재. 「고전주의 범죄학의 인본주의사상」. 원광대학교 경찰학연구소 편, 『경찰학논총』 제3권 제1호(2008), pp. 7-30.

이만종. 「범죄 유발심리요인에 관한 고찰」. 한국경찰발전연구학회 편, 『한국경찰연구』 제5권 1호(2006), pp. 175-198.

이영준. 「잔혹성과 차이: 아부그라이브 형무소의 포로학대 사진」. 서양미술사학회 편, 『서양미술사학회논문집』 제22집(2004), pp. 185-200.

이은기. 「중세 말 시옥의 광경: 14세기 이탈리아를 중심으로」. 한국미술사교육학회 편, 『미술사학』 제24집(2010), pp. 151-180.

장세룡. 「18세기 후반 프랑스에서 사형제도 비판론의 전개(1760-1795)」. 한국서양사학회 엮음, 『몸으로 역사를 읽다: 몸과 생명정치로 본 서양사』(서울: 푸른역사, 2011), pp. 250-289.

전한호. 「벗겨진 가죽, 벗겨진 죄: 미술작품에 나타난 '죄와 벌'」. 아시아교정포럼 편, 『아시아교정포럼 학술대회』(2014), pp. 21-32.

한인섭. 「근대감옥과 사회통제에 관한 역사: 사회적 연구」. 한국형사정책연구원 편, 『형사정책연구』 제21호(1995), pp. 167-205.

홍기원. 「프랑스 사형폐지론의 역사: 계몽주의에서 1981년 사형폐지까지」. 법과사회이론학회 편, 『법과 사회』 제23호(2002), pp. 111-140.

홍옥숙. 「스펜서와 시드니의 작품에 나타난 엘리자베스 여왕의 통치와 그 문학적 재현」. 한국외국어대학교 영미연구소 편, 『영미연구』 제15집(2006), pp. 81-102.

Baldwin, Thomas. "Punishment, Communication, and Resentment." Matt Matravers, ed., *Punishment and Political Theory* (Oxford: Hart, 1998), pp. 124-132.

Beccaria, Cesare. "On Crimes and Punishment." Stanley E. Grupp, ed., *Theories of Punishment* (Bloomington, IN.: Indiana University Press, 1971), pp. 117-137.

Cohn, Samuel. "Criminality and the State in Renaissance Florence, 1344-1466." *Journal of Social History*, Vol. 14 No. 2 (1980 Winter), pp. 211-233.

Cohn, Jr., Samuel K. "Cultures of Plague: Medical Thinking at the End of the Renaissance." *The English Historical Review*, Vol. 127 No. 524 (2012), pp. 164-166.

Davidson, Nicholas. "Theology, Nature and the Law: Sexual Sin and Sexual Crime in Italy from the Fourteenth to the Seventeenth Century." Trevor Dean and K.

J. P. Lowe, eds., *Crime, Society and the Law in Renaissance Italy* (Cambridge: Cambridge University Press, 1994), pp. 74-98.

Dean, Trevor. "Criminal Justice in Mid Fifteenth-Century Bologna." Trevor Dean and K. J. P. Lowe, eds., *Crime, Society and the Law in Renaissance Italy* (Cambridge: Cambridge University Press, 1994), pp. 16-39.

Enloe, Cynthia. "Wielding Masculinity inside Abu Ghraib: Making Feminist Sense of an American Military Scandal." *Asian Journal of Women's Studies*, Vol. 10 No. 3 (2004), pp. 89-102.

Gotlieb, Marc. "Legends of the Painter Hero: Remembering Henri Regnault." June Hargrove and Neil McWilliam, eds., *Nationalism and French Visual Culture, 1870-1914* (New Haven, CT.: Yale University Press, 2005), pp. 100-127.

Heartney, E. "An Iconography of Torture." *Art in America*, Vol. 95 No. 1 (2007), pp. 128-131.

Ivison, Duncan. "Justifying Punishment in Intercultural Contexts: Whose Norms? Which Values." Matt Matravers, ed., *Punishment and Political Theory* (Oxford: Hart, 1998), pp. 88-107.

Jones, H. "Fernando Botero: Botero's Abu Ghraib." *The Virginia Quarterly Review*, Vol. 84 No. 1 (2008), pp. 149-161.

Lowe, Kate. "The Political Crime of Conspiracy in Fifteenth-and Sixteenth-Century Rome." Trevor Dean and K. J. P. Lowe, eds., *Crime, Society and the Law in Renaissance Italy* (Cambridge: Cambridge University Press, 1994), pp. 184-203.

Mack, Andrew. "Dealing With 'Rogue' States: Cooperation versus Coercion?" *Asian Perspective*, Vol. 23 No. 1 (1999), pp. 205-214.

Merback, Mitchell B. "Torture and Teaching: The Reception of Lucas Cranach the Elder's *Martyrdom of the Twelve Apostles* in the Protestant Era." *Art Journal*, Vol. 57 No. 1 (1998), pp. 14-23.

Rosenwein, Barbara H. "Controlling Paradigms." Barbara H. Rosenwein, ed., *Anger's Past: The Social Uses of an Emotion in the Middle Ages* (Ithaca, NY.: Cornell University Press, 1998), pp. 233-247.

Sorell, Tom. "Punishment in a Kantian Framework." Matt Matravers, ed., *Punishment and Political Theory* (Oxford: Hart, 1998), pp. 10-27.

Stone, Alison. "Nipples, Entrails, Severed Heads, and Skin: Devotional Images for Madame Marie." Colum Hourihane, ed., *Image and Belief: Studies in Celebration of the Eighteenth Anniversary of the Index of Christian Art* (Index of Christian Art, Dep't of Art and Archaeology, Princeton University in association with Princeton University Press, 1999), pp. 47-70.

학위논문

권태형. 「Augustine의 죄 이해에 관한 연구」. 칼빈대학교 대학원 신학과 조직신학전공 석사학위논문(2007).

김대근. 「형법적 규제에 대한 법경제학적 접근: 형법경제학」. 고려대학교 대학원 법학과 석사학위논문(2006).

박무원. 「형법의 도덕적 정당화와 형법에 의한 도덕 형성의 문제」. 고려대학교 대학원 법학과 형법전공 박사학위논문(2007).

제정인. 「그뤼네발트(Grünewald:1455/80-1528) 이젠하임 제단화 연구」. 숙명여자대학교 대학원 미술사학과 석사학위논문(2005).

최석윤. 「양형(量刑)의 형벌이론적 기초와 합리화 방안」. 고려대학교대학원 법학과 박사학위논문(1997).

Davis, Amanda Jean. "Unveiling the Rhetoric of Torture: Abu Ghraib and American National Identity." Ph.D. Dissertation, The University of Texas at Austin Communication Studies (2008).

Merback, Mitchell B. "Lucas Cranach, The Elder's *Martyrdom of the Twelve Apostles*: Punishment, Penal Themes and Spectacle in his Early Graphic Art." Ph.D. Thesis, University of Chicago (1995).

인터넷

http://blog.daum.net/changho3927/153

http://blog.naver.com/mono0607/140021849002

http://blog.naver.com/pokara61?Redirect=Log&logNo=150053254551

http://blog.naver.com/vitaminwon?Redirect=Log&logNo=60103206712

http://www.ccel.org/ccel/schaff/anf08.vii.xv.xi.html?highlight=gestas#highlight

http://en.wikipedia.org/wiki/Bartholomew_the_Apostle

http://en.wikipedia.org/wiki/Flaying

http://en.wikipedia.org/wiki/Crucifixion_of_Jesus

http://en.wikipedia.org/wiki/Strappado

http://kritik.tistory.com/74

http://news.nate.com/view/20091026n19677

http://terms.naver.com/entry.nhn?cid=3424&docId=1523504&imageNo=2&categoryId=3424

http://terms.naver.com/entry.nhn?cid=1389&docId=894375&mobile&categoryId=1389

http://uk.images.search.yahoo.com/search/images;_ylt=AwrSbjaLut9SKDkAbkNLBQx.;_ylu=X3oDMTB2amhkbjloBHNlYwNzYw

Rjb2xvA2dxMQR2dGlkA01TWVVLMDRfNzc-?_adv_prop=image&fr=yfp-t-903-s&sz=all&va=abu+ghraib

http://upload.wikimedia.org/wikipedia/commons/3/3b/Japanese_Crucifixion.jpg

http://www.soccerline.co.kr/slboard/view.php?code=totalboard&uid=1992680675

http://www.tldm.org/bible/old%20testament/judith.htm

영화

Caravaggio [Dir. by Derek Jarman](1986)[Nigel Terry, Sean Bean, Tilda Swinton (Actor)] / Cinevista / Running Time: 93min.

Dead Man Walking [Dir. by Tim Robbins](1995)[Susan Sarandon, Sean Penn (Actor)] / Gramercy Pictures / Running Time: 122min.

Elizabeth I [Dir. by Tom Hooper](2006)[Helen Mirren, Jeremy Irons(Actor)] / HBO Studios / Running Time: 220min.

The Passion of the Christ [Dir. by Mel Gibson](2004)[Jim Caviezel, Monica Bellucci, Maia Morgenstern(Actor)] / Newmarket Films / Running Time: 126min.

William Shakespeare's The Merchant of Venice [Dir., by Michael Radford] (2004)[Al Pacino, Jeremy Irons (Actor)] / Sony Pictures / Running Time: 138min.

백과사전

Encyclopaedia Britannica, Vol. 10 (1986).

Brockhaus Enzyklopädie, Vol. 20 (F.A.Brockhaus GmbH, 1991).

찾아보기

박종성 朴鍾晟

서원대학교에서 '한국정치'를 가르친다. 『혁명의 이론사』(1991)를 쓸 때만 해도 그 공부만 할 줄 알았다. 혁명가는 쓰러져도 그가 빠져들던 믿음의 불꽃만큼은 오래갈 것 같아 붙잡은 게 『박헌영론』(1992)이라면 『왕조의 정치변동』(1995)과 『강점기 조선의 정치질서』(1997), 『한국정치와 정치폭력』(2001)은 이성계부터 김대중까지 이어진 6백 년 곡절 3부작이다. 사회혁명 한 번 없던 나라지만, 단서만큼은 또렷하여 『정치는 파벌을 낳고 파벌은 정치를 배반한다』(1992)와 『인맥으로 본 한국정치』(1997)를 쓰고 『한국의 파벌정치』(2012)로 판을 키운다.

허구한 날, 되도 않는 국가 걱정이나 하며 헛기침해대도 '몸' 파는 여인의 '몸' 하나 구원하지 못하는 옛날 정치학이 버거워 덤벼든 게 『한국의 매춘』(1994)과 『권력과 매춘』(1996)이었으나 짜증난 학생들을 위해 영화와 문학을 강의실로 끌어들인다. 『정치와 영화』(1999)를 쓰고 『포르노는 없다』(2003)와 『문학과 정치』(2004)를 출간하는 사이, 세기는 바뀌지만 정치를 들여다볼 인식의 창은 널려 있었다. 『한국 성인만화의 정치학』(2007)도 그 틈새에서 찾은 오목렌즈다. 그러거나 말거나 역사는 늘 어쩌지 못할 '거울'이었다. 유가의 논리로만 왕조국가를 보는 게 못마땅한 『조선은 법가의 나라였는가』(2007)가 그러하고 『백정과 기생』(2003) 역시 마찬가지다.

『씨네 폴리틱스』(2008) 또한 정치영화의 역사성을 천착한 경우지만 밖에서 들여다보는 안이 더 환하여 그 기운으로 『패션과 권력』(2010)을 쓴다. 공부의 빈틈이라 여기며 『사랑하다 죽다』(2012)와 『퇴폐에 대하여』(2013)도 냈으나 그랬다고 세상이 어쩌리라곤 꿈도 안 꾼다. 이번에도 마찬가지다. 이제 뭘 쓸는지는 그도 잘 모른다.